미국헌법상 평등보호와 한국헌법재판소의 위헌심사기준

미국헌법상 평등보호와 한국헌법재판소의 위헌심사기준

김 현 철

전남대학교출판부

머리말

이 책은 저자의 연세대학교 대학원 박사학위논문(2001년 8월)을 토대로 그 이후 주로 우리 헌법재판소의 판례를 보완한 것이다. 이는 이 책의 제목이 위 박사학위의 논문 제목이었던 '미국헌법상 평등보호와 엄격심사기준에 관한 연구'에서 "미국헌법상 평등보호와 한국헌법재판소의 위헌심사기준"으로 바뀐 이유이기도 하다. '미국헌법상 평등보호'와 '한국헌법재판소의 위헌심사기준'은 저자가 평생 연구해야 할 과제이다. 언젠가는 이 두 주제를 나누어 별개의 책으로 정리해야겠다는 소망을 갖고 있다. 그렇게 하려면 앞으로 저자의 더 많은 공부와 연구결과물이 쌓여야 할 것이다.

위 박사학위논문을 마치면서 저자는 그 논문의 마지막 장인 「감사의 글」에 "막상 이 연구를 끝내고 나니 부끄러움이 먼저 앞선다. 마치 동네 스포츠센터에서 수영을 며칠 배운 아마추어가 한강을 헤엄쳐 건너겠다고 ('평등'이라는) 강물에 뛰어들었다가 안전요원의 도움으로 간신히 도강을 완료한 느낌이다."라고 적었다. 그런데 10년이 지난 지금도 그때의 느낌을 여전히 갖고 있다. 그럼에도 불구하고 또 다시 '헌법재판소의 위헌심사기준'이라는 강에 발을 담구었으니 이는 저자의 무모함이라고 볼 수밖에 없을 것이다.

이 책도 가족의 격려와 성원이 있었기에 가능하였다. 끝으로 이 책의 출간작업을 맡아준 전남대학교출판부 관계자분들의 노고에 감사를 드린다.

2012년 2월

저자 씀

목차

제3장 평등보호와 위헌심사기준

제4장 한국헌법재판소의 위헌심사기준

제1장
서론

제1절 문제의 제기

1. 평등, 평등권

모든 국민은 법 앞에 평등하다. 이것은 오늘날 인류의 보편적인 법원리이다. 적어도 민주주의를 지향하는 모든 나라는 이 근본적인 법원리를 헌법적인 기본가치로 명문화해서 하나의 기본권으로 보장하고 있다. 우리나라도 그 예외는 아니다. 누구든지 성별, 종교 또는 사회적 신분에 의하여 모든 생활영역에서 차별대우를 받지 않을 뿐 아니라, 어떠한 형태의 특수계급도 인정되지 않고, 비록 특별한 공로에 의하여 훈장 등의 영전을 받는다 해도 어떠한 특권도 그에 따르지 아니한다(헌법 제11조). 이것이 우리 헌법의 평등권에 관한 내용이다.[1]

평등권에 관한 헌법규정은 말하자면 '인간으로서의 존엄과 가치'(헌법 제10조)를 그 핵으로 하는 기본권의 실효성과 그 동화적 통합효과를 촉진시켜 주는 수단이라고 볼 수 있다. 예컨대 성별·종교·사회적 신분에 의해서 정치·경제·사회·문화생활 영역에서 차별대우가 허용되고, 또 사회적 특수계급의 제도가 인정되며, 심지어 각종 원인에 의한 특권층이 난무하는 분위기 속에서는 기본권이 그 동화적 통합효과를 나타내기가 어렵기 때문이다. 우리 헌법이 모든 생활영역에서 차별대우를 금지하고(제11조 제1항 후문), 사회적 특수계급을 부인하며(제11조 제2항), 영전에 따른 특권의 인정을 금지할(제11조 제3항) 뿐만 아니라, 여성근로자에 대한 부당한 차별을 금지하며(제32조 제4항), 혼인과 가족생활에서의 남녀평등을 강조하고(제36조 제1항), 교육의 기회균등을 보장하며(제31조 제1항), 선거권과 투표권의 평등을 헌법규범으로 명시하거나(제41조 제1항, 제67조 제1항) 또한 당연한 것으로 전제하고(제130조 제2항) 선거운동의 기회균등을 강조하는(제116조 제1항) 이유도 바로 여기에 있다.[2]

헌법의 평등규정은 객관적인 법원칙인 동시에 개인의 주관적 권리를 의미한다.

---

1) 허영, 법 앞의 평등이 무너지고 있다, 「고시연구」(고시연구사 1991. 8), 12면.

2) 허영, 「한국헌법론」(박영사 2011), 340면.

즉, 평등조항은 객관적인 법질서가 평등의 원리에 따라야 한다는 뜻에서 평등의 원칙을 의미할 뿐만 아니라, 개인의 기본권으로서의 평등권을 의미한다.[3] 우리 헌법재판소는, "평등의 원칙은 국민의 기본권 보장에 관한 우리 헌법의 최고원리로서 국가가 입법을 하거나 법을 해석 및 집행함에 있어 따라야 할 기준인 동시에, 국가에 대하여 합리적 이유 없이 불평등한 대우를 하지 말 것과, 평등한 대우를 요구할 수 있는 모든 국민의 권리로서, 국민의 기본권중의 기본권인 것이다."라고 판시하였다.[4]

2. 평등(권) 개념의 유용성

Peter Westen은, 평등은 "해석규범으로는 도덕적, 법적 담론에서 추방되어야 하는 이념"이라고 주장하였다.[5] 즉, 그는 평등이라는 것은, 어떤 불평등은 받아들일 수 있고 어떤 불평등은 수인할 수 없는가를 결정하기 위하여 기준을 개발하여야 할 필요가 항상 있는 것이기 때문에 개념으로서는 불필요한 것이라고 주장한다. 그는 또한 평등은 법적 분석(legal anaysis)을 왜곡시키기 때문에 바람직하지 못한 개념이라고 하였다. 그러나 그는 평등이 불필요한 것을 입증하지는 못했다. 더 나아가, 평등이라는 개념은 예컨대 다른 사람과의 관계에서 어떤 사람을 어떻게 취급하여야 하는지, 그리고 사람들을 동등하게 취급하고자 할 때나 차별하는 자에 대하여 어떤 제한을 가하고자 할 때 어떠한 가정(기준)을 세워야 하는지를 알려주는 중요한 쓰임새가 있음을 그는 간과하고 있는 것이다.[6]

평등권을 기본권으로 보장하고 있는 헌법질서에서 평등권을 자유권적 기본권의 한 유형으로 분류하려는 사람도 있다.[7] 그러한 주장은 흔히 차별적 대우를 금지하는

---

3) 양건, 「헌법강의」(법문사 2009), 304면.

4) 헌재 1989. 1. 25. 88헌가7, 판례집 1, 1, 2.

5) Peter Westen, *The Empty Idea of Equality*, 95 Harvard Law Review 537, 542 (1982).

6) Steven Burton, Comment on "*Empty Ideas*": *Logical Positivist Analysis of Equality and Rules*, 91 Yale Law Journal 1136 (1982); Erwin Chemerinsky, *In Defense of Equality: A Reply to Professor Westen*, 81 Michgan Law Review 575 (1983).

7) 예컨대, M. Sachs는 평등권을 방어권으로 이해하려고 시도하여 "양식에 관한 방어권"(ein modales Abwehrrecht)이라고 하였다. 이에 대한 비판적 설명으로 이준일, 평등원칙, 「안암법학 제8호」(안암법학회 1999. 2), 16면 이하 참조.

평등권의 소극적 의미를 강조하고 또 평등권의 이념적 기초가 되는 평등의 원리가 자유의 이념과 더불어 자연법적으로 발전해 온 역사적 과정을 중요시한다. 그러나 평등권은 역시 많은 학자들의 견해처럼 자유권과는 다른 기본권으로 보는 것이 옳다. 왜냐하면 평등권은 단순히 차별대우의 금지라는 소극적 의미만을 갖는 것이 아니고, 모든 생활영역에서 국민에게 기회균등을 보장해 주는 적극적 의미도 함께 포함하고 있기 때문이다.[8] 우리 헌법재판소도 "헌법은 그 전문에서 '정치·경제·사회·문화의 모든 영역에 있어서 각인의 기회를 균등히 하고' 라고 규정하고, 제11조 제1항에 '모든 국민은 법 앞에 평등하다'고 규정하여 기회균등 또는 평등의 원칙을 선언하고 있다."고 판시함으로써,[9] 평등원칙(평등권)은 곧 기회의 균등을 보장하는 것으로 평가하고 있다.

3. 평등보장과 헌법재판

현대 각국의 헌법은 기본권목록의 채택과 함께 인간(국민)의 평등을 선언하고 이를 보장하기 위한 국가의 의무를 당연한 전제로 하고 있다. 예컨대, 우리나라 헌법은 "모든 국민은 인간으로서의 존엄과 가치를 가지며, 행복을 추구할 권리를 가진다. 국가는 개인이 가지는 불가침의 기본적 인권을 확인하고 이를 보장할 의무를 진다."(제10조)고 규정한 바로 다음에 "모든 국민은 법 앞에 평등하다. 누구든지 성별·종교 또는 사회적 신분에 의하여 정치적·경제적·사회적·문화적 생활의 모든 영역에 있어서 차별을 받지 아니한다."(제11조 제1항)고 규정하여 개인이 가지는 불가침의 기본적 인권을 확인하고 보장하는 실질적인 방법적 기초로 평등원칙 내지는 평등권을 규범화하고 있다.

그런데 실제 생활에서 이루어지는 여러 가지 불평등, 특히 국가에 의한 불평등조치에 대하여 그 시정을 구하는 길은 궁극적으로 헌법재판을 통해서 찾게 된다. 우리 헌법은 이러한 헌법재판의 권한을 헌법재판소에 부여하고 있다(제111조). 즉 위헌법률심판, 헌법소원심판 등의 헌법재판절차를 통하여 불평등조치의 匡正을 획득할

8) 허영, 평등권, 「고시계」(국가고시학회 1987. 9), 77면.

9) 헌재 1989. 1. 25. 88헌가7, 판례집 1, 1, 2.

수 있게 되는 것이다. 실제로 헌법재판소에 접수되는 사건의 대부분은 평등원칙위반 내지는 평등권침해를 주장한다. 그래서 헌법재판사건이 본안심리에 회부되면, 평등원칙위반 내지는 평등권침해를 가리기 위한 이른바 "평등권심사"는 헌법재판사건 처리에 있어 거의 필수불가결한 절차가 되고 있다. 그렇지만 이러한 평등권심사를 위한 도구, 즉 위헌심사의 기준에 대하여 그동안 헌법재판소는 다른 유형의 위헌심사기준, 예컨대 자유권심사에서의 과잉금지원칙이나 명확성원칙, 조세법률주의 등과는 달리 뚜렷한 방향을 찾고 있지 못한 것이 사실이다.

이는 평등권이 우리 헌법에서 차지하고 있는 위치에 대한 인식의 문제이기도 하지만, 어느 정도는 평등실현 그 자체가 갖는 본질적인 특성 때문이기도 하다. 즉, 평등이라는 것은 그 개념상 비교집단을 포함한다. 예컨대 甲이라는 인적 집단과 乙이라는 인적 집단이 있을 때, 甲과 乙을 어떻게 대우할 것인가 하는 문제가 법률에 반영되었다면, 이는 입법자의 어떤 목적(입법목적)이 투영된 결과이다. 일반적으로 입법자는 그가 가진 민주적 정당성에 근거하여 사회전체의 공익을 추구하기 위하여, 또는 어떤 방향의 정책을 달성하기 위하여 광범위한 입법형성의 권한을 가진다. 이때 필연적으로 불이익을 받는 집단이 생길 수 있고, 그것은 입법목적 그 자체일 수도 있다. 이러한 경우 입법자의 입법형성의 한계는 어디까지인가 하는 문제가 제기된다.

제2절 연구의 목적, 범위 및 방법

1. 연구의 목적

미합중국 독립선언문에서 비록 인간은 자유롭고 평등하게 태어났다고 선언하고 있지만, 인간의 자연적 사실이나 속성 · 능력 등에 비추어 인간을 획일적으로 동일하게 다루는 절대적 · 기계적 평등이 아니라 일반적으로 평등한 것은 평등하게, 그리고 불평등한 것은 거기에 알맞게 불평등하게 처우하는 상대적 · 비례적 평등이 실질적으로 평등보호의 전제가 되는 평등관념으로 파악되고 있다.[10)]

아리스토텔레스는 "정의와 평등을 찾아나서는 것은 언제나 약자"라고 갈파하였고,[11)] D. Rae는 "평등은 곧 불평등에 관한 것이다."라고 하였다.[12)] 그런 면에서 특히 평등의 원칙과 관련하여 헌법재판소의 소극적인 태도는 사회정의를 구현하기에는 미진하다는 평가[13)]는 불평등의 시정을 원하는 약자의 편에 헌법재판소가 서기를 바라는 뜻이라 하겠다. 그러나 헌법재판소는 아무런 원칙도 없이 무조건 약자의 손을 들어줄 수만은 없다. 예컨대, "결과의 평등"은 이상향의 목표이지만 헌법재판소가 결과의 평등까지 이루기 위해 평등권심사를 할 수는 없고 또 그래서도 안된다. 인간은 나면서부터 평등하다고 말하여진다. 그러나 헌법은 모든 "국민"은 "법 앞에" 평등하다고 선언할 뿐이다. 누구든, 같은 어머니에게서 나온 형제라도(쌍둥이라고 하더라도), 똑같은 사람은 없다. 인간은 본래 *男女*가 다르고 *老少*가 다르듯 서로 다른 것이 현실이므로, 다만 부당하게 차별대우해서는 안 되며(헌법상 정당화 필요) 그러한 경우 헌법은 궁극적으로 헌법재판을 통하여 이를 시정하도록 명하고 있는 것이다. 이때 헌

---

10) 서주실, 평등보호를 위한 사법심사기준, 「미국헌법연구 제8호」(미국헌법학회 1997), 2면.

11) Aristoteles, *The Politics* (London: Penguin Books, 1986), Book Ⅵ, p. 367. 박호성, 「평등론」(창작과비평사 1994), 11면에서 재인용.

12) Douglas Rae, *Equalities* (Cambridge, Mass.: Harvard University Press, 1989), Preface, v. 박호성, 전게서(1994), 23면에서 재인용.

13) 강태수, 미연방대법원 판례와 우리 헌법재판소 결정의 교차점, 「미국헌법연구 제10호」(미국헌법학회 1999), 303면.

법재판소가 불평등을 시정하는 도구가 바로 평등권심사에 있어서의 이른바 “위헌심사기준”이다.

종래의 견해에 의하면 미국 연방대법원이나 독일 연방헌법재판소는 소위 합리성심사, 또는 자의금지원칙하에 입법자에게 넓은 형성의 자유를 인정해 왔다. 그러나 일정한 영역에서의 불평등대우를 헌법이 금지하고 있는 경우에는 입법자의 형성의 자유는 축소될 수밖에 없게 된다. 이때 등장하는 심사의 척도가 바로 엄격심사 또는 비례의 원칙이다. 사실상 헌법재판기관이 하는 평등심사의 문제는 바로 엄격심사의 문제라고 평가할 수 있다. 즉, 어떤 경우에 헌법재판기관은 엄격한 심사척도를 적용하여 입법자의 형성의 자유를 제한할 것인가 하는 문제인 것이다. 이는 엄격한 심사척도를 사용할 경우, 거의 대부분의 법률이 위헌판정을 받게 되기 때문이다. 따라서 헌법재판을 담당하는 기관의 입장에서는 입법자에게 지나치게 넓은 형성의 자유를 허용함으로써 국민의 평등권이 부당하게 침해되는 일을 방치해서도 안되지만, 엄격심사를 남용해서 입법자의 민주적 형성기능에 족쇄를 채워서도 아니되는 것이다. 여기에 바로 평등권심사의 한계가 있다고 할 것이다.

이 연구는 이러한 헌법재판에서의 평등권심사를 위한 바람직한 위헌심사기준을 찾고자 하는 노력의 일환이다.

2. 연구의 범위 및 방법

현실적으로 “헌법재판”을 통한 불평등의 시정, 곧 평등실현은 일정한 한계가 있을 수밖에 없다. 무엇보다도 먼저 재판이라는 제도자체에서 오는 한계이다. 즉, 헌법재판소에서 위헌심사가 이루어지려면 소송사건이 되어야 한다. 입법단계에서의 불평등이나 행정부의 적용단계에서의 그것에는 헌법재판소의 손이 뻗을 수가 없다. 뿐만 아니라 헌법재판으로 소송화가 되었다 하더라도 본안심사를 받기 위해서는 적법요건이라는 관문을 다시 통과해야 한다. 그러나 이 연구는 이 부분에 대하여는 다루지 않는다. 원칙적으로 본안판단을 받기 위한 문을 통과했다는 것을 전제로 그 사건에서 평등원칙위반 또는 평등권침해를 확인하기 위한 심사기준 내지는 심사방법을 찾는 것이다. 따라서 당연히 이념으로서의 평등의 개념[14]이나 자유와 평등과의 관계[15] 등도 본 연구의 범위에 포함되지 않는다.

헌법재판에서 평등원칙위반(평등권침해)에 대한 심사기준 내지는 심사방법을 찾는 방법은 우리와 같이 헌법재판을 하는 외국의 경험을 살펴보는 것이 유익하다. 왜냐하면 인권 내지는 기본권, 즉 인간의 기본적 권리라는 것은 논리적으로 모든 인간에 공통되는 것이고 이의 사법적 실현(헌법재판을 통한 기본권보호)을 위한 방법은 비슷할 수밖에 없다. 그러므로 우리보다 앞서 오랜 헌법재판의 역사와 경험을 가진 나라들의 사례를 연구하고 그들의 축적된 지혜를 얻는 일은 우리나라 헌법재판의 발전을 위해서도 필요하다.

우리는 헌법재판이라고 하면 우선 독일의 연방헌법재판소를 떠올린다. 그것은 우리의 헌법재판소제도는 기본적으로 독일연방헌법재판소를 모델로 한 것이기 때문이라고 생각된다. 그러나 헌법재판은 사실상 미합중국에서 연방대법원[16]이 1790년 2월 2일 탄생한 이후 1803년 Marbury v. Madison, 1 Cranch[17] (5 U.S.) 137 사건[18]의 판결을 통해 위헌법률심사제도를 확립한 이래[19] 200여년의 역사를 가지고 있다.

---

14) 이 부분에 대하여는 황도수, "헌법재판의 심사기준으로서의 평등", 박사학위논문(서울대학교대학원 1996.8), 24-42면; 박호성, 전게서(1994), 23-66면 각 참조.

15) 이 부분에 관하여는 이명웅, "한국헌법의 자유주의 이념", 박사학위논문(서울대학교대학원 1996. 2), 31-42면; 박호성, 전게서(1994), 106-140면 각 참조.

16) 미국의 연방대법원은 사실상 헌법재판기관의 역할을 하고 있다. 따라서 연방대법원의 판사(연방대법관)를 일반법원 판사 및 주대법원 판사(주대법관)와 구별하기 위하여 우리 헌법재판소의 경우와 같이 "재판관"으로 칭하기로 한다.

17) 미국 연방대법원의 판례집을 표시함에 있어 1권부터 90권까지는 편집자의 이름을 표기하기도 한다. 최초의 편집자는 (A.J.) Dallas로 그는 1~4권까지 편집했고, 그 후 Cranch는 5~13권, 연방의회가 공식 임명한 첫 번째 편집자인 (Henry) Wheaton은 14~25권, Peters는 26~41권, Howard는 42~65권, Black은 66~67권, Wallace는 68~90권을 각 편집하였다. 연방대법원은 "Wallace 후부터 편집된 판례집에 수록된 판례를 예컨대 '91 U.S. …' 라고 인용하는 것이 관습"이라고 밝혔다{Waples v. Hays, 108 U.S. 6 (1884)}. G. Gunther / K. Sullivan, *Constitutional Law*, 13th ed. (Westbury, N.Y.: The Foundation Press 1997), p. 3. 그러나 이 책에서는 특별한 경우가 아니면 연방대법원의 모든 판례에 대하여 "91 U.S. …"와 같은 방법으로 인용하기로 한다.

18) 이 사건에 대한 자세한 설명은 영문자료는 Gunther/Sullivan (1997), pp. 2-20 및 Erwin Chemerinsky, *Constitutional Law*, (New York: Aspen Law & Business 1997), pp. 36-44, 한글자료는 한병채, 미국 위헌심사의 정치적 배경과 헌법재판의 동향, 「헌법논총 제1집」(헌법재판소 1990), 20-23면 및 김운용, 미국의 위헌심사제도, 「미국헌법연구 (제8호)」(미국헌법연구소 1997), 165-174면을 참조.

19) 미국연방대법원은 Cooper v. Aaron, 358 U.S. 1 (1958) 사건에서, "Marbury v. Madison 판

그리고 그들은 많은 시행착오를 거쳐 나름대로의 위헌심사기준을 정립해 왔다. 그러므로 그들의 경험을 공유한다는 것은 우리가 책을 통해 간접적인 경험을 하는 것과 마찬가지로 가치 있는 작업이라고 생각한다. 이 연구에서는 이와 같은 인식하에 미국 연방대법원 200여년의 역사 중 이 연구의 주제인 평등에 관한 판례, 그 중에서도 엄격한 심사의 대상이 되는 영역 또는 엄격심사를 적용해야 하는지에 관한 논쟁이 있는 부분에 대한 판례의 분석 및 평가를 주로 연구의 대상으로 하였다.

그리하여 제2장[미국헌법상 평등보호]에서는 미합중국 연방헌법상 평등보호조항(수정헌법 제14조)이 어떤 의미를 갖는지(제1절), 그리고 적법절차와 평등보호는 어떠한 관계에 있는지(제2절)를 살펴보고, 이어서 연방대법원이 행하는 평등보호의 철학적 기초와 그 변천과정을 조망해 본다(제3절). 제3장[평등보호와 엄격심사기준]에서는 먼저 종래 미국연방대법원이 취하고 있는 3가지 심사기준, 즉 합리성심사기준, 중간심사기준, 그리고 엄격심사기준 중에서 합리성심사기준과 중간심사기준에 대하여 일별하여(제1절) 보고, 엄격심사기준의 의미와 엄격심사기준이 적용되는 영역은 구체적으로 어떤 부분인지, 그리고 이와 관련하여 논쟁이 있는 부분을 살펴본(제2절) 후에, 이와 같은 3중기준론의 문제점과 이를 극복하기 위하여 새로운 심사기준을 모색하려는 노력을 검토한다(제3절).

이제 우리나라 헌법재판소에서의 평등권심사를 위한 기준 및 방법을 모색하는 단계이다. 이를 위해 제4장[한국헌법재판소의 위헌심사기준]에서는 우선 그동안 우리나라 헌법재판소가 쌓아온 평등권심사의 기준에 대하여 살펴보고(제1절), 이어서 평등권심사 이외의 영역에서의 심사기준을 살펴본다(제2절). 마지막으로 제5장[결론]에서는 이상의 내용을 종합하면서 미국연방대법원의 평등심사분석, 특히 엄격심사기준의 문제점을 다시 한 번 짚어보고, 이를 토대로 우리나라에 있어 헌법재판의 활성화를 통한 평등권보호, 특히 남녀차별 철폐를 위한 헌법재판소의 역할에 대하여 강조하였다.

결은 연방사법부가(궁극적으로 연방대법원이) 헌법의 법원리를 밝히는데(헌법을 해석하는데) 있어 최고의 지위를 가진다는 기본적인 원칙을 선언한 것이며, 이러한 원칙은 그때 이래로 지금까지 연방대법원과 미합중국에 의하여 연방헌법체계의 영원하고 필수적인 특성으로 존중되어 왔다."고 판시하였다. Jerome Barron / Thomas Dienes, *Constitutional Law* 4th ed. (St. Paul, Minn.: West Publishing Co. 1999), p. 8.

제2장
미국헌법상 평등보호

제1절 평등보호조항

1. 평등보호조항 이전

가. 노예제도를 인정한 헌법

(1) 미국은 노예제도의 전통 위에서 세워진 나라이다. 즉, 컬럼버스의 아메리카 대륙 발견과 유럽백인의 신대륙 이주 후에 경제를 발전시키는 과정에서 부족한 노동력을 보충하기 위해 아프리카에서 흑인들을 노예로 데려와 일을 시켰고, 흑인노예는 사회적으로 인정된 제도였다. 미국 건국의 아버지 제퍼슨(Thomas Jefferson)조차 흑인노예를 소유하고 있었음은 잘 알려진 사실이다.

1865년 수정헌법 제13조[1]를 채택하기 이전에 노예제도는 합헌적이었다. 1868년 수정헌법 제14조를 채택하기 전에는 평등보호에 대한 어떠한 헌법적 보장도 없었으며, 따라서 인종차별에 대한 어떠한 제약도 없었다. "모든 인간은 동등하게 창조되었다."(all man are created equal)는 독립선언의 장엄한 문구에도 불구하고, 흑인은 헌법상 결코 동등하지 아니하였다. 뿐만 아니라 몇몇 헌법규정들은 명시적으로 노예제도를 보호하였다. 연방헌법 제1조 제2항은 "자유인의 총수"와 "기타의 5분의 3"에 의한 하원의원의 배분을 규정하였다.[2] 제1조 제9항은 1808년까지 연방의회가 노예의

---

1) 수정헌법 제13조(1865. 12. 18. 공포) 제1항 : 노예 또는 강제적 노역은 당사자가 정당하게 유죄판결을 받은 범죄에 대한 처벌이 아니면 합중국 또는 그 관할에 속하는 어떠한 장소에도 존재할 수 없다. 제2항 : 합중국 의회는 적당한 입법에 의하여 본조의 규정을 시행할 권한을 가진다. {원문은, "(Section 1): Neither slavery nor involuntary servitude, except as a punishment for crime whereof the party shall have been duly convicted, shall exist within the United States, or any place subject to their jurisdiction. (Section 2): Congress shall have power to enforce this article by appropriate legislation."}

2) 이러한 내용을 담고 있는 연방헌법 제1조 제2항, clause 3, 제1문·제2문의 원문은, "Representatives and direct Taxes shall be apportioned among the several States which may be included within this Union, according to their respective Numbers, which shall be determined by adding to the whole Number of free Persons, including those bound to Service for a Term of Years, and excluding Indians not taxed, three fifths of all other Persons."

수입을 금지하지 못하도록 하고 있으며,[3] 제5조는 이 규정이 헌법수정에 의하여 변경되는 것을 금하고 있었다.[4]

(2) 남북전쟁 후 미합중국에 남부 州들을 참여시키는 일은 매우 중요했기 때문에, 연방헌법의 문언에는 노예제도를 암묵리에 인정하였고 이를 눈감아주기도 했다. 연방정부는 연방헌법에서 노예제도를 규율할 권한을 부여받지 못했지만 또한 연방헌법이 노예를 해방시키지 못하도록 막은 것도 아니었다. 그러나 연방헌법 제4조 제2항 제3절(Article Ⅳ, section 2, clause 3)[5]은 州는 도망친 노예를 되돌려 주어야 한다고 규정하였다.[6]

나. 노예제도를 옹호한 법원

(1) 남북전쟁 전인 1845년 New Jersey 州대법원 판결인 States v. Post[7] 사건에서 州대법원은, 시대정신에 법적인 기속력을 부여하는 것은 법원의 임무가 아니며 법원이 자연법적 헌법해석방법을 반드시 채택해야 하는 것은 아니라고 판시하였다. 당시 New Jersey 州헌법은 "모든 사람은 자유롭고 독립적이며 자유나 재산권과 같은 특정한 권리를 부여받았다."고 선언하고 있었다. 이에 노예제도가 이 헌법규정에 위배되는지 여부가 쟁점이 되었다. 네비우스(Nevius) 판사가 작성한 법정의견에서

3) 이러한 내용을 담고 있는 연방헌법 제1조 제9항, clause 1, 제1문의 원문은, "The Migration or Importation of such Persons as any of the States now existing shall think proper to admit, shall not be prohibited by the Congress prior to the Year one thousand eight hundred and eight, but a Tax or duty may be imposed on such Importation, not exceeding ten dollars for each Person."

4) 이러한 내용을 담고 있는 연방헌법 제5조의 원문은, "… ; Provided that no Amendment which may be made prior to the Year One thousand eight hundred and eight shall in any Manner affect the first and fourth Clauses in the Ninth Section of the first Article; …"

5) 원문은, "No Person held to Service or Labour in one State, under the Laws thereof, escaping into another, shall, in Consequence of any Law or Regulation therein, be discharged from such Service or Labour, but shall be delivered up on Claim of the Party to whom such Service or Labour may be due."

6) Jonathan Neville, *Legalines - Constitutional Law* 3rd ed. (Chicago: Harcourt Brace Legal & Professional Publications 1998), pp. 79-80.

7) N.J. Sup. Ct., 20 N.J.L. 368 (1845).

New Jersey 州대법원은, "어느 누구도 절대적으로 자유로운 사람은 없다. 문명화된 국가에서 모든 거주자들은 문명의 혜택을 누리기 위하여 자신들의 자유의 일정 부분을 포기한 것이다. 모름지기 자유란 사회의 틀 안에서 이해되어야 한다. New Jersey 州헌법이 채택될 당시 노예제도는 사회의 일부분으로 받아들여졌고, 자유사회와 양립할 수 있다고 여겨졌다. 본 법원은 이러한 견해를 바꿀 필요를 느끼지 않는다."라고 판시하였다.[8] 주대법원은 이어서, "만일 헌법제정회의에서 정말로 당시 존재하던 노예제도를 폐지하려도 의도했다면 연방헌법에 이를 규정하려고 했을 것이다. 이 문제는 너무나 중요해서 추상적이고 정치적인 제안(헌법)의 '해석'을 통해서는 해결될 수 없다. 비록 독립선언문이 모든 사람은 평등하게 창조되었다고 선언하고 있지만, 미국 연방헌법은 여전히 노예제도의 존재를 인정하고 있다."고 언급하였다.[9]

(2) 연방차원에서도 마찬가지였다. 연방대법원은 1842년의 Prigg v. Pennsylvania 사건에서 노예상태로 돌려보내기 위하여 노예출신 흑인을 그 州에서 추방하고자 무력이나 폭력을 사용하는 것을 금지한 펜실배니아주법을 위헌이라고 선언하였고,[10] 1852년의 Moore v. Illinois 사건에서는, 州는 도주 노예를 숨겨주는 자를 처벌할 수 있다고 판결하였다.[11]

연방대법원은 그 유명한 1857년의 Dred Scott v. Sandford 사건[12]에서도 미국 영토의 특정 부분에서 노예제도를 폐지하는 내용의 1820년 소위 "미주리타협법"(Missouri Compromise law)을 수정헌법 제5조상의 적법절차에 근거하여 위헌이라고 선언하면서 노예를 미국연방의 시민으로 인정하지 않았다.[13] 원고인 Dred Scott은 노예인데, 그의 주인이 그를 노예를 인정하는 州인 Missouri에서 自由州인 Illinois와

8) Norman S. Goldberg / Peter Tenen, *Casenote Legal Briefs - Constitutional Law* (Santa Monica, CA: Casenotes Publishing Co. 1996), p. 47.

9) J. Neville (1998), p. 80.

10) 41 U.S. (16 Pet.) 539 (1842).

11) 55 U.S. (14 How.) 13, 18 (1852).

12) 19 Howard (60 U.S.) 393 (1857).

13) Gunther/Sullivan (1997), p. 424. 이 판결은 당시에 사회적으로 문제되었던 흑인문제를 해결하기는 커녕 기름을 부은 결과를 가져와 1861년에 발발한 남북전쟁의 한 원인으로 평가되고 있다.

역시 自由州인 Lousiana Territory의 일부인 Minnesota에 데리고 갔다가 주인과 함께 미주리로 돌아왔다. 그곳에서 그는 New York 州에 거주하는 피고 Sandford에게 팔렸다. Dred Scott은 Sandford를 상대로 신체에 대한 불법행위를 이유로 소송을 제기했다. Sandford는, Dred Scott는 자유인이 아니라고 항변하였다. 이 소송에서는 전에 노예이었던 자는 미합중국의 시민으로서의 권리를 갖는가? 즉, 연방법원에 소송을 제기할 자격이 있는가? 하는 점이 쟁점이었다. 연방대법원은, "연방헌법하에서 미국의 시민은 대표자를 통하여 통치하며 그렇게 하여 주권을 가진 국민이 된다. 이러한 지위는 수입된 노예나 그 후손들에게는 — 그들이 자유인이건 아니건간에 — 주어지지 않았다. 연방정부만이 외국인에게 국적을 부여할 배타적인 권한을 갖기 때문에, 비록 원고가 미주리州의 시민이라 할지라도 그러한 지위는 그에게 연방시민의 지위를 부여하는 것이 아니다. 이러한 이유로 원고는 연방법원에 소송을 제기할 자격이 없다."고 판시하였던 것이다.[14)]

2. 평등보호조항

가. 수정헌법 제14조의 채택과 초기 판례

(1) 제정당시의 연방헌법에는 법의 평등보호를 확인해 주는 규정이 없었는데, 이것은 흑인들이 노예였고 여성들은 의례 차별당하고 있던 사회의 문서로서 놀랄만한 일은 아니다. 남북전쟁 후 전에 노예였던 흑인들에 대한 광범위한 차별은 수정헌법 제14조가 제정되게 된 원인이 되었다.[15)] 권리장전(Bill of Rights)[16)] 이후의 모든 수정조항들 중에서 제14조가 가장 중요하다고 할 수 있다. 이 조항은 이전의 노예들에게 시민권을 부여하고, 州가 개인에게 평등보호를 거부하지 못하도록 하였으며, 누구도 적법절차에 의하지 아니하고는 생명 · 자유 · 재산을 박탈당하지 아니함을 보장하고, 이어서 연방의회로 하여금 이를 집행하기 위하여 적질한 입법을 할 수 있는 권한을 부여하였다. 권리장전이 주에 적용된 것은 이 수정헌법 제14조를 통해

14) J. Neville (1998), pp. 80-81.

15) E. Chemerinsky (1997), p. 526.

16) 수정헌법의 제1조부터 제10조까지를 말한다.

서이다.[17]

헌법에 평등이라는 단어가 명시적으로 제시된 것은 수정헌법 제14조[18]부터이다. 5개항으로 이루어진 수정헌법 제14조 중 제1항은, "합중국에서 출생하고 또는 귀화한 모든 사람은 … 합중국 및 그 거주하는 주의 시민이다."[19] 라고 선언함으로써 Dred Scott 판결을 파기하였고,[20] 이어서 "… 어떠한 州도 그 관할 안에 있는 사람에게 법에 의한 평등한 보호를 거부하지 못한다."[21]고 하여 법에 의한 평등보호를 규정하고 있다. 이 수정헌법 제14조 제1항은 실로 미국연방대법원에 제기되는 헌법소송 중 거의 모든 사건의 근거가 되고 있다. 그리고 아마 미국연방헌법의 어느 규정도 이 조항만큼 원래의 입법의도에 대해 뜨거운 논쟁을 일으킨 규정은 없다고 할 수 있다. 즉, 이 조항을 제정한 기초자들은 학교에서의 흑백분리정책을 금지하려고 했었는지,[22] 권리장전을 이 조항을 통해 수용하려고 한 것인지,[23] 적극적평등실현조치를

17) 그러나, 모든 수정조항들 중에서 제14조는 그 비준절차의 측면에서 볼 때 가장 문제있는 조항이라고 한다. 이를 간단히 살펴보면 다음과 같다. 수정헌법 제14조가 제안되자, Georgia · North Carolina · South Carolina 州의회는 이를 거부하였다. 연방의회는 발끈하였고, 이것은 남북전쟁에서 북측이 승리한 것을 무너뜨리려는 남부주들의 기도라고 간주하였다. 그리하여 연방의회는 남부재통합법(the Reconstruction Act) 제5조에서, "叛逆州는 연방에 재가입할 수 없으며 수정헌법 제14조를 비준할 때까지 연방의회에 대표를 보낼 수 있는 자격도 없다."고 규정하였다. 그 후 이들 주에는 새로운 정부가 들어서, 대부분의 다른 남부주들과 같이 제14조를 비준하였다. 그러나 Ohio와 New Jersey의 州의회는 자신들의 비준을 철회하는 결의안을 통과시켰다. 그럼에도 불구하고 1868년 7월 20일, 국무장관은 수정헌법의 통과에 필요한 4분의 3의 州들이 수정헌법 제14조를 비준하였다고 공표하였고(그 목록에는 비준을 철회한 Ohio주와 New Jersey주가 포함되었다), 다음날인 1868년 7월 21일, 연방의회는 수정헌법 제14조가 연방헌법의 일부가 되었음을 선언하는 결의안을 통과시켰고 연방상원은 이를 동의하였다. 70여 년이 지난 후 Coleman v. Miller, 307 U.S. 433 (1939) 사건에서 연방대법원은 이러한 역사를 인용하면서, "수정헌법 제14조의 유효성에 대한 입법부의 판단은 승인되어 왔다."고 판시하였다(Id. at 448, 452). E. Chemerinsky (1997), p. 14.

18) 1866. 6. 13. 제안되어 1868. 7. 28. 효력이 발생한 수정헌법 제14조 제1항은 크게 4부분으로 구성되어 있다. 흑인의 시민권을 통일적으로 규정한 부분, 특권과 면책조항, 적법절차조항, 평등보호조항이 그것이다.

19) 원문은, "All persons born or naturalized in the United States and subject to the jurisdiction thereof, are citizens of the United States and of the State wherein they reside."

20) E. Chemerinsky (1997), p. 550.

21) 원문은 "… nor deny to any person within its jurisdiction the equal protection of the laws."

22) 이 책 제3장 제2절 2. 가. (1)에서 다룬다.

23) 이 책 제2장 제1절 2. 다. (1)에서 다룬다.

허용하는 것인지,[24] 또는 연방의회로 하여금 새로운 권리들을 규정하거나 私人에 의한 인종차별을 금지하는 입법을 하도록 허용하는 것인지[25] 여부에 대한 논쟁이 그것이다.[26]

(2) 남북전쟁의 결과로 탄생한 3개의 수정조항[27]의 목적이 노예제도를 폐지하고 흑인들에게 미국 시민으로서의 완전한 혜택을 부여하며 선거권을 행사할 수 있도록 하는 것이었음에도 불구하고, 남부의 백인들은 진정한 자유를 흑인에게 허용하지 않았으며 예전처럼 흑인에 대한 차별이 여전히 행해지고 있었다. 연방대법원도 '남북전쟁 수정조항'을 해석한 최초의 판례인[28] 1873년의 Slaughter House Cases[29] 사건에서, "흑인들을 하나의 계급(신분) 또는 인종에 기해 차별하는 방법으로 의도되지 않은 주의 행위는 수정헌법 제14조에 위반되지 않는다."고 판결하였다. 이 사건에서는 New Orleans 市內 및 그 인접지역 내에서 가축방목장과 도축장을 금지한 Lousiana 州法이 문제되었다. 이 법률은 위 금지조치에 예외를 두어, Crescent City Company에겐 New Orleans 시의 특정지역에서 도축장을 운영하도록 허용하였다. 도축업자들과 이 법률로 인해 피해를 보고 있다고 주장하는 다른 관련자들이 무효선언을 구하여 소송을 제기하였는데, 루이지애나 주법원은 이 법률을 합헌이라고 하였다. 도

---

24) 이 책 제3장 제2절 4. 이하에서 다룬다.

25) 이 책 제2장 제1절 2. 다. (2)에서 다룬다.

26) Daniel A. Farber / Suzanna Sherry, *A History of the American Constitution* (St. Paul, Minn.: West Publishing Co. 1990), p. 297.

27) 수정헌법 제13 · 14 · 15조가 남북전쟁 이후에 연속적으로 규정되었고 이 내용들이 남북전쟁 기간 중에 해방되었던 노예들을 포함한 흑인의 권리를 보장하기 위해서 제정되었으므로 이 3조항을 '남북전쟁 수정조항'이라고 부른다.

28) Lockhart/Kamisar/Choper/Shiffrin/Fallon Jr., *Constitutional Law*, 8th edition (St. Paul, Minn.: West Publishing Co. 1996), p. 1147.

29) 83 U.S. 36 (1872). 다음의 3사건이 병합된 판결이다. : ①THE BUTCHERS' BENEVOLENT ASSOCIATION OF NEW ORLEANS v. THE CRESCENT CITY LIVE-STOCK LANDING AND SLAUGHTER-HOUSE COMPANY, ②PAUL ESTEBEN, L. RUCH, J. P. ROUEDE, W. MAYLIE, S. FIRMBERG, B. BEAUBAY, WILLIAM FAGAN, J. D. BRODERICK, N. SEIBEL, M. LANNES, J. GITZINGER, J. P. AYCOCK, D. VERGES, THE LIVE-STOCK DEALERS' AND BUTCHERS' ASSOCIATION OF NEW ORLEANS, AND CHARLES CAVAROC v. THE STATE OF LOUISIANA, ex rel. S. BELDEN, ATTORNEY-GENERAL, ③THE BUTCHERS' BENEVOLENT ASSOCIATION OF NEW ORLEANS v. THE CRESCENT CITY LIVE-STOCK LANDING AND SLAUGHTER-HOUSE COMPANY.
[http://www.findlaw.com/casecode/supreme.html]

축업자들은 연방대법원에 상고(appeal)하면서, 이 법률이 수정헌법 제13조와 제14조에 위반된다고 주장하였다. 특히 수정헌법 제14조와 관련하여 도축업자들은 이 법률이 특권 또는 면책조항뿐만 아니라 적법절차조항과 평등보호조항에도 위배된다고 주장하였다. 그러나 연방대법원은 수정헌법 제13조 위반 주장뿐만 아니라 수정헌법 제14조에 근거한 모든 주장도 배척하였다. 즉, ①수정헌법 제13조의 유일한 목적은 노예제도를 폐지하는 것이므로 이 사건에는 적용되지 않고, ②적법절차조항은 州가 절차적 적법절차의 요청에 맞게 법률을 제정・시행하도록 하는 것만을 보장하는데 위 루이지애나 법률은 적법절차 없이 도축업자들의 재산이나 권리를 박탈한 바 없으며, ③수정헌법 제14조의 기초자들이 의도한 것은 州의 차별적 취급으로부터 흑인들을 보호하는 것뿐이었으므로 도축업자들의 평등보호 여부와는 관계가 없다는 것이다.[30]

'이중시민권(dual citizenship) 사건'으로 불리기도 하는 이 사건 이전에 40년 전의 Barron v. Baltimore[31] 사건에서 연방대법원은 권리장전은 명시적이건 묵시적이건 각 주에 적용될 수 없다고 만장일치로 판결했었는데, Slaughter House Cases에서는 Barron 사건의 판결을 재확인했을 뿐만 아니라 수정헌법 제14조의 특권 또는 면책(Privileges or Immunities) 조항은 州의 시민권을 보호하는 것이 아니며, 단지 聯邦의 시민권만을 보호한 것이라고 판결함으로써 그러한 입장을 더욱 확고히 하였다.[32]

(3) 이 사건에서 연방대법원이 제시한 수정헌법 제14조에 대한 해석 중 특권 또는 면책 조항에 대한 부분을 제외한 다른 모든 (제한적인) 해석은 그 이후에 모두 번복되었다. 이 판결에서 연방대법원은 "평등보호조항은 오로지 흑인들을 보호하기 위한 목적으로 제정된 것이어서 … 우리는 어떤 州의 행위가 흑인들을 하나의 계급으로 다루거나 또는 인종을 이유로 차별하는 유형이 아닌 방법으로 이루어진 경우에 평등보호조항의 적용범위에 포함되는 것인지 여부에 대하여 매우 의문스럽게 생각

---

30) Ronald D. Rotunda/ John E. Nowak, *Treatise on Constitutional Law* Vol. 2 (St. Paul, Minn.: West Publishing Co. 1992), pp. 383-385.

31) 32 U.S (7 Peters.) 243 (1833).

32) H. Abraham, *Freedom and the Court : Civil Rights and Liberties in the United States* (1982) 윤후정(옮김), 「기본적 인권과 재판」(이화여자대학교출판부 1992), 59면.

한다."고 하였다.[33] 이 판단은 명백히 잘못이었음이 밝혀졌고 평등보호조항은 性(gender), 국적(alienage), 적출여부(legitimacy)를 이유로 차별하는 것을 금지하는 데에 적용되어 왔다.[34]

이러한 경향은, 1880년에 흑인을 대배심 또는 소배심원으로 하는 것을 금지하는 법률은 무효라는 Strauder v. West Virginia[35] 사건과 같은 예외는 있었지만, 1883년의 United States v. Harris 사건 및 Civil Rights Cases 사건에서도 계속되었다. United States v. Harris[36] 사건에서 연방대법원은 KKK단 규제법률(Ku Klux Klan Act of 1871)의 한 조항에 대하여 "사적인 개인행위에 적용할 수 없는 것"이라며 위헌이라고 판결하였다.[37]

나. "평등한 법"의 보호

(1) 평등보호조항은 수정헌법 제13조, 제14조, 제15조의 모든 부분과 마찬가지로 남북전쟁 직후에 제정되었고, 그 중요한 목표는 전에 노예신분이었던 자들(흑인)에게 자유와 평등한 대우를 얻도록 하기 위한 것이었다.[38]

1886년 Yick Wo v. Hopkins[39] 판결에서 연방대법원은, "이 조항(수정헌법 제14조)은 그 적용에 있어서 보편적이다. 즉, 영토적인 관할권 안에 있는 자에게는 인종이나 피부색, 국적의 차이에 관계없이 모두에게 적용되는 것이다. '법률의 평등보호'란 '평등한 법률'에 의해 보호하겠다는 서약이다."[40] 라고 판시하였고, 후에 1921년의 Truax v. Corrigan 사건에서는 "평등보호조항의 효력에 대한 이러한 정확하고 포괄적인 적절한 표현은 연방대법원에서 자주 인용해 왔다."고 설시함으로써[41] 평등보

---

33) 83 U.S. 36 at 81.

34) E. Chemerinsky (1997), p. 376.

35) 100 U.S. 303 (1880). 이 사건에 대하여는 이 책 제3장 제2절 2. 나. (1) 참조.

36) 106 U.S. 629 (1883).

37) H. Abraham (1982), 405면.

38) Steven L. Emanuel, *Constitutional Law Capsule Summary* (Larchmont, N.Y.: Emanuel Publishing Corp. 2000), p. 217.
[Online available] http://lawschool.lexis.com/emanuel/web/conlaw/index.html

39) 118 U.S. 356 (1886). 이 사건에 대하여는 이 책 제3장 제2절 1. 라.에서 자세히 논함.

40) Id. at 369. 원문은 "… the equal protection of the laws is a pledge of the protection of equal laws."

호는 평등한 법에 의해 이루어져야[42] 하는 것으로 밝혔으나 평등보호조항이 진정으로 위력을 발휘한 것은 오랜 뒤의 일이었다.

(2) 평등보호이론이 미국헌법해석의 핵심적 도구로 사용되기 시작한 것은 실체적 적법절차 이론이 종언을 고하게 된 1937년 이후였다. 수많은 경제개혁입법을 계약자유의 원칙으로 좌절시켜 온 이른바 Lochner시대(1905~1937)[43]에 평등보호조항은 헌법적 권리를 보호하는 데 있어서 보충적인 위치밖에는 차지하지 못하고 있었던 것이다. 즉, 연방대법원은 1950년대 중반까지 주나 지방자치단체의 행위에 대하여 평등보호조항을 침해하였다고 거의 확인하지 않았기 때문에 이 조항의 약속은 거의 1세기동안 인식되지 못한 상태였다. 그리하여 Oliver Wendell Holmes 재판관은 이미 1927년의 Buck v. Bell 사건에서 이 조항을 "위헌논의의 마지막 수단"(the last resort of constitutional arguments)이라고 조소하듯이 언급하였다.[44] Holmes 재판관은 누군가를 차별하는 거의 모든 법률에 대한 (평등보호조항에 근거한) 위헌주장의 가능성과, 연방대법원이 州나 자치단체 법규를 무효화하기 위하여 평등보호조항을 적용하기를 꺼려한 점을 언급한 것이다.[45]

(3) 그러나 이 조항은 이제 정부가 차별을 함에 있어 인종에 기한 차별뿐만 아니라 性, 국적, 嫡庶여부, 재산 또는 다른 특성들에 기한 차별을 하는 것을 제한할 수 있는 수단(심사기준)으로 해석되고 있다.

---

41) 257 U.S. 312, 334 (1921).

42) 독일기본법은 모든 국가권력의 기본권기속을 규정한 제1조 제3항("이하에 규정된 기본권은 직접 효력을 갖는 법으로서 입법권, 집행권 및 사법권을 구속한다.")을 통해서 이 문제를 해결하였다. 이준일(1992), 2면의 각주 3.

43) 미국연방대법원의 역사상, 1905년의 Lochner v. New York, 198 U.S. 45 (1905) 사건에서 빵 공장에서 일하는 노동자의 근로시간을 규제한 뉴욕州의 법률에 대하여 계약자유의 침해라고 하여 위헌으로 판정한 이래 1937년의 West Coast Hotel Co. v. Parrish, 300 U.S. 379 (1937) 판결에서 부인 및 소년노동에 관한 워싱턴州의 최저임금법을 합헌판결할 때까지의 시기를 말한다.

44) 274 U.S. 200, 208 (1927).

45) E. Chemerinsky (1997), p. 526.

다. 주정부와 연방정부

(1) 수정헌법 제5조와 제14조 : 州에의 수용(구현, incorporation)

(가) 앞에서 본 Slaughter House Cases[46] 사건에서 연방대법원은 수정헌법 제14조 제1항의 "특권 또는 면책" 조항[47]을 매우 협소하게 해석하였고 이와 같은 해석은 그 후 번복되지 않았으며, 그래서 권리장전의 적용을 위하여 특권 또는 면책 조항을 사용할 수 없게 되었다. 정확하게 말하자면 연방대법원은, 특권 또는 면책 조항은 州정부행위로부터 개인을 보호하려고 의도된 것이 아니며 또한 연방법원이 州법률을 무효화하기 위한 근거로 의도된 것도 아니라고 판시하였다.[48]

이와 같이 수정헌법 제14조상의 특권 또는 면책조항은 연방차원에서 주에 대한 헌법적 제한의 장치로 확장되지 못했다. 그 대신에, 수정헌법 제14조상의 적법절차 조항이 권리장전의 다양한 근본적인 보장이 구현되어("incorporated") 州에 적용될 수 있는 도구가 되었다. 이러한 수용(구현)의 발전과정은 어떤 권리들이 수용될 수 있으며 그 수용과정의 성격은 무엇이냐 하는 논쟁으로 특징지어진다.[49] 이에는 전면적 수용론(total incorporation)과 제한적 수용론(selective incorporation)이 대립되었는데, 전자는 Black 재판관과 Douglas 재판관이 대표적 주창자이고,[50] 후자의 입장은 Cardozo 재판관[51]과 Frankfurter 재판관[52]이 대표적이다. 어떤 점에서 보면, 선별적 수용론이 이 논쟁에서 유리한 지위를 차지하였다. 연방대법원은 전면적 수용론자들

---

46) 83 U.S. 36 (1873).

47) 수정헌법 제14조 제1항 제2문 : 어떠한 주도 합중국 시민의 특권 또는 면제를 박탈하는 법률을 제정하거나 시행할 수 없다. (No State shall make or enforce any law which shall abridge the privileges or immunities of citizens of the United States …).

48) 83 U.S. at 78.

49) Barron/Dienes (1999), p. 169.

50) 예컨대 Adamson v. California, 332 U.S. 46, 71-72 (1947) (Black, J., dissenting).

51) 예컨대 Palko v. Connecticut, 302 U.S. 319, 326 (1937). 이 사건의 법정의견을 집필한 Cardozo 재판관은, "수정헌법 제14조가 그들(사회적 및 도덕적 가치 : social and moral values)을 흡수하여 왔다면, 그러한 흡수과정은 예컨대 '사상과 표현의 자유'와 같이 그것이 희생된다면 자유나 정의도 존재할 수 없다는 믿음에 그 근거를 찾을 수 있다."고 설시하였다. ("If the Fourteenth Amendment has absorbed them, the process of absorption has had its source in the belief that neither liberty nor justice would exist if they were sacrificed. … This is true, for illustration, of freedom of thought and speech.")

52) Adamson v. Calfornia, 332 U.S. 46, 67 (1947) (Frankfurter, J., concurring).

의 접근방식을 결코 승인한 적이 없기 때문이다. 그러나 실제적인 관점에서 보면 전면적 수용론자들의 목적은 충분히 달성되었다. 왜냐하면 연방대법원은 권리장전의 거의 대부분의 규정에 대하여 (수용과정을 통하여) 주에 적용된다고 확인하였기 때문이다.[53] 현재까지 권리장전의 규정 중에서 州에의 적용이 거부된 것으로는 다음의 3개 조항이 있다. 즉, 수정헌법 제2조의 무기를 소지할 권리,[54] 수정헌법 제5조의 대배심에 의한 형사기소를 요구할 권리,[55] 수정헌법 제7조의 민사사건에서 배심에 의한 재판을 받을 권리[56]가 그것이다.[57]

(나) 수정헌법 제14조의 평등보호조항의 문언은 물론 직접적으로는 주정부의 행위에 적용되나, 연방정부에 대하여도 평등보호의 요청은 마찬가지로 요구되는데, 이는 수정헌법 제5조[58]의 간접적인 매개로 인하여 일어나는 것이다. 즉, 연방헌법의 어디에도 연방정부가 법률의 평등보호를 거부할 수 없다고 언급한 규정은 없다. 그러나 콜롬비아 특별구 공립학교의 인종분리(segregation) 문제를 다룬 1954년의 Bolling v. Sharpe[59] 사건에서, 연방대법원은 평등보호가 수정헌법 제5조의 적법절차조항을 통하여 연방정부에 적용된다고 판시하였다. Bolling을 포함하여 원고인 흑인들(미성년자였음)은 콜롬비아 특별구의 인종분리정책이 수정헌법 제5조가 보장하는 적법절차를 위배하였다고 주장했다.[60] 대법원장인 Warren 재판관이 작성한 판결문에서 연방대법원은, "우리는 오늘 수정헌법 제14조의 평등보호조항은 州들로 하여금 인종적으로 분리된 공립학교를 유지하는 것을 금지하는 것이라고 판결하였다.[61] … 콜롬비아 특별구[62]에 적용될 수 있는 수정헌법 제5조는 주에 적용되는 수정헌법

53) E. Chemerinsky (1997), pp. 381-382.

54) Presser v. Illinis, 116 U.S. 252 (1886).

55) Hutardo v. California, 110 U.S. 516 (1884).

56) Minneapolis & St. Louis R. R. Co. v. Bombolis, 241 U.S. 211 (1916).

57) E. Chemerinsky (1997), p. 383.

58) 수정헌법 제5조 : 누구든지 적법절차에 의하지 아니하고는 생명 · 자유 또는 재산을 박탈당하지 아니한다. ("No person shall be … deprived of life, liberty, or property, without due process of law …")

59) 347 U.S. 497 (1954). 이 사건은 유명한 Brown v. Board of Education, 347 U.S. 483 (1954) 사건과 같은 날(1954. 5. 17.) 선고된 사건이다.

60) 347 U.S. at 498.

61) 같은 날 선고된 위 Brown 판결을 말함.

62) 콜롬비아 특별구는 연방(의회)의 직할통치를 받는다. 미국연방헌법 제1조 제8항 제17문 참

제14조와는 달리 평등보호조항을 담고 있지 아니하다. 그러나 평등보호와 적법절차는 양자 모두 미국의 '공정'(fairness)이라는 이상으로부터 연유하고 있으며, 이들은 서로 배척하는 관계가 아니다. '법의 평등보호'는 '적법절차'보다도, 금지되는 불공정에 대한 더 분명한 보호장치이다. 그러므로 우리는 이 양자가 항상 교환될 수 있는 구절을 의미하는 것은 아니라고 본다. 그러나 우리 연방대법원이 전의 선례들에서 인정하였듯이 차별이 전혀 헌법적으로 정당화될 수 없다면 적법절차를 위배하는 것이 될 수 있는 것이다. … 공립학교 교육에 있어서 인종분리정책은 합당한 정부목적에 합리적인 관련이 전혀 없는 것이고, 따라서 그것은 콜롬비아 특별구의 흑인 학생들에게 적법절차를 위배하여 그들의 자유를 자의적으로 박탈하는 것이 되는 것이다. 헌법은 州들로 하여금 인종분리정책을 유지하지 못하도록 금지하고 있다는 우리의 판단에 비추어 볼 때, 같은 헌법이 연방정부에는 더 적은 의무(인종분리철폐)를 부과하고 있다고는 생각할 수 없다. 우리는 콜롬비아 특별구의 공립학교에서의 인종분리정책은 수정헌법 제5조에서 보장되는 적법절차를 부인하는 것이라고 판단하였다."라고 판시하였다.[63)]

즉 연방대법원은, 수정헌법 제14조에는 연방정부에 대해 적용되는 구절은 없지만 수정헌법 제5조의 적법절차조항은 위 제14조의 평등보호조항도 연방정부에 똑같은 제한을 설정한 것이라고 본 것이다.[64)] 연방정부로 하여금 인종이나 성에 근거하여 차별하는 것을 허용하는 것은, 수정헌법 제14조가 같은 행위를 州가 하는 것을 금지시킨 점으로 보아 분명히 받아들일 수 없는 것이었다. 이러한 장애(연방정부에 대한 규정의 결여)를 피하기 위하여, 연방대법원은 수정헌법 제5조를 평등보호에 대한 묵시적 요건을 포함하는 것으로 해석하였고,[65)] 그리하여 연방대법원은 결론적으로

조. {원문은, "To exercise exclusive Legislation in all Cases whatsoever, over <u>such District (not exceeding ten Miles square)</u> as may, by Cession of Particular States, and the Acceptance of Congress, become the Seat of the Government of the United States, and to exercise like Authority over all Places purchased by the Consent of the Legislature of the State in which the Same shall be, for the Erection of Forts, Magazines, Arsenals, dock-Yards and other needful Buildings;--And"}

63) 347 U.S. at 498-450.

64) Barron/Dienes (1999), p. 244.

65) 이에 대하여는 Kenneth Karst, *The Fifth Amendment's Guarantee of Equal Protection*, 55 North Carolina Law Review 540 (1977) 참조.

"그 차별은 전혀 정당화될 수 없어 적법절차를 침해한 것"[66]이라고 선언하였다.[67] 그러므로 주의 어떤 행위가 평등보호에 위반된다면, 그러한 행위가 연방정부에 의해 행해지는 경우에도 역시 위헌이 될 것이다.

(다) 위헌소송이 수정헌법 제5조를 근거로 연방정부에 대한 것이든, 아니면 수정헌법 제14조를 근거로 주와 자치단체의 행위에 대한 것이든 평등보호심사의 요건이 똑같다는 것은 이제 확립되었다. 연방대법원은 1976년의 Buckley v. Valeo 사건에서, "수정헌법 제5조의 영역에서의 평등보호심사는 수정헌법 제14조에 의한 그것과 동일하다."고 명시적으로 선언하였다.[68] 그러나 엄밀하게 말하면 평등보호는 연방정부에 대해서는 수정헌법 제5조의 적법절차조항의 사법적 해석을 통하여 적용되고, 주와 자치단체에 대해서는 수정헌법 제14조를 통하여 직접 적용된다.[69]

(2) state action

(가) 평등보호조항과 수정헌법 제5조의 적법절차조항은 (주든 연방이든) 정부의 행위에만 적용되고 사인의 행위에는 적용되지 않는다. 이를 흔히 "국가(정부)행위이론(state action theory)"이라고 부른다. 그러므로 예를 들어, 사립대학에서 아프리카계 학생의 입학을 거절하였고 이에 대하여 정부에서 아무런 참여를 하지 않았다면, 이 대학은 평등보호조항을 위반한 것이 아니다. 왜냐하면 거기에는 정부의 행위(state action)가 없기 때문이다.

일찍이 연방대법원은 수정헌법 제14조의 비준(1868)이 있은 후 10여년이 지난 1879년의 Virginia v. Rives 사건에서, "수정헌법 제14조상의 규정들은 … 모두 州의 행위와 관련된 것이지, 사인의 어떠한 행위와도 관련되어 있지 않다."고 선언하였고,[70] 1883년 Civil Rights Cases[71] 사건에서는, 여관이나 극장과 같은 공중접객업소와 공중놀이시설에서의 차별을 금지하는 1875년의 민권법[72]을 위헌이라고 판결하

66) 347 U.S. at 499.

67) E. Chemerinsky (1997), p. 527.

68) 424 U.S. 1, 93 (1976).

69) E. Chemerinsky (1997), p. 527.

70) 100 U.S. 313, 318 (1879); 또한 United States v. Cruikshank, 92 U.S. 542, 554-555 (1875).

71) 109 U.S. 3 (1883).

72) 1875년의 민권법은, 모든 사람은 "숙박시설등 편의시설을 완전하고도 평등하게 향유할 권한

면서(8:1), 수정헌법 제14조는 사인의 행위가 아닌 오로지 정부의 행위에만 적용되며, 따라서 수정헌법 제14조 제5항에 따라 의회는 오직 정부의 행위만을 규제할 수 있을 뿐이라고 판시한 바 있다. 법정의견을 집필한 Bradley 재판관은, "수정헌법 제14조는 … 州에 대한 금지규정이다. … 개인의 권리에 대한 사적인 침해는 동 수정조항의 규율대상이 아니다."[73] 라고 설시하였다. 따라서 연방대법원은, 수정헌법 제14조 제5항을 근거로 하여서는 연방의회가 사인의 행위를 규제할 수 없고, 단지 주정부에 의한 행위에 대해서만 규율할 수 있다고 결론지었다. 또한 연방대법원은, 어떤 사람에 대한 서비스의 제공을 거절하는 것은 단지 "통상의 민사적 손해"에 불과하고 "노예제도의 징표"가 아니기 때문에, 연방의회는 수정헌법 제13조 제2항에 근거한 권한에 의하여서 동법을 입법할 수 없다[74]고 하였다.[75] 이 사건에서 연방대법원은, (수정헌법 제14조를 포함한) 남북전쟁수정조항에 따라 입법할 수 있는 연방의회의 권한은[76] 이들 수정조항에 의해 금지된 행위에 대하여 구제책을 제공하는 것으로 제한된다고 보았다. 즉, 연방의회는 (이와 같이 수정조항에 반하는) "주법률이나 행정부와 사법부 공무원의 행위(적용)"를 배제하는 형태로 입법할 권한을 가진다는 것이다. 다시 말하면, 개인의 권리는 개인에게 불이익을 주는 州의 불법을 교정하기 위한 연방의회의 입법이 있는 한도까지만 수정헌법조항에 의해서 보호된다는 것이다. 연방의회로 하여금 (주의 행위가 아닌) 개인의 행위에 대하여 직접 규율하는 입법을 허용하는 것은, 연방의회에게 사회의 사람과 사람 사이의 모든 사적 권리를 규율하는 지방적인 법규를 제정할 권리를 창설하는 것이고, 이것은 聯邦의회가 州의회를 대신하는 것이며 그들의 지위를 빼앗는 것이라는 논리이다.[77]

과 여관, 육상 내지 수상의 운송기관, 극장, 그 밖의 공중놀이시설을 이용할 특권을 가진다." 고 규정하고 있었다. 이 법은 특히 인종이나 피부색 또는 노예신분이었던 이전의 상태를 근거로 하여 차별하는 것을 금지하였다. 즉, 이 법은 사인에 의한 인종차별을 금지하였고, 형사벌과 민사벌을 함께 규정하고 있었다.

73) 109 U.S. at 11.

74) Id. at 24.

75) E. Chemerinsky (1997), p. 386.

76) 예컨대 수정헌법 제14조 제5항 : 연방의회는 적당한 입법에 의하여 본조의 규정을 시행할 권한을 가진다. (The Congress shall have power to enforce, by appropriate legislation, the provisions of this article.)

77) Barron/Dienes (1999), pp. 559-560.

(나) 그러나 수정헌법 제14조는 오직 정부의 행위에만 적용된다는 전자의 설시는 여전히 유효하나 연방의회는 수정헌법 제14조 제5항에 의하여 오직 정부의 행위만을 규율할 수 있다는 후자의 설시는, 사인의 행위에 대한 연방의회의 규율권한 여부가 문제된 1966년의 Guest v. United States[78] 사건에서 6인의 재판관이 연방의회는 사인의 행위를 규율하기 위하여 이 규정을 사용할 수 있다는 견해를 밝혔기 때문에 아마 더 이상 유효하지 않다고 보인다.[79] 이 사건에서 피고인들은 연방헌법 및 연방법률을 위반하거나 시민의 권리를 침해하기 위하여 공모하는 자에 대한 형사처벌을 규정한 1871년의 민권법(Ku Klux Klan Act : 18 U.S.C. §241)을 위반하여 연방헌법 및 연방법률상 보호되는 흑인 시민의 권리행사를 박탈하기 위하여 모의했다는 죄명으로 기소되었다.[80] 이 사건에서는 연방의회가 수정헌법 제14조 제5항에 근거하여 사인의 행위를 규율하는 것은 절대적으로 금지되는가 하는 문제가 쟁점이 되었다.[81] 피고인들은 살인혐의로 체포된 뒤, 그들의 행위는 미합중국의 법체계하에서는 범죄를 구성하지 않는다는 이유로 기소가 위법이라는 신청을 하여 연방지방법원에서는 그들의 주장이 받아들여졌다. 이에 대한 연방대법원의 상고심에서 법정의견을 집필한 Stewart 재판관은 원심법원의 판결을 파기하며, "우리는 실정법의 해석문제를 다루고 있는 것이지 (연방의회가 이러한 입법을 할 권한을 가지는지) 여부에 대한 헌법문제를 다루고 있는 것이 아니"라고 하였다.[82] 그의 의견은, 연방민권법 위반을 이유로 한 起訴는 주의 행위가 관련되어 있다는 주장이 포함되어 있거나 또는 피고인들의 행위는 (피해자의) 헌법상 근본적인 권리인 州間여행권 — 이는 州의 행위가 있어야만 침해되는 것은 아니다 — 의 침해를 주장하는 것이라는 전제에 입각한 것이었다. 그러나 동조의견(및 반대의견)을 쓴 6명의 재판관들(Clark · Black · Fortas · Brennan · Warren · Douglas)은, 연방의회는 인종차별을 해서는 안되는 州소유의 설비(이 사건에서는 고속도로)를 이용하여 수정헌법 제14조상의 권리를 침해하는 사인의 행위를 규율할 수 있는 권한을 가지는 것이라고 하였다.[83]

---

78) 383 U.S. 745 (1966).

79) E. Chemerinsky (1997), p. 557의 footnote 66.

80) Gunther/Sullivan (1997), p. 964.

81) Barron/Dienes (1999), p. 560.

82) Gunther/Sullivan (1997), p. 964.

83) Barron/Dienes (1999), p. 560.

(다) 법률에 의한 제한이 없다면, 사인의 행위는 가장 기본적인 권리들을 침해하거나 심지어는 짓밟을 수 있다. 법원에서 시정될 수 있는 절차가 없으므로 이 사회의 가장 소중한 가치들인 언론의 자유, 프라이버시권, 그리고 평등권이 침해될 수 있다. 기본적인 자유에 대한 사인의 침해는 정부에 의한 침해만큼 해로울 수 있다. 언론의 자유는 공적인 제재에 의하는 것과 마찬가지로 사적인 제재를 통해서 상실될 수도 있고 혹은 위축될 수도 있다. 사인에 의한 차별은 정부의 행위(차별)에 의해 야기된 것만큼 최소한 치명적인 사회적 불평등을 야기하고 영속화한다. 그럼에도 불구하고 왜 국가행위이론이 존재하는가? 여기에서의 국가행위이론이란 연방헌법이 사인에 의한 침해를 제한(규율)하지 않는다는 것을 의미한다. Chemerinsky에 의하면 국가행위이론을 설명하는 이론의 근거는 크게 3가지인데, 하나는 헌법전(the context of the Constitution)에 근거한 것이고, 하나는 역사(history)에 근거한 것이며, 마지막 하나는 국가행위이론이 개인의 자율성을 강화하고 연방주의를 보호한다는 정책논거(the policy arguments)에 근거한 것이라고 설명한다.[84]

1) 헌법전에 근거한 설명

헌법전은 국가행위이론의 적용을 단지 정부에만 한정하는 것으로 보인다. 예컨대, 수정헌법 제14조는 "어느 주(any state)"도 평등보호를 부인하거나 적법절차를 거치지 아니하고는 개인의 생명, 자유 또는 재산을 박탈할 수 없다고 선언하고 있다. 수정헌법 제1조는 "연방의회(Congress)"는 언론 또는 출판의 자유를 축소하는 법률을 제정할 수 없다고 규정하고 있다. 수정헌법 제13조[85]를 제외하면, 헌법의 어떤 규정도 사적인 행위자(private actors)에게 적용되는 것으로 규정하고 있지 않다. 그러나, 정부가 私的인 권리침해를 중단시키지 않는다면, 그 자체가 헌법위반인지 아닌지 하는 의문이 제기된다. 달리 말하면, 정부가 사인의 인종차별을 내버려 둔다면 정부는

---

84) E. Chemerinsky (1997), pp. 388 389.

85) 수정헌법 제13조 (제1항) : 노예 또는 강제노역은 그가 정당하게 유죄판결을 받은 범죄에 대한 처벌의 내용으로서가 아니면 합중국 또는 그 관할에 속하는 어떠한 장소에도 존재할 수 없다. (제2항) : 합중국 의회는 적당한 입법에 의하여 본조의 규정을 시행할 권한을 가진다. {(Section 1) : Neither slavery nor involuntary servitude, except as a punishment for crime whereof the party shall have been duly convicted, shall exist within the United States, or any place subject to their jurisdiction. (Section 2) : Congress shall have power to enforce this article by appropriate legislation.}

평등보호를 부인하는 것인가? 私고용주가 의사표현과 단체행동을 이유로 그의 고용인을 해고하는 것을 정부가 방임한다면, 정부는 수정헌법 제14조에 반하는 자유의 박탈을 허용하는 것인가? 하는 문제이다. 어떤 의미에서는, "주는 그가 금지하지 않은 모든 행위를 허가하는 것이라고 말할 수 있다."[86] 주는 개인의 권리에 대한 사인의 침해를 중지시킬 권한을 갖고 있기 때문에 주가 그렇게 하지 않는다는 것은 그러한 침해행위를 허용하는 결정을 하는 것과 같다는 것이다.[87]

2) 역사적인 해석

역사적으로 볼 때, 보통법(the common law)은 사인에 의한 권리침해행위로부터 개인을 보호한다고 생각되었기 때문에 국가행위이론은 이해될 수 있었다. 보통법에 관한 Blackstone의 유명한 註釋書에서 그는, 개인은 자연권을 가지고 있으며 보통법은 이러한 자연권의 침해를 보호한다는 견해를 반복하여 표현하고 있다.[88] 즉, 그는 거의 한결같이 보통법과 자연법의 일치를 주장하였다.[89] 그러므로, 연방헌법이 만들어졌을 당시에 보통법은 사인에 의한 침해로부터 개인의 자유를 완전히 보호한다고 생각되었다. 개인은 주헌법에 의하여 주정부의 침해로부터 보호되었다. 이러한 보호장치는 권리장전이 연방의 침해로부터 개인의 권리를 보호함으로써 완성되었다. 그러나 언론의 자유와 같은 몇몇 헌법상의 권리들은 보통법 체제하에서는 거의 보호되지 아니하였다. 또한 세월이 흐름에 따라 연방대법원은 보통법의 일부가 되지 않은 많은 권리를 인정해 왔다. 그러므로 보통법과 헌법상 권리간의 역사적 일치성은 세월이 흐름에 따라 매우 줄어들었다.[90]

3) 정책적 정당화 이론

연방대법원은 국가행위이론에 대한 2개의 주요한 정책논증을 분명하게 밝혔다.

---

86) Harold Horowitz & Kenneth Karst, *Reitman v. Mulkey : A Telophase of Substantive Equal Protection*, 1967 Supreme Court Review 39, 55.

87) E. Chemerinsky (1997), p. 389.

88) 예컨대 William Blackstone, *Commentaries on the Laws of England* (Chicago: University of Chicago Press 1979), pp. 41, 111, 116-117, 122, 219, 226.

89) Duncan Kenndey, *The Structure of Blackstone's Commentaries*, 28 Buffalo Law Review 205, 241 (1979).

90) E. Chemerinsky (1997), p. 390.

첫째, 국가행위이론은 개인의 자율영역을 보존한다는 것이다. 연방대법원은 1982년 Lugar v. Edmondson Oil Co. 사건에서, 국가행위이론이 "연방법과 연방사법권의 규율범위를 제한함으로써 개인의 자유의 영역을 보존한다."고 설시하였다.[91] 국가행위이론은 사적 행위자가 헌법과 헌법 안에 포함된 제한을 무시할 자유를 가지고 있음을 의미한다.[92] 그러나 국가행위이론은 권리침해를 내버려 두기 때문에 개인의 자유를 희생시킨다는 점도 주의해야 한다. 국가행위문제가 야기되는 모든 사례에서 가해자라고 주장되는 자의 자유와 피해자라고 주장하는 자의 자유 양쪽 모두가 문제된다. 따라서 몇몇 학자들은, 연방대법원은 전적으로 행위자(가해자)가 누구냐(정부인가 혹은 사인인가)에 근거하여 (정부행위이론을) 선택하기보다는 명시적인 이익형량심사(balancing test)를 해야 한다는 견해를 옹호해 왔다.[93] 둘째, 연방대법원은 위 Lugar 사건에서, 국가행위 이론이 "州의 主權이 미치는 영역을 보존함으로써 연방주의를 강화한다."고 설시하였다.[94] 연방대법원은 1883년의 Civil Rights Cases 판결에서, "연방헌법상의 권리는 개인의 행동을 규율하지 않으며 더욱이 연방의회는 헌법상의 권리를 사인의 행위에 적용하기 위하여 입법할 권한이 없다."고 판시한 바 있었다.[95] 시민 개개인의 법적 관계를 형성하는 것은 州이지 연방정부가 아니라는 것이다. 그러나, 이 사건 이후 1세기 동안에 연방정부는 개인간의 법적 관계에 대하여 광범위한 분야에서 규율하기에 이르렀다. 연방주의는 기본적인 권리의 침해를 허용하는 것을 정당화하는지에 대하여 의문을 가져보는 것은 보다 중요하다. 州가 기본적인 권리가 개인에 의해 침해되는 것을 적절하게 보호하지 않고 있다면, 州의 主權에 대한 고려 때문에 그러한 침해를 구제하지 않는 것이 정당화될 수 있을까 하는 점이다.[96]

---

91) 457 U.S. 922, 936 (1982).

92) William P. Marshall, *Diluting Constitutional Rights : Rethinking 'Rethinking State Action'*, 80 Northwestern University Law Review, 558 (1985) 참조.

93) Horowitz/Karst (1967), pp. 75-76 ; Charles L. Black, Jr., *Foreword : "State Action," Equal Protection, and California's Proposition 14*, 81 Harvard Law Review 69, 108 (1967) ; Frank Goodman, *Professor Brest on State Action and Liberal Theory and a Postscript to Professor Stone*, 130 University of Pennsylvania Law Review 1331, 1340 (1982).

94) 457 U.S. at 936.

95) 109 U.S. 3, 11 (1993).

96) E. Chemerinsky (1997), p. 391.

3. 차별로부터의 보호

가. "차별" 내지는 "구분"

(1) classification[97)]

사실 어떠한 법률도 모든 사람에게 예외없이 적용되고 모든 사람을 평등하게 취급하는 법률은 없다. 모든 법률은 특별한 부담을 부과하거나(또는 그러한 부담을 면제해 주거나) 또는 어떤 사람에게는 특별한 혜택을 주면서 다른 사람에게는 주지 않음으로써 '차별'하는 것이기 때문이다.[98)]

평등보호조항은 오로지 정부가 차별 내지는 구분을 행하는 경우에만 관련된다. 그러므로 이 조항은 정부가 단순히 어떤 사람이 어떤 유형의 집단에 속한다고 결정하는데 그치는 경우에는 관련이 없다. 예를 들어 연방의회가 1년에 1,000시간 이상을 일하는 사람에게만 사회보장 혜택을 부여하는 법을 만든다면, 이는 1년에 1,000시간 이상 일하는 사람과 그 이하 일하는 사람을 구분한 것이고, 이러한 구분에 대하여는 평등보호조항에 근거한 위헌주장을 할 수 있다. 그러나 어떤 사람이 1년에 1,000시간 이상을 일했는지 여부에 대한 행정적인 결정은 위에서 말한 "구분"이 아니기 때문에 평등보호조항으로 위헌주장을 할 수는 없고, 이때는 (예컨대 그러한 결정의 절차에 하자가 있었다면) 적법절차조항을 적용할 수 있을 것이다.

(2) 구분(차별)과 입법목적과의 관계

Joseph Tussman과 Jacobus tenBroek은 1949년 California Law Review에 실린 논문 "법률의 평등보호"(*The Equal Protection of the Laws*)에서 구분(차별)형식과 입법목적과의 관계를 잘 묘사하였다. 그들은 차별의 유형을 ①완전히 합리적인 구분(perfectly reasonable classification), ②완전히 불합리한 구분(perfectly unreasonable classification), ③과소포함적 구분(under-inclusive classification), ④과다포함적 구분(over-inclusive classification), 및 ⑤과소·과다포함적 구분(under-and over inclusive

97) 미국 연방대법원의 평등보호에 관련된 판례에 나오는 "classification"이라는 단어는 보통 '구분' 내지는 '분류', 때로는 '차별'이라는 뜻으로 사용되므로, 이 책에서도 필요에 따라 이들 단어를 선별적으로 또는 함께 사용하기로 한다.

98) Lockhart/Kamisar/Choper/Shiffrin/Fallon Jr. (1996), p. 1147.

classification)의 다섯 가지로 나누고 있다.[99] 여기에서 그들은 차별의 합리성[100] 여부에 대한 판단은 비슷한 상황에 처해 있는 사람들을 비슷하게 대우하는 데 있어 성공하고 있는지의 정도의 문제라고 하였다. 차별의 합리성 여부를 판단하는 "상황의 유사성"에 대한 기준을 어떻게 찾을 수 있을까? 그에 대한 대답은 차별 자체뿐만 아니라 법의 목적(입법목적)을 살펴보아야 한다는 것이다. 즉, 합리적인 구분이라는 것은 입법목적의 관점에서 보아 유사한 상황에 있는 사람들을 모두 포함하는 것이다. 여기에서 입법목적은 공중에게 해로운 것(public mischief)의 제거일 수도 있고 적극적으로 공공선(public good)의 추구일 수도 있다. 그러나 논의를 단순히 하기 위하여 입법목적을 "해악"의 제거로 보고 입법적 구분의 특성(차별기준)을 어떤 해악의 "경향"으로 정의하기로 하면, 차별과 입법목적과의 관계는 해악(Mischief)과 경향(Trait)의 관계라고 말할 수 있다.

(3) 세 가지 문제

Chemerinsky는 평등보호문제를 다음의 3가지 쟁점으로 분류하고 있다.

첫째, 정부의 구분(차별)은 어떤 것인가? 정부는 국민들을 어떻게(어떤 근거로) 구분하고 있는가? 평등보호분석은 항상 정부가 국민들을 어떻게 구분하고 있는가를 확인함으로써 시작해야 한다. 이 점은 때때로 위헌소송의 초점이 된다.[101]

둘째, 어느 수준의 심사기준을 적용할 것인가? 일단 정부의 차별이 확인되면 분석의 다음 단계는 적용될 심사수준을 정하는 것이다. 연방대법원은 차별의 유형에 따라 상이한 수준의 심사기준이 적용될 것이라는 점을 분명히 해 왔다. 연방대법원이 일반적으로 채택하고 있는 심사수준은 엄격심사, 중간심사, 합리성심사의 3종류가 있다.[102]

셋째, 정부의 행위(예컨대 법률)가 그러한 심사수준을 충족하는가? 심사수준이란 평등보호를 거부하여 위헌이라고 다투어지고 있는 특정한 정부행위에 적용되는

---

99) Tussman/tenBroek, *The Equal Protection of the Laws*, 37 California Law Review, 341, 348-353 (1949).

100) 당시에는 차별이 헌법상 정당화되려면 '합리성'을 갖추어야 한다고 보던 시기이다. 즉, 평등보호에 있어 연방대법원이 전통적인 합리성심사기준을 적용하던 시기이다.

101) E. Chemerinsky (1997), p. 528.

102) E. Chemerinsky (1997), p. 529.

법의 원칙이다. 엄격심사에서 법률이 유지되기 위해서는 입법목적이 필수불가결인(compelling) 것으로 인정되어야 한다. 중간심사에서는 그 목적이 중요한(important) 것으로 간주되어야 한다. 합리성심사에서는 정당한(legitimate) 목적이 있어야 한다.[103)]

나. "적용상" 그리고 "문면상"의 차이

(1) 만약 원고(청구인)가 어떤 '구분'이 법률 또는 규칙에 명확히 규정되어 있다고 주장하는 경우, 그는 이 법규가 "문면상"(on its face) 평등보호조항을 위배했다는 주장이 된다. 반면에 원고가 어떤 법규가 문면상 구분을 하고 있지는 않으나 의도적으로 차별적인 방법으로 집행되고 있다고 주장한다면, 그는 위 법규가 평등보호조항을 "적용상"(as applied) 위배했다는 주장이 되는 것이다.[104)]

예를 들면, 어떤 법률이 "시민권자만이 투표권을 가진다."고 규정하고 있는 경우에는 시민권자 대 비시민권자의 구분이 '문면상' 있게 된다. 그런데 원고가 실제의 집행단계에서 흑인에게는 시민권의 입증을 요구하는 반면에 백인에게는 그런 요구를 하지 않는다는 주장을 하고 있다면 그의 주장은 위 법률의 "적용위헌" 문제를 거론하고 있는 것이다.

다른 한편으로, 문면상으로는 중립적인 법률이지만 그 법률에 의하여 차별적 영향이 있거나 집행으로부터 차별적 효과가 있는 경우가 있다. 예컨대, 경찰관은 5피트10인치 이상의 신장과 150파운드 이상의 체중을 가진 자여야 한다고 규정한 법률은 문면상으로는 신장과 체중만에 대한 제한이다. 그러나 통계상으로 볼 때 남자의 40%와 여자의 2%만이 이 요건을 충족시킬 수 있다. 결과적으로 그 법률은 경찰관으로 채용되고자 하는 여성에 대하여 차별적인 효과를 갖게 된다.[105)]

(2) 이와 같이 평등보호에 관한 두 개의 개념을 대비시키려는 견해가 있다. 하나는 동등한 취급(equal treatment)에 초점을 맞추는 것이고, 다른 하나는 동등한 결과(equal results)에 주목하는 것이다.[106)] 전자는 정부(법률)가 국민을 차별 없이 취

103) E. Chemerinsky (1997), p. 531.
104) 소위 "적용위헌"의 문제이다.
105) E. Chemerinsky (1997), p. 528.

급하고 있는가에 초점을 맞춘다. 만약 그렇다면 결과가 불평등하더라도 평등보호는 충족된 것이다. 후자는 정부행위의 결과를 강조한다. 이 문제는, 평등보호법리의 중요한 문제인, "어떤 법률의 차별적 영향을 증명하는 것으로 평등보호위반은 성립하기에 충분하가?" 하는 여부의 문제이다. 전자의 입장을 취하는 사람들은 만약에 그 법률이 차별적 목적에 대한 증거가 없다면 평등보호위반은 없는 것이라고 말할 것이다. 반면에 후자의 입장을 취하는 사람들은 만약 문면상 중립적인 법률이라도 차별적 영향을 갖게 된다면 그 자체로 평등보호위반이 있는 것이라고 말할 것이다.[107)]

(3) 이 양자의 주장에 대하여는 같은 심사기준이 적용된다. 예를 들어, 후술하는 "의심스러운" 차별(suspect classification)이나 "근본적인 권리"(fundamental right)[108)]가 관련되지 않은 경우에, 그러한 차별이 문면상 차별이든, 적용상 차별이든 州(국가)의 적법한 목적에 합리적으로 관련되지 않았다면 평등보호조항을 위반하는 것이다. 그리하여 연방대법원은, 법률이 문면상 중립적일 때 인종이나 성에 기한 차별을 입증하려면 차별적인 영향(discriminatory impact)의 입증으로는 충분하지 않고, 그 법률이 차별적인 목적(discriminatory purpose)이 있었다는 것을 제시하여야 한다고 판시하였다.[109)]

위 경찰관 사례를 보면, 경찰관의 신장 · 체중 요건에 대하여 여성들이 위헌주장을 하려면 정부의 목적이 성별에 기초한 차별임을 입증하여야 한다. 결과적으로 말

---

106) Sheila Foster, *Difference and Equality: A Critical Assessment of the Concept of "Diversity,"* 1993 Wisconsin Law Review 105, 148-150; Michel Rosenfeld, *Decoding Richmond: Affirmative Action and the Elusive Meaning of Constitutional Equality*, 87 Michgan Law Review 1729, 1735-1737 (1989).

107) E. Chemerinsky (1997), p. 527의 footnote 8.

108) 근본적인 권익(fundamntal rights 또는 fundamntal interests)이라 함은 수정헌법 제14조의 '자유(liberty)'의 중요한 구성요소로서 그 침해에 대하여는 법원에 의하여 엄격한 심사를 받는 영역을 말한다. 연방대법원의 판례에 의하면, 투표권, 州間통행권, 그리고 프라이버시의 여러 측면(예컨대 결혼이나 피임권 등)이 이에 해당한다.
Black's Law Dictionary 7th ed. (St. Paul, Minn.: West Publishing Co. 1999), p. 683.

109) Washington v. Davis, 426 U.S. 229 (1976); McCleskey v. Kemp, 481 U.S. 279 (1987); Personnel Administrator v. Feeney, 442 U.S. 256 (1979). E. Chemerinsky (1997), p. 319. 이들 사건에 대하여는 이 책 제3장 제2절 2.의 라. (2), (4) 및 나. (7)에서 자세히 논한다.

하면, 차별의 존재를 입증하는 데에는 두 개의 선택적 방법이 있다. 즉, 그 차별이 법률 문면상으로 존재함을 입증하거나 혹은 문면상 중립적인 법률이라도 차별적 효과와 아울러 차별적 목적이 있음을 입증하는 것이다.[110)]

다. 차별과 정당화사유

(1) 수정헌법 제14조가 어떤 州도 그 지배권내에 있는 사람에 대하여 법률에 의한 평등한 보호를 거부할 수 없다고 규정하고 있다 하더라도, 주들은 사람들 사이에 필연적으로 구별을 해야 할 때가 있다. 예컨대, 모든 주는 16세 이상인 자만이 운전면허를 취득할 수 있도록 하고 있으며 복지혜택은 가난한 사람에게만 주고 있다. 이러한 사례와 같이 많은 법률에 대하여 그것이 사람을 불평등하게 취급하였다는 이유로 위헌주장을 할 수 있고 이때 법원(궁극적으로 연방대법원)은 그와 같은 취급에 있어 어떠한 차별이 헌법상 정당화되며, 어떤 경우가 평등보호를 부인하는 것인가 하는 점을 결정하여야 한다. 이때 중요한 점은 헌법의 해석과 적용에 있어 법원은 권리를 방해하고 차별하는 조치(입법)를 허용하는 정당화사유가 있는지를 결정하여야 한다는 점이다.[111)]

(2) 이러한 차별의 정당화에 대한 법원의 판단에 있어 통상적으로는 정부의 차별목적이 헌법상 정당성이 있는 공익인지 여부를 먼저 판단하고, 그러한 목적달성을 위하여 선택된 수단, 즉 차별이 그 목적달성을 위하여 적절한 방법이 되는지를 이어서 판단한다. 그리고 이어서 이러한 차별로 인하여 침해되는 국민의 기본권과 차별로 달성하고자 하는 공익을 서로 비교・형량하는 절차가 따르게 된다. 그리고 흔하지는 않지만, 정부(입법자)가 선택한 차별수단 이외에 덜 차별적인 수단(less discriminative alternative, LDA)으로도 공익목적을 달성할 수 있는지에 대한 판단도 있을 수 있다. 이는 평등보호심사에서도 비례성원칙이 적용될 수 있음을 보여준다고 하겠다. 이러한 판단절차와 그 수준은 후술하는 심사의 강도에 따라 달라지게 된다.

110) E. Chemerinsky (1997), p. 528.
111) E. Chemerinsky (1997), p. 16.

제2절 적법절차와 평등보호

1. 미국헌법상 적법절차

가. 적법절차의 법리

(1) 1791년에 채택된 권리장전 — 이른바 수정헌법 — 제5조에서 "누구든지… 적법절차에 의하지 아니하고는 생명·자유·재산을 박탈당하지 아니한다."고[112] 규정함으로써 비로소 연방수준에서 적법절차의 원리가 채택되었다. 그러나 이들 인권조항은 연방정부에 대해서만 적용되고 州정부에 대해서는 적용되지 아니하였기 때문에 명실공히 권리장전으로서의 기능을 다하지 못하였다. 그러다가 1868년에 수정헌법 제14조를 채택,[113] 연방헌법상의 인권조항이 州정부를 구속하게 됨으로써 "인권의 연방적 보장"을 실현하게 되었다. 즉 연방헌법상의 인권목록은 수정헌법 제14조(제1항)의 "적법절차" 조항을 매개로 州시민에 적용될 수 있는 길을 터놓은 것이다.[114]

(2) 이 적법절차조항은 처음에는 영국에서처럼 common law의 일반적인 원칙을 수용하여 법집행의 형식적인 절차에 대한 제약으로서 흑인의 자유 보장과 州권력 제한 등 주로 형사절차에 관한 절차적 정의의 보장을 본래의 기능으로 해석하였으나, 19세기 말에는 동 조항이 단지 형식적인 절차만이 아니고 실제적 내용까지도 제한하는 것이라고 보는 확대해석의 입장이 확립되었다. 이것은 산업혁명 이후 고도의 자

112) 수정헌법 제5조 중 "…nor shall any person …, nor be deprived of life, liberty, or property, without due process of law …"

113) 수정헌법 제14조 중 "…nor shall any State deprive any person of life, liberty, or property, without due process of law…"

114) 그런데, 앞에서도 본 바와 같이 수정헌법 제14조가 비준된 것은 당시 모든 주들이 동의를 하거나 암묵적으로 승인하였기 때문이 아니라, 남북전쟁 이후 남부의 각주에서 북군에 의한 군정을 철폐하는 조건으로 남부주들이 이를 비준한 것으로 '일종의 간접적인 강요'에 의한 것이라는 평가도 있다. 한상희, 미국에서의 사법심사의 준거, 「미국헌법연구 (제9호)」 (미국헌법학회, 1998), 184면. 그리고 E. Chemerinsky (1997), p. 14. 참조.

본주의로 발전하는 과정에서 실체적 정의에 위배된 법률의 개인 기본권에 대한 침해가 빈번해지자 적법절차를 통해 올바른 법적 개념을 정립하고 새로운 역사적 상황에 부응하는 법해석의 태도가 요청되기에 이른 것인데, 따라서 1880년대부터 연방대법원은 적법절차를 토대로 하여 정의에 반한 법의 내용과 집행절차는 물론 국가권력행위에까지도 적법절차의 의미를 확대해석하게 되었다.[115] 그 전개과정에 대하여는 아래(이 절 2.)에서 살펴본다.

나. 절차적 적법절차와 실체적 적법절차

(1) 절차적 적법절차

절차적 적법절차(procedural due process)는 절차상 합법성을 의미하는 경우인데, 절차적 정의를 존중하는 것이다. 즉, 법적 분쟁을 해결하기 위해서는 그 결정이 객관적인 신뢰를 받도록 절차적으로 편견과 불공정의 우려를 없애야 한다는 생각이 적법절차 개념의 기초를 이루고 있는 것이며, 이는 곧 "節次의 適正"임을 의미한다.[116]

절차적 심사는 그 범위가 한정되어 있다는 점을 인식하는 것이 중요하다. 절차적 적법절차는 단지 정부가 개인의 생명, 자유 또는 재산을 직접 침해하는 행위를 하기 전에 공정한 결정과정이 있어야 한다는 것을 보장할 뿐이다. 예를 들면, 州의회가 자동차를 2열로 주차한 죄에 대하여 배심재판(trial by jury)과 상소심재판(appellate review)을 거쳐 확정된 사람에게 死刑을 부과하는 법률을 제정한 경우, 그 법률이 적법절차조항이 요구하는 절차적 요건들을 위반한 것이 아님은 분명하다. 이 법률은 잔인하고 비정상적인 형벌에 해당한다는 점에서, 수정헌법 제14조를 통하여 州에 적용되는 수정헌법 제8조[117]를 위반한 것일 수는 있다. 사실, 이 법률은 또한 교통혼잡에 따른 위험을 막기 위하여 정부의 권한을 비합리적이고 자의적인 방법으로 남용한 것이라는 점에서 수정헌법 제14조 적법절차조항의 실체적 보장에도 위반될 것이다.

---

115) 유정복, 미국헌법과 적법절차의 발전, 「헌법학연구 제2집」(한국헌법학회, 1996. 11), 234면.

116) 유정복(1996), 254면.

117) 수정헌법 제8조(1791. 12. 15. 공포) : 과다한 보석금을 요구하거나 과다한 벌금을 부과하거나 잔혹하고 비정상적인 형벌을 가할 수 없다. (Excessive bail shall not be required, nor excessive fines imposed, nor cruel and unusual punishments inflicted.)

그렇지만 사형선고가 내려지는 결정과정이 공정한 것인 한, 그 법률을 "절차적" 적법절차에 근거해서 위헌선언할 수는 없다는 것이다.[118)]

(2) 실체적 적법절차

실체적 적법절차(substantive due process)는 적법절차를 절차면에서 실체면으로 확대해석한 것인데, 시대적으로 남북전생을 계기로 한 1890년대에 확립되었다. 남북전쟁은 국내시장을 확대하고 대규모의 공업생산을 가능하게 하였으며, 한편으로는 경제 · 사회적인 새로운 문제가 제기되었으므로 정부는 이에 대응하기 위한 새로운 입법의 조치를 취하였다. 이와 같은 상황에서 기업가들은 그와 같은 법률이 자유를 부당하게 침해하는 것이라고 하여 법원에 구제를 요구하였는데, 법원은 적법절차조항이 그들을 보호하는 가장 유력한 무기인 것을 발견하고 "적법절차는 법률의 내용도 제한할 수 있다."는 것으로 해석하게 되었다.[119)]

실체적 심사는 법률의 실체적 내용을 심사하는 사법부의 권한에 관한 것이다. 여기서 "실체적 심사"란 어떤 법률이나 정부행위의 실체적 내용이 연방헌법에 합치하는지에 대한 사법적 판단을 의미한다. 절차적 적법절차가 관련된 것 이외의 모든 형태의 심사는 실체적 심사이다. 예를 들면, 연방대법원이 언론 · 출판의 자유를 제한하는 어떤 법률이 수정헌법 제1조를 위반하였다는 이유로 무효화하는 경우, 이 사건은 연방대법원에 의하여 실체적 심사가 이루어졌음을 의미한다.[120)] 여기에서 실체적 적법절차란 첫째, 절차상의 공정성보다도 더 자유 또는 권리의 실체적 내용의 집행이 보장되는 것이 요청되는 것이며, 둘째 공공정책상의 쟁점에 있어서 입법적 판단에 우선하는 사법적 판단의 대치가능성을 인정하는 내용을 갖는다고 본다.[121)]

---

118) Rotunda/Nowak (1992), p. 356.

119) 유정복(1996), 254면.

120) Rotunda/Nowak (1992), p. 356.

121) 유정복(1996), 234면.

2. 적법절차 개념의 발전과 평등보호

가. 건국초기

(1) 마샬법원 (Marshall Court, 1801~1835)

미합중국 건국초기의 연방대법원은 연방제 수호를 위해 존립했고 19세기에 들어와서는 사유재산권의 보호를 위해 헌신했다. 이를 위하여 의회가 제정한 법률 또는 대통령이나 주정부의 조치에 대하여 위헌심사를 할 수 있었다. 마샬법원이 설정했던 최초의 경계선은, 주정부에 대하여 연방정부를 보호하고 연방정부가 기능을 다하도록 그 권능을 조성하고 촉진함으로써, 신생국가인 미합중국의 성격을 규정하고 힘을 강화시키고자 한 것이었다. 그 경계선은 또한 개인의 재산권상의 이익을 보호하기 위하여 설정된 것이기도 하다.[122]

(2) 태니법원 (Taney Court, 1836~1864)

그리고 이러한 보수주의적인 강력한 위헌심판을 하는 경향은 19세기 전반에 걸쳐서 미국사회를 지배하고 있었다. 건국초기에는 완전한 연방제를 확립하기 위하여 사법적 위헌심사가 시작되었으나 19세기 초·중반의 태니법원의 시대에 와서는 다소 조잡한 판결이라고 평하고 있지만 개인의 기본권보장을 위하여 위헌심판을 하는 데에까지 확대하였다. 이때의 연방대법원의 주요한 업적은 사법부의 권위를 확립한 것과 헌법재판을 통하여 보수적인 사법부가 미국을 지배하는 시대를 만들었다는 것이다.[123] 당시의 대법원은 또한 토지와 노예에 대한 소유권을 계속 옹호하는 한편, 州에 부분적으로 유리하도록 균형을 맞추기 위하여 다양한 방법으로 노력하였다. 참혹했던 Dred Scott v. Sandford[124] 사건 판결은 그들의 입장에 대한 마지막 입증인 셈이다.[125]

---

122) H. Abraham (1982), 17면.

123) 한병채, 전게논문(1990), 26면.

124) 60 U.S. (19 Howard) 393 (1857).

125) H. Abraham (1982), 17면.

나. 절차적 적법절차 시대

(1) 일반적인 경향

그 다음으로 연방대법원장으로 재임한 체이스법원(Chase Court, 1864~1874), 웨이트법원(Waite Court, 1874~1888) 시기에 나온 판결들은 개인에 대한 州의 권한과 州間通商에 대한 연방정부의 권한을 확고히 하는데 보다 현저한 관심을 보였다. 전체적으로 그러한 판결들은 그 후 풀러(Fuller Court, 1888~1910), 화이트(White Court, 1910~1921), 태프트(Taft Court, 1921~1930)가 연방대법원장으로 재직한 50여년 동안에 나타날 광범한 소유권주의의 관념을 예고해 준 것이었다. 이 오랜 기간 동안의 주요 관심사는 재산권의 불가침성을 보호하는 것이었다. 최저임금, 최대노동시간, 소년노동규제 등과 같은 입법부의 사회경제적 시도에 대해 연방대법원의 다수파 재판관들은 거의 확고부동하게 반대를 하였다.[126)]

(2) 수정헌법 제14조의 제한적 해석

수정헌법 제14조 제1항의 문언은 광범위하고 포괄적이다. 수정헌법 제14조는 州로 하여금 "미국시민의 특권과 면책권을 축소시키는" 어떤 조치도 만들거나 시행하지 못하게 금하였다. 게다가 동 조항은 수정헌법 제5조의 적법절차조항을 채택하여 위 내용을 주에도 적용할 수 있게 하였다. 마지막으로, 동 조항은 어떤 주도 "그 관할 내에 있는 어떤 사람에게 법의 평등한 보호를 부인하지 못하도록" 하였다. 수정헌법 제14조의 문언에 대하여는 광범하고도 확장적인 해석이 가능했지만, 이를 의결한 연방의회의 의도는 매우 애매모호하였다. 그 결과 연방대법원은 수정헌법 제14조의 문언을 해석함에 있어 재량을 자유롭게 행사할 수 있었다. 초기에 연방대법원은 수정헌법 제14조를 제한적으로 해석하는 길을 택하였다.[127)]

1883년의 Slaughter-House Cases[128)] 사건에서 연방대법원은 수정헌법 제14조의 적법절차조항과 평등보호조항에 근거한 도축업자들의 주장을 배척하였다. 적법절차조항은 州가 '절차적' 적법절차의 요청에 맞게 법률을 제정·시행하도록 하는 것만을 보장하는 것이고, 이 사건에서 문제된 Lousiana 州법률은 적법절차 없이 도축

126) H. Abraham (1982), 17면.

127) Rotunda/Nowak (1992), p. 383.

128) 83 U.S. 36 (1883). 이 사건에 대하여는 전술한 제3장 제2절 2. 나. (1) 부분 참조.

업자들의 재산이나 권리를 박탈한 바 없다는 것이 그 이유였다. 요컨대, 연방대법원의 견해에 의하면 수정헌법 제14조의 적법절차조항은 주의회가 제정한 법률의 실체적 정당성을 보장하는 것이 아니었던 것이다.[129)]

(3) 산업혁명과 사법심사

19세기 후반은 영국 산업혁명이 꽃피우고 식민지정책으로 서구열강들이 세계문화를 새로이 창조하는 때이다. 이 때인 1884년 22대 대통령으로 당선된 Cleveland[130)]는 뉴욕 州知事로서 남북전쟁 후 처음으로 민주당출신 대통령으로 탄생한 것인데, 철저한 보수주의자인 Melvile Fuller(1888~1910 연방대법원장 재임)를 연방대법원장으로 임명했다. 당시는 불황이 심각하여 파업과 실업자의 급증 등 사회불안이 증대되고 농산물가격의 하락으로 농민의 분노와 물가를 안정시켜야 한다는 소리가 높았는데, 1894년 철도파업이 심해지자 군대를 동원하는 등 정국은 강력한 보수주의로 굳어졌다. 그 후 불과 몇 년 사이에 연방대법원의 재판관은 保守일색으로 바뀌었다. 이 때부터 연방대법원은 수정헌법 제14조를 당시 유럽의 정치사상가이며 철학자인 몽테스큐나 로크의 영향을 받아 절대적인 개인주의와 자유방임주의 원칙에 입각하여 파악함으로써 개인의 私有財産과 自由를 절대적으로 보장하는 보수적인 철학으로 헌법을 해석하기 시작하였다.[131)]

남북전쟁 직후의 연방대법원은 정책적 문제에 관하여 기꺼이 주의회의 판단을 존중하여 주의회는 그 영역내의 사업에 대하여 규제조치를 부과할 폭넓은 권한을 가지고 있음을 인정하였으나 서서히 불간섭주의 철학을 포기하기 시작했다. 19세기 후반의 경제적, 사회적, 지적 사고는 연방대법원이 정부의 통제로부터 산업적 이익을 보호하기 위하여 더 많은 역할을 해야 한다고 주장했다. 그리하여 실체적 적법절차의 관념은 연방대법원이 산업을 정부규제로부터 보호하기 위한 법이론으로서 채택하기에 가장 유용한 개념이 된 것이다. 연방대법원은 세기가 바뀔 때까지는 그 개념을 완전히 포용하였고, 이를 기업의 계약의 자유(the freedom of businesses to

129) Rotunda/Nowak (1992), p. 385.

130) 클리블랜드 대통령은 23대 선거에서 Harrison에게 패하여 낙선하고 4년후 1892년 24대 대통령으로 다시 복귀한 유일한 대통령이다.

131) 한병채, 전게논문(1990), 27면.

contract)를 제한하고자 하는 법률을 무효로 하기 위한 원리로서 사용하기 시작하였다.[132)]

다. 실체적 적법절차론의 대두

(1) 실체적 적법절차론의 수용

연방대법원은 1897년의 Allgeyer v. Louisiana[133)] 사건에서 Louisiana 州정부의 인가를 받지 않은 보험회사와의 보험계약을 체결하는 것을 금지한 Louisiana 州법률을 위헌이라고 판결하였다. 연방대법원은 이 사건에서 적법절차조항을 주법률의 실질적인 내용을 심사하는 근거로 삼았을 뿐만 아니라(실체적 적법절차), 헌법에 열거되지 않은 계약의 자유를 수정헌법 제14조의 "자유"에 포함시켰다. 이 사건에서는 보험증권을 발행한 보험회사가 Louisiana 州의 법률에 따르지 않는 경우 Louisiana州 소재의 재산에 대하여 해상보험을 취급하는 것을 금하는 Louisiana 州법률이 문제가 되었다. Louisiana 州는 Allgeyer가 New York 보험회사에게 피보험상품의 선적에 관하여 통지하는 내용의 편지를 부쳤다고 하여 그에게 유죄판결을 내렸다. New York 보험회사는 Louisiana 주에서 영업을 위한 등록절차를 밟지 않고 있었다. 연방대법원은 주법원의 유죄판결을 파기하고, 위 법률은 (실체적) 적법절차에 어긋나게 피고인(Allgeyer)의 자유를 박탈하였기 때문에 수정헌법 제14조를 위반하였다고 판시하였다.[134)]

실체적 적법절차 심사는, 정부는 정당한 목적과 합리적인 관계를 갖는 수단(입법)을 채택해야 한다는 것이다. 시장에서의 자유와 계약의 자유는 적법절차조항에 의하여 보호되는 자유로 간주되었다. 연방대법원의 재판관들은 노동규제, 가격통제, 기타의 경제적 조치를 그 자체로서 정당한 목적으로 보지 않았기 때문에 기업규제의 일부만이 이 심사기준을 통과할 수 있었다. 재판관들은 그 규제가 실제로 공중의 건강, 안전 또는 다른 중요한 공익을 증진시킨다고 확신할 때에만 그 법률을 지지하였다.[135)]

132) Rotunda/Nowak (1992), p. 389.
133) 165 U.S. 578 (1897).
134) Rotunda/Nowak (1992), p. 388.
135) Rotunda/Nowak (1992), pp. 389-390.

(2) Lochner v. New York 사건 (1905)

(가) 이 사건은 미국 연방대법원이 사회・경제적인, 즉 경제적 영역 혹은 주민의 복지에 관련된 州의 입법에 대하여 실체적 적법절차라고 불리는 심사기준을 매우 적극적으로 적용하여 엄격한 사법심사를 행한 대표적인 사례이다.[136]

뉴욕州는 제빵업에 종사하는 노동자의 근로시간을 일주일에 60시간 또는 하루에 10시간까지로 제한한 법률을 제정하였는데, 그 법률의 위헌 여부가 연방대법원에 제기되었다. 연방대법원은 재판관 7:2의 의견으로, 위 법률은 수정헌법 제14조에 의하여 보호되는 사용자와 피용자간의 계약의 자유에 대한 자의적이고 불필요한 간섭이기 때문에 위헌이라고 판결하였다. 뉴욕주는 "사용자와 피용자가 고용관계에 관하여 계약할 자유"를 불합리하게 침해하였다는 것이다. 다수의견은 뉴욕 주의회가 노동자들의 건강을 보호하기 위하여 합리적으로 이러한 조치를 취했다는 주장을 받아들이지 않았다.[137]

Holmes 재판관과 Harlan 재판관은 이에 반대하였다. 먼저 Holmes 재판관은, 다수의견은 이 법률을 무효화함으로써 적절한 경제정책에 관한 자신들의 이론을 뉴욕주에 대하여 강요하고 있으나 헌법은 연방대법원이 국가에 대하여 어떤 경제적 개념을 강요하도록 허락하지 않았다고 언급하였다. 그는, 연방대법원은 "합리적이고 공정한 사람이라면 당해 법률이 우리 국민과 우리 법의 전통에 의하여 근본적인 원칙이라고 이해되는 것들을 침해하였다고 인정할 때"만 그 법률을 무효화해야 한다고 주장했다. Harlan 재판관의 반대의견은 Holmes 재판관과는 약간 다른 분석을 따랐다. 그는 위 법률을 '보건을 위한 유효한 조치'로 받아들였다. 그는 제빵업에 종사하는 노동자의 노동시간을 제한하는 것이 전국평균에 미달되는 건강수준을 가진 이들의 복지를 보호한다는 주장을 뒷받침하는 증거를 제시하며 그 법률이 보건을 위한 조치라고 논증될 수 있는 한, 연방대법원은 그 법률을 지지해야 한다고 주장했다.[138]

(나) Lochner 사건의 다수의견과 반대의견은 1900년에서 1937년 사이에 연방대법원이 경험했던 문제를 드러내고 있다. 주의회와 연방정부는 미국인의 경제적, 사

---

136) 198 U.S. 45 (1905). 이명웅, "헌법재판에서 사실인식의 문제", 「헌법논총 제10집」(헌법재판소 1999), 264면.

137) Rotunda/Nowak (1992), pp. 390-391.

138) Rotunda/Nowak (1992), p. 391.

회적 생활을 규제하는 법률을 지속적으로 제정하고 있었다. 연방대법원 재판관의 다수는 자신들이 자유방임의 개념으로 표현되는 자유기업체제를 보호할 책무가 있다고 믿었다.[139] 그들은 어떤 법률에 대하여는 건강이나 안전을 위하여 필요하다고 느끼는 경우 일부 사건에서 이를 지지하기는 하였다. 예컨대 1898년의 Holden v. Hardy 사건에서 연방대법원은 광산과 제련소의 남성노동자가 일할 수 있는 시간(하루 8시간)을 제한한 Utah 주법률에 대하여, 대단히 위험하고 비위생적인 광산의 상황을 지적하고 나서 Utah 주가 규제법안을 통과시킨 것은 이러한 종류의 직업과 관련한 주의 규제권한의 합리적인 행사라고 판결하였고,[140] Lochner 사건에 대한 결정이 있은 지 3년 후에 선고된 1908년의 Muller v. Oregon 사건에서는 공장에 고용되어 있는 여성의 최대노동시간(하루 10시간)을 규제한 Oregon 주법률을 합헌이라고 지지했다.[141] 그러나 연방대법원은 계약의 자유와 시장에서의 자유를 완전히 보장하려는 경향을 가지고 있었기 때문에 이들은 Lochner 사건의 다수의견에서 예시된 바와 같이, 불합리하게 자유기업을 침해한다고 생각하는 법률을 무효화하기 위하여 실체적 적법절차 개념뿐만 아니라 통상규제조항, 계약조항, 평등보호조항[142]도 기꺼이 사용하였다. 그 후 30여년 동안 연방대법원은 Lochner 판결에서 정립된 원칙을 따라, 많은 법률을 계약의 자유를 침해하였다며 위헌이라고 판결하였다. 거의 200여건의 주법이 수정헌법 제14조의 적법절차위반으로 위헌판결을 받은 것으로 추산된다. Wright의 연구에 의하면, 159건의 사건에서 주법이 적법절차와 평등보호를 위반하였다고 선언되었고, 그 밖에 25건의 사건에서는 적법절차와 다른 헌법규정에 위반하

---

139) Benjamin F. Wright, *The Groth of American Constitutional Law* (Chicago: University of Chicago Press 1942), pp. 109-112.

140) 169 U.S. 366 (1898). 특이한 것은 이 (합헌)판결은 위헌판결을 받은 Allgeyer v. Louisiana (1897) 사건과 Lochner v. New York (1905) 사건 사이에 있었다는 점이다. Gunther/ Sullivan (1997), p. 461.

141) 208 U.S. 412 (1908). 당시 Louis D. Brandeis 변호사는 여성의 노동시간에 대한 규제를 정당화할 많은 증거자료 — 법적 선례뿐만 아니라 다른 주의 외국의 법률자료, 유럽과 미국의 위원회, 공장조사관, 위생감독관의 보고서, 통계국의 조사자료 — 를 포함하고 있는 유명한 "브랜다이스의 준비서면(Brandeis brief)"을 연방대법원에 제출하였다. Rotunda/Nowak (1992), p. 391.

142) Lochner 사건의 다수의견은, 말의 편자(horseshoe)를 만들어 파는 사람들로 하여금 그 내용을 신고하고 제품을 검사받은 인증서를 받도록 규제하는 워싱턴 주법을 적법절차위반, 평등보호위반으로 위헌선언한 워싱턴주 대법원의 1904년 12월의 판결(78 Pac. 900)을 그 예로 들었다(198 U.S. at 63).

였다고 선언되었다고 한다.[143)]

한편 동시에 연방대법원은 사법적 자제의 전통을 가지고 있었다.[144)] Lochner 사건의 반대의견이 보여주는 바와 같이, 연방대법원은 역사적으로 합헌성의 한계 내에 있는 것으로 논증될 수 있는 법률을 지지했다. Rotunda/Nowak은 이러한 긴장관계가 존재했기 때문에 20세기초의 연방대법원은 위헌심사에 있어서 체계적이고 일관된 태도를 보여주지 못했다고 평한다.[145)]

(3) 평등보호조항의 사용

(가) 연방대법원은 적법절차조항뿐만 아니라 수정헌법 제14조의 평등보호조항도 노동·기업규제의 위헌여부를 결정하기 위한 심사기준으로 삼았다. 예컨대, 1897년의 Gulf, C. & S. F. Ry. Co. v. Ellis[146)] 사건에서는 철도회사를 상대로 한 어떤 유형의 소송에서 승소한 원고의 변호사비용을 피고가 지불하도록 의무화한 州의 규정은 철도회사에게 보장된 평등보호를 부인하는 것이라고 판시하였고,[147)] 1921년의 Truax v. Corrigan[148)] 사건에서는 노사분규로 인한 근로자의 피켓팅에 대하여 기업주가 불법행위소송에서의 행위금지가처분(injunctive relief in torts)을 제기하지 못하도록 한 Arizona 주법률을 위헌이라고 판결하면서 근로자들의 불법행위에 대하여 기업주들이 구제를 받지 못하는 것은 평등보호위반이라고 판시하였으며,[149)] 1928년의 Louisville Gas & Electric Co. v. Coleman 사건에서는 저당등록비와 세금에서의 차별은 평등보호조항에 위반된다고 판시하였다.[150)]

(나) 연방대법원은 그 이후에도 여러 차례에 걸쳐 어떤 유형의 기업에 대한 과세를 규정한 주법률을 위헌이라고 판결했는데, 그 이유는 특정한 과세에서의 차별은

---

143) B. Wright (1942), p. 154. E. Chemerinsky (1997), p. 482.

144) Robert G. McClosky, *The American Supreme Court* (Chicago: University of Chicago Press 1960), pp. 137-139.

145) Rotunda/Nowak (1992), pp. 391-392.

146) 165 U.S. 150 (1897). 이 사건에 대하여는 이 책 제3장 제1절 1. 나. (1) 참조.

147) Rotunda/Nowak (1992), p. 393의 footnote 18.

148) 257 U.S. 312 (1921).

149) Christopher Wolfe, *The Rise of Modern Judicial Review : From Constitutional Interpretation to Judge-Made Law* (New York: Basic Books 1986), pp. 286, 374.

150) 277 U.S. 32 (1928).

그 기업에 대하여 법의 평등보호를 부인하는 것이기 때문이라는 것이다(예컨대 1928년의 Quaker City Cab Co. v. Pennsylvania 사건,[151] 1935년의 Stewart Dry Goods Co. v. Lewis 사건[152] 등). 연방대법원이 어떤 유형의 산업에 있는 기업을 차별한 경제규제입법을 무효화하기 위하여 평등보호조항을 사용한다는 것은 경제적 자유가 시민적 자유와 마찬가지로 헌법적으로 중요하다는 재판관들의 견해를 보여주는 것이었다. 수정헌법 제14조의 입안자들은 흑인들을 부당하게 차별하는 법률로부터 그들을 지켜주는 보호규정으로서 평등보호조항을 마련하였으나, 이 기간 동안 연방대법원은 어떤 유형의 경제집단에 호의적인 차별도 이와 비슷하게 문제가 있는 것으로 보았다.[153] 그러나 1890년~1936년까지의 기간동안 연방대법원은 경제 및 사회복지 관련 입법을 심사함에 있어서 평등보호심사보다는 적법절차심사를 주로 사용하였다. 그래서 Holmes 재판관은 Lochner 시기의 최정점이었던 1927년, Buck v. Bell 사건에서 평등보호조항을 "위헌논의의 마지막 수단"(the last resort of constitutional arguments)이라고 언급하였던 것이다.[154] 이 시기에 연방대법원이 자주 평등보호원칙에 초점을 맞추지 않은 이유는, (어떤 법률이) 실체적 적법절차에 위반된다고 판단하면, 연방대법원으로서는 평등보호문제를 제기할 필요가 없었기 때문이다.[155]

(다) 한편, 이 기간 동안 연방대법원은 또한 흑인 시민권자들에 대하여 평등보호를 거부한 州법률들을 무효화하기 위하여 평등보호조항을 사용하기 시작했다. 1927년의 Nixon v. Herndon[156] 사건에서 연방대법원은, 흑인들이 민주당 예비선거에 참가하지 못하도록 막은[157] Texas 州법률을 무효로 하기 위하여 평등보호조항을 사용하였다. 마찬가지로 연방대법원은 1932년의 Nixon v. Condon[158] 사건에서, 민주당의 집행위원회가 당원요건을 규정할 수 있도록 허용한 또다른 Texas 주법을 위헌

151) 277 U.S. 389 (1928).

152) 294 U.S. 550 (1935).

153) B. Wright (1942), pp. 157-163. Rotunda/Nowak (1992), pp. 392-393

154) 274 U.S. 200, 208 (1927). Gunther/Sullivan (1997), p. 629.

155) Rotunda/Nowak (1992), p. 400.

156) 273 U.S. 536 (1927).

157) 이러한 백인들만의 예비선거를 문제삼은 사건들을 "White Primary Cases"라고 하는데, White Primary Cases는 남부 주의 민주당 그룹에 관련되어 1950년대에 정점을 이루었다. Gunther/Sullivan (1997), p. 934.

158) 286 U.S. 73 (1932).

이라고 판결하였다. 연방대법원은 위 집행위원회를 州의 대리인이라고 보았기 때문에, 그 위원회가 흑인은 당원이 될 수 없도록 배제했을 때 위 법률은 평등보호조항을 침해했다고 본 것이다.[159] 그러자 Texas 주는 또다시 법을 개정하여 이번에는 州전당대회에서 그 정당의 예비선거 참가자격을 정할 수 있는 스스로의 규정을 만들 수 있도록 하였다. 그리하여 사적 단체인 Texas州 민주당은 흑인들의 참가를 허용하지 않은채 예비선거를 치렀다. 이 문제를 다룬 1944년의 Smith v. Allwright 사건에서 민주당은 자신은 사적 단체이며, 따라서 연방헌법의 평등보호조항을 따를 필요가 없다고 주장하였으나, 연방대법원은 이를 배척하면서 "비록 예비선거라고 하더라도 공직자 선출을 위한 선거는 공적 기능이며 따라서 반드시 연방헌법을 준수하여야 한다."고 판시하였다. 연방대법원은 또한 "이 사건에서처럼 예비선거가 州공무원 또는 聯邦공무원 선출을 위한 기구의 일부분이 되는 경우에는, 차별이나 침해의 성격을 결정하기 위하여 본선거에 적용되는 것과 똑같은 심사기준이 그 예비선거에도 적용되어야 한다."고 선언하였다.[160]

라. 실체적 적법절차론의 퇴조

(1) 실체적 적법절차와 평등보호

미국 연방대법원의 사법심사에 있어 실체적 적법절차조항의 적용의 역사는 평등보호원칙의 적용과 밀접하게 연관되어 있다. 앞에서 본 바와 같이, 연방대법원은 모든 사람들의 생명, 자유 및 재산에 관한 행동의 자유를 제한하는 정부의 권한을 심사하기 위하여 실체적 적법절차의 개념을 사용한다. 사법부는 (주 또는 연방)정부가 설정한 차별을 심사할 때에 평등보호심사를 적용할 수 있다. 예컨대, 만약 州가 모든 사람들이 어떤 종류의 마약이나 약물을 구입하거나 사용하는 것을 금지하는 법률을 제정한다면, 그 법률이 위헌이라는 주장은 실체적 적법절차에 근거할 것이다. 마약을 구입하거나 사용할 수 있어야 한다고 주장하는 사람은, 그 법률의 내용은 헌법적인 정당성이 없이 그 사회(州)에 있는 모든 사람의 자유를 제한하는 것이기 때문에 적법절차조항을 위반하는 것이라고 주장할 것이다. 그러나 주법률이 어떤 사람들(예

---

159) Rotunda/Nowak (1992), p. 393.

160) 321 U.S. 649, 664, 666 (1944). E. Chemerinsky (1997), p. 401.

컨대 30세 이상의 사람들)에게는 마약의 사용을 허용하는 반면, 다른 사람들(30세 미만의 사람들)에게는 마약을 사용할 수 없도록 했다면, 그 법률의 심사를 위하여는 평등보호조항의 사용이 더 적절할 것이다. 실체적 적법절차가 문제된 사건이나 평등보호 위반이 문제된 사건 모두에서, 사법부는 그러한 법률이 헌법적으로 허용될 수 있는지에 대하여 그 법률의 내용을 심사하여야 한다. 그러므로 실체적 적법절차와 평등보호는 상호 보완적인 개념을 내포하고 있다.161)

(2) 뉴딜정책과 연방대법원 개혁논쟁

(가) 1932년의 대통령선거에서 당선된 루즈벨트(Franklin D. Roosevelt)가 내세운 New Deal 정책은 대규모의 공공사업과 광범한 농민의 보호조치 등으로 實業界의 반발을 사기는 하였으나 노동자, 농민, 흑인 등 저소득층의 절대적인 지지를 얻고 있어서 1936년 선거에서 60.8%를 득표하는 미국 대통령선거사상 최대의 승리를 기록하는 정치적 이변을 일으킨 정책이다. 그러함에도 불구하고 연방대법원은 이러한 역사적인 정치적 요구와 사회적 흐름마저 거부하였다. 보수주의 재판관들이 주도하는 당시 휴즈법원(Hughes Court, 1930~1941)은 1935~1936년 사이에 무려 13개의 뉴딜立法을 個人의 自由와 私有財産權의 침해라는 이유로서 위헌무효화시켰다. 뉴딜정책이 연방대법원에 의해 위협을 받게 되자 Roosevelt 대통령은 1937년 3월 9일 "爐邊談話"를 통해서 "법원개혁안"(Court Packing Plan)을 제시하여 뉴딜정책에 반대하는 보수적인 재판관을 몰아내고 새로운 연방대법원을 만들려고 시도하였다. 즉, 루즈벨트 대통령은 연방대법원의 70세가 넘는 재판관은 재판을 하지 않아도 되고 그 수만큼 재판관을 새로 추가 임명할 수 있게 하는 내용의 개혁안을 연방의회에 제출하였다. 결국 의회가 연방대법원의 편에 서서 이 개혁안을 받아들이지 않아 실패하고 말았지만, Edward S. Corwin 교수와 같은 저명한 학자를 비롯한 학계도 루즈벨트 대통령과 뉴딜정책을 지지하여 보수적인 연방대법원을 비판하는 여론조성에 큰 성공을 일으키고 있었고, 이로 인하여 연방대법원의 판례동향에도 크게 영향을 미치게 되었다.162)

이러한 여론과 정치적 위협속에서 다소 중도적 견해를 대변해 오기도 한

---

161) Rotunda/Nowak (1992), pp. 399-400.

162) 한병채, 전게논문(1990), 31면.

Hughes 대법원장과 Roberts 재판관이 뉴딜정책을 지지하는 진보파에 합세하여 후술하는 West Coast Hotel Co. v. Parrish 사건에서 Washington州의 最低賃金法을 5:4로 합헌이라고 판결하였다.[163] 연방대법원은 바로 1년전에 Morehead v. People of State of New York 사건에서 이와 유사한 New York 州노동법을 위헌이라고 판결했었는데,[164] 이를 번복하는 새로운 판결을 내림으로써 연방대법원은 비판세력과 대통령 및 의회와의 정치적 충돌을 피할 수 있게 되었다. 이로써 당시의 정치적 상황을 무마하는 계기가 되었기 때문에 이 재판은 "9명의 재판관을 구한 適時의 전환"(Switch-in-time that Saved Nine)[165]이라는 評을 들었다.[166]

(나) 이러한 연방대법원再編 논쟁은 연방대법원에서 실체적 적법절차 개념을 적용함에 있어 영구적인 변화를 가져오는 계기가 되었다. 1937년부터 연이은 수년간의 연방대법원의 판결은 재판관들이 정부의 규제와 통제로부터 재산적 이익을 보호할 수 있는 헌법이론으로서의 실체적 적법절차라는 마술에서 깨어났음을 나타내 주는 것이었다. 이러한 판결들은 연방대법원이 더 이상 경제적인 문제는 헌법적으로 크게 중요한 것은 아니라고 믿었을 뿐만 아니라, 재판관들은 경제관련 법률의 위헌여부를 심사하기 위한 새롭고 객관적인 헌법적 기준(완화된 심사기준)을 적용할 준비가 되어 있다는 것을 드러내는 것이었다.[167]

그리하여 루즈벨트 대통령 및 그의 뉴딜정책과의 충돌에 따른 헌법적 위기와 그 극복과정을 통하여 연방대법원은 훗날 다중심사기준론(multi-level system of scrutiny)이라고 불리우는 심사체계를 세우게 되었다.[168] 즉, 연방대법원은 국가의 다른 두 府(행정부 및 의회)에 대하여 극단적인 존중의 자세를 취하게 되었고,[169] 따라서 이제

---

163) 300 U.S. 379 (1937).

164) 298 U.S. 587 (1936).

165) H. Abraham (1982), 18면.

166) Jeffrey M. Shaman, *Cracks in the Structure: The Coming Breakdown of the Levels of Scrutiny,* 45 Ohio State Law Journal 161 (1984).

167) R. McClosky (1960), pp. 183-184. Rotunda/Nowak (1992), p. 405.

168) Laurence H. Tribe, *American Constitutional Law,* 1st ed. (Mineola, N.Y.: The Foundation Press 1978), pp. 450-455.

169) 예컨대, Williamson v. Lee Optical Co., 348 U.S. 483 (1955); Dennis v. United States, 341 U.S. 494 (1951); Railway Express Agency v. New York, 336 U.S. 106 (1949); Minersville School Dist. v. Gobitis, 310 U.S. 586 (1940); South Carolina State Highway Dept. v.

부터는 이들의 행위에 합헌성을 추정하여 그들이 명백하게 비이성적이거나 불합리하다는 입증이 없는 한 기꺼이 합헌판결을 하였다.[170] 이는 곧 그러한 행위(법률)의 위헌을 다투는 자가 그러한 행위가 정부의 정당한 목적에 아무런 관련이 없다는 것을 증명해야 하는 매우 어려운 입증책임을 부담함을 의미했고, 이는 나중에 최소한의 심사기준(minimal scrutiny)이라고 불리웠다.[171]

(3) West Coast Hotel Co. v. Parrish 사건 (1937)

(가) 경제입법의 위헌여부에 대한 심사에 있어서 연방대법원이 실체적 적법절차의 사용을 포기했다는 첫 번째 중요한 표지는 1937년의 West Coast Hotel Co. v. Parrish[172] 사건에서 나타났다. 이 사건에서 연방대법원은 여성들을 위한 Washington 州의 최저임금법을 합헌이라고 지지하였다. 호텔의 소유주인 상고인은, 그 법률은 자기로부터 계약의 자유를 박탈했기 때문에 수정헌법 제14조의 실체적 적법절차를 위반한 것이라고 주장하였다. 상고인의 주장은 연방대법원이 1923년의 Adkins v. Children's Hospital[173] 사건에서 Washington D.C.의 같은 내용의 법률을 위헌판결하면서 받아들였던 주장을 상기시키는 것이었다. 그리고 이 Adkins 판결은 1936년의 Morehead v. New York ex rel. Tipaldo[174] 판결에서도 재확인되었던 것이다. 즉, Adkins 사건에서와 같이 Morehead 사건에서 연방대법원은, 여성을 위한 최저임금법은 정당한 주의 규제행정목적(police purpose)에 이바지하지 못하기 때문에 계약의 자유를 부당하게 침해하는 것이라고 판시하였다.[175]

(나) 그러나, Parrish 사건에서 연방대법원은 실체적 적법절차에 근거한 위헌주장을 배척하였다. Parrish 판결에 나타난 연방대법원의 견해는 경제입법에 대한 사법

Barnwell Bros., Inc., 303 U.S. 177 (1938).

170) Jeffrey M. Shaman, *The Rule of Reasonableness in Constitutional Adjudication : Toward the End of Irresponsible Judicial Review and the Establishment of a Viable Theory of the Equal Protection Clause*, 2 Hasting Constitutional Law Quarterly 153, 163-166 (1975).

171) J. Shaman (1984), 161-162.

172) 300 U.S. 379 (1937).

173) 261 U.S. 525 (1923).

174) 298 U.S. 587 (1936).

175) E. Chemerinsky (1997), p. 484.

심사에 있어서 실체적 적법절차의 개념에 입각한 엄격심사의 종말의 시작을 알리는 것이었다. 연방대법원은 실체적 적법절차 개념이 형성된 절정기에 내려진 판결뿐만 아니라, 실체적 적법절차에 근거하여 확고하게 선고되었던 판결들도 정면으로 파기하였다.[176] 그리하여 1937년 이후 연방대법원은 정부의 경제적 규제를 존중하였고, 그로 인하여 연방헌법 제1조 제10항 제1문의 계약조항[177]은 주와 자치단체의 법을 무효화하는데 거의 사용되지 않았다. 사실상, 1937년 이후 연방대법원이 법률이 헌법의 계약조항을 위반하였다고 판단한 것은 1977년의 United States Trust Co. v. New Jersey[178] 사건과 1978년의 Allied Structural Steel Co. v. Spannaus[179] 사건의 단 2차례뿐이었다.[180]

(4) United States v. Carolene Products Co. 사건 (1938)

(가) Parrish 판결 1년 후에 연방대법원은 United States v. Carolene Products Co.[181] 사건에 대한 판결을 선고하였다. 연방의회는 "filled" milk(置換乳: 탈지유에 식물성 지방을 가한 우유)의 州間수송을 금지하는 법률을 통과시켰다. 피상고인(Carolene Products Co.)은 그 법률은 수정헌법 제5조의 적법절차 규정을 위반하였다고 다투었다. 연방대법원은 Stone 재판관이 집필한 판결문을 통하여 "입법자의 판단이 문제된 경우에 그에 대한 심사는, 알려져 있거나 합리적으로 가정할 수 있는 (입법) 기초사실이 당해 입법을 뒷받침하고 있는지 여부에 한정되어야 한다."고 하였다. Carolene Products 사건에서 연방대법원은 그 법률에서 취한 수단에 대한 합리적 근거가 될 수 있는 충분한 사실들을 인정하였다. 치환유가 공중의 건강에 해롭다는 입법기초사실은 그 법률을 제정한 연방의회의 합리적 논거를 보여준다는 것이었다.[182]

---

176) Rotunda/Nowak (1992), p. 405.

177) 연방헌법 제1조 제10항 제1문 : "어떤 州도 … 계약상의 의무이행을 해하는 법률을 제정할 수 없다." {원문은, " (Section 10). : No state … pass … law impairing the obligation of contracts …."}

178) 431 U.S. 1 (1977).

179) 438 U.S. 234 (1978).

180) E. Chemerinsky (1997), p. 495.

181) 304 U.S. 144 (1938).

182) Rotunda/Nowak (1992), pp. 405-406.

(나) 그러나 Stone 재판관은 이러한 입법기초사실이 없다고 하더라도 연방대법원은 이 법률을 합헌선언할 것이라고 강조했다. 그 이유는 "입법자의 판단을 뒷받침하는 입법사실의 존재는 추정되고, 보통의 통상거래에 영향을 미치는 규제입법은 그것이 합리적인 토대에 근거하고 있다는 가정을 배제할 만한 그러한 성격의 것이 아닌 한 위헌이라고 할 수 없기 때문…"이라는 것이다. 여기서 Stone 재판관은 '일반적 규제입법'과 '근본적인 헌법적 가치에 대한 정부의 제한조치' 사이의 구별에 대한 언급을 하였다. 위 문장의 끝에 추가한 그 유명한 "4번 각주"(footnote 4)[183]에서 Stone 재판관은 어떤 정부행위에 대하여는 계속적이고 독립적인 사법심사를 해야 하는 이유를 제시하였다.[184]

"법률이 수정헌법의 첫 10개조항(권리장전)과 같이 헌법이 특별히 금지하는 영역을 규율하는 것으로 문면상 보일 때에는, 법률의 합헌성이 추정되는 범위는 더욱 좁아질 것이다. … 통상 바람직하지 않은 법률의 폐지를 야기할 것으로 기대될 수 있는 정치적 과정을 제한하는 법률이, 수정헌법 제14조의 일반적 금지에 근거하여 더욱 엄격한 사법심사를 받아야 하는지 여부에 대하여는 이제 고려할 필요가 없다. … 또한 분리되고 고립된 소수인종에 대한 편견이, 통상 소수인종을 보호하기 위하여 요구되는 정치적 과정의 작동을 심각하게 방해하는 경향이 있고 따라서 더욱 엄격한 사법심사를 요청하게 되는 특별한 조건이 되는지 여부에 대하여도 조사할 필요가 없다."[185]

---

183) Wellington은, 이 사건 자체는 대수로운 것이 아니었기 때문에 판결문에 붙어 있는 "脚註4"가 없었더라면 쉽사리 망각되었을 것이라고 하였다. Harry H. Wellington, *The Nature of Judicial Review*, 91 Yale Law Journal, 486 (1982).

184) Rotunda/Nowak (1992), p. 406.

185) 304 U.S. at 152-153 n.4. "각주 4"의 원문은 다음과 같다.

[Footnote 4] There may be narrower scope for operation of the presumption of constitutionality when legislation appears on its face to be within a specific prohibition of the Constitution, such as those of the first ten Amendments, which are deemed equally specific when held to be embraced within the Fourteenth. See Stromberg v. California, 283 U.S. 359, 369, 370 S., 51 S.Ct. 532, 535, 536, 73 A.L.R. 1484; Lovell v. Griffin, 303 U.S. 444, 58 S.Ct. 666, decided March 28, 1938. It is unnecessary to consider now whether legislation which restricts those political processes which can ordinarily be expected to bring about repeal of undesirable legislation, is to be subjected to more exacting judicial scrutiny under the general prohibitions of the Fourteenth Amendment than are most other types of legislation. On restrictions upon

(다) 다시 말하면, 법원은 일반적인 경우 법률이 합헌이라고 추정해야 한다. 그러나 법률이 개인의 권리를 침해하거나, 바람직하지 않은 법률을 폐지하는 정치적 과정의 능력을 제한하거나, 분리되고 고립된 소수인종을 차별하는 경우에는 "더욱 강화된 사법심사"(엄격심사)가 적용되어야 한다는 것이다. 일반적으로 사법부가 입법부를 존중하는 것이 기본적 구조이나, 특별한 경우에는 강화된 사법심사가 필요하다.[186] 여기에서 "분리되고 고립된 소수"(discrete and insular minority)란 다수로부터 외면당하고 정치적인 主流(political mainstream)로부터 벗어난 집단이어서 법원이 이들을 보호하기 위하여 각별한 노력을 기울여야만 하는 집단을 말한다. 왜냐하면 (주류에 의한) 정치적인 시스템은 이들을 보호하기를 원하지 않기 때문이다. 왜 연방대법원은 소수자들(the minority)에게 불이익을 주는 정부행위에 대하여 엄격한 심사를 하는가? 그룹들은 일반적으로 정치적인 과정의 사용을 통하여 자기들을 스스로 보호하기 마련이다. 그러나 ①이러한 소수자 그룹은 과거의 그들에 대한 차별로 인하여 투표시스템에 참여할 수 없었기 때문에 보통 정치적 역량이 매우 부족하고, ②비록

---

the right to vote, see Nixon v. Herndon, 273 U.S. 536, 47 S.Ct. 446; Nixon v. Condon, 286 U.S. 73, 52 S.Ct. 484, 88 A.L.R. 458; on restraints upon the dissemination of information, see Near v. Minnesota, 283 U.S. 697, 713-714, 718-720, 722, 51 S.Ct. 625, 630, 632, 633; Grosjean v. American Press Co., 297 U.S. 233, 56 S.Ct. 444; Lovell v. Griffin, supra; on interferences with political organizations, see Strom- berg v. California, supra, 283 U.S. 359, 369, 51 S.Ct. 532, 535, 73 A.L.R. 1484; Fiske v. Kansas, 274 U.S. 380, 47 S.Ct. 655; Whitney v. California, 274 U.S. 357 , 373-378, 47 S.Ct. 641, 647, 649; Herndon v. Lowry, 301 U.S. 242, 57 S.Ct. 732; and see Holmes, J., in Gitlow v. New York, 268 U.S. 652, 673, 45 S.Ct. 625; as to prohibition of peaceable assembly, see De Jonge v. Oregon, 299 U.S. 353, 365, 57 S.Ct. 255, 260. Nor need we enquire whether similar considerations enter into the review of statutes directed at particular religious, Pierce v. Society of Sisters, 268 U.S. 510, 45 S.Ct. 571, 39 A.L.R. 468, or national, Meyer v. Nebraska, 262 U.S. 390, 43 S.Ct. 625, 29 A.L.R. 1446; Bartels v. Iowa, 262 U.S. 404, 43 S.Ct. 628; Farrington v. Tokushige, 273 U.S. 284, 47 S.Ct. 406, or racial minorities. Nixon v. Herndon, supra; Nixon v. Condon, supra; whether prejudice against discrete and insular minorities may be a special condition, which tends seriously to curtail the operation of those political processes ordinarily to be relied upon to protect minorities, and which may call for a correspondingly more searching judicial inquiry. Compare McCulloch v. Maryland, 4 Wheat. 316, 428; South Carolina State Highway Department v. Barnwell Bros., 303 U.S. 177, 58 S.Ct. 510, decided February 14, 1938, note 2, and cases cited.

186) E. Chemerinsky (1997), p. 415.

그들이 자기들의 인구비례에 따라 투표를 한다 하더라도, 다수자들(the majority)이 소수자들에 대한 극도의 非好意 때문에 소수자들에 반대하는 투표를 하여 소수자들을 고립시키는 경향이 있기 때문이다.[187]

마. 실체적 적법절차론의 재등장

실체적 적법절차론은 워렌법원(Warren Court, 1953~1969) 후반기인 1960년대부터 (주로 프라이버시권과 관련하여) 근본적 권리(fundamental right)라는 개념을 확대하면서 이들 영역을 제한하는 법률에 대한 사건에서 엄격심사기준을 적용하면서 다시 등장하게 된다. 근본적 권리영역에 대한 엄격심사에 대하여는 이 책 제3장 제2절 5. 이하에서 자세히 논한다.

---

187) S. Emanuel, (2000), p. 240.

제3절 평등보호의 철학적 기초와 그 변천과정

미국연방대법원은 평등보호, 특히 흑인의 보호문제를 다루면서 처음에는 역사적 해석방법으로 헌법을 해석하였고, 이에 대한 반발과 비판을 거치면서 목적론적 해석방법을 취하기 시작하였으며, 이어서 이익형량의 문제로 인식하게 된다. 그리고 일반적으로는 이른바 정치적 의사형성에 이르는 투입(input) 과정에 대하여는 엄격한 심사를 하며, 그러한 의사형성의 결과물인 산출(output) 과정 예컨대 경제·사회적인 규제입법에 대하여는 완화된 심사를 적용한다고 할 수 있다.

1. 역사적 헌법해석

가. 사회제도의 일부분이었던 노예제도

(1) 미합중국은 건국초기에 부족한 노동력을 확보하기 위하여 흑인노예를 들여왔다. 이러한 노예제도는 어느덧 사회의 일부가 되어 있었다. 따라서 사회적으로 인정된 노예제도하에서 백인시민과 흑인노예 사이의 평등문제를 다룰 수는 없었다. 미국에 있어서 평등문제는 이러한 흑인노예들이 시민권을 획득하고 백인과의 사이에 인종적 불평등을 해결하는 과정에서 시작하고 있다. 따라서 미국헌정사에 있어서 평등문제, 다시 말하여 흑·백간의 인종문제는 남북전쟁(1861-1865) 후 수정헌법 제13조(1865년), 제14조(1867년), 제15조(1870년)가 채택된 이후에 그 논의가 가능했다.

(2) “헌법제정 당시에도 노예문제는 큰 골치거리였다. 노예로 인하여 이득을 보고 있던 사람들(주로 남부출신)은 노예제도의 보호를 주장하였고, 노예제도를 싫어한 자들은 노예제도 철폐주장은 곧 헌법의 사망 — 연방헌법제정의 실패 — 을 불러 올지도 모른다는 두려움을 갖고 있었다. 그래서 헌법의 기초자들은 타협에 이르게 되었다. 결국, 헌법전에 ‘노예(slave)’나 ‘노예제도(slavery)’라는 표현이 사용되지 않았고,[188] 헌법은 노예제도 철폐주의자들로부터 그 ‘특별한 제도(peculiar institution)’를

보호하게 된 것이다."[189]

(3) 미국영토의 특정 부분에서만 노예제도를 폐지하는 내용의 1820년 소위 "미주리타협법"(Missouri Compromise law)도 노예제도가 미합중국의 성립에 제약이 되어서는 안된다는 건국의 아버지들의 사상을 이어받은 것이라고 하겠다. 즉, 노예제도의 전통을 인정하여 노예문제에 대하여는 州가 결정권을 갖기로 하였고, 연방차원에서는 노예문제에 관여하지 않기로 한 것이다.[190]

나. 기본권보호에 소극적이었던 연방대법원

(1) 그러나 연방대법원은 태니법원(Taney Court, 1836~1864) 시절인 전술한 1842년의 Prigg v. Pennsylvania[191] 사건에서, 펜실배니아공화국(the commonwealth of Pennsylvania) 의회가 1780년 3월에 통과시킨 "노예제도의 점진적 철폐를 위한 법률(An act for the gradual abolition of slavery)"을 위헌이라고 판결하였는데, 동법은 "이 주에서 태어나게 될 모든 사람들은, 흑인이거나 뮬라토(mulatto: 흑백혼혈인)이거나 할 것 없이, 이 법률이 통과된 이후에는 노예로 간주되지 않는다."고 규정하고 있었다.[192] 뿐만 아니라 1852년의 Moore v. Illinois 사건에서는 州는 도주 노예를 숨겨주는 자를 처벌할 수 있다고 판결하였다.[193]

한편, 그 유명한 1857년의 Dred Scott v. Sandford[194] 사건에서도 위 미주리타협법을 수정헌법 제5조상의 적법절차에 근거하여 위헌이라고 판결하면서 노예를 미국연방의 시민으로 인정하지 않았다.[195] 이 판결은 남북전쟁의 도화선이 되었고, 남

---

188) 예컨대, 연방헌법 제1조 제1항 제3문은 흑인노예를 "기타 다른 사람들"이라고 표현하고 노예 1인은 3/5인으로 셈하였다(three fifths of all other Persons).

189) Jethro K. Lieberman, *The Evolving Constitution : How the Supreme Court Has Ruled on Issues from Abortion to Zoning* (New York : Random House 1992), p. 493. Black's Law Dictionary (1999), p. 1393.

190) 그런데 이 미주리타협법은 Dred Scott v. Sanford, 60 U.S. 393 (1857) 사건에서 위헌판결을 받는다. 전술한 제2장 제1절 1. 나. (2) 참조.

191) 41 U.S. 539 (1842).

192) Id. at 543.

193) 55 U.S. 13, 18 (1852).

194) 19 Howard (60 U.S.) 393 (1857).

195) Gunther/Sullivan (1997), p. 424.

북전쟁 후 수정헌법 제13조의 채택에 의하여 파기되었다. 후에 이 판결을 내린 태니 법원의 헌법해석은 잘못되었다는 평가를 받았다. 즉, 연방대법원은 연방정부의 권한을 너무 좁게 보았고 인간들 사이의 평등이라는 미합중국의 근본적인 원칙에 타격을 가했다는 것이다.[196)]

당시의 연방대법원이 이와 같이 개인의 기본권보호에 소극적인 입장을 취한 것은 연방헌법에서 이미 노예제도를 인정하고 있었고(제1조 제1항 제3문 참조), 법원이 자연법적 헌법해석을 반드시 채택해야 하는 것은 아니라고 보았으며, 더 나아가 시대정신에 법적인 기속력을 부여하는 것은 법원의 임무가 아니라는 입장, 다시 말하여 연방대법원이 "역사적 해석" 방법을 취하였기 때문이다.

(2) 원래 연방헌법을 제정할 당시에는 강력한 연방정부가 성립하면 국민의 기본권이 침해받는 결과를 초래할 것이라는 우려 때문에 연방의회의 입법권을 제약하고자 한 결과 연방헌법에 권리장전이 규정되지 않았으나, 점차 연방권력보다는 주의 권력으로부터 국민의 자유와 평등에 대한 위협이 생기게 됨을 인식하게 되어 10개의 수정헌법조항(권리장권)과 아울러 수정헌법 제13조, 제14조, 제15조가 남북전쟁 후에 채택되게 되었다.

그러나 연방대법원이 남북전쟁 수정조항을 해석한 최초의 판례라고 평가되는 체이스법원(Chase Court, 1864~1873) 시절인 1873년의 Slaughter-House Cases[197)] 사건에서는 처음으로 비교집단의 개념이 등장하였으나, "평등보호조항은 오로지 흑인들을 보호하기 위한 목적으로 제정된 것이어서 … 도축업자들의 평등보호 여부와는 관계가 없다."[198)]고 판시함으로써 헌법을 매우 제한적으로 해석하는 입장을 벗어나지 못하였다. 이러한 판결이 나온 이유에 대하여는 당시 연방대법원(법정의견 집필자: Miller 재판관)이 헌법의 문언과 비본질적인 역사적인 자료(헌법제정자의 의도)에 상대적으로 많이 의존했기 때문이라는 평가를 받는다.[199)]

이러한 입장은 웨이트법원(Waite Court, 1874~1888) 시절 연방대법원이 1886년 Yick Wo v. Hopkins[200)] 판결에서, "수정헌법 제14조에서 말하는 '법률의 평등보호'

196) 예컨대, C. Wolfe (1986), pp. 68, 70.
197) 83 U.S. 36 (1983). 이 사건에 대하여는 전술한 제2장 제1절 2. 가. (2) 부분 참조.
198) Id. at 81.
199) C. Wolfe (1986), p. 130.

린 '평등한 법률'에 의해 보호하겠다는 서약이다."[201] 라고 판시한 바 있음에도 불구하고, 10년 뒤인 Plessy v. Ferguson[202] 사건에서도 마찬가지였다. 즉, 연방대법원은 흑인과 백인이 "분리하되 동등한(separate but equal) 시설"을 이용하도록 한 법률을 합헌이라고 판결함으로써 여전히 흑백문제를 실질적인 평등보호의 관점에서 보지 않았던 것이다. 이 판결에서 연방대법원은 "미국사회에서 확립된 관례나 관습 그리고 미합중국 국민들의 전통"에 근거한 인종에 기한 법적 차별에 대하여 "합리적"이라는 이유로 지지하였던 것이다.[203]

그렇지만 연방대법원은 '분리하되 동등한' 원칙하에서도 평등을 확보하기 위하여 어느 정도 노력을 하였다. 예를 들면, 그 후 화이트법원(White Court, 1910~1921) 시절인 1914년의 MaCabe v. Atchinson, Topeka, and Santa Fe Railroad[204] 사건에서 백인들을 위한 열차에서 침대칸, 식당칸을 제공한다면 흑인들을 위한 열차에서도 같은 수준의 시설을 제공해야 한다고 판시한 것이다.[205]

2. 목적론적 헌법해석

가. 변화의 조짐

(1) 1896년의 위 Plessy v. Ferguson 사건에서 확립된 "분리하되 동등한" 원칙은 1930년대 후반부터 1950년대에 이르는 기간 동안 일련의 판결을 통하여 '분리된' 교육이 실제로 '동등'하지 않는 한 위헌이라고 판결함으로써 조금씩 허물어지기 시작하였다. 예컨대, 휴즈법원(Hughes Court, 1930~1941) 시절인 1938년의 Missouri ex rel. Gaines v. Canada[206] 사건은 흑인인 Gaines가 미주리대학 Law School에 지원하였으나 흑인이라는 이유로 입학이 거부된 사건을 다루었다. 미주리 州는, 현

200) 118 U.S. 356 (1886).

201) Id. at 369. 원문은 "… the equal protection of the laws is a pledge of the protection of equal laws."

202) 163 U.S. 537 (1896). 이 사건에 관하여는 이 책 제3장 제2절 2. 가. (2) 참조.

203) C. Wolfe (1986), p. 200.

204) 253 U.S. 151 (1914).

205) C. Wolfe (1986), p. 201.

206) 305 U.S. 337 (1938).

재 주내에 흑인을 위한 로스쿨이 설립되고 있기 때문에 원고가 다른 주에 있는 로스쿨에 진학한다면 그 수업료를 지불해 줄 용의가 있다고 하였다. 연방대법원장인 Hughes 재판관이 집필한 다수의견은, 미주리주는 그 주 안에 백인학생들을 위한 로스쿨과 동등한 로스쿨을 원고에게 제공할 의무가 있다고 판결하였다. 그런데 그 당시에는 그러한 흑인을 위한 로스쿨이 없었기 때문에 원고는 백인 로스쿨 입학이 허락되었다.[207]

(2) 빈슨법원(Vinson Court, 1946~1953) 시절인 1950년 Sweatt v. Painter[208] 사건에서는 더 나아가 비록 텍사스 주는 주내에 이미 흑인들을 위한 로스쿨을 가지고 있지만 원고에게 백인들을 위한 텍사스대학 로스쿨에 입학을 허가해야 한다고 판결하였다. 연방대법원장인 Vinson 재판관은 법정의견에서, 원고의 텍사스대학 로스쿨 입학이 허용되어야 하는 이유로 "텍사스 주가 제공하는 로스쿨 교육에 있어 백인학교와 흑인학교 사이에는 실질적인 차이가 있다. 즉, 교수진의 숫자, 수강과목 및 특별활동 참여기회의 다양성, 학생숫자, 도서관의 규모 등에서 텍사스 로스쿨이 월등하다."고 판시하였다.[209] 같은 해의 McLaurin v. Oklahoma State Regents[210] 사건에서는 흑인학생이 백인들의 로스쿨에 입학이 허용되기는 하였지만 강의실이나 식당, 도서관 등 시설에서 흑인을 위한 분리된 자리에 앉아야만 하는 사례를 다루었다. 역시 법정의견을 집필한 Vinson 재판관은 그와 같은 제한은 학생으로 하여금 연구하고 토론에 참여하며, 다른 학생들과 의견을 교환할 기회, 나아가 그가 전문직업의 수행을 배울 권한을 침해하는 것이므로 위헌이라고 판시하였다.[211]

나. 변화의 완성

(1) 그 후 워렌법원(Warren Court, 1953~1969) 시절인 1954년의 Brown v. Board of Education[212] 사건에서는 연방대법원의 태도전환을 확실히 보여주었다. 1953년

---

207) Gunther/Sullivan (1997), p. 673.
208) 339 U.S. 629 (1950).
209) Gunther/Sullivan (1997), p. 675.
210) 339 U.S. 637 (1950).
211) Gunther/Sullivan (1997), p. 675.
212) 347 U.S. 483 (1954). 이 사건에 대하여는 이 책 제3장 제2절 2. 가. (4) 참조.

10월 연방대법원장으로 취임하여 워렌법원(Warren Court, 1953~1969) 시대를 연 Warren 재판관은, "교육에 있어서 분리정책의 위헌여부는 헌법기초자의 의도에 근거하여 결정될 수 없고, 수정헌법 제14조에 관한 역사자료는 결정적인 것이 없으며, 교육의 성격이 엄청나게 변화하였기 때문에 이 문제를 해결하는데 있어서 역사는 거의 소용이 없다."고 판시함으로써,[213] 흑백평등문제에 있어 오랜 역사적 해석방법으로부터 이탈하였다. 연방대법원은 "이 사건에 대한 우리의 결정은 흑인학교와 백인학교에 있어서의 난지 눈에 보이는 조건들의 비교를 중심으로 해서는 안된다. 그 대신에 우리는 공교육에서의 '분리정책 그 자체의 효과'에 초점을 맞추어야 한다."라고 하였고,[214] 또한 "비록 물리적 시설과 다른 '유형적' 조건들이 동등하다 하더라도, 공교육에 있어서 오로지 인종을 근거로 한 분리정책은 소수인종집단의 아이들로부터 평등한 교육의 기회를 박탈하는 것"[215]이라고 판시함으로써 평등보호는 '법률의 평등보호'가 아니라 '평등한 법률의 보호' 라는 점을 부각시켰다. 즉, 목적론적 헌법해석 방법을 택한 것이다.

그러나 이 판결이 있자 인종분리정책의 지지자들(역사적 헌법해석론자들)은 이 판결에 대하여 강한 비판을 가하였다. 예컨대, 판결이 있은지 2년 후, 96명의 남부출신 국회의원들은 Brown 판결을 맹렬하게 공격하는 다음과 같은 내용의 「헌법원리선언문(Declaration of Constitutional Principles)」을 발표하였다.

"우리는 학교사건들에 있어서 연방대법원의 이(Brown) 판결을 명백한 사법심사권 남용이라고 생각한다. 이 판결로 인해 연방사법부가 스스로 입법을 함으로써 연방의회의 권위를 실추시키고 州와 국민이 가지는 권리를 침해하고자 하는 경향이 정점에 이르렀다. 원래의 연방헌법은 교육에 대하여 언급하지 않았으며, 수정헌법 제14조나 어떤 수정헌법도 그러하다. … 거의 100년 동안 이러한 확립된 법원칙을 변경하는 헌법수정이나 연방의회의 입법이 없었음에도 불구하고, 미합중국 연방대법원은 아무런 법적 근거 없이 그들의 적나라한 사법심사권을 행사하여, 이 나라의 확립된 법리를 그들의 개인적인 정치적 · 사회적 이상으로 대체하였다. … 우리는 연방대법원이 확립된 법원칙과 헌법에 반하여, 주와 국민이 가지고 있는 권리를 침해하

213) Id. at 489-490.

214) Id. at 492.

215) Id. at 493.

는 것을 비난하는 바이다. 우리는 어떠한 법적 수단에 의하든지 강요된 통합에 저항하려는 의사를 선언한 州들의 발의에 경의를 표한다."[216]

(2) 어쨌든 연방대법원은 이 사건에서부터 사악한 차별과의 싸움과 근본적인 권리의 보장을 위하여 평등보호조항을 적용하기 시작했기 때문에 이 사건을 기점으로 평등보호법리의 현대적 시대로 진입했다는 평가를 받는다.[217] 워렌법원은 훗날의 그에 대한 명성과 같이 기본권보호를 위한 사법적극적인 자세로 헌법조항을 해석하기 시작하였다. 이 사건은 또한 연방대법원이 뉴딜시대 이후로 사회정책의 형성에 의도적으로 개입하기 시작한 첫 번째 사례로 중요한 판결이라는 평가를 받는다.[218]

3. 이익형량의 시대로

가. 주간통상 및 표현의 자유 영역에서의 이익형량

(1) 원래 이익형량 심사, 즉 "balancing test"는 州가 州間通商을 규제하는 법률을 제정하는 경우에 그에 대한 심사로서 연방대법원이 적용해 왔던 심사방식이다.[219] 즉, 연방대법원은 주간통상에 관한 주(의회)의 권한과 연방(의회)의 권한 사이에서 형량을 해 왔다. 마샬법원(Marshall Court, 1801~1835) 시절 연방대법원장인 Marshall 재판관은 일찍이 1824년의 Gibbons v. Ogden[220] 사건에서, 주간통상을 규제하는 연방의회의 권한은 본질상 주의 그러한 권한을 배제한다고 하였다. 나아가 연방의회가 규율하지 않는 영역이 있다면 그것은 연방의회가 규율하지 않기로 결정한 것이기 때문에 주의회가 그 영역을 규율하는 법을 만들 수 없다고 하였다.[221] 이러한 이론은 태니법원(Tanny Court, 1836~1864) 시대인 1851년의 Cooley

---

216) Text of 96 Congressmen's Declaration on Integration, New York Times, March 12, 1956, p. 19, col. 2-3. E. Chemerinsky (1997), p. 563.

217) E. Chemerinsky (1997), p. 526.

218) C. Wolfe (1986), p. 201.

219) C. Wolfe (1986), p. 242.

220) 22 (9 Wheat.) U.S. 1 (1824).

221) C. Wolfe (1986), p. 243.

v. Board of Wardens[222] 사건에서 수정을 보게 된다. 즉, 이 사건에서 연방대법원은, 원칙적으로는 연방의회가 주간통상을 규율하지만, 다양성이 요구되는 영역에서는 주의회도 연방의회와 함께 주간통상을 규율할 권한을 갖는다고 판시한 것이다. 다만 이때도 연방법률이 규율하고 있다면 연방법률이 주법률보다는 우월하다. 이를 "Cooley 원칙"이라고 한다.[223]

(2) 통상규제 사건에 있어서 주의 규제와 관련된 사안에서 발전된 이익형량이론은 그 후 표현의 자유영역에서 일어난 사례에도 도입되었는데, 이는 Holmes 재판관과 Brandeis 재판관 같은 선구자로부터 연유된 "명백하고 현존한 위험의 이론"(The-clear-and-present-danger test)을 말한다.[224] 명백하고 현존하는 위험의 심사기준이란 수정헌법 제1조가 보장하는 언론・출판의 자유에 대한 제한은 그러한 행위(기본권의 행사)가 정부가 적법하게 보호하려는 이익(공익)에 즉각적이고 심각하게 위해를 가하는 경우에만 가능하다는 이론으로, 이는 화이트법원(White Court, 1910~1921) 시절인 1919년의 Schenck v. United States[225] 사건에서 Oliver Wendel Holmes 재판관이 정립하였다.[226] 이 사건은 방첩법(the Espionage Act) 위반을 성립시키는데 어떤 증거가 허용될 수 있는가 하는 문제를 다루었다. Holmes 재판관은, "어떤 출판물에서 사용된 언어들이 어떤 상황과 본질에 있어 연방의회가 이를 막고자 하는 실질적인 해악인 명백하고 현존하는 위험을 야기하는 경우에는 그 출판물을 기소하기 위한 증거로 사용할 수 있다. 그것은 근접성(present)과 정도(clear)의 문제이다."[227] 라고 판시하였다.[228]

나. 평등보호 사건에서의 이익형량

(1) 한편, 버거법원(Burger Court, 1969~1986) 시절인 1971년의 Swann v. Charllotte-

---

222) 53 U.S. (12 How.) 299 (1851).

223) 그 후 연방대법원이 이 "Cooley 원칙"을 버리는 과정에 대하여는 C. Wolfe (1986), pp. 243-247 참조.

224) C. Wolfe (1986), p. 247.

225) 249 U.S. 47 (1919).

226) Black's Law Dictionary (1999), p. 245.

227) 249 U.S. at 52.

228) 그 후 이 원칙의 발전과정에 대하여는 Barron/Dienes (1999), pp. 351-356 참조.

Meckenburg Board of Education[229] 사건에서 연방대법원은 평등보호문제를 해결함에 있어서 '이익형량'의 수단을 사용하기 시작하였다.

이 사건은 남부지역인 North Carolina 주의 Charlotte 광역시를 관할하는 교육구(school distric)에서 일어났다. 이 지역은 위 Brown 판결이 있던 1954년까지 법률상 완전한 인종분리가 이루어지고 있었다. 1965년에 위 교육구는 연방지방법원의 승인을 얻은 통합계획을 채택했는데, 거기에는 지역통합과 스쿨버스를 이용한 무료통학이 들어 있었다. 이 교육구 관내에는 1968-1969학년도에 84,000명의 학생들이 107개의 학교에 재학하고 있었다. 그 중 21%의 학생들이 흑인이었고, 1969년까지 흑인학생들의 절반 정도는 이전에는 전부 백인학생들만 다니던 학교에 다닐 수 있었지만 여전히 상당수의 흑인학생들은 모두 흑인들만 다니는 21개의 학교에 다녀야 했다. 이러한 결과는 연방지방법원의 위 인종통합계획에 따른 결과였다. 1968년, 연방대법원의 Green v. County School Board[230] 판결이 선고되자 원고인 Swann은 이 판결에 따른 더 개선된 구제책을 요구하며 교육구를 상대로 소송을 제기하였다. Green 판결은 교육구로 하여금 "주가 부과한 인종분리가 완전히 사라질 때까지 실효성있는 계획을 마련하라."[231]고 명령한 것이었다. 1969년 4월, 연방지방법원은 교육구에게 교사진과 학생들의 통합을 위한 계획을 마련하라는 명령을 내렸다.[232] 교육구가 제출한 계획안에 만족하지 못한 법원은 스스로 전문가를 임명하여 통합안을 제출하라고 하였다. 1970년, 그 전문가와 교육구는 각각 통합안을 법원에 제출했는데, 법원은 중·고등학교를 위한 통합안으로 교육구의 계획안을, 초등학교를 위한 통합안으로 위 전문가의 계획안을 채택하였다. 이에 교육구가 항소하자 연방항소법원은 교사진의 통합과 중·고등학생의 통합안은 승인하였으나 초등학생에 대한 부분은 무효화하였다. 그 이유는 초등학생들을 짝을 지우고 그룹으로 나누는 규정은 초등학생들에게나 교육구 당국에게 불합리한 부담을 줄 우려가 있다는 것이었다. 이에 원고가 상고하였다.[233]

---

229) 402 U.S. 1 (1971).

230) 391 U.S. 430 (1968).

231) Id. at 439.

232) 이와 같이 미국의 법원이 적극적 履行命令을 할 수 있는 것은 법원이 가지고 있는 衡平法상의 권한 때문이다.

233) 402 U.S. 1, 1-2.

(2) 연방대법원은 재판관 전원일치의 판결로 연방지방법원의 명령을 지지·승인하였다. 법정의견을 집필한 연방대법원장 Burger 재판관은, "일단 어떤 권리가 있고 이에 대한 침해가 확인되었다면 과거의 잘못을 시정하기 위한 연방지방법원의 형평법상의 권한의 범위는 넓은 것이다. … 그러나 중요한 사실은, 이러한 법원의 권한은 헌법위반이 있다는 근거하에서만 행사될 수 있다는 것을 기억해야 한다는 것이다."[234] 이러한 전제하에서 연방대법원은 이 사건의 쟁점인 인종간의 균형과 할당의 문제를 언급하였다. 연방대법원은, "우리가 — 실질적인 헌법상의 권리의 문제로서 — 연방지방법원의 명령을 어떤 특정한 정도의 (인종의) 혼합을 요구하는 것이라고 이해한다면 그러한 이해는 받아들여지지 않을 것이다. 학교를 통합하라는 헌법상의 명령은 모든 공동체에 있는 모든 학교가 항상 전체로서 그 학교체제 안에 있는 학생들의 인종비율을 반영해야 한다는 것을 의미하지 않는다.[235] 우리가 Green 판결에서 밝혔듯이 교육당국의 구제계획안은 그 유효성(effectiveness)의 관점에서 판단되어야 한다. 전체 학교체제 안에 있는 학생들의 구성비율(이 사건의 경우에는 흑·백간 79:21)을 안다는 것은 과거의 헌법침해를 교정하기 위한 구제책을 마련하는 출발점으로서 유용할 수 있다. 비록 한 인종만의 학교가 존재한다는 것이 헌법침해를 곧바로 증명하는 것이 아닐지라도, 인종분리의 역사에서 볼 때 교육당국이 헌법상 의무를 따르는지 여부를 확인하려는 '구제책의 기준'에 대한 필요성은 인종간 구성비의 심각한 불균형성을 시정해야 한다는 추정을 보증하는 것이다. 통합된 학교시스템을 이루기 위하여 법원은 솔직하고 때로는 과감한 교육구획정 및 통학지역을 정할 광범위한 재량을 갖는다. 그리고 이렇게 (버스통학을 위하여) 학교를 그룹으로 나누고 교육구를 창설하는 것은 그것이 밀집되거나 지나치게 근접한 것이 아닌 한 허용될 수 있는 구제책이다."[236] 라고 판시하여 연방지방법원의 버스강제통학명령(busing)을 승인하였다. 그리고 다만, 강제통학거리가 지나치게 멀어 학생들의 건강에 해를 끼치거나 교육과정에 심각한 침해를 주는 경우에는 그러한 강제통학명령은 허용될 수 없다고 하였다.[237]

---

234) Id. at 15, 16.

235) Id. at 24.

236) Id. at 24-27.

237) Id. at 30.

(3) 연방하급법원이 대규모 버스강제통학 및 인종간 할당(배분)을 기존의 인종분리정책의 구제책의 일환으로서 사용한 형평법상의 권한을 연방대법원이 처음으로 승인했다는 점에서 의미가 있는[238] 이 판결은 결론적으로 흑백학생간의 분리된 학교체제(dual school system)를 폐지하는 방법으로서 버스를 이용한 강제통학제도의 합헌성을 인정한 것이다. 그리고 그 과정에서 집에서 가까운 학교를 다닐 개인의 권리라는 私益 — 이는 州가 주장하는 이익이기도 하다 — 과 분리된 학교체제에서 오는 헌법상 권리침해의 제거라는 公益 사이에 이익의 형량이 있었던 것이다. 이는 미국 연방대법원이 평등보호를 위한 사법심사에 비례성원칙을 도입한 것으로 볼 수 있을 것이다.

사실 모든 헌법분쟁에 있어서는 이익형량, 다시 말하여 정부의 이익(공익)과 개인의 이익(사익)의 비교평가가 반드시 수반된다. 여기에서 중요한 문제는 규제입법으로 달성하고자 하는 목적(공익)이 충분히 중요하여 그 법률로 인하여 제한당하게 되는 개인의 권리행사(사익)보다 가치에 있어 압도하는가 하는 문제이다.[239]

4. 투입영역과 산출영역의 구별

가. 스톤 재판관의 각주 4번

(1) 미국연방대법원은 원칙적으로 input의 영역과 output의 영역을 구분하는 입장을 취한다. 전자의 경우, 예컨대 의사표현의 자유나 정치적 의사표현의 영역인 선거권에 대하여는 엄격한 기준을 설정하여 보호한다. 그러나 후자의 경우는 국가의 정책형성이 이루어지는 영역이므로 원칙적으로 다수결의 원칙에 따라 결정되는 것을 존중한다. 이는 다원적 이해집단이 이미 정치적 결정과정의 광장(forum)에 참여했다는 것을 전제로 하여 민주적인 의사결정과정에 따라 다수가 결정한 사항에 대하여는 그 과정에서 이해집단간의 이익형량이 반영된 것으로 간주하여 완화된 심사기준을 적용하는 것이다. 경제적 · 사회적 규제입법에 대한 위헌심사가 그 대표적인 영역이다. 이를 평등보호의 관점에서 볼 때 후자의 경제적 · 사회적 규제입법에 대한 평

---

238) C. Wolfe (1986), p. 298.

239) J. Shaman (1984), p. 174.

등심사에서는 전통적인 합리성심사기준을 적용하는 것을 의미하고, 전자의 경우가 관련된 경우에는 근본적인 권리의 침해로 보아 엄격한 심사기준을 적용하는 것이다.

(2) 이러한 경향은 이른바 Lochner 시대를 마감하면서 휴즈법원(Hughes Court, 1930~1941) 시절인 1938년의 United States v. Carolene Products Co.[240] 사건에서 Stone 재판관의 유명한 "각주 4번"[241]에서 언급된 내용이다. 요컨대, output에 관련된 경제적·사회적 규제입법에 대하여는 법률의 합헌성이 추정되고(완화된 심사), input에 해당하는 권리의 침해나 그러한 input에의 참여를 어렵게 하는 실질적인 부담을 가하는 차별적인 취급에는 법률의 합헌성은 추정되기 않고 오히려 위헌성이 추정되어 정부에게 입증책임이 부과된다(엄격한 심사)는 것이다.

나. 투입부문을 엄격하게 보호하는 이유

위에서 본 바와 같이 미국 연방대법원이 output 영역에 대하여 완화된 심사기준을 적용하는 이유는, 다원적 이해집단이 이미 정치적 결정과정의 광장(forum)에 참여했다는 것을 전제로 하여 민주적인 의사결정과정에 따라 다수가 결정한 사항에 대하여는 그 과정에서 이해집단간의 이익형량이 반영된 것으로 간주하기 때문이다. 그런데, 연방대법원이 이러한 output 영역과는 달리 input 영역을 엄격하게 보호하는 이유가 무엇인지에 관하여는 많은 이론이 있지만, 예컨대 input 영역의 대표적인 분야인 표현의 자유를 보면 다음의 4가지 견해가 있다.

(1) 국민의 자기통치(Self-governance)의 실현

표현의 자유는 민주주의에 있어 매우 중요하다. 예컨대, 공직후보자들의 공개토론은 유권자들이 후보자에 대한 정보를 알고 나서 선거할 수 있도록 하기 위하여 필수적이다. 그리고 국민들이 정부의 정책선택에 영향력을 미칠 수 있도록 하는 것은 표현(언론)을 통해서이다. 정책을 담당한 공무원들은 그들의 정책선택에 대한 국민의 비판을 통하여 자신들의 선택을 변경할 책임이 주어지는 것이다. 정치적인 의사표현의 자유는 수정헌법 제1조에서 보호되는 자유의 핵심이라는 데는 별다른 이견이 없

240) 304 U.S. 144 (1938).

241) 이에 대하여는 전술한 이 책 제2장 제2절 2. 라. (4) 참조.

다.[242] 연방대법원도 1964년의 New York Times v. Sullivan 사건에서, "정부나 정부관리에 대해 비판할 권리는 수정헌법 제1조의 중심되는 의미"라고 판시하였다.[243] 국민의 자기통치라는 것은 현대사회에 있어서는 하나의 붙잡기 어려운 꿈(an elusive dream)으로 판명되었다고는 하지만, 그럼에도 불구하고 자기통치의 가능성이나 약속은 정치적 과제에 참여함으로써 확보될 수 있는 것이다.[244]

(2) 진실의 발견을 위하여

표현의 자유를 근본적인 권리로 보호해야 한다는 또 다른 논의에는 이 자유가 진실을 발견하는데 꼭 필요하다는 것이다. Holmes 재판관은 1919년의 Abrams v. United States 사건의 반대의견에서, "사상의 시장(marketplace of ideas)"라는 유명한 비유를 이야기하면서, "어느 것이 진실인지 밝히는 가장 좋은 방법은 시장의 경쟁 속에 그들을 놓는 것이다."라고 하였다.[245] 진실이란 사상(생각)의 충돌 속에서 가장 잘 드러나는 법이라는 것이다. 이러한 '사상의 시장' 이론은 학자들에 의해 날카롭게 비판되었다.[246] 모든 사상들이 사상의 시장에 참여한다는 가정은 옳지 않고, 설사 모두 참여한다 하더라도 일부 목소리가 큰 자들이 다른 참여자들을 몰아낼 수도 있다는 것이다. 그러나 이러한 비판이 제시하는 대안, 즉 정부가 진실인 사상을 결정하고 나머지 거짓 사상은 검열을 해야 한다는 것은 더욱 옳지 않다는 반론이 제기된다. 사상의 시장은 결점이 많긴 하지만, 정부는 자신의 목적을 달성하기 위한 것을 진실이라고 결정하고 나머지 비판적인 견해는 침묵시키려 할 것이기 때문에 결과는 더 나빠진다는 것이다. 뿐만 아니라 자비로운 정부마저도 무엇이 진실이고 무엇이 거짓인지를 결정함에 있어서 실수를 하게 마련이라는 것이다.[247]

---

242) E. Chemerinsky (1997), p. 752.

243) 376 U.S. 254, 273 (1964).

244) Keith E. Whittington, *Constitutional Interpretation : Textual Meaning, Original Intent, and Judicial Review* (Lawrence, Kan.: University Press of Kansas 1999), p. 216.

245) 250 U.S. 616, 630 (1919) (Holmes, J., dissenting).

246) 예컨대, Stanley Ingber, *The Marketplace of Ideas : A Legitimizing Myth*, 1984 Duke Law Journal, p. 1.

247) E. Chemerinsky (1997), pp. 753, 754.

(3) 자율성(autonomy)의 신장을 위하여

표현의 자유를 근본적인 권리로 보호해야 한다는 세 번째 논거는, 이 자유가 인간의 개성과 자율성의 관점에 매우 필요하다는 점이다. Marshall 재판관은 1974년의 Procunier v. Martinez 사건의 동조의견에서, "수정헌법 제1조는 정치과정의 필요에만 봉사하는 것이 아니라 자기표현을 요구하는 인간의 정신에도 이바지한다."고 설시하였다.[248] 이러한 견해에 대하여도 비판이 있었는데, 그 중의 하나는 이러한 견해는 어떤 사람의 표현의 자유를 보호하느라 다른 사람의 자율성과 자아실현을 해칠 수 있는 점을 간과하고 있다는 것이다. 예컨대, 혐오스러운 표현과 포르노그라피는 다른 사람의 품위를 떨어뜨리고 때로는 상처를 입힌다는 것이다.[249]

(4) 寬容精神의 함양을 위하여

표현의 자유를 근본적인 권리로 보호해야 한다는 또다른 설명으로서 최근에 주목받기 시작한 이론은, 이 자유가 우리 사회의 기본적인 가치가 되어야 할 관용정신에 필수적이라는 것이다. 자유언론의 원칙은 우리 사회의 지적인 성격을 형성하는 것을 돕는데 무엇보다 더 관련이 있다는 것이다.[250] 이 주장은 또한, 관용정신은 필수불가결한 가치는 아니라 할지라도 바람직한 가치이고, 좋아하지 않는 표현이나 혐오감을 주는 표현이라도 이를 보호하는 것 자체가 관용의 행위라는 것이다. 게다가 이러한 관용은 사회 전체를 통하여 더욱 관용을 고무하는 모델로서의 역할을 한다는 것이다. 그러나 이러한 관용이론에 대하여는 왜 관용정신이 근본적인 가치로 간주되어야 하느냐 하는 비판이 있다.[251] 예를 들어 비판자들은, 사회는 다른 사람들에 대하여 관용적이지 않은 자들 — 큰 해를 끼치는 자나 계획적 대량학살(genocide)을 옹호하는 자 — 에 대하여는 관용할 필요가 없다고 주장한다. 그러한 해를 막는 것은 그것에 대하여 관용하는 것보다 더 중요하다는 것이다.[252]

---

248) 416 U.S. 396, 427 (1974) (Marshall, J., concurring).

249) 예컨대 Mari Matsuda, *Public Response to Racist Speech : Considering the Victim's Story*, 87 Michigan Law Review 2320 (1989). E. Chemerinsky (1997), p. 755.

250) Lee Bollinger, *The Tolerant Society : Freedom of Speech and Extremist Speech in America* (1986), p. 120.

251) 예컨대, David Strauss, *Why Be Tolerant ?*, 53 University of Chicago Law Review 1485 (1986).

252) E. Chemerinsky (1997), p. 756.

제3장 평등보호와 위헌심사기준

실체적 적법절차에 있어서 쟁점이 된 상황에 따라 정부의 행위에 대한 매우 다른 두 기준, 즉 합리적인 관계기준(rational relation test)과 엄격한 심사기준(strict scrutiny)의 한 가지가 사용되듯이, 평등보호가 문제된 사건에서도 이와 같은 두 가지의 심사기준이 사용되며, 나아가 제3의 심사기준, 즉 중간수준의 심사기준(middle level of scrutiny)이 사용된다. 오랜 기간동안 유지되어 온 이러한 전형적인 심사기준 외에 심사기준을 좀 더 다양화하려는 시도가 제기되고 있다.

제1절 합리성심사기준과 중간심사기준

1. 합리성 심사기준

전통적인 평등보호 영역인 대부분의 경제적, 그리고 사회복지에 관한 입법은 후술하는 "의심스러운 구분"이나 "근본적인 권리"가 관련되지 않은 영역으로 단순한 합리성심사 기준이 적용된다.

가. 의의

이러한 분야에서는 연방대법원은 단순한 합리성 심사기준을 사용한다. 다시 말하면, 입법자가 선택한 수단(차별)이 정당한 입법목적과 합리적인 관계가 존재하면, 그러한 차별은 평등보호조항을 위반하는 것이 아니라는 판단을 받을 것이다.

가장 완화된 심사기준으로서 이러한 기준이 적용되는 분야는 어떤 법률이, 첫째 의심스러운 구분에 근거한 것이 아니고, 둘째 연방대법원이 묵시적으로 인정해 온 구분 예컨대 주로 성(gender)이나 적출성여부(illegitimacy)와 같은 "準의심스러운" 범주(quasi-suspect category)에 관련되지 않아야 하고, 셋째 근본적인 권리를 침해하지 않는 것이어야 한다. 거의 대부분의 경제분야에 관한 법률은 이러한 가장 완화된 심

사를 받아 왔다.[1)]

나. 연혁

미국 연방대법원은 1897년의 Gulf, C. & S. F. Ry. Co. v. Ellis[2)] 사건에서 차별은 자의적인 것이 아닌 합리적인 근거가 있어야 한다는 "합리적 차별"이라는 기준을 처음 제시하였다. 이 합리적 차별이라는 평등보호의 사법심사 기준은 1911년의 Lindsley v. Natural Carbonic Gas Co.[3)] 사건을 거쳐 1920년의 Royster Guano Co. v. Virginia[4)] 사건에서 판례상 확립되었다.

(1) Gulf, C. & S. F. Ry. Co. v. Ellis 사건

(가) 이 사건의 심판대상인 텍사스 주법률은 철도회사가 채무를 이행하지 않는 경우에 그에 대한 소송(訴價가 50달러 미만인 경우)에서 패하면 상대방의 변호사비용(10달러 한도)을 물어주어야 하는 반면에, 승소하더라도 자신의 변호사비용은 상대방으로부터 받을 수 없게 규정하고 있었다. 철도회사인 원고는 이 규정인 적법절차없이 자신의 재산을 박탈하는 것이며 평등보호도 부인하는 것이라며 위헌주장을 폈다. 텍사스州 대법원은 이 규정을 합헌이라고 판결하였다.[5)]

연방대법원은, 주대법원의 판결을 파기・환송하며 위 규정을 위헌이라고 선언하였다(6:3).[6)] 법정의견을 집필한 Brewer 재판관은, "州는 자연인인 시민의 평등보호를 부인할 수 있는 권한 이상의 것을 법인에 대하여 가질 수 없는 것이다. 州로부터 구분(차별)하는 입법을 할 권한 자체를 금지하는 것은 수정헌법 제14조에 포함되는 내용이 아니고, 또한 어떤 그룹을 똑같이 취급하는 한 평등보호를 혐오스럽게 부인하는 것이 아니라는 것 또한 사실이다. 그러나 입법목적을 위한 구분이 합헌이 되려면 합리적인 근거에 기초해야 한다."[7)]고 하였다. 이 판결에는 Gray 재판관, Fuller 재판

1) S. Emanuel, (2000), p. 222.
2) 165 U.S. 150 (1897).
3) 220 U.S. 61 (1911).
4) 253 U.S. 412 (1920).
5) 165 U.S. at 154.
6) Id. at 166.
7) Id. at 154-155. 원문은, "Classification for legislative purposes must have some reaso-

관(당시 연방대법원장), White 재판관이 반대하였는데, 그들은 민사소송에 있어서 소송비용의 문제는 주의회의 권한범위 내에 있는 것이라는 점과 이 사건의 경우 50달러 미만의 소송에서 패소자가 10달러 미만의 변호사비용을 부담하는 것이므로(특히 당사자는 철도회사로 법인이다) 부당하지 않다는 것을 그 이유로 들었다.[8)]

(나) 한편, 1911년의 Lindsley v. Natural Carbonic Gas Co. 사건에서 연방대법원은, "어떤 법률의 차별이 문제가 되었을 때, 만일 그러한 차별을 지지하는 상황이 합리적으로 인정될 수 있다면, 그 법률이 시행될 때 그러한 상황의 존재는 추정되어야 한다. … 그 법률의 차별을 공격하는 자는 그 차별이 합리적 근거에 의하지 않고 본질적으로 자의적이라는 점을 입증할 책임을 부담한다."고 판시하였다.[9)]

(2) Royster Guano Co. v. Virginia 사건

(가) 원고인 Royster Guano 회사는 버지니아 주법률에 따라 설립되어 시판용 비료의 생산 및 판매를 하고 있었다. 이 회사는 버지니아 내의 공장과 다른 주의 공장을 각각 갖고 있었는데, 1916년도에 전자에서 26만달러, 후자에서 27만달러의 순이익을 내었다. 당시 버지니아 세법(제472조)에 의하면 양쪽 모두의 수입을 신고해야 했으나, 원고회사는 후자를 뺀 전자만을 신고하였고 이에 대하여 세무공무원은 후자를 포함하여 세금을 부과하였다. 한편, 동법 제495조의 규정에 의하면 공장이 다른 주에 있고 버지니아 내에서는 주주총회 정도만 여는 회사의 경우에는 다른 주에서 번 소득에 대하여는 세금이 면제되도록 되어 있었다. 이에 원고는 위 세법 제472조는 평등보호조항에 위반된다며 소송을 제기하였다.[10)]

(나) 연방지방법원(회사법원: the corporation court)과 연방항소법원은 이 법률이 합헌이라고 판결하였고, 이에 원고회사는 연방대법원에 상고하였다. 연방대법원은

---

nable basis upon which to stand."

8) Id. at 164-167. (Gray, J., dissenting).

9) 220 U.S. 61, 78-79 (1911). 원문은, "When the classification in such a law is called in question, if any state of facts reasonably can be conceived that would sustain it, the existence of that state of facts at the time the law was enacted must be assumed. One who assails the classification in such a law must carry the burden of showing that it does not rest upon any reasonable basis, but is essentially arbitrary."

10) 253 U.S. at 413.

원심판결을 파기하였다(7:2). 연방대법원은, "수정헌법 제14조가 요구하는 '평등보호'는 州로 하여금 어떤 특정한 입법목적을 위하여 구분하는 것 자체를 금지하는 것은 물론 아니다. 그 점에 관하여 연방대법원은 여러 차례에 걸쳐 판단한 바가 있다. 그러나 차별은 합리적이어야 하고 자의적이어서는 안되며, 입법목적에 정당하고 실질적인 관련성을 가진 차별의 근거에 기초해야 한다. 그리하여 유사한 상황에 있는 모든 사람은 유사하게 취급되어야 한다."[11]고 판시하였다. 연방대법원이 이 법률을 위헌무효라고 판결한 이유는, 위 법률 제472조에 따라 설립된 법인이나 제495조에 따라 설립된 법인은 모두 버지니아 법률에 따라 조직된 것이고, 그럼에도 불구하고 같은 버지니아 주외에서 벌어들인 소득에 대하여 후자는 세금이 면제되고, 전자는 세금이 부과된다는 것은 입법목적에 공정하거나 실질적인 관련을 갖지 않는 차이에 근거한 것이라는 것이었다. 그리고 연방대법원은 그러한 규정은 아마 부주의 내지 실수로 입법된 것이라고 판시하면서, 동 사건 계속중에 그 규정이 개정된 것도 이를 증명한다고 덧붙였다.[12] 이 판결에는 Brandeis 재판관과 Holmes 재판관이 반대하였다. 이들은, 주내에 거주하는 자연인이 주내소득이건 주외소득이건간에 과세되는 것과 마찬가지로 법인의 경우도 주내소득과 함께 주외소득에 대하여 과세하는 것은 합리적인 조치라고 하였다. 이러한 세금부과는 주의회에 맡겨진 의무이자 권한이라는 것이다.[13]

다. 요건

(1) 개요

이러한 가장 완화된 심사기준하에서 연방대법원은 단지 그 차별이 헌법이 금지하지 아니하는 정부의 목적에 합리적인 연관성을 가지고 있다는 개연성이 있는지 여부만을 판단하게 된다. 다시 말하면, 단순한 합리성 심사기준이 적용되는 경우, 어떤 차별은 다음의 쉬운 두 가지 테스트만을 만족시키면 된다. 즉, 첫째 정부는 헌법적으

11) Id. at 415. 원문은, "… The classification must be reasonable, not arbitary, and must rest upon some ground of difference having a fair and substantial relation to the object of the legislation, so that all persons similarly situated shall be treated alike."

12) 253 U.S. at 416.

13) Id. at 417 (Brandeis, J., dissenting).

로 정당한 목적을 추구해야 하며, 둘째 선택된 수단(차별)은 이와 같은 정부목적에 합리적인 관련을 갖고 있어야 한다는 것이다. 게다가 법원이 이와 같은 두 가지 요건이 만족되었는지 확신을 가져야만 하는 것은 아니고 두 요건이 만족될 수 있다는 개연성에 이르는 정도로도 충분하다.[14)]

(2) 정당한 목적

(가) 이러한 "단순한 합리성" 심사기준은 그 내용 중 (정부의) 정당한 입법목적은 비록 피고측에서 '입법자가 추구할 수도 있는 가정적인 목적'이라는 것만 논증하면 만족될 수 있는 것을 의미한다. 연방대법원의 판례에 의하면, 최소한 정부가 안전의 보호, 공중보건, 공중도덕과 같은 전통적인 "일반규제(police)" 목적을 증진시키고자 하는 경우에는 정당한 목적을 가진다고 볼 수 있다.

1) 안전의 보호 (protecting safety)

1949년의 Railway Express Agency v. New York[15)] 사건은 법률이 공공안전을 촉진시키는 것으로서 합헌이라고 확인된 대표사례이다. 연방대법원은 "광고하는 차량(advertising vehicles)"의 운행을 금지시킨 법률을 합헌이라고 지지하였으나, "차량이 주로 광고를 위해 사용되는 것이 아니고 보통의 영업 즉 소유주의 통상적인 업무에 사용되는 한 영업용 배달차량에 광고문구를 사용할 수 있다."는 예외를 탄생시켰다.[16)] 연방대법원은 그 법률이 교통안전을 향상시키는 정당한 목적을 가진 것이라고 결론내렸는데, 왜냐하면 市는 금지의 대상이 된 광고가 (운전기사나 보행인의 주의력을) 더욱 분산시킬 수 있다고 인식할 수 있기 때문이라는 것이다.[17)]

2) 공중보건 (public health)

1955년의 Williamson v. Lee Optical[18)] 사건에서 연방대법원은 법률이 합헌이라고 확인하는 근거로서 "공중보건"을 강조하였다. Oklahoma 주법률은 검안사나 안

---

14) S. Emanuel, (2000), p. 222.

15) 336 U.S. 106 (1949).

16) Id. at 107-108.

17) E. Chemerinsky (1997), p. 536.

18) 348 U.S. 483 (1955).

과의사가 아닌 사람이 검안사나 안과의사의 문서로 된 처방전을 갖고 하는 경우를 제외하고는 안경의 렌즈를 맞추거나 복사하거나 바꾸어 끼는 것을 불법으로 규정하였다. 그 법은 명백히 보호주의적 입법목적, 즉 안경사를 희생시키고 검안사와 안과의사를 돕는 목적을 가진 것 같이 보였으나, 연방대법원은 그 법률이 공중보건을 증진시키는 가능성을 가진 것으로서 합헌이라고 판시하였다. 법정의견을 집필한 Douglas 재판관은, "입법자는 눈검사가 시력의 교정뿐만 아니라 보이지 않는 눈병의 발견을 위하여 매우 중요하기 때문에 모든 안경렌즈의 교체나 복사를 할 때는 의료전문가로부터 처방전을 받아서 해야 한다고 결정할 수 있다."[19]고 설시하였다.

3) 공중도덕 (public morals)

1961년의 McGowan v. Maryland[20] 사건은 연방대법원이 합리성 심사기준하에서 어떤 법률을 합헌으로 지지하는 근거로서 공중도덕을 사용하는 것을 예시해 준다. 이 사건은 영업주체들은 일요일에는 문을 닫아야 하나 자동차, 보트부속품, 꽃, 음식, 기념품 등의 판매를 위한 많은 예외를 허용한 Maryland 州法에 대한 위헌주장을 포함하고 있었다. 연방대법원은, 이 법률 규정에는 통일적인 휴일, 즉 "모든 가족과 사회구성원들이 함께 시간을 보내고 즐길 수 있는 기회"[21]를 갖는 이익이 있다는 주의 정당화 주장을 받아들여 이 법률을 합헌이라고 판결하였다.[22]

(나) 공공안전, 공중보건, 그리고 공중도덕은 정당한 정부목적이 되지만 반드시 입법목적이 이러한 것들에 한정되는 것은 아니다. 사실상 헌법에 의해서 금지되지 않는 어떠한 목적도 합리성심사기준을 충족시키기에 충분한 것으로 간주될 수 있다. 1954년의 Berman v. Parker[23] 사건에서 연방대법원은, "공공안전, 공중보건, 도덕성, 평화와 안식, 법과 질서 – 이러한 것들은 일반적 규제권한(police power)을 지방적인 사건에 전통적으로 적용한 눈에 띄는 예의 일부이다. 또한 이들은 단지 위 일반적 규제권한의 범위를 예시하는 것이지 그 범위의 한계를 정하는 것이 아니다."[24]

19) Id. at 487.
20) 366 U.S. 420 (1961).
21) Id. at 450.
22) E. Chemerinsky (1997), p. 537.
23) 348 U.S. 26 (1954).
24) Id. at 32.

라고 판시하였다.[25] 합리성 심사기준하에서 입법자에 대한 연방대법원의 광범위한 사법적 존중(judicial deference)은, 부분적으로는, 상정할 수 있는 정부의 정당한 목적이 비록 정부의 실제 목적이 아니었다고 하더라도 연방대법원이 이를 충분한 것으로 기꺼이 받아들이는 데에 기인한다. 다시 말하면, 정부측 변호사가 어떤 상정할 수 있는 정당한 목적을 제시할 수 있다면 그것이 정부의 실제적인 입법동기였는가 여부와 관계없이 그 법률은 합헌으로 지지될 것이다. 실제로 연방대법원은 위 McGowan v. Maryland 사건에서, 합리성 심사기준하에서 어떠한 법률의 배후에 있는 실제적인 목적은 상관이 없으며, "어떠한 입법사실의 존재(state of facts) 상태가 그러한 차별을 정당화시키는 것으로 합리적으로 생각될 수 있다면 그 법률은 지지되어야 한다."[26] 고 판시하였다.[27]

(3) 목적과 수단과의 관계 : 상당한(합리적인) 관련성

(가) 연방대법원은 또한 합리성 심사기준하에서 "어떤 법령에서 설정한 구분(차별)이 그 입법목적에 비추어 합리적인지 여부"를 결정하여야 한다.[28] 그러나 연방대법원은, 이것은 "가장 느슨하면서도 관대한 사법심사의 형식"이라는 견해를 반복하여 밝혔다.[29] 그리하여 연방대법원은, 합리성 심사기준하에서 법률은 정부의 행위가 "명백히 잘못되고, 자의적인 권한행사"인 경우가 아닌 한 합헌으로 판단될 것이라고 판시하였다.[30]

예컨대, 1992년의 Nordlinger v. Hahn 사건[31]에서 연방대법원은 California 주법을 합헌이라 선언하였다. 1976년에 California 유권자에 의하여 주민발안으로서 채택된 '제안(Proposition) 13'은 부동산세를 1975-1976 회계년도 부동산 가액의 1%로 제한하고, 오직 매매시에만 재평가를 허용하였다. 그 결과, 그렇지 않은(그 후에 매매된) 동일한 조건의 부동산에 비하여 부동산세에 있어서의 극심한 불균형이 발생

25) E. Chemerinsky (1997), p. 538.

26) 366 U.S. 420, 426 (1961).

27) E. Chemerinsky (1997), p. 539.

28) McLaughlin v. Florida, 370 U.S. 184, 191 (1964).

29) Dallas v. Stanglin, 490 U.S. 19, 26 (1989).

30) Hevering v. Davis, 301 U.S. 619, 640 (1937).; Mathews v. DeCastro, 429 U.S. 181. 185 (1976). E. Chemerinsky (1997), p. 541.

31) 505 U.S. 1 (1992).

하였다. 부동산 가치가 낮았을 때인 1970년대에 부동산을 구입한 자는 부동산세를 거의 내지 않은 반면, 부동산 가치가 높았을 때인 1980년대에 바로 옆의 동일한 상태의 주택을 구입한 자는 더 많은 부동산세를 납부하게 되었다. 또한, 똑같은 상태(조건)의 집을 어떤 사람이 샀을 때는 그때 시장가격이 충분히 반영된 세금을 내고, 그 집을 부모로부터 상속하는 경우에는 그 부모가 그 집을 샀을 때의 가격을 기준으로 세금이 부과되는 것이다.[32] 그럼에도 불구하고, 연방대법원은 위 '제안 13'을 정당한 정부목적에 합리적으로 관련되어 있어 합헌이라고 판결하였다(8:1).[33] 법정의견을 집필한 Blackmun 재판관은, 이사하고자 하는 사람들에게 경제적 억제요인을 제공함으로써, 즉 인플레이션의 결과인 재평가에 따른 과세를 피하고 사람들로 하여금 매매시의 세금부담을 알게 함으로써, 안정된 이웃관계를 권장하는 것을 포함하여 그 법에 대하여 상정할 수 있는 많은 목적들이 존재한다고 판시하였다.[34] 반대의견을 집필한 Stevens 재판관은, 이 규정은 공평과세원칙에 어긋나고 집을 소유한 부모의 자녀(그들은 부모의 집을 상속받을 수 있다)를 집을 소유하지 않은 부모의 자녀(그들은 집을 사야 하고 더 많은 세금을 내야 한다)보다 더 우대하는 것이므로, 똑같은 상황에 있는 납세자를 자의적이고 불합리하게 차별하는 것이어서 평등보호에 위반된다고 주장하였다.[35]

(나) 이와 같이, 수단과 목적간에는 매우 느슨한 적합성으로도 족하다. 이를 최소한의 적합성(minimal fit)이라는 표현을 사용하는 학자도 있다.[36]

라. 입증책임 및 위헌사례

(1) 입증책임

이러한 합리성심사 기준에 따를 때, 어떤 법률이 입법자의 입법형성권을 존중해야 할 영역 내에 있다면 정부는 최소한의 논증부담만을 부담하게 된다. 다시 말하면,

---

32) Id. at 30.

33) Id. at 11-13.

34) E. Chemerinsky (1997), p. 545.

35) 505 U.S. at 28. (Stevens, J., dissenting).

36) Gerald Gunther, *Constitutional Law*, 12th ed. (Westbury, N.Y.: Foundation Press 1991), p. 609.

이러한 영역을 규율하는 법률에 대하여 법원으로서는 일반적으로 합헌성을 추정해야 한다고 한다.[37] 그러므로, 만일 어떤 정부의 구분(차별)이 의심스러운 영역이나 근본적인 권리와 연관되지 않는 경우에는 이러한 단순한 합리성 심사를 받게 될 것이고, 이 경우 그러한 구분은 거의 대부분 평등보호위반 주장을 물리칠 수 있다고 볼 수 있다.[38]

(2) 위헌사례

연방대법원이 이 합리성심사 기준마저 지키지 못하였다 하여 위헌판결을 한 예로는 Morey v. Doud (1957), United States Department of Agriculture v. Moreno (1973), Zobel v. Williams (1982), Metropolitan Life Insurance Company v. Ward (1985), City of Cleburne v. Cleburne Living Center Inc. (1985), 그리고 Romer v. Evans (1996) 사건 등이 있다. 따라서, 합리성심사기준은 이론상 "최소한의" 심사이지만 실제로는 심사기준이 존재하지 않는다는 비판[39]은 타당하지 않다고 하겠다.

(가) Morey v. Doud[40] 사건

이 사건은 1930년대 후반에서 1970년대 사이에 경제에 관한 규제법률이 평등보호위반으로 위헌판결을 받은 유일한 사례이다. Illinois 주법률은 우편환(money orders)을 발행하는 기업의 재정상의 책임규정을 두고 있었는데, American Express Company를 비롯한 몇몇 회사에게만 그 책임을 면제하고 있었다.[41] 연방대법원은 이 면제규정을 위헌이라고 선언하였다(6:3). 다수의견을 집필한 Burton 재판관은, 특정회사에게 경제적인 혜택을 주는 이러한 면제규정은 입법목적에 대하여 합리적인 관계를 갖지 못하고 있다고 판시하였다.[42] 그러나 연방대법원은 이 판결 후 거의 20년이 지난 1976년의 City of New Orleans v. Dukes[43] 사건에서 Morey 판결은 잘못

---

37) E. Chemerinsky (1997), pp. 414, 415.

38) S. Emanuel, (2000), p. 224.

39) Gerald Gunther, *The Supreme Court, 1971 Term — Foreword : In Search of Evolving Doctrine on a Changing Court: A Model for A Newer Equal Protection*, 86 Harvard Law Review 1, 8 (1972).

40) 354 U.S. 457 (1957).

41) Id. at 458.

42) Id. at 466.

된 것이므로 이를 변경한다고 선언하였다. 즉, 경제규제법률에 대한 평등보호분석에 있어 이 사건은 전통적인 입법자 존중의 경향에서 너무나 이탈한 분석을 했다는 것이다.[44)]

(나) United States Department of Agriculture v. Moreno[45)] 사건

이 사건에서는 가족이 아닌 개인이 가계(household)에 포함된 경우 그 가구에 대하여 식량배부표(food stamp)를 주지 않도록 하는 연방법의 규정이 문제가 되었다. 이 규정의 입법역사는 동 규정이 히피들을 궁지에 몰아넣기 위한 동기를 보여주었고, 이에 대하여 연방대법원은 이는 정부의 정당하지 못한 입법목적이라고 판시하였다.[46)] 그리하여 연방대법원은 이 규정이 합리성심사기준에 위반된 것으로 무효화하였는데, 이에 대하여는 연방대법원이 종래 취하였던 최소한의 합리성 심사관행 즉 연방대법원은 입법의 실제 동기는 묻지 않으며,[47)] 인식할 수 있는 정당한 목적이 없는 경우에도 가정적인 목적이나 이론적인 목적도 인정해 온[48)] 것과 모순된다는 지적이 있다.[49)] 실제로 후에 1986년의 Lying v. Castillo[50)] 사건에서 연방대법원은 "함께 사는 부모, 형제, 자녀"를 "함께 사는 먼 친척이나 남"보다 더 우대하는 규정에 대하여 합리적 근거가 있다고 하여 합헌판결을 하였다.[51)]

(다) Zobel v. Williams[52)] 사건

이 사건에서는 석유판매 수입에서 나오는 이익의 배당금을 주민에게 나누어 주

43) 427 U.S. 297 (1976).

44) Gunther/Sullivan (1997), p. 649.

45) 413 U.S. 528 (1973).

46) Id. at 534-535.

47) 예컨대 Minnesota v. Clover Leaf Creamery Co., 449 U.S. 456 (1981); United States R.R. Retirement Bd. v. Fritz, 449 U.S. 166 (1980); McGowan v. Maryland, 366 U.S. 420 (1961); Flemming v. Nestor, 363 U.S. 603 (1960).

48) 예컨대 Minnesota v. Clover Leaf Creamery Co., 449 U.S. 456 (1981); United States R.R. Retirement Bd. v. Fritz, 449 U.S. 166 (1980); Railway Express Agency v. New York, 336 U.S. 106 (1949); Goesart v. Cleary, 335 U.S. 464 (1948).

49) J. Shaman (1984), p. 166.

50) 477 U.S. 635 (1986).

51) Gunther/Sullivan (1997), p. 648.

52) 457 U.S. 55 (1982).

는 알라스카 주법의 위헌성 여부가 문제가 되었다. 이 규정에 따르면, 각자가 받는 배당금의 크기는 알라스카 주에서 거주한 기간에 따라 정해졌다. 즉, 오래 거주한 자는 더 많이 받는 것이다.[53] 그러므로 이 사건에서는 '거주요건(residency requirement)'이라는, 후술하는 엄격심사기준을 동원할 수도 있는 사안이었지만 연방대법원은 이 문제를 회피하면서, "이 규정은 최소한의 합리성 심사기준마저도 통과할 수 없는 것이므로 강화된 심사기준을 적용할지 여부를 결정할 필요를 느끼지 못한다."[54]고 하면서 "이 법률에서 규정한 차별기준은 피고측에서 제시한 어떤 입법목적 — 그 중의 하나는 주에 오래 거주한 자는 유형·무형으로 주에 기여하였으므로 그에 비례하여 혜택을 주려 한다는 것이었다 — 에 의하더라도 정당화될 수 없다."[55]고 판시하였다. 이 판결은 통상 합리성심사기준이 적용되었다고 말하여지지만, 실은 그 한계를 넘었다는 평가도 있다.[56]

(라) Metropolitan Life Insurance Company v. Ward[57] 사건

알라배마 주는 州內 보험회사에게는 그 주에서 영업하는 州外 보험회사보다 훨씬 낮은 세율의 세금을 부과함으로써 주내 보험산업의 성장을 도모하고자 하였다. 연방대법원은 이 법률에 대하여 그와 같은 입법목적은 편협한 차별 그 자체이고 평등보호조항은 그러한 차별을 금지하는 것이라고 판시하며 위헌판결을 하였다(5:4).[58] 법정의견을 집필한 Powell 재판관은, 주외 경쟁회사를 차별하고자 하는 것은 정당한 주의 목적이 될 수 없다고 판시하였다.[59] 이 판결에는 O'Connor, Brennan, Marshall, Rehnquist 재판관이 반대했다. 반대의견을 집필한 O'Connor 재판관은,[60] "연방대법원은 연방의회와 개별 주들이 동의한 입법정책, 즉 다수의견이 '편협'하다고 말하는 보험산업에 대한 규제 및 과세 정책을 대신하려고 하는 것이다.

---

53) Id. at 56-57.
54) Id. at 60-61.
55) Id. at 63-64.
56) J. Shaman (1984), p. 167.
57) 470 U.S. 869 (1985).
58) Id. at 869.
59) Id. at 882.
60) 1981. 9. 25. 공화당의 레이건 대통령에 의해 (여성으로서는 최초로) 연방대법원 재판관으로 임명되어 2006. 1. 31. 스스로 퇴임할 때까지 재직하였다.

연방법(the McCarren Act)은 명시적으로 보험산업에 대한 州의 규율 및 과세 분야에서 그러한 '편협성(parochialism)'을 승인하였다. 따라서 다수의견은 주 뿐만 아니라 경제정책을 형성하려는 연방에게도 위협을 가하는 것이다."라고 반박하였다.[61]

(마) City of Cleburne v. Cleburne Living Center Inc.[62] 사건

1980년 7월에 Jan Hannah라는 사람이 텍사스주의 Cleburne 시에 있는 한 건물을 매입하여 이를 정신지체자들을 위한 공동주택을 운영하려는 Cleburne Living Center (CLC) 회사에 임대하려고 하였다. 공개청문을 거친 후 Cleburne 시의회는 위와 같은 주택운영을 위해 시조례가 요구하는 특별허가를 내주기를 거절하였다.[63] 이에 CLC 회사가 제기한 소송에서 연방항소법원은 정신적 지체는 준의심스러운 구분이고 위 시조례는 정부의 중요한 목적에 실질적인 관련이 없기 때문에 평등보호를 위반한 것이라고 판결하였다. 연방대법원은 더 낮은 단계의 심사기준(합리성심사)이 적당하다고 하면서 그러나 결론적으로는, 허용될 수 있는 정부목적을 위하여 합리적인 관련이 없다는 이유로 위 조례의 위헌을 확인하였다(6:3).[64] 법정의견을 집필한 White 재판관은, "어떤 법률에 의해 (불이익한) 영향을 받는 그룹에 속한 사람들이 일정한 특성을 가지고 있고 이에 대하여 州가 무엇인가를 충족(보충)시키고자 하는 이익을 가지고 있는 경우, 연방대법원은 — 연방제도와 권력분립체제를 고려하여 — 어떻게 또는 어떤 방법으로 주가 이러한 문제를 다룰지에 대한 입법자의 선택을 엄격하게 심사하는 데 매우 주저해 왔다. 이러한 사례들에서 평등보호조항은 단지 정당한 목적을 달성하기 위한 합리적인 관계만을 요구한다. … 그러나 이 사건에 있어 시조례는 정당한 정부의 목적에 대하여 합리적인 관계가 없다."고 판시하였다.[65] 이 판결에는 Marshall, Brennan, Blackmun 재판관이 반대하였다. 반대의견을 집필한 Marshall 재판관은, "다수의견은 이 사건 시조례를 합리성심사기준을 적용하여 무효라고 했지만 경제규제에 적용되는 합리성 심사기준하에서는 이 조례는 합헌일 수밖에 없으므로 이 조례를 위헌이라고 판결하려면 좀 더 강화된 심사

61) Id. at 901.

62) 473 U.S. 432 (1985).

63) Id. at 435-436.

64) Id. at 435.

65) Id. at 441-442.

기준이 요구된다."고 하였다.[66] 이 판결에서 연방대법원(다수의견)은 명시적으로 중간심사기준을 배척했으나, 이에 대하여 사실은 합리성 심사를 한 것이 아니라는 평가도 있다.[67]

(바) Romer v. Evans[68] 사건

콜로라도 주의 많은 도시와 마을에서는 性的傾向(sexual orientation)에 기한 차별을 금지하는 조례를 제정하였다. 이러한 조치들에 반대하는 주민들에 의해 발의된 주민투표(referendum) 결과 콜로라도 주헌법에 제2수정조항을 채택하도록 하였다. 그 조항은 입법·행정·사법부가 동성애자를 보호하려 하는 모든 조치를 하지 못하도록 규정하고 있었다. 이에 분노한 몇몇 지방자치단체와 동성애자들이 위 수정조항이 위헌이라며 소송을 제기하였다. 콜로라도 州대법원은 위 수정조항은 게이들과 레즈비언들이 정치과정에 참여하는 근본적인 권리를 침해하는 것이기 때문에 '엄격심사'를 적용해야 한다고 판결하였다. 연방대법원은 위 수정조항이 위헌이라는 결론에는 동의하였으나, 그 논거로서 평등보호조항 위반을 들었다.[69] 콜로라도 주는 위 수정조항이 게이와 레즈비언들의 특별한 권리만을 부인하는 것이며 나머지 분야에 있어서는 다른 사람들과 똑같이 다루고 있다고 주장했으나 연방대법원은 이를 받아들이지 않았다. 법정의견을 집필한 Kennedy 재판관은, "평등보호법리 나아가 법의 지배라는 법리는, 정부는 그의 도움을 구하는 모든 사람에게 불편부당한 지위로 남아있어야 한다는 사상을 말한다. 위 수정조항은 사실상 동성애자들의 법적 지위를 변경시켰고, 그들을 '외로운 그룹'으로 위치지웠다. 위 수정조항은 동성애자들에게만 '특별한 장애'를 부과하였고 다른 사람들은 이미 갖고 있거나 가질 필요 없는 보장을 부인하는 것이다. 이 수정조항은 정당한 주의 목적에 합리적인 관계를 갖고 있지 못하기 때문에 무효이다. 주는 어떤 그룹의 사람들을 '법에 대해 이방인'(stranger to its laws)으로 간주할 수 없다."고 판시하였다.[70] 이 판결에는 Scalia, Rehnquist, Thomas

66) Id. at 456.

67) George Alexander, *Constitutional Law Outline*, Handout of the "Introduction to US Law" (1999), Santa Clara University School of Law, p. 12.

68) 517 U.S. 620 (1996).

69) [http://laws.findlaw.com/us/000/u10179.html].

70) Barron/Dienes (1999), pp. 305-306.

재판관이 반대하였다. 반대의견을 집필한 Scalia 재판관은 1986년의 Bowers v. Hardwick[71] 사건을 언급하면서, "州가 동성애 행위를 처벌하는 것이 합리적이라면 이러한 행위성향을 가진 자들을 단순히 호의적으로 대하지 않는다거나 보호하지 않는다고 하여 불합리하다고 할 수 있는가? 다수의견이 보는 것과는 달리 이 법(수정조항)은 불편부당한 것이다. 헌법은 동성애에 대하여 아무런 말도 하고 있지 않다. 이러한 행위성향에 대한 사회의 취급은 통상적인 민주적 절차에 의해 결정되어야 하지 연방대법원의 구성원들이 생각하는 엘리트그룹에 의해 결정되어서는 안된다."고 하였다.[72]

(사) 평가

이들 사건을 종합하여 보면 입법목적 자체가 헌법상 정당하지 못하다는 평가를 받은 사건{United States Department of Agriculture v. Moreno (1973) ; Metropolitan Life Insurance Company v. Ward (1985)}, 근본적 권리(거주요건 · 정치과정참여권)가 관련된 사건{Zobel v. Williams (1982) ; Romer v. Evans (1996)[73]} 등이 있으나, 대부분 "심사기준을 실질적으로 높인 결과" 합리성 심사기준을 적용했음에도 위헌판결을 받은 사건들이다. 그리하여 이들 중에는 나중에 비슷한 다른 사례에서 명시적으로 번복되는 사건도 두 건{Morey v. Doud (1957) ; United States Department of Agriculture v. Moreno (1973)}이나 되었다. 한편, 합리성심사기준의 이와 같은 불안정성은 합리성심사기준의 업그레이드(Upgrading minimal scrutiny) 라는 비판을 받기도 하였다.[74]

71) 478 U.S. 186 (1986). 이 사건에서 연방대법원은 남성간 성행위(sodomy)를 형사처벌하는 주법률을 합헌이라고 판결하였는데, 이 법률은 성인 남성간의 합의하에 '은밀하게' 이루어지는 성행위까지도 처벌의 대상으로 하고 있었다. 이 사건에 대하여는 이 책 제3장 제2절 5. 바. (6) 참조.

72) Barron/Dienes (1999), pp. 306-307.

73) 한편, Lawrence v. Texas, 539 U.S. 558 (2003) 사건에서는 동성애자를 처벌하는 Texas州 형법조항을 엄격심사기준을 적용하여 위헌판결을 선고하였다. 정연철, 미국헌법상 평등보호와 Pariah Principle에 관한 고찰, 「부산대학교 법학연구 제51권 제1호」(부산대학교법학연구소 2010.2), 450면.

74) J. Shaman (1984), pp. 166-168.

2. 중간수준의 심사기준

평등보호심사에는 일반적으로 전통적인 합리성심사기준이 적용되지만, 정부가 의심스러운 구분이나 준의심스러운 구분방법을 채택하는 경우에 법원은 더 강화된 심사기준(엄격심사나 중간심사)을 적용하게 된다.[75] 미국 연방대법원은 몇 가지 구분에 대하여는 중간단계의 심사를 하는데, 이에 의하면 엄격심사보다는 통과하기가 쉬운 반면 합리성심사보다는 더 어렵다고 할 수 있다.

가. 개요

(1) 적용영역

미국 연방대법원이 '準의심스러운 구분'으로 보는 영역, 즉 중간단계 심사를 하는 영역으로는 性, 적출여부(illegitimacy), 그리고 외국인(alienage)에 기한 차별의 영역이다. 왜냐하면 외국인인 여부는 엄격심사의 대상성과 합리성심사의 대상성 두 가지 요소를 모두 갖고 있기 때문이다.[76]

그러므로 적출여부나 성별은 전통적인 의미에서의 위헌의 의심이 있는 차별적 구분은 아니지만, 적출여부나 성별을 차별적 구분의 근거로 하고 있는 입법에 대하여는 일반적인 경제적 · 사회복지적 입법에 대한 심사기준보다 좀 더 강화된 심사(소위 '중간심사')를 받게 된다.[77] 여성을 우대하는 법률, 즉 성에 기한 적극적평등실현조치에 대하여도 중간심사기준이 적용된다.[78]

한편 이러한 중간심사기준은 평등보호가 문제된 사건에서 개발된 심사기준이지만, 연방대법원은 일정한 영역의 표현의 자유 관련 사건에서도 이 기준을 적용하고 있다. 즉, 일반적인 표현과는 달리 상처받는(기본권침해의) 정도가 약한 상업적인 표현(commercial speech)에 관한 사건[79]과 그 표현에 대한 제한이 표현의 자유가 보장

---

75) Barron/Dienes (1999), p. 253.

76) 국적(외국인)에 기한 차별에 있어서 엄격심사기준이 적용되는 경우에 관하여는 이 책 제3장 제2절 3. 나. (1) 참조.

77) Rotunda/Nowak (1992), p. 372.

78) Califano v. Goldfarb, 430 U.S. 199 (1977) ; Calfino v. Webster, 430 U.S. 313 (1977).

79) 예컨대 Central Hudson Gas v. Public Serv. Comm'n, 447 U.S. 557 (1980) ; Ohralik v. Ohio State Bar Ass'n, 436 U.S. 447 (1978) 참조.

하는 이념적인(이상적인) 내용과 관련이 없는 사건[80]에도 도입되어 적용되고 있다.[81]

(2) 요건

이러한 중간심사기준은 보통 다음과 같이 이야기된다. 즉, 입법부에 의해 선택된 수단(차별)은 중요한 정부목적에 실질적으로 관련되어야 한다는 것이다.[82]

그러므로 어떤 법률이 중요한 정부의 (입법)목적에 실질적으로 관련이 있다면 그 법률은 합헌이 될 것이다. 다시 말하면 정부의 목적은 단지 "정당한" 목적에 그쳐서는 안되고 법원이 "중요한"(important) 것으로 인정할 수 있어야 하며, 또한 그 법률(에 의한 차별수단)이 정부의 목적을 달성하는 데 실질적으로 관련이 있음을 (법원이) 믿을 수 있어야 한다.[83]

(3) 합리성심사 및 엄격심사와의 차이점

따라서 입법목적은 "중요해야" 하지만 엄격심사의 경우와 같이 반드시 "불가피한(compelling)" 것이어야 하는 것은 아니고, 수단과 목적은 "실질적으로 관련되야" 하지만 엄격심사에서와 같이 수단과 목적간에 "필수불가결한 적합성"(necessary fit)이 요구되는 것은 아니다. 앞에서 본 단순한 합리성심사의 경우에 법원은 사실상 입법자의 입법동기가 되었을 법한 어떠한 목적이라도 고려하게 된다. 이때 그 목적이 실제로 입법자가 의도했다는 입증이 있는지와는 관계가 없다. 그러나 중간심사에서는 이러한 가정적인 목적은 고려의 대상이 되지 않는다. 법원은 실제로 입법자의 입법동기가 된 목적만을 고려하게 되는 것이다.

합리성심사기준이 적용되는 영역에서는 일반적으로 심판대상법률에 대하여 합헌의 추정이 되고, 엄격심사기준이 적용되는 영역에서는 반대로 위헌이 추정되는 것과는 달리, 중간심사기준의 영역에서는 연방대법원으로 하여금 정부나 원고(청구인) 즉 어느 쪽에도 우호적이라고 할 수 없는 중립적인인 입장을 갖도록 한다.[84]

---

80) 예컨대 Heffron v. International Soc'y for Krishna Consciousness, Inc., 452 U.S. 640 (1981) 참조.

81) J. Shaman (1984), p. 163.

82) The means chosen by the legislature must be substantially related to an important governmental objective.

83) E. Chemerinsky (1997), p. 415.

나. 성에 근거한 차별

(1) 의의 및 헌법규정

중간심사 영역의 가장 중요한 부분이 바로 성에 관련된 구분(차별)의 영역이다. 따라서 만일 정부가 성에 근거한 의도적인 구분을 하고 있다면, 정부는 그 조치가 중요한 정부의 목적을 위한 것이며 성에 근거한 구분(차별)이 그 목적과 실질적으로 관련되어 있다는 것을 입증해야 한다.

그러나 성에 기한 차별이 중간단계의 심사를 받게 된 것은 미합중국 독립 후 200여년이 지나서였다. 1787년의 미합중국 제헌헌법에는 평등에 관한 일반규정이 없었고 지금도 우리나라 헌법 제11조 제1항처럼 성에 근거한 차별을 금지하는 규정이 없다. 평등보호조항이 처음으로 규정된 1868년의 수정헌법 제14조에서도 성을 근거로 한 차별금지가 규정되지 않았고, 수정헌법 제14조의 기초자들이 평등보호조항이 여성들에게 부과된 법적인 장애를 탄핵하는 수단으로 사용될 것이라고 예상했는지는 의문이다.[85] 예컨대, 1872년의 The Slaughter-House Cases[86] 사건에서 연방대법원은, 평등보호조항은 오직 인종적 소수자를 보호하기 위한 것이며 그 범위를 이보다 확장할 수는 없다고 하였다.[87] 또한 1874년의 Minor v. Happerset[88] 사건에서 연방대법원은 여성의 투표권을 인정하지 않은 조치의 합헌성을 지지하였다. 연방대법원은, 비록 여성을 연방헌법하의 시민으로 인정하였지만, 투표는 미합중국 시민의 "특권 또는 면책권"이 아니므로 여성의 투표권을 부인하는 것은 허용된다고 판시하였다. 이에 따라 1920년 8월 26일 수정헌법 제19조[89]가 공포되기 이전까지 여성의 투표권은 인정되지 않았다. 즉, 수정헌법 제19조는 Minor v. Happerset 판결을 뒤집은 것이다.[90]

---

84) J. Shaman (1984), p. 163.

85) Barron/Dienes (1999), p. 287.

86) 83 U.S. 36, 81 (1872). 이 사건에 대하여는 이 책 제2장 제1절 2. 가. (2) 참조.

87) E. Chemerinsky (1997), p. 23의 footnote 43.

88) 88 U.S. 162 (1874).

89) 수정헌법 제19조 : 합중국 시민의 투표권은 성별에 의하여 합중국(연방) 또는 어느 주에 의하여도 거부되거나 제한되지 아니한다. 합중국의회는 적당한 입법에 의하여 본조를 시행할 권한을 가진다. (원문은, "The right of citizens of the United States to vote shall not be denied or abridged by the United States or by any State on account of sex. Congress shall have power to enforce this article by appropriate legislation.")

(2) 여성보호적인 태도

(가) 연방대법원은 1873년의 Bradwell v. Illinois[91] 사건에서 최초로 성차별에 관한 문제를 언급하였는데, 이 사건에서 연방대법원은 여성이 변호사업무를 수행하도록 자격을 부여하는 것을 금지한 Illinois 주법을 합헌이라고 판결하였다(8:1).[92] 연방대법원(다수의견)은 이 사건에서 수정헌법 제14조 소정의 평등보호조항을 적용한 것이 아니고 특권 또는 면책조항을 적용했는데, 법정의견을 집필한 Miller 재판관은, 변호사업무의 수행은 수정헌법 제14조 소정의 특권 또는 면책조항하에서 보호되는 시민의 특권이라는 원고의 주장을 배척하였다.[93] 그러나 동조의견을 집필한 Bradley 재판관은 성차별 주장에 대해 직접 언급했는데, 일리노이 州가 여성의 변호사업무 수행을 배제한 것은 다음과 같은 이유로 정당화된다는 의견을 밝혔다. 즉, "여성의 최고의 목적과 사명은 '아내'와 '어머니'라는 숭고하고 자비로운 직무를 수행하는 것이다. 이것은 창조주의 법칙이다. 시민사회의 법칙은 사물의 일반적인 본질 내에서 채택되어야 하고, 예외적인 사례에 근거하여 채택되어서는 안된다."[94]고 하였다. 그는 이어서, "여성의 독특한 특성, 목적과 사명의 견지에서 볼 때, 어떤 직책 · 지위 · 직장이 남성으로 채워지고 수행되어야 하는지를 결정하는 것은 입법자의 권한 내에 있는 것"[95]이라고 결론지었다. 유일한 반대자인 연방대법원장 Chase 재판관은 아무런 이유설시 없이 다수의견 및 동조의견에 반대하였다.[96] 연방대법원은 1894년의 In re Lockwood[97] 사건에서 Bradwell 사건의 판시내용을 재확인하였다. 즉 연방대법원은, Virginia 주는 비록 연방대법원과 Columbia 지구에서 변호사업무 수행이 인정된 여성이라 하더라도 버지니아 주에서는 변호사업무를 수행하지 못하도록 막을 수 있다고 판결하였다.[98]

---

90) E. Chemerinsky (1997), p. 600.
91) 83 U.S. 130 (1873).
92) E. Chemerinsky (1997), p. 559.
93) 83 U.S. at 134-137.
94) Id. at 141 (Bradley, J., concurring).
95) Id. at 142.
96) Id. at 142.
97) 154 U.S. 116 (1894).
98) E. Chemerinsky (1997), p. 600.

(나) 미국헌정사 가운데 "Lochner 시대"라고 불리우는 20세기의 첫 1/3 기간(30여년) 동안 연방대법원은 명백하게 성에 근거하여 차별하는 법률을 합헌이라고 판결하였다. 이 기간 동안 연방대법원은 공격적으로 계약의 자유를 보호하였고, 이 권리의 침해를 이유로 많은 (경제)규제 법률을 무효화시켰다. 그러나, 연방대법원은 여성에 관하여 규율하고 있는 그러한 법률에 대하여는 기꺼이 합헌이라고 지지했다. 예를 들어, 1905년의 Lochner v. New York[99] 사건에서 제빵근로자의 최대근로시간 규정(일주일에 60시간 또는 하루 10시간)을 위헌이라고 선언하였지만, 3년 후인 1908년의 Muller v. Oregon[100] 사건에서는 공장에 고용되어 있는 여성들의 최대근로시간 규정[101]에 대하여 합헌이라고 판결했다. 이 사건에서 연방대법원은, "여성들의 신체구조와 어머니로서의 역할을 수행하는 기능으로 말미암아 생계를 위한 투쟁에 있어 여성들이 불리한 위치에 놓여 있다는 것은 명백하다. … 이러한 점 때문에 있어 여성은 남성과 구별되고 … 여성들을 보호하고자 하는 법률은, 비록 그와 같은 법률이 남성에게는 불필요하고 유지될 수 없는(위헌인) 것이라고 하여도, 합헌으로 지지될 수 있다."[102]고 판시하였다. 연방대법원은 이러한 논거에 따라서 1924년의 Rice v. New York[103] 사건에서, 여성이 레스토랑에서 밤 10시부터 아침 6시까지의 사이에 고용되는 것을 금지한 뉴욕주 법률을 합헌이라고 판결했다.[104]

(다) 연방대법원은 심지어 제2차 세계대전 이후 많은 여성들이 노동시장영역에 진입한 이후에도 계속하여 고정관념(stereotypes)에 기초한 성차별을 허용하였다. 1948년의 Goesaert v. Cleary[105] 사건에서 연방대법원은, 여성이 자신이 일하고자 하는 술집 소유주의 부인이거나 딸이 아닌 경우에는 바텐더로서의 자격을 부여하지 못하도록 하는 Michigan 주법률에 대하여 합헌판결을 하였다. 법정의견을 집필한

99) 198 U.S. 45 (1905). 이 사건에 관하여는 이 책 제2장 제2절 2. 다. (2) 참조.

100) 208 U.S. 412 (1908).

101) 1903년 2월 19일, Oregon 주의회는 "州內의 기계시설물이나 공장 또는 세탁소에 고용되어 있는 여성들은 어떤 날이라도 하루 24시간 중 10시간 이상을 일해서는 안된다."는 내용의 법률을 통과시켰다. (208 U.S. at 417).

102) Id. at 421-422.

103) 264 U.S. 292 (1924).

104) E. Chemerinsky (1997), p. 600.

105) 335 U.S. 464 (1948).

Frankfurter 재판관은, "의문의 여지없이 Michigan 주는 모든 여성들이 술집에서 일하지 못하도록 금지할 수 있다."[106]고 판시하였다. 그는 또한 "여성의 사회적 · 법적 지위에 있어서의 큰 변화가 … 州로 하여금 주류판매의 규제와 같은 문제에 있어 성별을 구분하는 경계선을 긋지 못하도록 하는 것은 분명히 아니다."[107]라고 하였다. 연방대법원은, 여성들에 대한 이 법률의 차별은 허용될 수 있는데 그 이유는 "그들이 그은 경계선은 합리성이 없는 것이 아니기"[108] 때문이며, "술집에서 일하는 여종업원의 남편이나 아버지가 술집주인으로서 행하는 감독작용은 그러한 보호감독이 없는 경우에 술집여종업원이 직면할지도 모르는 위험을 최소화할 것"[109]이라고 하였다.[110] 연방대법원은 1961년의 Hoyt v. Florida[111] 사건에서도, 남자들은 그들이 예외를 요청하고 그 요청이 받아들여진 경우가 아니면 배심원으로 봉사해야 하나, 여자들은 그러한 요청을 하지 않아도 배심원단에 포함되기를 명시적으로 표명하지 않는 한 자동적으로 배심원의 임무에서 면제되도록 하는 플로리다 주법률을 합리적 기준심사를 적용하여 합헌이라고 지지하였다. 연방대법원은 "여성들이 지난 역사의 제한과 보호로부터 계몽적으로 해방되었고 여성들이 이전에는 남성들이 차지해야 할 것으로 생각되었던 사회공동체의 많은 영역에 진출하였음에도 불구하고, 여성들은 여전히 가정과 가족생활의 중심으로 간주된다."[112]고 하였다. 따라서, 州는 "여성 스스로 그러한 배심원의 직무가 그녀 자신의 특별한 책임과 조화된다고 결정하지 않는 한 시민의 의무인 배심원 직무로부터 여성들을 면제시킬 수 있다."[113]고 판시하였다. 그러나 이 Hoyt 사건은 14년 후인 Taylor v. Louisiana[114] 사건에서 번복되었다.[115]

(라) 이와 같이 1970년대 이전까지는 성에 기한 차별이라는 이유로 제기된 위헌주장에 대하여는 입법자를 존중하는 합리성 심사기준을 적용하여 합헌을 선언하였

106) Id. at 465.
107) Id. at 465-466.
108) Id. at 467.
109) Id. at 466.
110) E. Chemerinsky (1997), p. 601.
111) 365 U.S. 57 (1961).
112) Id. at 61-62.
113) Id. at 62.
114) 419 U.S. 522 (1975).
115) E. Chemerinsky (1997), p. 601.

다. 위헌이라고 주장된 법률들은 더 약한 성(the weaker sex)인 여성을 보호해야 할 필요성과 여성이 사회에서 차지할 알맞은 위치라는 가설과 관련된 여성보호적인 태도(paternalistic attitude)를 반영하고 있었다.[116)]

(3) 변화의 바람

그러나 1971년에 중요한 변화가 나타났다. Reed v. Reed[117)] 사건에서 연방대법원은 전원일치의 판결로, 유언 없이 사망한 자녀의 유산관리에 관하여 동순위의 권리를 가지는 자가 복수인 경우 남성이 우선한다고 규정한 Idaho州 법률은 성차별로서 평등보호조항에 위배된다며 위헌선언을 하였다. 州는 그 법이 채택한 수단은 분쟁을 피하고 유언검인 법원(the probate court)의 업무량을 줄인다는 공익에 합리적으로 기여하는 적절한 방법이라고 주장하였다. 그러나 연방대법원장인 Burger 재판관은, 이러한 남성선호는 "평등보호조항에 의하여 금지되는 자의적인 입법"이라고 하였다.[118)] 법정의견은 '합리성'(rationality)이라는 낱말을 사용하였지만, 그 심사의 수준은 더 엄중하고 까다로운 것이었다.[119)]

여군의 경우 남편 부양수당을 받기 위하여는 부인이 남편을 부양한다는 사실상의 부양관계를 입증할 것을 요구하고, 남자 군인이 부인 부양수당을 받기 위하여는 그런 입증을 요구하지 않는 법률은 위헌이라고 판결한 1973년의 Frontiero v. Richardson[120)] 사건에서, 복수의견(plurality opinion)[121)]을 집필한 Brennan 재판관은 성에 기한 차별에도 엄격심사기준을 적용할 것을 주장하였고 이 의견에는 Douglas · White · Marshall 재판관이 가담하였다. 그러나 1978년의 Regents of University of California v. Bakke[122)] 사건에서 Powell 재판관은 주장하기를, 인종에 기한 차별이 본질적으로 혐오스럽다는 것은 오랜 비극적인 역사에서 비롯된 것인데, 여성의 경우에는 그렇지 않다고 하였다.[123)]

---

116) Barron/Dienes (1999), p. 287.

117) 404 U.S. 71 (1971).

118) Id. at 76.

119) Barron/Dienes (1999), p. 287.

120) 411 U.S. 677 (1973).

121) 과반수(majority)를 구성하는데 필요한 재판관의 표를 확보하지는 못하였으나 다른 의견보다는 (상대적으로) 다수인 의견을 말한다. Black's Law Dictionary (1999), p. 1119.

122) 438 U.S. 265 (1978). 이 사건에 대하여는 이 책 제3장 제2절 4. 마. (1) (가) 참조.

(4) 중간심사기준의 확립

성에 기한 차별에 대하여 중간심사기준이 확립된 것은 1976년의 Craig v. Boren[124] 사건에서였다. 이 사건에서 연방대법원은, 18세에서 20세까지의 남성이 동일 연령의 여성보다 음주운전과 사고의 위험성이 많다는 통계적 자료를 근거로 알콜농도 3.2%의 맥주를 남자는 21세 이상, 여자는 18세 이상에게만 판매할 수 있도록 한 Idaho 州法을 위헌으로 판결하였다. 다수의견을 집필한 Brennan 재판관은, "위헌이라는 주장을 배척하기 위하여 이전의 판례들은 성에 기한 구분(차별)은 중요한 정부목적에 이바지해야 하고, 그 수단은 정부목적에 실질적으로 관련이 있어야 한다는 점을 확립하고 있는 것"[125]이라고 판시하고, 州가 교통안전에 대하여 중요한 이익을 갖고 있는 것은 사실이나, 남자와 여자의 음주운전사고에 관한 통계는 그와 같은 입법목적과 이 법률이 규정하는 남녀차별은 밀접하게 관련되어 있지 않다는 것을 보여준다고 선언하였다.[126]

(5) 성에 근거한 적극적평등실현조치

성을 기준으로 분류한 적극적평등실현조치에 대하여도 중간심사기준이 적용된다. 1977년의 Califano v. Goldfarb[127] 사건에서 연방대법원은, 남편사망시 미망인에게는 당연히 연금을 지급하는 반면, 부인이 사망한 남편에 대해서는 부인 생전에 부인의 소득으로부터 그의 생활비의 1/2 이상을 받았음을 증명토록 한 '연방 노인, 유족급부금, 및 장애 보험혜택 프로그램'(the Federal Old-Age, Survivors and Disability Program)은 과거의 낡은 개념과 역할 구분에 기한 고정관념에 근거한 것으로 평등보호에 위배된다고 판결하였다. 법정의견인 복수의견을 집필한 Brennan 재판관은, "이 프로그램은 최소한 부분적으로는 부인들은 보통 남편에 의존적이라는 가정에 근거하고 있고, 그러한 가정은 고용관련 혜택의 분배에 있어 성에 근거한 차별을 정당화하기에 충분하지 않다."고 판시하였다.[128] 한편, 같은 해의 Califano v. Webster[129]

---

123) Barron/Dienes (1999), p. 288.

124) 429 U.S. 190 (1976).

125) Id. at 197.

126) Barron/Dienes (1999), p. 289.

127) 430 U.S. 199 (1977).

128) Id. at 217.

사건에서는, 역시 중간심사기준을 적용하였으나 사회보장정책에 있어서 여성의 연금액을 동일한 근무기간의 남성보다 높게 책정한 것은 과거 여성근로자의 상대적 저임금에 대한 보상이므로 합헌이라고 판결하였다.[130]

(6) 중간심사에 비판적인 견해

(가) 일찍이 1973년의 Frontiero v. Richardson[131] 사건의 다수의견[132] 중 4인의 재판관(Brennan · Douglas · White · Marshall)은 性을 인종 · 혈통과 같은 의심스러운 구분이라고 주장했다. 즉 여성은 역사적으로 의도적인 불평등 대우를 받아왔고, 정치적으로 무력한 지위에 있다는 것이다.[133] 그러나 다수의견에 가담한 재판관 중 3인(Powell · Burger · Blackmun)은 남녀차별을 의심스러운 구분의 수준까지 올릴 필요는 없다고 주장했고, 나머지 1인(Stewart)은 특별한 의견을 제시하지 않았다. 따라서 선례로서의 구속이 있는 majority를 형성하지 못하였고, 결과적으로 성에 관한 차별에 있어 엄격심사가 연방연방대법원의 공식의견으로 채택되지 못하였다.

(나) 한편, 성에 기한 차별에 대하여 중간심사기준을 확립한 위 Craig v. Boren[134] 사건에서 반대의견을 집필한 Rehnquist 재판관은 성에 근거한 차별입법에 대하여 새로운 심사기준(중간심사)을 적용하는 것을 반대하면서, "중요한 목적"(important)이라든지 "실질적인 관련"(substantial relation)이라는 문구는 모두 애매모호하고 고무줄같은 것이어서 주관적인 선호나 편견에 이끌릴 수 있다[135]고 비판하였고,[136] Rotunda/Nowak은 중간심사기준이 합헌추정을 주로 하는 합리성심사 기준과, 일단은 합헌성을 의심하고 보는 엄격심사 기준 사이에서 '개별적 심사의 원칙(ad hoc)'이 되어 버린 감이 있다고 지적했다.[137]

---

129) 430 U.S. 313 (1977).

130) Id. at 316-317.

131) 411 U.S. 677 (1973).

132) 이 사건은 8:1로 위헌판결이 났는데, Rehnquist 재판관만이 합헌의견을 냈다.

133) J. Shaman (1984), pp. 175-176.

134) 429 U.S. 190 (1976).

135) Id. at 217 (Rehnquist, J., dissenting).

136) Barron/Dienes (1999), p. 289.

137) Rotunda & Nowak, *Treatise on Constitutional Law* (1992), Vol 3. pp. 286-287.

(다) 또한 현재 연방대법원의 구성원인 Ginsberg 재판관은, 성이란 인종과 같이 당사자가 변경할 수 없는 선천적인 것임에도 종래의 지배적 문화가 여성을 열등하다고 낙인찍고 여성에게 사회적 · 법적 · 경제적 · 정치적 영역에서 불이익을 주는 것을 정당화해 왔으므로, 성에 근거한 구분을 의심스러운 차별로 보아 엄격한 심사기준을 적용할 것을 계속 주장해 왔다.[138]

(7) 성별에 따른 차별영역에서의 중간심사기준의 정리

(가) 우호적인(benign) 경우도 사악한(invidious) 경우와 마찬가지이다

이러한 중간심사는 성에 근거한 구분이 "invidious"한(여성에게 해를 끼치려고 의도된) 경우 뿐만 아니라 "benign"한(여성에게 혜택을 주려고 의도된) 경우에도, 나아가 여성에 대한 과거의 차별을 보상하기 위한 경우에도 적용된다.[139]

(나) 원고가 남성이거나 여성이거나 마찬가지이다

이는 성에 근거한 구분에 대하여는 남성에 의해서나 여성에 의해서나 모두 공격의 대상이 될 수 있다는 것을 의미한다. 그리고 남성이든 여성이든 어느 쪽도 중간심사의 혜택을 누릴 수 있다는 것을 의미한다. 예를 들어 성에 기한 차별에 대하여 중간심사기준을 확립했다는 Craig v. Boren[140]사건에서, Oklahoma州는 낮은 알콜도수의 맥주를 남자에게는 21세미만, 여성에게는 18세미만의 경우 판매를 못하도록 하였다. 이 규정은 18세부터 20세까지의 남성의 평등보호를 위반했다는 판결을 받았다. 왜냐하면 이 조치는 주의 중요한 행정목적을 달성하는데 실질적으로 관련되지 못했기 때문이다.[141]

(다) 사실상의(결과적) 차별의 경우

성에 근거한 구분은 입법자가 한 쪽 성을 다른 성에 비하여 의도적으로 차별하기 위하여 행한 것이라면 중간단계의 심사만을 받게 된다. 이는 인종에 근거한 구분

138) Merry B. Cavanaugh, *Toward A New Equal Protection : Two Kinds of Equality,* 12 Law & Ineq. 381. 김문현, 남녀평등에 관한 미연방대법원 판례의 분석, 「헌법학연구 제3집」(한국헌법학회, 1997. 10), 249면.

139) S. Emanuel, (2000), p. 240.

140) 429 U.S. 190 (1976).

141) S. Emanuel, (2000), pp. 292-293.

이 곧 엄격심사를 받게 되는 것과 같은 것이다. 그런데, 어떤 정부의 조치의 결과로서 어떤 성이 우연히 의도되지 않은 부담(unintended burden)을 받게 되었을 때는 반드시 중간심사를 받는 것은 아니다. 예를 들어 Personnel Admnistration of Massachusetts v. Feeney[142] 사건에서, Massachusetts 州는 공무원 채용에 있어서 퇴역군인들(veterans)에게 절대적인 우선권을 주고 있었다. 그런데 퇴역군인의 98%는 남성이었다. 연방대법원은 이러한 조치는 반드시 중간단계의 심사기준을 만족해야 하는 것은 아니라고 판결하였다. 왜냐하면 여성에 대한 이러한 비우호적인 영향(unfavorable impact)은 입법자에 의해 의도된 것이 아니었기 때문이었다. 그리고 이 조치는 단순한 합리성심사 요건을 충족하였기 때문에 평등보호를 위반한 것이 아니라는 판단을 받았다.[143]

(라) 고정관념(stereotyping)의 금지

한편, "정형화"된 고정관념에 대하여는 주의를 요한다. 만약 입법자가 성에 근거한 구분을 하였고, 그 구분이 여성의 "적절한 위치"(proper place of women)에 대한 정형화된 고정관념을 강화하는 것으로 보이는 경우에 그러한 조치는 중간심사를 통과하지 못할 것이다. 예컨대 United States v. Virginia[144] 사건에서, Virginia 州는 버지니아군사학교(Virginia Military Institute, VMI)를 남성만의 학교로 운영하고 있었는데, 이는 버지니아 주의 견해에 의하면 남성만이 "시민군대"(citizen soldiers)를 양성하기 위한 이 학교의 힘든 군사적인 방법을 견딜 수 있다고 보았기 때문이다. 연방대법원은 이러한 성에 근거한 구분은 중간심사를 만족할 수 없다고 판시하였는데, 왜냐하면 이러한 조치는 여성의 역할에 대한 전통적인 사고방식에서 유래하였기 때문이라는 것이었다. 여성 중에는 이 학교의 교육·훈련 과정에 응할 수 있는 자격을 가진 사람들이 있고 이러한 여성들이 VMI에 다니고자 하는 기회가 박탈되어서는 안되기 때문이다.[145]

142) 442 U. S. 256 (1979).
143) S. Emanuel, (2000), pp. 294-295.
144) 518 U.S. 515 (1996).
145) S. Emanuel, (2000), pp. 296-297.

(마) 매우 설득력 있는 입증을 요함

연방대법원은 비록 성에 근거한 구분에 대하여 엄격심사가 아닌 중간심사를 적용하기는 하지만, 최근에 연방대법원은 이러한 심사를 매우 강한 수준으로 적용하고 있다. 즉, 연방대법원은 성에 기한 차별에 대하여는 "매우 설득력 있는 입증"(exceedingly persuasive justification)을 요구하고 있다.[146]

요컨대, 중요한 정부의 목적에 실질적인 관련 있는 수단을 요하는 중간심사기준은, 비록 일관되지는 않았지만 연방대법원이 성차별과 관련한 판결을 다루는 원칙적 기준으로 자리잡고 있다고 하겠다.

(8) 남녀차별에 대한 연방대법원의 노력에 대한 평가

Ann E. Freedman은, 페미니스트들의 영웅적인 노력에도 불구하고 미국과 기타 산업화된 국가에서 여성의 지위는 심한 불평등과 억압이라는 말로 특징지을 수 있다고 한다. 즉, 여성들은 낮은 임금, 낮은 지위의 직장일, 정치적인 제도와 과정에서 제대로 대표되지 못하고 있으며, 가정에서는 그 가치가 제대로 평가받지 못하는 가사일에 얽매여 있고, 유아기부터 성인이 되어서도 불리한 고정관념의 틀 속에 갇혀 있다는 것이다.[147] 한편 Freedman은 남녀평등의 의미에 관한 미국 연방대법원의 노력은 다음 3가지의 문제로 유형화할 수 있다고 하였다. 즉 첫째, 남녀간의 性的 차이와 그로 인한 사회적 결과는 자연적인가(따라서 불가피한가) 아니면 문화적인가(따라서 변할 수 있는 것인가)? 둘째, 만일 특정한 성적 차이나 그로 인한 사회적 결과가 원래 문화적인 것이라면 그것은 바람직한 것인가 아니면 해로운 것인가? 셋째, 만일 해악이 존재한다고 가정하더라도 그러한 해악은 여러 유형의 성적 차이의 정도와 그 결과를 줄이기 위한 주요한 사회적 투자를 정당화할 정도로 충분히 중요한 것인가? 하는 것이 바로 그것이다.[148]

---

146) S. Emanuel, (2000), p. 291.

147) Ann E. Freedman, *Sex Equality, Sex Differences, and the Supreme Court*, 92 the Yale L. J. 913, 914 (1983).

148) A. Freedman (1983), p. 917.

다. 외국인이라는 지위에 근거한 차별

(1) 의의

연방대법원은 종래, 외국인(alienage)이라는 지위에 기한 구분(차별)은 인종(race)이나 혈통(national origin)에 기한 구분과 마찬가지로 의심스러운 것이고(위헌의 의심이 있고) 따라서 엄격심사를 불러 일으킨다고 판시해 왔다.[149] 그러나 "일반적으로" 외국인이라는 지위는 준 의심스러운 범주에 속한다고 평가되고 있다. 그런데 사실상은 외국인의 지위에 기한 구분은 상황에 따라 엄격심사를 받기도 하고,[150] 단순한 합리성심사를 받기도 한다. 따라서 외국인이라는 지위에 기한 구분이 중간심사를 받는다는 뜻은 "평균적으로" 그렇다는 의미이다.[151]

(2) 엄격심사의 예

아래에서 보는 대표적인 예외를 제외하고는 미국시민이 아니라는 이유로 하는 차별은 원칙적으로 엄격심사를 받는다.[152] 예를 들어, 주는 외국인에게 복지혜택을 거부할 수 없다. 왜냐하면 (엄격심사를 받는 결과) 외국인에 기한 구분은 주의 매우 중요한 이익을 달성하는 데 꼭 필요한 것이라 할 수 없기 때문이다(Graham v. Richardson).[153] 또한 주는 거류외국인(resident aliens)에게 변호사개업을 못하도록 금지할 수 없다. 왜냐하면 그러한 구분은 엄격심사를 통과할 수 없기 때문이다(In re Griffiths).[154]

(3) 합리성심사의 예

가장 중요한 예외는 외국인에 대한 차별이 정부를 대표하는 핵심 기능과 관련되는 경우에는 엄격심사가 적용되지 않는다는 것이다. 이것은 기본적으로, 외국인이

---

149) 예컨대, Nyquist v. Mauclet, 432 U.S. 1 (1977); Examining Bd. v. Flores de Otero, 426 U.S. 572 (1976); In re Griffiths, 413 U.S. 717 (1973); Sugarman v. Dugall, 413 U.S. 634 (1973); Graham v. Richardson, 403 U.S. 365 (1971).

150) 이를 "sometimes suspect"라고 표현한다. Barron/Dienes (1999), p. 284.

151) S. Emanuel, (2000), p. 307.

152) 이에 대하여는 이 책 제3장 제2절 3. 나. (1) 참조.

153) 403 U.S. 365 (1971).

154) 413 U.S. 717 (1973). S. Emanuel, (2000), p. 308.

공직을 지원하는 경우 그 직의 수행이 정치적 직책(politics)이나 사법직(justice) 또는 공공정책(public policy)에 밀접히 관련된 경우에는 단순한 합리성심사를 한다.[155] 그러므로 정부는 州경찰(state trooper)[156]이나 공립학교 교사[157] 또는 보호관찰관(probation officer)[158]의 채용과 관련해서는 외국인을 차별할 수 있다.[159] 그러나 공직과 관련된 것이라 하여 모두 엄격심사가 적용되지 않는 것은 아니다. 어떤 공직이 위에서 본 정치적 직책이나 사법직 또는 공공정책에 관련되지 않는 경우 — 아마 대부분의 하위직급 — 에는 엄격심사가 적용된다. 예를 들어 어떤 시조례가 거류외국인은 시의 쓰레기 수거원(sanitation worker)이 될 수 없다고 규정하였다면 이 경우에는 엄격심사가 적용될 것이다.[160]

(4) 중간심사의 예 : 불법체류외국인(illegal aliens)의 교육문제

만일 市가 불법체류 외국인에게 무료의 공교육을 거부한다면 이 경우는 중간심사가 적용되고 아마도 위헌판결을 받을 것이다. 예컨대 1982년의 Plyer v. Doe[161] 사건에서 원고가 외국인이었을 뿐 아니라 (미성년) 자녀였기 때문에 이런 결과(중간심사 및 위헌판결)가 나온 것이다. 만일 주가 성년 불법체류 외국인을 차별한다면(공교육 거부) 이 경우에도 중간심사 내지는 이보다 더 강도가 높은 심사가 적용될 것인지 여부는 알 수 없다고 하겠다.[162]

라. 적출여부에 근거한 차별

(1) 의의

연방대법원은 嫡庶(illegitimacy)의 문제를 의심스러운 구분영역으로 분류한 적은 결코 없으나 사생아를 차별하는 법률을 위헌선언하기 위하여 강화된 심사기준, 즉

---

155) 이에 대하여는 이 책 제3장 제2절 3. 나. (2) 참조.

156) Foley v. Connelie, 435 U.S. 291 (1978).

157) Ambach v. Norwick, 441 U.S. 68 (1979).

158) Cabell v. Chavez-Salido, 454 U.S. 432 (1982).

159) S. Emanuel, (2000), p. 308.

160) S. Emanuel, (2000), p. 309.

161) 457 U.S. 202 (1982). 이 사건에 대하여는 이 책 제3장 제2절 5. 바. (3) (나) 참조.

162) S. Emanuel, (2000), p. 312.

중간심사기준을 적용하였다.[163] 그러므로 비적출자를 불리하게 처우하는 구분은 "준의심스러운" 것이고, 중간심사가 적용된다. 따라서 주는 認知되지 않은 사생아가 불법행위 사망소송(wrongful-death action)[164]을 제기하지 못하도록 단순하게 금지할 수 없으며, 그들이 상속할 권리를 막을 수 없다. 그러한 아이들에게는 (그들의 어머니가 제기하는 소송에서) 친자확인을 받을 기회가 주어져야 한다. 또한 그 소송에서 친자확인을 받는다면 그들은 嫡子와 똑같은 대우를 받아야 한다.[165]

(2) 유동적이었던 판례의 경향

연방대법원은 嫡庶차별 분야에서 어느 정도의 사법심사를 할 것인지, 그리고 그 근거는 무엇인지에 관해 매우 유동적이었다.[166] 예컨대, 워렌법원(Warren Court, 1953 ~1969) 말기인 1968년의 Levy v. Louisiana[167] 사건에서는 인지받지 못한 婚外子(nonmarital children)는 아버지(親父)의 부당한 죽음에 대해 다툴 수 없다고 한 법률을 평등보호위반이라고 함으로써 엄격한 심사를 했으나, 버거법원(Burger Court, 1969~1986) 초기인 1971년의 Labine v. Vincent[168] 사건에서는 유언없이 죽은 경우에 인지한 婚外子를 부모의 친척보다 상속의 후순위로 한 법률을 합헌이라고 지지하였다. 한편 1973년 Gomez v. Perez[169] 사건에서는 적자에게만 부양청구권을 인정한 법은 무효라고 판결했는가 하면, 適子의 경우는 부양의 대상이라는 것이 법률상의 추정을 받았고 庶子의 경우는 입증책임을 지게 한 사회보장법을 다룬 1976년의 Mathews v. Lucas[170] 사건에서는 혼외자에게 불리한 이 법을 합헌이라고 지지하였다.[171]

---

163) G. Alexander (1999), p. 10.

164) 불법행위로 인하여 사망한 자의 상속인이 동 불법행위로 인한 손해배상을 구하여 제기하는 소송을 말한다. Black's Law Dictionary 7ed. (1999), 1606면.

165) S. Emanuel, (2000), p. 312.

166) G. Gunther (1991), p. 359.

167) 391 U.S. 68 (1968).

168) 401 U.S. 532 (1971).

169) 409 U.S. 535 (1973).

170) 427 U.S. 495 (1976).

171) Gunther/Sullivan (1997), pp. 725-726.

(3) 중간심사기준의 확립

그러다가 1980년대에 들어와서는 조금 강화된 심사기준(rationality review with "bite")[172]을 도입하기 시작하였다. 즉, 연방대법원은 1982년 Mills v. Habluetzel[173] 사건에서 生父를 상대로 한 친자확인소송은, 嫡子의 경우에는 소송제기의 기한이 없는 반면에 비적출자의 경우에는 태어난 지 1년 이내에 제기하도록 규정한 Texas 州法을 위헌선언하였고, 또한 같은 경우에 비적출자가 태어난 지 2년 이내에 친자확인소송을 제기하도록 규정한 Tennessee 州法을 다룬 1983년의 Pickett v. Brown[174] 사건에서도 동법을 위헌선언하였다.[175]

이와 같이 유동적 입장을 보여왔던 연방대법원은 1988년의 Clark v. Jeter[176] 사건에 이르러 적서차별에 대한 평등보호 판단기준으로 중간심사기준을 적용함을 명확히 하였다. Pennsylvania 주는 사생아를 위하여 제기하는 자녀부양 청구소송은 그 아이가 6세가 되기 전까지 제기되어야 한다는 법을 통과시켰다. 이 법은 사생아의 평등보호를 위반했다는 판결이 내려졌다. 연방대법원은, "그와 같은 구분은 사생아라는 지위에 근거하여 만들어졌기 때문에 그것은 주의 중요한 목적에 실질적으로 관련이 되는 경우에만 합헌이 될 수 있는 것이다. 실효된 또는 詐欺의 청구원인에 기한 소송을 피하려고 하는 것은 주의 이익이라고 할 수 있지만, 6년이라는 제한은 그러한 주의 이익을 달성하는데 실질적으로 관련되어 있다고 할 수 없다."[177]고 판시하였다.

---

172) G. Alexander (1999), p. 11.
173) 456 U.S. 91 (1982).
174) 462 U.S. 1 (1983).
175) Gunther/Sullivan (1997), pp. 729-730.
176) 486 U.S. 456 (1988).
177) Id. at 463, 464.

제2절 엄격한 심사기준

연방대법원이 엄격한 심사기준을 적용하는 영역으로는 "의심스러운 구분"으로 보는 영역과 "근본적 권리"의 영역이 있다. 의심스러운 구분이라는 것은 차별의 근거로서 사용하는 그 자체만으로 '위헌'의 의심이 있는 구분을 말한다. 전통적으로 연방대법원은 인종, 혈통에 기한 차별을 '의심스러운 구분'으로 보았으나 이제는 (일정한 경우의) 국적(외국인)에 기한 차별도 의심스러운 구분으로 보고 있다.[178)]

1. 엄격심사의 개관

가. 적용영역 및 특성

(1) 적용영역

엄격심사는 어떤 법률이 인종(race), 혈통(national origin), 일정한 경우의 국적(alienage: 외국인)과 같은 '의심스러운 구분'에 기하여 차별을 하고 있거나 '근본적인 권리'에 부담을 주는 경우에 연방대법원이 적용하는 심사기준이다. 예컨대 어떤 법률이 이러한 영역에 속하는 일정한 그룹의 사람들을 차별적으로 구분하여 특정한 정부의 혜택이나 부담으로부터 배제하고 있을 때, 연방대법원은 그러한 차별적인 구분에 대하여 엄격한 심사를 한다.

엄격한 심사와 완화된 심사를 나누기 시작한 초기에 연방대법원은 의심스러운 구분을 "분리되고 고립된 소수인종"(discrete and insular minority)[179)]에 대한 차별에 관련된 것으로 정의하였다. 연방대법원은 그 후 나중의 사건에서는 "의도적으로 불평등대우를 받아 왔거나 정치적으로 무력한 위치에 있는 사람들"[180)]과 관련된 구분

---

178) Note, *Justice Stevens' Equal Protection Jurisprudence*, 100 Harvard Law Review 1146, 1148 (1987).

179) United States v. Carolene Products Co., 304 U.S. 144, 153 note 4 (1938).

180) Massachusetts Board of Retirement v. Murgia, 427 U.S. 307, 313 (1976) (quoting San

으로 정의하였다. 연방대법원은 또한 의심스러운 구분을 하는 것은 "열등감의 표지나 낙인"(a badge or stigma of inferiority)을 찍는 것을 의미한다고도 판시하였다.[181] 인종에 기한 구분이 그 전형적인 예이다.[182]

(2) 의심(suspectness)을 보여주는 특성들

일반적으로 법원이 특정한 구분이 의심스러운 것으로 인정하기 쉬운 몇 가지 특성이 있다.[183]

(가) 불가변성(immutability) : 만일 그 구분이 변경할 수 없거나 바뀌지 않는 어떤 특성에 근거하여 이루어졌다면 이는 의심을 사기 쉽다. 인종이나 혈통이 바로 이에 해당되고 富는 그렇지 않다. 이러한 특성은 바꿀 수 없는 것이기 때문에 이들을 근거로 하여 차별하는 것은 공정하지 않기 때문이다.

(나) 고정관념(stereotypes) : 어떤 구분이나 특성이 잘못되고 깔보는 고정관념의 유행에 의한 것이라면, 이것 또한 의심을 사기 쉽다. 역시 인종이나 혈통, 그리고 외국인은 예를 들어 富보다는 더 여기에 해당하기가 쉽다.

(다) 정치적인 무력(political powerlessness) : 만약 그 집단이 정치적으로 영향력이 없거나 역사적으로 (특별히 공적으로) 널리 차별되어 왔다면 이러한 사정은 의심스러운 구분이 되기 쉬운 것이다.

(3) 엄격한 심사기준의 변천과정 및 전망

수정헌법 제14조를 채택하게 된 원동력은 인종에 기한 차별의 철폐였지만, 수정헌법 제15조와는 달리 제14조는 '인종'에 관한 어떤 언급도 없다. 그러나 연방대법원은 수정헌법 제14조를 인종에 기한 구분에만 제한하지 아니하고 점차 '혈통'[184]이나

Antonio Indepent School Distric v. Rodriguez, 411 U.S. 1, 28 (1973).

181) Brown v. Board of Education, 347 U.S. 483, 494 (1954).

182) J. Shaman (1984), p. 175.

183) S. Emanuel, (2000), p. 240-241.

184) Oyoma v. California, 332 U.S. 633 (1948); Korematsu v. United States, 323 U.S. 214 (1944); Hirabayashi v. United States, 320 U.S. 81 (1943).

'외국인'[185]에 기한 차별에까지 적용하는 것으로 넓혔다. 따라서 후2자에 대하여도 인종에 기한 것과 같이 엄격한 심사가 적용되게 되었다.[186]

이러한 연방대법원의 태도변화는 헌법을 해석하는 입장의 변화로 볼 수 있다. 즉, 미합중국 성립이래 역사적인 헌법해석방법에 따라 노예제도, 다시 말하여 인종에 기한 차별에 대해서까지 사법소극적인 태도로 그들의 기본권보호에 인색했던 연방대법원은 앞에서도 본[187] 바와 같이 1954년의 Brown v. Board of Education[188] 사건에서 목적론적인 해석방법으로 입장을 바꾸고, 이어서 1971년의 Swann v. Charllotte-Meckenburg Board of Education[189] 사건에서 평등보호문제를 해결함에 있어서 이익형량의 수단을 사용하기 시작함으로써 유연한 입장을 보이기 시작하였다. 그러나 버거법원은 그 이전의 워렌법원이 개인의 기본권보호를 위하여 근본적인 권리의 영역을 개발하여 엄격한 심사를 한 것과는 달리 근본적 권리영역의 더 이상의 확장을 거부하였고, 나아가 인종에 기한 적극적평등보호조치에도 엄격심사를 적용함으로써[190] 실질적인 평등보호에는 미흡하다는 평가를 할 수 있다고 하겠다. 렝퀴스트법원도 버거법원과 마찬가지이고 어느 면에서는 버거법원보다 더 근본적 권리의 보장에 소극적이라고 평가받았다.[191]

나. 연혁 및 정당성

(1) 엄격심사의 인식

연방대법원은 1944년의 Korematsu v. United States 사건에서, 인종 및 국적에 기한 차별에 대하여는 엄격한 심사기준을 적용한다는 것을 처음으로 밝혔는데, 그러나 이 사건에서는 2차 세계대전 중 일본계미국인을 격리수용한 정부의 조치를 합헌

185) Nyquist v. Mauclet, 432 U.S. 1 (1977); Examining Bd. v. Flores de Otero, 426 U.S. 572 (1976); In re Griffiths, 413 U.S. 717 (1973); Sugarman v. Dugall, 413 U.S. 634 (1973); Graham v. Richardson, 403 U.S. 365 (1971).

186) J. Shaman (1984), p. 175.

187) 이 책 제2장 제3절 참조.

188) 347 U.S. 483 (1954).

189) 402 U.S. 1 (1971).

190) 이 책 이 절 4. 나. 참조.

191) Barron/Dienes (1999), p. 333.

이라고 판결하였다.[192] 즉, 연방대법원은 "어느 한 인종집단의 시민권을 박탈하는 모든 법적 제재는 그 즉시 위헌의 의심이 있다. 그러나 이것은 그러한 모든 제재가 위헌임을 의미하는 것은 아니다. 그것은 연방대법원이 그와 같은 제한에 대하여 가장 엄격한 심사기준을 적용한다는 것을 뜻한다. 국가안보라는 공익상의 긴박한 필요(pressing public necessity)가 때때로 그러한 제재를 정당화한다는 것이므로, 이와 같은 미국정부의 조치는 인종에 대한 적대가 결코 아니다."라고 판시하였다.[193] 또한 연방대법원은 1985년 Cleburne v. Cleburne Living Center[194] 판결에서, "어떤 법률이 인종, 국적이나 혈통에 기한 구분을 하는 경우, 이러한 요인들은 정당한 州이익의 성취에 거의 관련이 없기 때문에 이러한 요인들을 고려한 결과인 그 법률은 편견과 적대감을 반영한 것으로 간주된다. … 이러한 이유와 또한 이러한 차별은 입법적 수단에 의해 조만간 시정되지 않을 것이기 때문에, 이러한 법률은 엄격한 심사를 받아야 하고 따라서 필수불가결한 州이익에 이바지하기 위하여, 적합하게 재단된 경우에만 지지될 수 있을 것이다."라고 판시하였다.[195]

인종에 의한 구별은 정부가 필수불가결한 정부목적(공익)의 달성을 위하여 차별이 필요하였다는 점에 대하여 무거운 입증부담을 충족시킬 수 있는 때에만 허용된다는 점은 이제 확실히 정립되었다.[196] 즉, 정부는 그러한 행위에 대한 대단히 중요한 이유를 제시하여야만 하는 동시에 그러한 목적이 다른 덜 차별적인 방법으로는 달성될 수 없다는 점을 증명하여야 한다.[197] 연방대법원은, 소수자에 불리한 것이든 유리한 것이든, 인종에 기한 모든 구별은 엄격심사를 거쳐야 한다고 명백히 선언하였다.[198]

---

192) 323 U.S. 214 (1944).

193) Id. at 216. E. Chemerinsky (1997), p. 551.

194) 473 U.S. 432 (1985). Cleburne市는 정신지체자들을 위한 주택단지의 허가조건을 다른 정상인을 위한 그것에 비하여 까다롭게 만들었다. 정신건강 상태에 기한 이러한 구분은 의심스러운 또는 준 의심스러운 것으로 취급되지 않기 때문에 법원은 단순한 합리성 심사를 했음에도 불구하고 평등보호위반으로 위헌선언되었다. Barron/Dienes (1999), p. 251.

195) 473 U.S. 432, at 440. E. Chemerinsky (1997), p. 530의 footnote 25.

196) 예컨대, Wygant v. Jackson Board of Education, 476 U.S. 267, 274 (1986) ; Palmore v. Sidoti, 466 U.S. 429, 432 (1984) 참조.

197) Wygant v. Jackson Board of Education, 476 U.S. 267, 280 n.6 (1986).

198) Adarand Construtors, Inc. v. Pena, 115 S.Ct. 2097 (1995) (연방차원의 적극적평등실현조치는 엄격심사를 충족하여야 한다) ; City of Richmond v. J.A. Croson Co., 488 U.S.

(2) 엄격심사의 정당성

연방대법원은 오래 전부터 수정헌법 제14조의 주요한 목적은 아프리카계 미국인(African Americans)을 보호하기 위한 것이라고 인식하였다. 평등보호조항을 해석한 초기의 연방대법원 판결은 그 조항이 오로지 흑인을 보호하는 데에 사용될 수 있었다는 사실을 보여 준다.[199] 연방대법원은 기나긴 인종차별의 역사로 인하여 고정관념과 편견(stereotypes and prejudices)에 기한 인종차별이 앞으로도 있게 될 것이라는 점을 강조하였다. Warren Burger 대법원장은 1984년의 Palmore v. Sidoti 사건에서, "수정헌법 제14조의 핵심되는 목적은 정부차원에서 행해진 인종에 기한 모든 차별을 제거하려는 것이었다. 인종에 근거하여 사람을 구분하는 것은 정당한 공공의 목적보다는 인종적 편견을 반영한 것이기 쉽상이다."라고 설시하였다.[200] 또한, 인종 및 혈통상 소수자에 대하여 차별하는 정부행위에 대하여 강화된 심사를 하는 것은 이러한 집단이 상대적으로 정치적으로 무력하다는 이유 때문에도 정당화된다. 유명한 Carolene Products 사건의 4번 각주에서 연방대법원은, "분리되고 고립된(discrete and insular) 소수인종에 대한 편견은, 통상 소수인종을 보호하기 위하여 요구되는 정치적 과정의 작동을 심각하게 방해하는 경향이 있고 따라서 더욱 엄격한 사법심사를 요청하게 되는 특별한 조건이다."라고 판시하였다.[201] 편견과 차별은 인종 및 혈통상 소수자가 정치적 과정을 통하여 그들 스스로를 보호할 가능성이 없도록 하는 것이다.[202] 뿐만 아니라, 연방대법원은 인종이란 변할 수 없는 특성(immutable trait)이라는 점을 강조하였다.[203] 태어나면서부터 가지게 되고 변경할 수도 없는 특성을 이유로 사람을 차별하는 것은 불공평(unfair)하기 때문이다.[204]

이러한 이유로, 인종 및 혈통에 의한 구분은 가장 엄격한 심사기준을 충족하여

469 (1989) (주 및 지방자치단체의 적극적평등실현조치는 엄격심사를 충족하여야 한다). 인종적 구분에 따른 적극적평등실현조치에 대하여는 이 책 제3장 제2절 4.에서 다룬다.

199) The Slaughter-House Cases, 83 U.S. 36, 81 (1872).

200) 466 U.S. 429, 432 (1984). 이 사건에 대하여는 이 책 제3장 제2절 2. 나. (2) 참조.

201) United States v. Carolene Products Co., 304 U.S. 144, 153 n.4 (1938).

202) E. Chemerinsky (1997), p. 551.

203) Frontiero v. Richardson, 411 U.S. 677, 686 (1973) ; Lockhart v. McCree, 476 U.S. 162, 175 (1986); Regents of the University of California v. Bakke, 438 U.S. 265, 360-361 (1978) (Blackmun, J., concurring and dissenting).

204) E. Chemerinsky (1997), p. 551.

야 한다. 그러므로 이러한 차별은 필수불가결한 정부 목적을 달성하기 위하여 꼭 필요하다는 것이었다는 것이 입증되는 경우에만 허용되는 것이다.

다. 요건 및 효과

(1) "의도적인" 차별

(기) 엄격심사 또는 의심스러운 구분에 관하여 기억해야 할 중요한 점의 하나는, 이러한 구분에 대한 정부측의 차별대우가 의도적인인 경우에만 이러한 엄격심사가 적용된다는 사실이다. 즉, 만일 정부가 만든 법률이나 규정이 백인보다 흑인을 차별대우한 것이 의도적이지 않았고 우연한 효과(결과)나 부담이 된 경우 연방대법원은 엄격심사를 적용하지 않았다(Washington v. Davis).[205] 이 점은 아마도 의심스러운 구분의 분야에서 가장 자주 쟁점이 되는 부분이다.

(나) 그러나 의심스러운 구분에 기한 차별대우는 직접 증거가 아닌 상황증거(간접증거)에 의하여 입증될 수도 있다는 것을 주의하여야 한다. 예를 들어, 어떤 경찰서에서 경찰서장의 인터뷰에 의하여 신임 경찰관을 채용하는 경우에 5년 후에 단지 1%의 흑인지원자만이 채용된 반면, 백인들은 지원자 중 25%가 채용되었다는 결과를 빚었고 — 이때 흑인지원자나 백인지원자 간에는 명백한 객관적인 (능력의) 차이는 없는 경우에 — 이러한 통계에 의해 밝혀진 차이는 의도적인 차별에 대한 상황증거가 될 수 있을 것이고, 그렇다면 법원은 위 선발절차에 관한 엄격심사를 할 수도 있다는 것이다.[206]

(다) 평등보호위반을 주장하는 사례에 있어서 주는 "법집행에 있어 1회적인 잘못은 고의적인 차별이 아니다."라고 주장할 수 있는가?[207] 1944년의 Snowden v. Hughes[208] 사건은 이 문제를 다루고 있다. 원고는 일리노이주 상원의원 선거를 위한 후보지명예비선거에 출마했는데, 당시 법에 의하면 원고가 출마한 지역에서는 공화당후보로는 2명을 지명하도록 규정되어 있었다. 이 예비선거에서 원고는 공화당

---

205) 426 U.S. 229 (1976). 이 사건에 대하여는 이 책 제3장 제2절 2. 라. (2) 참조.

206) S. Emanuel, (2000), p. 240.

207) Gunther/Sullivan (1997), p. 751.

208) 321 U.S. 1 (1944).

입후보자 중에서 두 번째로 많은 득표를 하였다. 따라서 주상원의원 선거의 후보자로 지명될 수 있었음에도 검표위원회는 최고득표자 1인에 대하여만 지명자라고 주국무장관에게 통보하였다.[209] 이에 원고는 위 검표위원회의 차별적인 법집행은 평등보호위반이라며 소송을 제기하였다. 연방대법원은, 주 공무원의 법집행에 있어서의 잘못(위법)은 — 주법률 위반문제는 별론으로 하고 — 그러한 위법행위가 고의적으로 또는 의도적으로 차별하고자 했다는 것을 입증하지 못하는 한 평등보호위반이 아니라고 판시하였다.[210]

(2) 불쾌한(또는 악의적인) 차별

(가) 차별은 의도적이어야 한다는 요건 외에 그 차별은 "불쾌한 또는 악의적인"(invidious) 것이어야 한다. 다시 말하면, 차별받는 그룹에 대한 편견이나 그들을 모독하려는 경향에 근거한 것이어야 하는 것이다. 이 요건이 바로 인종이나 혈통, 그리고 (일정한 의도에 의한 경우) 국적(외국인)만이 의심스러운 구분에 속하게 하는 요소이다. 이러한 그룹들은 다수자의 편견이 충분히 깊은 소수자 그룹에 해당하는 것이다.[211]

연방대법원은 1985년 Hunter v. Underwood[212] 사건에서 비도덕적(moral turpitude) 범죄행위로 유죄판결을 받은 자에게는 투표권을 박탈한 Alabama 州헌법규정에 대하여 위헌판결을 하였는데, 그 이유는 동 규정이 문면상은 인종에 중립적이지만 원래의 입법의도가 흑인들을 차별하려고 하는 동기에서 유발되었기 때문이라는 것이었다.[213]

(나) 비록 어떤 구분이 역사적으로 자주 차별을 받아왔던 그룹에 관련되는 것이라 하더라도 그 차별을 변호하는 자들(주로 정부)은 그들이 사용한 특정의 구분(차별)이 그 그룹들에게 불리하게 하고자 의도한 것이 아니므로 악의적인 것은 아니라고 항변할 것이다. 적극적평등실현조치(affirmative action)가 이러한 항변을 야기할 수 있

209) Id. at 3-4.

210) Id. at 8.

211) S. Emanuel, (2000), p. 239.

212) 471 U.S. 222 (1985).

213) Barron/Dienes (1999), p. 256.

는 한 예이다. 또 다른 예로는 "분리하되 동등한(separate but equal)" 상황에 관한 것이다. 이러한 경우 차별을 변호하는 측에서는 (차별받았다고 주장하는) 그룹들이 비록 다른 처우를 받고 있다 하더라도 그 그룹들은 더 나쁘게 대우받고 있는 것은 아니라고 주장할 수 있다. 일반적으로 말해 이제 연방대법원은 인종이나 혈통을 근거로 한 차별은 그 자체로 악의적인 것이라고 보고 있다.

예컨대, 1967년의 Loving v. Virginia[214] 사건에서 Virginia州는 인종간의 결혼을 금지하고 있었다. 버지니아 주는 백인도 역시 흑인과 결혼할 수 없기 때문에 흑인이 백인과 결혼하지 못하게 하는 것은 흑인만을 불리하게 하는 것이 아니라고 주장하였다. 입법사실은 이 법률조항은 백인의 인종적인 순수성을 보호하기 위하여 만들어진 것이라는 사실을 보여주었기 때문에, 이러한 구분은 악의적인 것이고 따라서 평등보호조항을 침해한 것이라고 선언되었다.[215]

(3) 사실상 차별의 문제

(가) 연방대법원은, 법 자체는 중립적이나 결과적으로 인종적 차별을 가져온다면 평등보호조항에 위반될 수는 있으나 이러한 법은 엄격심사의 대상이 아니라 전통적인 합리성심사의 대상이 된다고 판시하였다.

1) 연방대법원은 1974년의 Mayor of Philadelphia v. Educational Equality League[216] 사건에서, 시장이 평등보호에 어긋나게 교육위원회 위원을 임명했다는 위헌주장을 기각하였다. 당시 통계는 흑인이 (백인보다) 훨씬 적게 임명된다는 것을 보여주었으나, 연방대법원은 그러한 통계상 증거는 차별을 입증하기에 불충분하다고 판시하였다.[217]

2) 1976년의 Washington v. Davis[218] 사건에서 Washington 州는 경찰관이 되려는 자에게 언어구사 · 어휘 · 읽기 등의 능력을 검정하는 시험을 치러 선발해 왔는데, 결과적 통계에 의하면 흑인들은 백인들보다 탈락율이 4배나 되었다. 이에 원고

---

214) 388 U.S. 1 (1967). 이 사건에 대하여는 이 책 제3장 제2절 2. 다. (2) 참조.

215) S. Emanuel, (2000), p. 242.

216) 415 U.S. 605 (1974).

217) E. Chemerinsky (1997), p. 564.

218) 426 U.S. 229 (1976).

인 Davis는 워싱턴주의 조치가 평등보호위반이라며 소송을 제기했다. 州법원은 원고의 청구를 인용하였으나 연방대법원은 원심을 파기하였다. 법정의견을 집필한 White 재판관은, "수정헌법 제14조 평등보호조항의 중심되는 목적은 인종에 근거하여 차별하는 정부의 공식적인 조치(official conduct)를 방지하려는 데 있었고, 연방대법원은 단지 인종적으로 불균형한 영향(결과)를 초래한다고 하여 그 법이나 정부의 조치를 위헌이라고 선언하지는 않았다."고 판시하였다.[219] White 재판관은 인종적으로 중립적인 행정인 경찰관 선발시험이 결과적으로 인종간 불균형한 결과를 낳았더라도 평등보호조항을 위반한 것이 아니라고 판결하면서, 이 경우 위헌이라고 하려면 차별적인 의도나 목적이 입증되어야 한다[220]고 설시하였다.[221]

3) 1977년의 Dayton Board of Education v. Brinkman (Dayton I)[222] 사건에서도 연방대법원은, 특정지역에서 어떤 학교는 白人, 어떤 학교는 黑人이 대부분을 차지하더라도 교육청이 고의적으로 분리시킨 증거가 없는 한 유효라고 판결하였다. 그런데 2년 후에는 Dayton II 판결(Dayton Board of Education v. Brinkman)[223]이 있었다. 이 사건의 지방법원은 원고측에서 20년 이상된 의도적인 분리정책이 현재의 증가된 인종분리 결과에 영향을 미쳤다는 점을 입증하는데 실패했다며 원고패소판결을 하였으나, 항소심에서는 Brown I 판결(1954) 때의 이중학교시스템(분리정책)의 존재를 강조하면서 원심판결을 파기하고 학교시스템의 구제명령을 발하였다. 연방대법원은 항소심의 판결을 지지하였다. [224]

(나) 이와 같이 법문상 중립적인, 그러나 차별적인 영향을 갖는 법률에 대하여 입법자의 인종에 기한 차별목적의 입증을 요구하는 것에 대하여는 찬반 양론이 있다.

1) 찬성론

찬성하는 입장에서는, 평등보호조항은 평등한 결과를 가져오는 데 관련된 것이

---

219) Id. at 239.

220) Id. at 241.

221) Goldberg/Tenen (1996), p. 57.

222) 433 U.S. 406 (1977).

223) 443 U.S. 526 (1979).

224) Gunther/Sullivan (1997), pp. 777-778.

아니라, 정부에 의한 차별행위를 금지하는 데 관련된 것이라는 견해에 의하여 정당화될 수 있다고 한다. 더욱이 수많은 법률이 백인과 소수인종 사이에 계속 존재하는 커다란 불평등에 의하여 어느 정도 차별적인 영향을 가지고 있다는 문제가 있다. 또한 소수인종에게 혜택을 주는 영향을 갖는 법률이 있을 것이고 이러한 법률은 (소수인종에게) 유해한 영향을 갖는 법률을 상쇄할 수 있다.[225] Robert Bennett는 "여러 가지 법률이 인종에 끼치는 영향을 고려함이 없이 통과될 때 소수인종 구성원들이 확률적으로 이익을 얻을 수도 있고 불이익을 받을 수도 있다면, 그들은 법의 평등보호를 박탈당하지 않는 것이다. 그들에게 불이익을 주는 모든 법률을 금지한다는 것은, 그들이 손실없이 정치협상으로부터 이득을 갖도록 하는 것이다."라고 주장하였다.[226]

2) 반대론

반대하는 입장에서는, 차별적 목적을 입증하는 것은 매우 어렵다고 한다. 대부분의 법률에서는 그러한 (차별의) 동기는 거의 나타나지 않고, 호의적인 목적이 규정될 수 있다.[227] 따라서 차별적 목적과 효과를 가진 많은 법률들은 단지 그러한 목적의 입증을 요구하는 증거상의 문제 때문에 합헌이라는 판결을 받을 것이다.[228] Charles Lawrence는, "이러한 인종주의는 때때로 의식되지 않고 있으며, 그러한 무의식적 인종주의가 … 정부정책에서 많은 불공평한 영향을 끼치는 기초가 된다."고 주장한다.[229] 기나긴 차별의 역사를 지닌 사회에서, 차별적 영향을 가진 많은 법률이 차별적 목적으로부터 입법되었을 것이라는 가정이 성립할 수 있다는 주장도 있다.[230] 나아가 평등보호는 정부행위의 결과와 관련된 것이지, 그 행위의 기초가 된 동기와 관련된 것은 아니라는 주장이 있다. Laurence Tribe는 "평등보호조항의 목표는 (차별하

225) E. Chemerinsky (1997), p. 567.

226) Robert W. Bennett, *"Mere" Rationality in Constitutional Law : Judicial Review and Democratic Theory*, 67 California Law Review 1049, 1076 (1979).

227) Daniel R. Ortiz, *The Myth of Intent in Equal Protection*, 41 Stanford Law Review 1105 (1989).

228) E. Chemerinsky (1997), p. 567.

229) Charles R. Lawrence Ⅲ, *The Id, the Ego, and Equal Protection : Reckoning with Unconscious Racism*, 39 Stanford Law Review 317, 355 (1987).

230) David A. Strauss, *Discriminatory Intent and the Taming of Brown*, 56 University of Chicago Law Review 935 (1989).

고자 하는) 불순한 생각을 억누르려는 것이 아니라, 모든 인간의 존엄성을 완전히 보장하려는 것이다.[231] … 정부가 그들의 고통에 무관심하거나, 이전의 공적인 차별이 어떻게 그들의 고통에 기여하였으며, 현재의 공권력의 행사가 어떻게 그것을 영속화시키는지에 대하여 눈감으려 할 때, 소수인종은 역시 침해를 받게 된다."라고 하였다.[232]

(4) 목적과 수단과의 관계

이러한 엄격심사가 동원되면, 그러한 구분(차별)이 정부의 불가피한 이익(공익)(compelling governmental interest)을 증진하는 데 필수불가결한 경우에 합헌이 될 수 있다. 이와 같이 정부(입법)의 목적이 아주 중요해야 할 뿐만 아니라 그 목적과 선택된 수단간의 "적합성"(fit)이 매우 긴밀해야 한다.[233]

엄격심사는 그 법률이 최소한의 제한수단이거나 또는 최소한의 차별수단이라는 입증을 요구한다. 만일 그 법률이 최소한의 제한수단이 아니라면, 그것은 목적을 달성하기 위하여 "꼭 필요한(necessary)" 것이 아닌 것이다.[234]

(5) 효과

일단 연방대법원이 의심스러운 구분이 연관되었다고 결정하면 엄격심사가 적용되어야 하고, 그 결과는 위헌판단을 받게 되기가 쉽다. 따라서 엄격심사방법은 이론상은 "엄격하다."(strict in theory)고 하지만 엄격심사가 적용되면 결과적으로 위헌이라는 결론에 이르게 되기 때문에 사실상 "치명적"(fatal in fact)인 것이라고 설명하는 견해도 있다.[235] 예컨대, 1944년 이후 의도적인 인종적, 민족(ethnic)에 의한 구분은 예외없이 엄격심사를 통과하지 못했다. 그 이유는 때때로 그러한 구분이 필수불가결한(compelling) 목적을 추구하고 있음을 입증할 수 없었기 때문이기는 하지만, 보다

---

231) "개인에 의한 편견은 법이 미치는 범위 밖이라고 할 수 있지만, 법은 그러한 편견이 가능하도록 직접적 또는 간접적인 영향을 주어서는 안된다."고 판시한 Palmore v. Sidoti, 466 U.S. 429, 431 (1984) 참조.

232) Laurence H. Tribe, *American Constitutional Law*, 2nd ed. (Mineola, N.Y.: The Foundation Press 1988), pp. 1516, 1519.

233) S. Emanuel, (2000), pp. 221-222.

234) E. Chemerinsky (1997), p. 416.

235) G. Gunther (1982), p. 8.

더 많은 경우는 선택된 수단이 그러한 필수불가결한 목적을 달성하기에 꼭 필요한(necessary) 것임을 입증하지 못했기 때문이다. 어떤 수단이 "necessary"하다는 것은, 그 목적을 같은 정도로 또는 거의 같은 정도로 달성할 수 있는 덜 제한적인 수단(Less Ristrictive Alternatve, LRA)이 없다는 것을 의미한다.

예를 들어, 오늘날 진주만사건이 다시 일어나 미국정부가 일본계미국인을 수용소에 다시 가둔다면,[236] 이러한 수단은 반역이나 사보타지의 위험을 막기 위한 꼭 필요한 방법이 되지 못할 것이다. 왜냐하면, 서류심사나 충성맹세와 같은 덜 차별적인 수단이 실제로 가두는 것과 거의 같은 효과를 거둘 수 있기 때문이다.[237]

라. 입증책임 및 합헌사례

(1) 입증책임

이 기준은 인종이나 혈통 등 의심스러운 차별영역이나 기본적인 권익영역에서의 차별행위에 대하여 적용되었는데, 이러한 영역의 법률일 경우 정부는 무거운 논증부담을 지게 된다.[238] 그러므로 이 심사기준이 적용되는 사건에서는 거의 위헌판결이 내려지고 있다.

(2) 합헌사례

엄격심사가 적용되는 영역의 사례에서는 대부분 위헌판단을 내렸지만, 예외적으로 합헌으로 판단된 경우도 있다.

(가) 예컨대, 제2차 세계대전중 일본계미국인 거주자에 대한 통행금지의 위헌 여부를 다룬 1943년의 Hirabayashi v. United States[239] 사건에서는 오직 일본계미국인에게만 적용된 통행금지조치를 합헌이라고 판결하였다.[240] 그 조치에 의하면 특정지역내의 모든 일본계미국인들은 오후 8:00에서 오전 6:00 사이에는 그들의 집안에

236) Korematsu v. United States, 323 U.S. 214 (1944). 이 사건에 대하여는 후술하는 라. (2) (나) 참조.

237) S. Emanuel, (2000), p. 242.

238) E. Chemerinsky (1997), p. 414.

239) 320 U.S. 81 (1943).

240) 다만, 이 사건에서는 엄격심사기준을 명시하지는 않았다.

있어야만 했다. 그 조치는 명백히 차별적인 것이었으나, 연방대법원은 그 조치를 합헌이라 선언하고, 이와 같은 조치는 "일본군의 공습 및 침투가 우려되는 때에 군사지역을 보호하기 위한 방어조치"라고 판시하였다.[241)]

(나) 또한 제2차 세계대전 중 미국 서부연안에 거주하는 모든 일본계 미국인을 소개·억류시킨 정부 결정의 위헌 여부를 다룬 1944년의 Korematsu v. United States[242)] 사건에서 연방대법원은 이러한 정부의 조치가 평등보호위반이 아니라고 판결하였다. 정부가 주장한 정당화 근거는 국가의 안전보장이었다. 즉, 미국서부해안 지역의 일본계미국인들이 미국을 공습하는 일본군을 도와주거나, 간첩행위나 사보타지를 행함으로써 미국의 안보에 위협이 될지도 모른다는 것이었다. 그러나 어떤 사람을 소개하여 강제수용하는 데에 있어서 특별한 위협의 증거가 요구되지 않았고, (일본계미국인이라는) 인종적 요소만에 의하여 누가 퇴거되어 감금되는지 그리고 누가 자유의 몸으로 남아 있는지가 결정되었다. 이 판결에서 연방대법원은, 미합중국에 충성하지 않는 일본계미국인들로 인하여 국가안보에 대한 심각한 위험이 있으며, 그들의 신원을 확인할 심사방법이 없다는 정부의 주장을 받아들여 일본계미국인을 疏開한 정부조치의 합헌성을 인정하였다.[243)]

2. 인종에 근거한 차별

가. 인종분리정책

(1) 분리정책

앞에서도 보았듯이 남북전쟁 후 1868년 수정헌법 제14조가 채택되기 전에는 흑인노예는 미국시민으로 인정되지 않았다. 그리고 비록 남북전쟁 수정조항이라는 수정헌법 제13·14·15조가 발효되었다 하더라도 미국사회에서 노예의 후손인 흑인들이 평등보호조항의 혜택을 입기까지에는 많은 세월이 필요하였다. 이는 비록 우여곡절은 있었지만 흑인을 포함한 소수인종을 보호하고자 한 연방대법원의 줄기차고

241) Id. at 94-95.

242) 323 U.S. 214. (1944).

243) E. Chemerinsky (1997), p. 553.

도 단호한 노력이 있었기에 가능한 것이었다. 이 문제는 소위 분리정책(Segregation)으로부터 시작된다. 남북전쟁에 이은 남부재통합기간 동안 남부에서는 군정이 실시되었고, 연방의회는 시민권을 보호하기 위한 많은 법률을 제정하였다. 예컨대, 1866년의 민권법은 흑인과 백인이 계약을 체결・이행하고, 소송을 제기하고 증거를 제출하며, 재산을 취득함에 있어 똑같은 권리를 갖는다고 규정하였다.[244] 1871년에는 연방헌법 및 연방법률을 위반하거나 시민의 권리를 침해하기 위하여 공모하는 자에 대한 형사처벌 및 민사책임을 규정한 Ku Klux Klan 법을 채택하였다.[245] 또한 1875년의 민권법은 여관, 극장, 공중유원지와 같은 공중편의시설에서의 차별을 금지하였다. 그런데 1875년의 민권법은 전술한 1883년 Civil Rights Cases[246] 사건에서 위헌 판결을 받았다. 남부재통합은 1880년대에 종결되었으나 남부재통합이 끝났을 때, 많은 남부의 주들은 흑인들을 차별하는 법률, 즉 생활의 거의 모든 영역에서 인종간의 분리를 요구하는 법률을 제정하였다. "Jim Crow laws"[247]라고 불리우는 이들 법령은 정부가 공중편의시설, 교통운송수단, 학교, 그리고 거의 모든 다른 영역에서도 분리를 명할 수 있는 인종격리(apartheid) 구조를 야기하였다.[248]

(2) 분리하되 동등한 원칙

(가) 1896년 Plessy v. Ferguson 사건에서 연방대법원은 흑인과 백인이 "분리하되 동등한(separate but equal) 시설"을 이용하도록 한 법률을 합헌이라고 판결하였다(8:1).[249] 1890년에 제정된 Louisiana 州法은 철도회사로 하여금 백인과 흑인에 대하여 분리하되 동등한 시설을 제공하도록 요구하였다. 즉, 그 법은 인종별로 칸막이에 의하여 나누어진 분리된 객차를 설치하도록 하였다.[250] 1892년에 Louisiana 州는

---

244) 42 U.S.C §§1981, 1982.

245) 18 U.S.C. §§241, 242 (형벌규정), 42 U.S.C. §1983 (민사책임), 42 U.S.C. §1895 (공모에 대한 민사책임).

246) 109 U.S. 3 (1883).

247) 'Jim Crow'란 흑인을 멸시하는 명칭으로 보통 미국 남부에서 흑인에 대한 인종차별적인 용어로 쓰였다. 따라서 'Jim Crow law'란 역사적으로 흑인을 차별하기 위하여 제정되거나 차별의 목적으로 해석되는 법(리)을 말한다. 예컨대 흑인과 백인의 화장실을 분리할 것을 요구하는 법이 그러한 예이다. Black's Law Dictionary (1999), p. 840.

248) E. Chemerinsky (1997), p. 557.

249) 163 U.S. 537 (1896).

250) Id. at 540.

7/8 혼혈의 백인인 Homer Adolph Plessy가 백인에게 할당된 열차에서 내리는 것을 거부하였다는 이유로 그를 기소하였다.[251] 연방대법원은 이 사건에서, 법률이 "분리하되 동등한" 시설을 요구하는 것은 헌법에 합치한다고 판결하면서, "우리는 공공운송시설에서 양 인종의 분리를 허가하거나 심지어 요구하는 법이 불합리하다거나 … 수정헌법 제14조에 반하는 것이라고 말할 수 없다."고 판시하였다.[252] 연방대법원은, 위 법률은 흑인이 열등하다는 전제에 기초하고 있으며 따라서 그들을 2등 지위로 낙인찍는 것이라는 주장이 있음을 인정하면서도, "양 인종간의 강제분리가 유색인종에게 열등하다는 표지(badge)를 붙이는 것이라는 전제에 입각한 원고의 주장은 옳지 않다. 설사 원고의 주장이 사실이라 하더라도, 그것은 그 법 자체에서 기인하는 것이 아니라, 순전히 유색인종이 그 법에 그러한 해석을 가하였기 때문이다."라고 설시하였다.[253] 결국, 연방대법원은 이 사건에서 엄격심사기준을 적용하지 않았다고 볼 수 있다.

이 사건에서는 Harlan[254] 재판관만이 유일하게 반대하였는데, 그는 "문제된 법률은 원래 백인으로 하여금 흑인이 사용하는 열차에 못타도록 하는 것이 아니라, 유색인종으로 하여금 백인이 사용하거나 백인에게 할당된 객차를 이용하지 못하도록 하는데 그 목적이 있다는 것은 모든 사람이 알고 있다."고 설시하였다.[255] 그는 또한, "헌법의 관점에서 법의 눈으로 볼 때, 이 나라에는 우월하고 지배적인 시민계급은 없다. 이 나라에는 계급제도(caste)가 없다. 우리들의 헌법은 피부색에 대하여 색맹이며(color-blind), 시민간의 계급차이를 알지도 용납하지도 않는다. … 내 생각에 의하면, 오늘의 이 판결은 언젠가는 Dred Scott 사건[256] 판결처럼 아주 유해한 것으로

---

251) 당시 루이지애나 주는 18명이나 되는 흑인 의원들이 의회에 진출해 있을 정도로 남부에서는 진보적인 주였는데 그럼에도 불구하고 흑인들이 백인들과 같은 기차 칸을 이용하지 못하도록 만든 법안이 통과되자 그 법률의 위헌성을 다투기 위해 기획된 소송에 플레시가 자발적으로 참여한 것이라고 한다. 김두식, 「헌법의 풍경」(교양인 2008), 287면.

252) Id. at 550-551.

253) Id. at 551.

254) John Marshall Harlan (1833-1911). 켄터키州 출신의 공화당원으로, 1877년 공화당 대통령인 Hayes에 의해 연방대법원의 재판관으로 임명되어 1911년 사망할 때까지 재임하였다. 그의 손자인 John Marshall Harlan Jr.(1899-1971)도 1955-1971년까지 재판관으로 재임하였다. Gunther/Sullivan (1997), Appendix B (Tables of Justices) B-3,6.

255) 163 U.S. at 557. (Harlan, J., dissenting).

256) 60 U.S. 393 (1857). 이 사건에 대하여는 이 책 제2장 제1절 1. 나. 참조.

증명될 것이다."라는 유명한 말을 남겼다.[257] 그의 예언은 적중했다. 연방대법원은 60여년 후인 1954년의 Brown I 사건에서 Harlan 재판관의 의견을 받아들였다.

(나) 이 판결 이후로, 분리는 결코 동등이 아니었지만 "분리하되 동등한 원칙"은 곧 법원칙이 되었다.[258] 몇몇 후속 사건에서, 연방대법원은 Plessy v. Ferguson 판결을 재확인하였다. 예컨대, 1914년의 McCabe v. Atchison, T. & S. F. Ry. Co. 사건에서는, 철도에서 인종의 분리를 요구한 Oklahoma 州法을 합헌이라고 판결하면서, 그러나 만약 백인을 위한 식당차가 있다면 흑인이 사용할 수 있는 식당차도 있어야 한다고 판시하였다.[259]

"분리하되 동등한 원칙"은 교육영역에서도 명백히 인정되었다.[260] 1899년의 Cumming v. Board of Education 사건에서 연방대법원은, 정부가 흑인들이 이용할 수 있는 학교는 전혀 없는 반면, 오직 백인에게만 개방된 고등학교를 운영하는 것은 헌법에 합치한다고 판결하였다.[261] 이 사건에서 연방대법원은, 흑인과 백인 사이에 자금을 할당함에 있어서 지방자체단체 당국에 넓은 재량이 허용되어야 하며, "이 나라의 최고법에 의하여 보장된 권리를 무시한 것이 명백하고도 틀림없는 경우를 제외하고는 그와 같은 학교운영에 대한 연방당국의 어떠한 간섭도 정당화될 수 없다."고 강조하였다.[262] 또한 연방대법원은 1908년의 Berea College v. Kentucky 사건에서, 교육에 있어서 인종분리를 규정한 Kentucky 주법을 위반한 사립대학을 유죄라고 확인하였다.[263] 마찬가지로, Gong Lum v. Rice 사건에서는, Mississipi 州는 중국계 아동이 백인을 위한 학교에 다니는 것을 금할 수 있다고 판결하였다.[264] 이 사건에서 연방대법원은 "인종분리는 허용된다는 법원칙이 이미 정립되었으며, 따라서 백인학생과 황인종 학생간에 문제가 제기되었을 때 … 그 문제가 (흑백 학생간의 문제와) 다르다거나 어떤 다른 결론에 이를 수 있다고 생각하지 않는다."고 판시하였다.[265]

---

257) Gunther/Sullivan (1997), p. 673.
258) E. Chemerinsky (1997), p. 558.
259) 235 U.S. 151 (1914).
260) E. Chemerinsky (1997), p. 559.
261) 175 U.S. 528 (1899).
262) Id. at 545.
263) 211 U.S. 45 (1908).
264) 275 U.S. 78 (1927).

(3) "분리하되 동등한 원칙"에 대한 반격

(가) 1917년의 Buchanan v. Warley[266] 사건에서 기숙사에서의 인종분리를 규정한 Kentucky 州 법을 위헌이라고 선언한 바 있었던 연방대법원은, 1938년부터 1954년 사이의 몇몇 사건들에서 州가 백인에게는 제공되는 교육기회를 흑인에게 제공하지 않음으로써 평등보호조항을 부인하고 있다고 판결하였다.[267] 1938년의 Missouri ex rel. Gaines v. Canada[268] 사건에서 연방대법원은, Missouri 州가 흑인의 law school 입학을 거부하고 대신 타주의 law school에 다닐 수 있는 비용을 지급하는 것은 위헌이라고 판결하였다. 이 사건에서 연방대법원은, "다른 주가 어떠한 종류의 기회를 제공할 수 있는가가 아니라 … Missouri 주 자체가 오직 피부색을 이유로 어떠한 기회를 백인에게는 제공하고 흑인에게는 거부하는지가 기본적으로 고려할 사항이다."라고 판시하였다.[269] 이에 대하여 Missouri 주는 흑인의 그 law school 입학을 허용하지 않았고, 대신 흑인을 위한 새로운 law school을 설립하였다. 또한 연방대법원은 1948년의 Sipuel v. Board of Regents[270] 사건에서 Oklahoma 주가 백인만을 위한 law school은 운영하면서 흑인에 대하여 법학교육제공을 거부한 것을 위헌이라고 판결했는데, Oklahoma 주는 역시 흑인만을 위한 law school을 설립하는 것으로 대응하였으며, 이에 대하여 연방대법원은 같은 해의 Fisher v. Hurst[271] 사건에서 그 이상의 구제는 거부하였다.[272]

(나) 1950년 Sweatt v. Painter 사건에서 연방대법원은, 처음으로 백인대학에게 흑인학생의 입학을 허락할 것을 명하였다.[273] Texas Law School 당국은 원고(Heman Sweatt)가 최근에 설립된 Prairie View Law School에 다닐 수 있다는 이유로 그의 입학을 거부하였다. 연방대법원은 Plessy v. Ferguson 사건을 재고하기를 거부

---

265) Id. at 87.
266) 245 U.S. 60 (1917).
267) E. Chemerinsky (1997), p. 559.
268) 305 U.S. 337 (1938).
269) Id. at 349.
270) 332 U.S. 631 (1948).
271) 333 U.S. 147 (1948).
272) E. Chemerinsky (1997), p. 559의 footnote 82.
273) 339 U.S. 629 (1950).

하고, 대신 Texas Law School 당국이 명백히 불평등하였다고 판시하였다. Texas Law School은 16명의 전임교수와 상당한 시설을 갖추고 있었고, 반면에 Prarie View Law School은 연방대법원이 판결을 내릴 당시에는 5명의 전임교수와 작은 도서관을 갖추고 있었지만, 1947년 개교 당시에는 전임교수진이나 도서관도 없었다.[274] 연방대법원은 "우리는 주에 의하여 백인 및 흑인 법과대학생들에게 부여된 교육기회에 있어서 실질적인 평등을 찾아 볼 수 없다."고 판시하였다.[275] 같은 해 McLaurin v. Oklahoma State Regents 사건에서 연방대법원은, 일단 흑인이 (전에는 백인만이 다녔던) 학교에 입학하게 되면 대학은 흑인들에게 교실, 도서관 그리고 식당의 분리구역에 앉도록 강제할 수 없다고 판결하였다.[276] 연방대법원은, 그러한 분리는 그 학생들의 "공부하고, 토론하고, 다른 학생들과 의견을 나누며, 일반적으로 말하자면 그의 전문직업을 배울 수 있는 권리"를 침해하는 것이라고 판시하였다.[277]

(다) 실제로는 법률이 인종간의 '분리'는 요구하면서 '동등'은 요구하지 않았던 것이다. 예를 들어, 남부의 41개 law school 중 오직 하나만이 흑인을 위한 대학이었고, 30개의 의대 중 하나만이 흑인을 위한 것이었으며, 36개의 공과대학 중 흑인의 입학을 허용하는 곳은 하나도 없었다.[278] 흑인들을 위해 존재하는 시설은 모든 면에서 열악하였던 것이다.[279]

(4) Brown v. Board of Education 사건 (1954)

(가) 1952-1953 재판기에, 연방대법원은 초등학교와 중등학교(high school) 교육에서의 "분리하되 동등한" 원칙이 위헌이라고 제기된 다섯 사건을 심리하기로 결정하였다. 그 당시 17개 주 및 Columbia 특구에서는 공립학교 분리정책을 실시하고 있었다. 그리고 예컨대 연방대법원에 온 다섯 사건 중 하나로 South Carolina 州의 학교시스템에 대한 위헌소송이었던 Briggs v. Elliott[280] 사건을 보면, 백인학교에는

---

274) Id. at 633.

275) Id. at 633-634.

276) 339 U.S. 637 (1950).

277) Id. at 641.

278) Richard Kluger, *Simple Justice : The History of Brown v. Board of Education and Black America's Struggle for Equality* (New York, N.Y.: Vintage Books 1977), p. 257.

279) E. Chemerinsky (1997), p. 560.

교사 1명당 학생이 28명이었으나, 흑인학교에는 교사 1명당 학생이 47명이나 되었다. 백인학교들은 벽돌 및 치장벽토로 만들어졌고, 흑인학교들은 목재로 만들어졌는데 그나마 썩어가고 있었다. 백인학교들은 배관이 내부에 있었고, 흑인학교들은 실외 배관이었다. 다섯 사건들은 1952-1953 재판기에 함께 심리를 하였으나 재판관들이 판결에 관하여 합의에 이르지 못하였기 때문에 그 사건들은 다음 해로 넘겨졌다.[281] 1953년 여름에, 연방대법원장인 Fred Vinson 재판관이 심장마비로 사망하였고, 아이젠하워(Dwight Eisenhower) 대통령은 California 州知事인 워렌(Earl Warren)을 새로운 연방대법원장으로 임명하였다. 위 사건들은 1953년 10월 13일에 구두변론이 열렸으며, Warren 대법원장은 열정적으로 모든 재판관들을 설득하여 "공교육의 영역에서 '분리하되 동등한' 원칙은 허용될 수 없다."는 전원일치의 판결을 이끌어냈다.[282] 드디어 1954년 5월 17일, 연방대법원은 Brown v. Board of Education 사건[283]의 판결문을 공표하였는데, 이 사건은 Kansas 州 Topeka 市의 분리정책에 관한 위헌주장을 다룬 것이었다.[284]

(나) Warren 대법원장이 집필한 법정의견은 교육에 있어서 분리정책의 위헌여부는 헌법기초자의 의도에 근거하여 결정될 수 없다고 설시하고 있다. 또한 연방대법원은 "수정헌법 제14조에 관한 역사자료는 결정적인 것이 없으며, 교육의 성격이 엄청나게 변화하였기 때문에 이 문제를 해결하는데 있어서 역사는 거의 소용이 없다."[285]고 판시함으로써 흑백평등문제에 있어 오랜 역사적 헌법해석 방법으로부터 이탈하여 목적론적 헌법해석 방법을 택하였다. 연방대법원은 그리하여 "우리가 이 문제의 해결방법을 찾기 위해 수정헌법 제14조가 채택되었던 1868년이나, 또는 Plessy v. Ferguson 판결문이 작성된 1896년으로 돌아갈 수는 없다. 우리는 전 국가

280) 349 U.S. 294 (1954). Brown v. Board of Education 사건과 함께 결정되었다.

281) William Douglas 재판관의 자서전에 따르면, 연방대법원이 그때 판결을 하였다면, 5:4로 Plessy v. Ferguson 판결과 같이 "분리하되 동등한 원칙"을 확인하는 판결이 내려졌을 것이라고 한다. Wlliam O. Douglas, *The Court Years, 1939-1975 : the Autography of William O. Douglas* (New York : Random House 1980), p. 113.

282) R. Kluger (1977), pp. 694-699.

283) 347 U.S. 483 (1954).

284) 같은 날 다섯 사건의 판결이 모두 선고되었다. E. Chemerinsky (1997), p. 561.

285) 347 U.S. at 489-490.

적으로 미국적 생활의 완전한 발전과 현재의 관점에서 공교육을 보아야 한다. … 문제가 된 흑인학교들과 백인학교들은 校舍 · 교육과정 · 학위 및 교사의 봉급 및 다른 유형적인 면에 있어서 동등하게 되었거나, 동등하게 되고 있는 중이라는 사실을 인정할 수 있다. 그러므로, 이 사건에 대한 우리의 결정은 흑인학교와 백인학교에 있어서의 단지 눈에 보이는 조건들의 비교를 중심으로 해서는 안된다. 그 대신에 우리는 공교육에서의 '분리정책 그 자체의 효과'에 초점을 맞추어야 한다."고 판시하였다.[286] 연방대법원은 또한 "비록 물리적 시설과 다른 '유형적' 조건들이 동등하다 하더라도, 공교육에 있어서 오로지 인종을 근거로 한 분리정책은 소수인종집단의 아이들로부터 평등한 교육의 기회를 박탈하는 것인가?"라고 질문하고, 이 질문에 대하여 "주의 명령에 의한 분리정책은 본질적으로 흑인 아이들을 열등하다고 낙인찍고, 그들이 교육받을 기회를 침해하는 것"이라고 선언함으로써 답하였다. Warren 대법원장은 "그들을 오직 인종만을 이유로 비슷한 연령과 조건의 사람들로부터 분리시키는 것은 그들의 마음과 생각에 회복하기 힘든 영향을 끼칠지도 모르는, 공동체에 있어서 그들의 지위에 대한 열등감을 더욱 야기시킨다."라고 판시하였다.[287]

(다) Chemerinsky는, Brown 사건의 중요성은 아무리 강조하여도 지나침이 없으며, 연방대법원이 이 사건을 기점으로 평등보호 법리의 현대적 시대로 진입했다는 평가를 한다. 이 사건에서부터 연방대법원은 사악한 차별과의 싸움과 근본적인 권리의 보장을 위하여 평등보호조항을 적용하기 시작했기 때문이다.[288] 이 사건은 또한 연방대법원이 뉴딜시대 이후로 사회정책의 형성에 의도적으로 개입하기 시작한 첫 번째 사례로 중요한 판결이라는 평가를 받는다.[289]

(5) Brown(I) 사건의 후속판결

Brown(I) 사건에 이어서 다음과 같이 교육분야에서의 분리정책을 철폐하는 판결들이 잇따랐다.

286) Id. at 492-493.

287) Id. at 493-494.

288) E. Chemerinsky (1997), p. 526.

289) C. Wolfe (1986), p. 201.

(가) Brown II 사건 (1955)

Brown I 판결의 집행을 위한 사건(The Implementation Decision)인 1955년의 Brown v. Board of Education[290] 사건 판결에서 연방대법원은 아마도 대중(백인들)의 강한 반발을 의식하여 인종분리의 철폐를 "가장 신중한 속도로(with all deliberate speed)" 시행할 것을 명하였다. 이 판결은 대규모 그룹의 일반적인 손해를 구제하기 위하여 대규모의 구조적인 개혁에 법원을 끌어들이도록 한 현대의 공법소송을 시작했다는 의미에서 긍적적 평가를 받기도 하고 비난을 받기도 한다.[291]

(나) Cooper v. Aaron 사건 (1958)

1958년의 Cooper v. Aaron[292] 사건은, Brown 판결 이후 남부에서 일어난 몇 년간의 광범위한 저항에 관련된 사건이다. 연방대법원은 Arkansas 州의 Little Rock 市에서 일어난 공식적인 저항에 대하여 이 판결에서 단호하게 Brown 원칙을 재확인하였다.[293]

(다) Goss v. Board of Education 사건 (1963)

1963년의 Goss v. Board of Education (of Knoxville, Tennesse)[294] 사건에서 연방대법원은, 인종적으로 소수인 학교에서 인종적으로 다수인 학교로 옮기는 것을 허락하는 "Transfer Plan"을 위헌이라며 무효화시켰다.[295]

(라) Swann 사건 (1971)

흑백학생의 강제통합을 위한 버스통학(bushing)을 명한 1971년의 Swann v. Charlotte-Mecklenburg Board of Education[296] 사건에서 연방대법원은, "통합된 학교시스템을 이루기 위하여 법원은 솔직하고 때로는 과감한 교육구획정 및 통학지역을 정할 광범위한 재량을 갖는다. 그리고 이렇게 (버스통학을 위하여) 학교를 그룹으

290) 349 U.S. 294 (1955).
291) Barron/Dienes (1999), p. 263.
292) 358 U.S. 1 (1958).
293) Gunther/Sullivan (1997), p. 772.
294) 373 U.S. 683 (1963).
295) J. Neville (1998), p. 84.
296) 402 U.S. 1 (1971). 이 사건에 대하여는 이 책 제2장 제3절 3. 나. 참조.

로 나누고 교육구를 창설하는 것은 그것이 밀집되거나 지나치게 근접한 것이 아닌 한 허용될 수 있는 구제책이다."[297] 라고 판시하여 연방지방법원의 버스강제통학명령(busing)을 승인하였다. 연방하급법원이 대규모 버스강제통학 및 인종간 할당(배분)을 기존의 인종분리정책의 구제책의 일환으로서 사용한 형평법상의 권한을 연방대법원이 처음으로 승인했다는 점에서 의미가 있는[298] 이 판결은 결론적으로 흑백학생간의 분리된 학교체제(dual school system)를 폐지하는 방법으로서 버스를 이용한 강제통학제도의 합헌성을 인정한 것이다. 그리고 그 과정에서 집에서 가까운 학교를 다닐 개인의 권리라는 私益 — 이는 州가 주장하는 이익이기도 하다 — 과 분리된 학교체제에서 오는 헌법상 권리침해의 제거라는 公益 사이에 이익의 형량이 있었던 것이다. 이는 미국연방대법원이 평등보호를 위한 사법심사에 비례성원칙을 도입한 것으로 볼 수 있을 것이다.

(마) Keyes v. School Distric No.1 사건 (1973)

1973년의 Keyes v. School Distric No.1[299] 사건에서 원고인 Keyes는 피고인 Denver 市의 제1교육구가 학교에서의 분리정책을 야기하거나 유지하기 위한 조치를 취했다고 소송을 제기했다. 어떠한 법률도 이러한 분리정책을 지지하는 법은 없으며, Colorado 州헌법도 이를 명시적으로 금지하고 있었다. 연방지방법원은 학교에서의 분리정책 여부를 확인하는데 있어 흑인(Blacks)과 히스패닉(Hispanics)은 따로 숫자를 계산하여야 한다며 원고의 청구를 기각하였다. 연방대법원은, 법원은 어떤 학교가 분리정책을 쓰고 있는지를 결정함에 있어 교육에 있어 차별을 받고 있다는 소수인종(흑인들뿐만이 아니다) 모두의 숫자를 고려해야 한다고 하면서, 원심판결을 파기・환송하였다. 또한 이 판결에서 연방대법원은, 어떤 교육구가 법적으로 분리정책을 실시한 역사가 없을 때 원고는 교육당국의 의도적인 분리조치와 현재 분리되어 있는 학교의 존재를 입증해야 하며, 이때 만일 원고가 그러한 조치가 교육구 내의 어느 한 부분에서 취해지고 있음을 입증한다면 그는 그 교육구 내의 모든 학교에서 분리정책이 이루어지고 있음을 일응의 증명으로 입증한 것이 된다(prima facie case)고 판

297) Id. at 27.
298) C. Wolfe (1986), p. 298.
299) 413 U.S. 189 (1973).

시하였다.[300]

(바) Washington v. Seattle School District No. 1 사건 (1982)

1982년의 Washington v. Seattle School District No. 1[301] 사건을 보자. Washington 州는 어떤 교육위원회도 학생들로 하여금 자기의 거주지에서 가장 가깝지 않는 학교에 출석하도록 강요할 수 없다는 내용의 주민발안(initiative)을 통과시켰다. 이에 원고인 Seattle School District No. 1은, 이 주민발안은 교육위원회의 busing plan을 무효화하는 것이어서 평등보호를 위반하였다고 다투었다. 이 사건에 대한 판결에서 법정의견을 대표한 Blackmun 재판관은, 州정부의 정책결정과정에서 인종적인 요소에 주로 근거하는 것은 인종적 소수자들에게만 부당한 부담을 과하는 것이어서 평등보호를 위반하였다고 판시하였다.[302]

(6) 다른 영역에서의 인종분리의 무효화

Brown 판결에 이어서, 연방대법원은 남부 주에 있어서 생활영역 모든 면에서 분리를 요구하는 주법률을 위헌으로 선언하였다. 예를 들어, 1955년의 Mayor and City Council of Baltimore City v. Dawson[303] 사건에서 공중 해수욕장 및 그 탈의실의 사용에 있어서 분리를 규정한 법률을 위헌이라고 선언하였다. 또한 같은 해의 Holmes v. City of Atlanta[304] 사건에서는 시립 골프장의 분리사용을 위헌이라고 선언하였고, 1956년의 Gayle v. Browder[305] 사건에서는 시영버스에서의 분리를 위헌이라고 선언하였으며, 1958년의 New Orleans City Park Improvement Association v. Detiege[306] 사건에서는 공원에서의 분리를 위헌이라고 선언하였고, 1962년의 Turner v. City of Memphis[307] 사건에서는 지방공항의 대중식당에서의 분리를 위헌이라 선언하였으며, 1963년의 Johnson v. Virginia[308] 사건에서는 법정에서의 좌석

300) J. Neville (1998), p. 86.
301) 458 U.S. 457 (1982).
302) Goldberg/Tenen (1996), p. 60.
303) 350 U.S. 877 (1955).
304) 350 U.S. 879 (1955).
305) 352 U.S. 903 (1956).
306) 358 U.S. 54 (1958). Gunther/Sullivan (1997), p. 678.
307) 369 U.S. 350 (1962).

의 분리를 위헌이라 선언함으로써, 똑같은 입장을 밝혔다. 그러므로 이제 인종간의 분리를 요구하는 법률은, 오직 엄격심사를 통과하여야만 허용될 수 있는 인종에 기한 구분이라는 점이 명확히 확립되었다고 할 수 있다.[309)]

나. 인종을 근거로 불이익을 가하는 조치

(1) 법문상 명시적으로 인종이나 혈통을 이유로 사람들에게 부담을 주거나 불이익을 가하는 법률들이 있다. 예를 들어, 1879년의 Strauder v. West Virginia[310)] 사건에서 연방대법원은, 배심원 직무를 할 수 있는 요건을 "21세 이상의 West Virginia 州 시민인 백인남자"로 제한한 West Virginia 주법률에 대하여 위헌이라고 판결하였다. 연방대법원은, 수정헌법 제14조는 "법률상 백인이 누리는 모든 시민권의 향유를 유색인종에게도 보장하고, 그러한 권리의 향유가 州에 의하여 부인될 때는 연방정부 차원의 보호를 그러한 유색인종에게 부여하려고 제정된 것"이라고 하였다.[311)] 연방대법원은 그 법률이 명시적으로 백인들만을 선별함으로써 흑인을 불리하게 하였으므로 위헌이라고 판시하였다. 또한 1917년 Buchanan v. Warley[312)] 사건에서 연방대법원은, 흑인들이 백인거주지역에서 주택을 구입하지 못하도록 한 주법에 대하여 이는 허용할 수 없는 인종차별이라고 선언하면서 위헌이라고 판결하였다.[313)]

(2) 인종을 근거로 부담을 주거나 불이익을 가하는 정부의 행위도 이러한 유형의 구분이다. 예컨대, 1984년의 Palmore v. Sidoti[314)] 사건을 보자. 이 사건에서 부모(모두 백인)가 이혼하고 어머니가 아이를 보호하게 되었다. 그 후 어머니가 흑인과 결혼하자 州법원은 이 경우 아이에 대한 보호권(친권행사권)을 전 남편에게 주었다. 그 이유는 그 아이가 부모의 인종이 다른 가정에서 자랄 경우 아이는 사회적으로 낙인찍히게 된다는 것이다. 이 친권에 관한 주법원의 결정은 연방대법원의 엄격심사를

---

308) 373 U.S. 61 (1963).
309) E. Chemerinsky (1997), pp. 563-564.
310) 100 U.S. 303 (1879).
311) Id. at 306.
312) 245 U.S. 60 (1917).
313) E. Chemerinsky (1997), p. 552.
314) 466 U.S. 429 (1984).

통과하지 못했다. 정부는 사회의 인종적인 편견에 굴복해서는 안되는 것이다.[315] 연방대법원은, 州법원이 다른 인종과 혼인하였다는 이유로 자녀에 대한 모의 양육권을 부인한 것은 헌법에 위반되는 것이라고 판결하였다. 즉, 이 사건의 주법원은 아이가 흑백 양인종 가정에서 산다는 이유로 조롱당하고 낙인찍힐 수도 있기 때문에 아이의 최대의 이익은 그 양육권을 (백인)아버지에게 줌으로써 보장된다고 하였으나, 연방대법원은 엄격한 심사기준을 적용한 끝에 만장일치로 "헌법이 그러한(사인에 의한) 편견 자체를 규제할 수는 없으나 헌법은 이를 결코 용인해서는 안된다. 사인에 의한 편견은 법이 미치는 영역이 아닐 것이나, 법은 직접 또는 간접적으로, 그러한 판견에 효력을 부여해서는 안된다. … 인종적 편견의 영향력은 그것이 아무리 실제적인 것이라 하더라도 그러한 영향력은 아이가, 양육하기에 가장 적절한 사람이라고 판단되는 친어머니의 양육을 받지 못하도록 하는 인종에 기한 구분을 정당화시킬 수 없다." 고 판시하였다.[316]

다. 양쪽 모두에게 부담을 주는 인종에 근거한 구분

(1) 법 문면상 백인과 흑인 등 소수인종의 양쪽 모두에게 부담을 주는 정부의 행위 또는 법률이 있을 수 있다. 예를 들어, 다른 인종간의 동거와 결혼을 금지하는 법령인 타인종간혼인금지법(antimiscengenation laws)은 백인과 흑인 모두에게 적용된다. 사실상 연방대법원은 처음에는 그러한 법률이 (흑인들을) 차별하는 것이 아니라는 이유로 그러한 법률들을 합헌이라고 지지하였다. 즉, 연방대법원은 그러한 법률이 백인과 흑인을 동등하게 취급한다고 본 것이다. 1883년의 Pace v. Alabama 사건에서 연방대법원은 어떤 Alabama 州법률을 합헌이라고 판결하였는데, 그 법률은 한 쌍의 남녀가 간통(adultery) 또는 간음(fornication)을 한 경우에 그 남녀가 백인과 흑인이라면 그 쌍이 같은 인종인 경우보다 더 엄한 형벌을 규정하고 있었다.[317]

(2) 그러나 그 후 연방대법원은 그러한 인종적 구분이 흑인이 백인보다 열등하다는 전제에 입각한 것이기 때문에 평등보호조항 하에서 허용될 수 없다는 것을 인

---

315) Gunther/Sullivan (1997), p. 669.

316) 466 U.S. at 433-434.

317) 106 U.S. 583 (1883).

식하였다. 1964년의 McLaughlin v. Florida[318] 사건에서 연방대법원은, 인종에 기한 구분이 문제가 된 경우에는 '수정헌법 제14조 제정의 중요이유가 인종차별을 철폐하고자 했다는 관점에서' 다루어야 한다고 하면서, 결혼하지 않은 다른 인종간(이 사건에서는 약혼한 사이이다)의 동거에 대하여 형사처벌을 가하는 Florida 州法에 대하여 '엄격한 심사기준'을 적용하여 동법을 위헌선언하였다.[319] 연방대법원은, "Pace 판결은 연방대법원의 그 이후의 판결에서 더 이상 유지될 수 없었던 평등보호조항에 대한 제한된 해석을 한 것"이라고 지적하면서,[320] Florida 州가 왜 인종중립적인 법률조항이 혼전 성관계를 처벌하고자 하는 입법목적에 적절하게 기여할 수 없는가에 대하여 납득할 만한 답변을 제시하지 못하였다는 점을 강조하였다.[321]

또한 1967년의 Loving v. Virginia 사건에서 연방대법원은, 백인이 백인 이외의 인종과 결혼하는 것을 범죄로 규정한 버지니아주의 타인종간혼인금지법을 위헌이라 선언하였다.[322] 상고인인 백인남성과 흑인여성은 Washington D.C.에서 그 법에 따라 결혼한 후 Virginia로 돌아왔다. 그러자 타인종간의 결혼을 금한 Virginia 주법에 따라 그들은 유죄판결을 받았다. 연방대법원은 인종간의 구분이 형사처벌의 근거가 된다면 엄격한 심사를 받는다고 하면서, 결혼은 기본적인 시민의 권리[323]이고, 이 권리를 인종에 기하여 제한하는 것은 평등보호에 위반된다고 판결하였다.[324] 연방대법원은, 그 법률은 백인과 소수인종 모두에게 부담을 주는 것이기 때문에 허용된다는 Virginia 州의 주장을 명백히 받아들이지 아니하였다. 연방대법원은, "우리는 인종에 기한 구분에 따른 법령의 단순한 평등적용만 있으면 수정헌법 제14조가 금하는 모든 사악한 인종차별을 제거하기에 충분하다는 견해를 거부한다."고 하면서,[325] "Virginia 州의 타인종간혼인금지법이 오로지 인종에 따른 구분에 근거한 것이라는 데에는 의문의 여지가 없다. 그 법률은 다른 인종 구성원 사이에서는 일반적

318) 379 U.S. 184 (1964).
319) Gunther/Sullivan (1997), p. 669.
320) 379 U.S. at 188.
321) E. Chemerinsky (1997), p. 555.
322) 388 U.S. 1 (1967).
323) 따라서 이 사건은 적법절차 없이 자유(liberty)를 박탈한 것으로도 다루어졌다.
324) Goldberg/Tenen (1996), p. 59.
325) 388 U.S. at 8.

으로 받아들여지고 있는 행위를 금지하고 있다. … 오로지 인종적 구분을 이유로 결혼할 자유를 제한하는 것이 평등보호조항의 핵심적인 의미를 침해한다는 사실은 의문의 여지가 없다."고 판시하였다.[326)]

(3) 백인과 흑인 모두에게 적용되지만 평등보호조항을 위반한 법률의 또 다른 예는 1964년의 Anderson v. Martin[327)] 사건에서 무효가 된, 공직후보자의 인종을 선거명부에 기입할 것을 요구한 법이다. 원고는 루이지애나의 한 郡의 거주자로서 군 교육위원회를 위한 1962년 민주당 예비선거에 입후보하려고 하였다. 그런데 루이지애나의 법률이 예비선거나 본선거에 참여하는 모든 후보자는 그의 인종을 입후보용지와 투표용지에 기재하도록 의무를 지우고 있었다. 이 사건에서 연방대법원은 Louisiana 州가 모든 후보자의 인종을 투표용지에 기재토록 한다면, 이것은 평등보호를 위배한 것이라고 판결하였다. 왜냐하면 이러한 조치는 흑인들을 공직에서 배제하고자 하는 동기에서 유발된 것이기 때문이다. 연방대법원은, "그 법률이 주는 해악은 (결과적으로) 초래된 손해에 있는 것이 아니라, 州가 투표에 있어서 인종적 편견을 야기시키는 인종적 구분을 했다는 데에 있다."고 설시하였다.[328)]

이와 마찬가지로 1969년의 Hunter v. Erickson 사건에서 연방대법원은 주민투표(referemdum)에 의하여 채택된 한 조례를 위헌이라고 판결하였는데,[329)] 그 조례는 "인종·피부색·종교·혈통에 근거한 부동산거래를 규율(규제)하는 법률은, 이 조례가 효력을 발하기 전에 치러지는 정기선거 또는 총선거에서 그 문제에 관하여 투표한 유권자 다수에 의하여 먼저 승인을 받아야 한다."고 규정하고 있었다. 연방대법원은 그 법규(조례)는 "인종과 주택의 문제를 다른 인종 및 주택문제와 다르게 취급한 명백히 인종에 기한 구분"이었다고 판시하였다.[330)] 연방대법원은, 개방주택법(open housing law)을 제정하는데 이와 같은 장애물을 만듦으로써 흑인들이 백인들보다 명백히 해를 많이 입었으며, 따라서 그 조례는 평등보호조항을 위반한 것이라고 확인한 것이다. 그러나, 1971년의 James v. Valtierra[331)] 사건에서 연방대법원은, 커뮤니

326) Id. at 11-12.
327) 375 U.S. 399 (1964).
328) Id. at 402.
329) 393 U.S. 389 (1969).
330) Id. at 389.

티 선거에서 유권자 다수의 승인을 얻지 못하는 한 정부가 저임대료주택단지를 건설하지 못하도록 한, California州 헌법 수정조항을 합헌이라고 판결하였다. 연방대법원은, 그 법은 "소수인종이 거주하게 될 주택단지 뿐만 아니라 모든 저임대료 공공주택단지의 건설계획에 대하여"[332] 주민투표를 요구하는 것이기 때문에 인종에 기한 구분이 아니라고 보았다.[333] 그러나 이 사건에서 Marshall 재판관은 Brennan, Blackmun 재판관이 동참한 반대의견에서, 가난하다는 것은 분리되고 고립된 소수그룹에 속하므로 엄격심사를 적용해야 한다고 하였다.[334]

(4) 연방대법원은 1982년의 Washington v. Seattle School Dist. No. 1 사건에서도 Washington 州의 주민발안에 의하여 채택된 법률을 위헌이라고 판결하였다.[335] Washington 州는 어떤 교육위원회도 학생들로 하여금 자기의 거주지에서 가장 가깝지 않은 학교에 출석하도록 강요할 수 없다는 내용의 주민발안(initiative)을 통과시켰다. 이에 원고인 Seattle School District No. 1은, 이 주민발안은 교육위원회의 강제버스통학정책(busing plan)을 무효화하는 것이어서 평등보호를 위반하였다고 다투었다. 이 사건에 대한 판결에서 법정의견을 대표한 Blackmun 재판관은, 州정부의 정책결정과정에서 인종적인 요소에 주로 근거하는 것은 인종적 소수자들에게만 부당한 부담을 가하는 것이어서 평등보호를 위반하였다고 판시하였다.[336] 연방대법원은, 그 법은 어디에도 인종을 언급하고 있지 않고 모든 인종에 대하여 같은 방법으로 적용되지만, 위 Hunter 사건에서와 같이 그 법이 "현존의 정책결정기관이 인종문제를 — 오직 인종문제만을 — 다룰 권한을, 소수인종의 이익에 부담을 주는 방법으로 제거하였기" 때문에 이를 인종에 기한 구분이라고 본 것이다.[337] 그러나 같은 해의 Crawford v. Board of Education[338] 사건에서 연방대법원은, "연방법원이 연방헌법상 평등보호조항 위반에 대한 구제책으로 강제적 학생 재배치나 강제통학을 명하려

331) 402 U.S. 137 (1971).

332) Id. at 141.

333) E. Chemerinsky (1997), p. 556.

334) 402 U.S. at 143 (Marshall, J., dissenting).

335) 458 U.S. 457 (1982).

336) Goldberg/Tenen (1996), p. 60.

337) 458 U.S. at 474.

338) 458 U.S. 527 (1982).

하지 않는 한 주법원이 이를 명할 수 없도록 한 주민발안"을 합헌이라고 판결하였다. 연방대법원은 "그 법(주민발안)은 인종에 기한 구분이 아니며, 州는 수정헌법 제14조가 요구하는 것 이상은 하지 않을 수 있다."고 판시하였다. 아마 Crawford 사건은 Washington 사건과, 후자가 전자와 다른 방법으로 정치적 의사형성과정을 바꾸었다는 점에서 구별될 것이다. 즉, Washington 사건은 법원이 명하지 않는 경우에는 모든 경우에 있어서 인종을 구분요소로 사용하지 못하도록 교육위원회의 권한을 제한하였고, 반면에 Crawford 사건에서는 오로지 그 행위가 수정헌법 제14조에 일치하도록 요구되는 것보다 클 경우에만 교육위원회를 제한한 것이다. 한편, 양 사건은 모두 인종분리교육의 철폐조치를 제한하려는 주민발안에 관련된 것인데, 이러한 점에서 연방대법원의 구분 태도에는 의문의 여지가 있다는 견해가 있다.[339)]

(5) 이러한 판례들은 명시적 또는 묵시적으로 인종을 구분요소로 사용한 법률은 그것이 비록 백인과 유색인종 모두에게 부담을 주는 것이라고 할지라도 인종에 근거한 구분으로 간주될 것이라는 것을 명백히 확립하였다.[340)]

라. 차별적 집행(영향)을 가진 중립적 조치

문면상 중립적인 어떤 법률들은 소수인종을 차별하는 방식으로 집행되거나 그들에게 불균형한(차별적인) 영향을 가지고 있는 경우가 있다. 연방대법원은 그러한 법률이 인종(또는 혈통)에 기한 구분으로 간주되기 위해서는 차별하고자 하는 목적의 입증이 있어야 한다고 판시하였다.[341)]

(1) Yick Wo v. Hopkins[342)] 사건에서는 세탁소가 벽돌건물이나 석조건물 안에 위치하지 아니하는 경우에는 허가를 받도록 한 조례를 다루었다. 중국계인 Yick Wo는 허가를 받지 아니하고 세탁소를 운영했다는 이유로 유죄판결을 받았는데, 이 유죄판결은 연방대법원에 의해 파기되었다. 그 법규의 내용이 어떠하든 그 법은 차별적으로 집행되었던 것이다. 즉, 통계는 다른 인종의 사람들에게는 허가가 났는데도

339) E. Chemerinsky (1997), p. 556의 footnote 63.

340) E. Chemerinsky (1997), p. 556.

341) E. Chemerinsky (1997), p. 564.

342) 118 U.S. 356 (1886).

중국인의 경우에만 허가가 나지 않았음을 보여주었다. 연방대법원은, "비록 법률이 문언상은 공평하다고 하더라도 행정당국이 사악한 눈과 불평등한 손으로(with an evil eye and unequal hand) 그것을 적용하고 집행한다면, 그러한 차별은 헌법이 금지하는 범위 안에 들어가는 것이다."라고 판결하고, 그러한 차별은 중국계 허가신청자의 인종이나 국적에 대한 증오심 이외에는 그 이유를 발견할 수 없다고 판시하였다. 따라서 그 조례의 집행은 평등보호를 위반한 것이다.[343)]

(2) Washington v. Davis[344)] 사건은 차별적 영향을 가지는 법률에 대한 엄격심사의 요건을 밝힌 중요한 사건이다. Washington, D.C. 경찰에 지원하는 사람은 시험을 치러야 했는데, 통계상 흑인이 백인보다 많이 시험에 떨어지는 것으로 나타났다. 그러나 연방대법원은 그 자체만으로는 인종에 근거한 구분의 존재를 보이기 위한 차별적 영향의 입증이 불충분하다고 판시하였다. 다수의견을 집필한 White 재판관은, "연방대법원은 '인종적으로 차별적인 목적을 반영하는 것인지 여부와 상관없이, 그것이 오로지 인종적으로 불균형한 영향을 가진다는 이유만으로 법률이나 다른 공권력의 행사가 위헌으로 된다'고 판시한 적이 결코 없다."고 설시하였다.[345)] 연방대법원은, "차별적 영향은 그 자체만으로는 … 인종에 근거한 구분이 가장 엄격한 심사를 받아야 하고 가장 신중한 고려에 의해서만 정당화될 수 있다는 법칙을 도출할 수 없다."고 하였다.[346)] 연방대법원은 또한, 차별적 영향만 있으면 인종에 근거한 구분을 입증함에 충분하다고 한다면 "부유한 백인보다 가난한(백인 포함) 자나 보통의 흑인에게 더 부담이 될 수 있는 모든 범위의 조세·복지·공공서비스, 그리고 규제하거나 허가하는 법령에 관하여 심각한 문제가 야기되거나 아마도 그것을 모두 무효로 해야 하는 사태가 나타나게 될 것이다."라고 강조하였다.[347)]

(3) 연방대법원은 여러 차례에 걸쳐 차별적 영향은 인종에 기한 구분을 입증하기에 부족하다는 원칙을 재확인하였다. 예를 들어, 1980년의 City of Mobile v. Bolden 사건에서 연방대법원은 소수인종에게 불리한 영향을 지닌 선거제도는 차별

343) Barron/Dienes (1999), pp. 255-256.

344) 426 U.S. 229 (1976).

345) 426 U.S. at 239.

346) Id. at 242.

347) Id. at 248.

적 목적이 입증되지 않는 한 엄격심사를 받지 않는다고 판시하였다.[348] 이 사건은 Alabama州 Mobile 市가 시의회를 위해 전지역선거(at-large election)[349]를 사용한 데에 대한 위헌주장에 관한 것이었다. 그 市는 백인이 많이 살고 있었으나, 상당수의 아프리카계미국인도 살고 있었다. 인종적으로 양극화된 투표의 역사는 전지역선거에서 오직 백인만이 선출된다는 것을 의미한다. 그럼에도 불구하고, 연방대법원은 차별적 목적에 대한 충분한 증거가 없기 때문에 평등보호 위반을 발견할 수 없다고 판시하였다. 연방대법원은 "목적상 차별이 있을 때에만, 평등보호조항 위반이 있을 수 있다. … 이러한 원칙은 다른 영역에서의 인종차별 주장과 마찬가지로 선거와 관련된 영역에서의 인종차별의 주장에도 적용된다."[350]고 하였다. 그러나 Rogers v. Lodge[351] 사건에서는 투표 및 교육에서 과거에 행해진 차별, 흑인들의 정치적 과정에의 제한된 참여, 그리고 어떠한 흑인도 시의회의원에 당선되지 못했다는 증거에 입각하여 의도적인 차별을 인정함으로써 전지역선거 방식을 위헌이라고 판결하였다.[352]

(4) 이와 마찬가지로, 1987년의 McCleskey v. Kemp 사건에서 연방대법원은, 사형집행에 있어서 차별적 영향의 입증이 평등보호위반을 나타내 보이기에 불충분하다고 판결하였다.[353] 판결문에 인용된 통계는 사형의 부과에 있어서 인종간 불균형을 분명히 보여주고 있다.[354] 그러나 연방대법원은, 피고인이 평등보호조항위반을

348) 446 U.S. 55 (1980).

349) 흑인들을 위한 선거구를 배려하지 않는다는 의미이다.

350) 446 U.S. at 67.

351) 458 U.S. 613 (1982).

352) E. Chemerinsky (1997), p. 565.

353) 481 U.S. 279 (1987).

354) David Baldus 교수의 연구에 의하면, 흑인이 피고인이고 백인이 피해자인 사건 중 22%에서 사형이 선고되었고, 피고인과 피해자가 모두 백인인 사건에서는 8%, 반대로 피고인과 피해자가 모두 흑인인 사건에서는 1%, 그리고 백인이 피고인이고 흑인이 피해자인 사건에서는 3%가 사형이 선고되었다(Id. at 286). Baldus 교수는 "평균적으로 검사는 흑인 피고인과 백인 피해자 사건에서는 70%, 피고인과 피해자가 모두 흑인인 사건에서는 15%, 백인 피고인과 흑인 피해자 사건에서는 19% 정도 사형을 구형하였다."는 사실을 발견하였다(Id. at 287). Baldus 교수는 다른 여러 변수들을 고려한 후, "백인을 살해한 혐의로 기소된 피고인이 사형을 언도받을 가능성은 흑인을 살해한 혐의로 기소된 피고인에 비하여 4.3배 높다."고 결론내렸다(Id. at 287).

입증하기 위해서는 “당해 사건에 있어서 결정을 내린 자가 차별적 목적을 가지고 행동하였다는 것을 증명해야” 한다고 판시하였다.[355] 따라서 피고인이 당해 사건의 검사나 배심원이 편견을 가지고 있다는 것을 입증할 수 없다면 평등보호위반은 인정되지 않는다. 나아가 연방대법원은, 사형을 인정하는 그 법률에 대하여 위헌소송을 제기하기 위하여 피고인은 “Georgia 주의회가 이와 같이 예상되는 인종차별 효과 때문에 사형법령을 제정 또는 유지하고 있다.”는 것을 입증하여야만 할 것이라고 하였다.[356]

(5) Washington v. Davis, Mobile v. Bolden, 그리고 McCleskey v. Kemp와 같은 사건들은 차별적 영향의 증거는 평등보호위반을 입증하는 데에 불충분하다는 사실을 명백히 확립하였다. 즉, 거기에는 차별하고자 하는 목적의 입증이 있어야 한다. 그러나 연방대법원은 시민권 관련 법령에 대하여는 종종 차별적 목적의 입증이 없어도 차별적 영향에 근거하여 평등보호위반의 입증을 허용하였다. 예컨대 1971년의 Griggs v. Duke Power Co.[357] 사건에서는 1964년의 민권법 제7장의 규정에 따라 차별적 영향의 증거에 의한 고용차별을 인정하였고, 1980년의 Rome v. United States[358] 사건과 1986년의 Thornburg v. Gingles[359] 사건에서는, 연방의회는 (1965년 선거권법의 1982년 개정입법을 통하여) 선거권 위반을 입증하기 위한 차별적 영향의 증거를 허용할 권한이 있다고 판시하였다.[360]

(6) 결론적으로, 차별적 목적이 입증되어야 하느냐 또는 차별적 영향만으로 평등보호위반을 입증하기에 충분한가 하는 문제는, 평등보호조항은 단지 정부에 의한 평등한 취급(기회의 균등)에 관한 것인가 아니면 평등한 결과(결과의 평등)와도 관련된 것인가? 라는 평등보호조항의 근본적인 역할의 결정에 달려 있다고 할 것이다.[361]

---

355) Id. at 292.
356) Id. at 298.
357) 401 U.S. 424 (1971).
358) 446 U.S. 156 (1980).
359) 478 U.S. 30 (1986).
360) E. Chemerinsky (1997), p. 566.
361) E. Chemerinsky (1997), p. 567.

3. 혈통 및 국적에 근거한 차별

가. 혈통에 근거한 차별

(1) 이는 어떤 사람이 미국의 시민이라 할지라도 그의 혈통이 원래의 미국시민(백인)이 아니라는 이유로 차별하는 경우로서, 인종에 기한 차별과 같이 엄격한 심사를 받는다. 혈통에 기한 차별과 국적에 기한(외국인이라는 이유로 인한) 차별은 엄격하게 구별되어야 한다. 예컨대, 어떤 사람이 미국시민이 아니라는 이유로 차별받는다면 그것은 국적에 기한 차별이다. 반면에 그가 귀화한 멕시코계 미국시민(또는 그의 조상이 멕시코인)이라는 이유로 차별을 받는다면 이는 혈통에 기한 차별이다. 혈통에 기한 차별은 언제나 엄격심사를 받는 반면에 국적에 기한 차별은 그렇지 않다. 따라서 혈통에 기한 차별은 보통 인종에 기한 차별과 함께 설명되고 있다.[362)]

(2) 혈통에 의한 차별은 엄격한 심사를 받는다는 예로는 워렌법원(1953~1969) 시절인 1954년 배심원 선정에서 멕시코계미국인을 차별한 것은 위헌이라는 Hernandez v. Texas[363)] 판결이 있다. 이 사건 판결문을 집필한 Warren 대법원장은, "공동체사회의 편견은 靜的인 것이 아니다. 공동체사회에서 인종이나 피부색에 있어서의 차이가 아닌 다른 차이를 가진 그룹에 대하여도 똑같은 보호를 해야 한다."고 판시하였다.[364)] 평등보호법리를 취하기를 가장 꺼리고 '의심스러운 구분' 법리의 확장에 대하여 가장 강하게 반대하는, "현대의" 재판관이라는 평가를 받는 Rehnquist 재판관조차도 1977년의 Trimble v. Gordon[365)] 사건에서, "인종에 기한 차별뿐만 아니라 인종과 가장 가까운 친척관계라 할 수 있는 혈통에 기한 차별도 헌법의 기초자들이 평등보호가 적용되기를 원했던 영역임은 분명하다."고 언급하였다.[366)]

---

362) 예를 들어, E. Chemerinsky (1997), 545면 이하.; Gunther/Sullivan (1997), p. 663 이하(다만, 'national origin'이라는 용어 대신에 'ethnic classification'이라는 용어를 사용한다).; Barron/Dienes (1999), p. 260 이하('ethnic origin'이라는 용어를 사용한다).

363) 347 U.S. 475 (1954).

364) Gunther/Sullivan (1997), p. 664의 footnote 3.

365) 430 U.S. 762 (1977).

366) Gunther/Sullivan (1997), p. 664의 footnote 3.

나. 국적에 근거한 차별

(1) 엄격심사와 그 예외

(가) 국적(외국인)에 근거한 차별은 혼동되고 있는 영역이다. 일반적으로는, 州가 공공혜택을 주의 시민들에게는 부여하면서 외국인에게는 부인하고 있을 때 그러한 구분은 본질적으로 의심스러운 것이어서 엄격한 심사기준이 적용되어야 한다고 말할 수 있다. 버거법원(1969~1986) 시절인 1971년 연방대법원은 Graham v. Richardson[367] 사건에서, 외국인이 주의 복지혜택을 누리려면 15년 동안 그 주에 거주해야 한다는 요건을 규정한 법률이 평등보호에 위반된다고 선언하였다. 이 판결에서 연방대법원은, "외국인은 '분리되고 고립된' 소수집단이므로 그러한 엄격한 사법적 배려가 필요한 좋은 예"라고 판시하였다.[368] 엄격심사기준을 적용한 결과 공무원 공개채용시험에 외국인이 응시하지 못하도록 막은 법률(Sugarman v. Dougall),[369] 州 변호사회의 회원이 되지 못하도록 한 법률(In Re Griffiths)[370]이 위헌판결을 받았다. 1977년의 Nyquist v. Mauclet[371] 사건에서는, 외국인의 경우 시민권을 신청하려는 의도를 보여주지 않는 한 교육을 위한 재정보조를 받지 못하도록 한 법률이 위헌판결을 받았다.[372] 국적에 기한 차별에 대하여 엄격한 심사기준을 적용하는 것에 대하여는, 외국인이라는 지위는 변경불가능한 특성이 아니고 헌법에는 '시민권요건'이 자주 사용되고 있다는 비판이 있다.[373]

이와 같이 연방대법원은 전통적으로 외국인에 기한 차별에 대하여는 인종이나 혈통에 기한 그것과 같이 의심스러운 구분으로 보았고 따라서 엄격한 심사기준을 적용하였다.[374] 이러한 분석하에 연방대법원은 외국인을 복지혜택,[375] 공무원임용,[376]

---

367) 403 U.S. 365 (1971).

368) Barron/Dienes (1999), p. 284.

369) 413 U.S. 634 (1973).

370) 413 U.S. 717 (1973).

371) 432 U.S. 1 (1977).

372) Barron/Dienes (1999), p. 284.

373) Barron/Dienes (1999), p. 284.

374) 예컨대 Nyquist v. Mauclet, 432 U.S. 1 (1977); Examining Bd. v. Flores de Otero, 426 U.S. 572 (1976); In re Griffiths, 413 U.S. 717 (1973); Sugarman v. Dugall, 413 U.S. 634 (1973); Graham v. Richardson, 403 U.S. 365 (1971).

375) Graham v. Richardson, 403 U.S. 365 (1971).

변호사회가입,[377] 장학금,[378] 토목공사업[379]에서 배제한 주법률에 대하여 위헌판결하였다.[380]

(나) 그러나 1978년의 Foley v. Connelie 사건에서, "외국인을 배제하는 모든 주법률에 대하여 엄격심사기준을 적용하는 것은 적당하지 않다. 왜냐하면 그렇게 함으로써 시민과 외국인을 구별할 수 없게 되기 때문이다."[381] 라고 판시하고, 외국인을 구분하는 것이 헌법에서 부여된 주의 특권(prerogatives) 안에 있는 문제라면 이에 대하여 엄격심사를 적용하지 않는다고 판시하였다.[382] 그리하여 연방대법원은 이러한 문제에 있어서는 아래에서 보는 바와 같이 합리성심사기준을 적용하여 외국인이 州경찰관(6:3),[383] 공립학교 교사(5:4),[384] 副보호관찰관(5:4)[385]이 되는 것을 배제한 주법률을 합헌이라고 지지하였다. 이러한 입장에 대하여 이들 사건의 반대의견[386]에서는, 州가 공무원 · 변호사 · 엔지니어 분야에서 외국인을 배제하는 것과 주경찰관 · 교사 · 보호관찰관을 배제하는 것 사이에 어떤 차이가 있는지, 다시 말하여 이러한 분야에서 州가 더 큰 이익을 갖는 이유가 무엇인지 의문이라고 비판하였다.[387]

(2) 정치적 기능의 예외 : 합리성심사

국적(외국인)에 기한 차별에 있어 엄격심사를 적용하는 원칙이 있는 반면에, 연방대법원은 이러한 원칙에 대하여 정치적 기능의 예외(political function exeption)라

---

376) Sugarman v. Dugall, 413 U.S. 634 (1973).
377) In re Griffiths, 413 U.S. 717 (1973).
378) Nyquist v. Mauclet, 432 U.S. 1 (1977).
379) Examining Bd. v. Flores de Otero, 426 U.S. 572 (1976).
380) J. Shaman (1984), p. 171.
381) 435 U.S. 291, 295 (1978).
382) Id. at 296.
383) Foley v. Connelie, 435 U.S. 291 (1978).
384) Ambach v. Norwick, 441 U.S. 68 (1979).
385) Cabell v. Chavez-Salido, 454 U.S. 432 (1982).
386) Cabell v. Chavez-Salido, 454 U.S. 432, 453-454 (1982) (Blackmun, J., dissenting) ; Ambach v. Norwick, 441 U.S. 68, 81-90 (1979) (Blackmun, J., dissenting) ; Foley v. Connelie, 435 U.S. 291, 302-307 (1978) (Marshall, J., dissenting), also Id. at 310-312 (Stevens, J., dissenting).
387) J. Shaman (1984), p. 172.

는 중요한 원리를 형성하였다. 즉, 외국인을 배제하는 것이 투표 또는 민주적인 자기통치의 과정에 밀접히 관련되어 있는 지위인 경우에는 단지 합리성심사기준이 적용된다는 것이다. 이것은 어떤 公職이 경제적인 역할보다는 정치적인 역할인 경우이고 州가 자신의 정체성을 형성하거나 보충하는데 있어 광범위한 재량을 갖는 영역인 경우에는, 주는 정치적 공동체의 일원이 아닌 자를 배제하기로 결정할 수 있다는 것이다.[388]

따라서 연방대법원은 1978년의 Foley v. Connelie[389] 사건에서, 州는 경찰관은 미국의 시민일 것을 요구할 수 있는데 그 이유는 경찰관은 거의 무제한한 재량권을 사용할 권한을 부여받았기 때문이라고 하였고, 교사의 채용에 있어 시민권을 신청할 자격은 있으나 귀화하기를 거절한 외국인을 차별한 사건인 1979년의 Ambach v. Norwick[390] 사건에서는, 교사들이 학생들로 하여금 시민으로서의 역할을 하도록 가르치고 기본적인 가치를 보존하도록 수행하는 역할의 중요성을 강조하면서 공립학교 교사의 채용에 외국인을 배제한 법률을 합헌으로 지지하였다. 1982년의 Cabell v. Chavez-Salido[391] 사건에서는 보호관찰관 역시 경찰관이나 교사와 같이 사람들에게 공적인 재량권을 행사하기 때문에 정치적 기능의 예외에 해당한다고 판결하였다.[392] 한편, 1984년의 Bernal v. Fainter[393] 사건에서는 '공증인'은 대의적인 통치의 핵심에 이르는 기능을 수행하는 것이 아니고 서기나 또는 행정적인 기능만을 수행하는 것이라고 성격지우면서, 공증인은 국민들에게 공공정책을 수행하는데 있어 정책결정의 책임이나 넓은 재량권이 부여된 공직이 아니라고 판단하였다. 즉, 州는 이 사건에서 외국인은 공증인이 되지 못하도록 규정한 이 법이 현실적으로 가장 덜 제한적인 수단으로서 주의 필수불가결한 이익을 증진시키는 것이라는 점을 입증하는데 실패하였다.[394]

---

388) Barron/Dienes (1999), p. 285.

389) 435 U.S. 291 (1978).

390) 441 U.S. 68 (1979).

391) 454 U.S. 432 (1982).

392) Barron/Dienes (1999), p. 285.

393) 467 U.S. 216 (1984).

394) Barron/Dienes (1999), p. 286.

(3) 연방규제의 예외 : 합리성심사

또한 연방법률이 국적에 기하여 외국인을 차별하는 데에는 엄격심사가 적용되지 않았다. 즉, 국적에 관하여 州가 가하는 규제가 아니라 연방의회나 이민(국적)에 관한 권한을 가지는 연방정부가 가하는 규제(차별)를 다루는 경우에는 위와 같은 근거에 의하여 합리성심사를 한다.[395] 이민 및 국적에 관한 연방정부의 권한은 법원으로 하여금 더 큰 사법적 존중을 하도록 했기 때문이다. 그리하여 1976년의 Mathews v. Diaz[396] 사건에서 연방대법원은, 연방의 의료혜택을 받는 조건으로 5년의 미국 내 거주와 영구거주신청을 할 것을 요구한 법률을 심사함에 있어 합리성 여부만을 요구하였다.[397] 그러나 연방공무원 공개경쟁시험에 미국거주 외국인을 배제한 공무원인사위원회(Civil Service Commission, CSC)의 규칙을 다룬 1976년의 Hampton v. Mow Sun Wong[398] 사건에서 연방대법원은, 연방정부가 州보다 더 넓은 재량을 갖고 있는 점을 인정하였으나(합리성심사) 그럼에도 불구하고 위 규칙은 위헌판결을 받았다.[399] 이 판결에서는 적법절차위반의 점도 논증되었다. 즉, 연방공무원 자격에 관한 권한은 CSC가 아니라 연방의회나 대통령이 갖는다는 것이다.[400]

국적에 기한 차별을 다룬 판결들은 차별이라는 점보다는 "聯邦과 州간의 권한분배"의 관점에서 언급되기도 한다. 즉, 연방정부는 미국시민의 특권에 관하여 주정부보다 우선하여 규율할 수 있다는 논거이다.[401] 그리하여 이민과 국적에 관련된 문제에 있어 이러한 연방우선의 원칙은 외국인에게 부담을 주는(차별을 하는) 州법률에서도 적용되어, 1982년의 Toll v. Moreno[402] 사건에서 외국인에게 수업료혜택을 부인하는 州의 대학정책은 연방의 이민정책과 충돌한다고 판시하였다.[403]

---

395) G. Alexander (1999), p. 9.
396) 426 U.S. 67 (1976).
397) Barron/Dienes (1999), p. 286.
398) 426 U.S. 88 (1976).
399) Gunther/Sullivan (1997), p. 724.
400) G. Alexander (1999), pp. 9, 10.
401) "Alienage area is preempted by federal government." G. Alexander (1999), p. 7.
402) 458 U.S. 1 (1982).
403) Barron/Dienes (1999), pp. 286-287.

4. 인종에 근거한 적극적평등실현조치

가. 적극적평등실현조치의 의의

(1) 적극적평등실현조치(Affirmative Action)[404)]이란 "정치적 대표성이 소외되었던 집단, 즉 전통적으로 차별을 받아온 소수집단을 일정한 영역에서 보다 많은 특혜를 누리도록 해 주려는 제반 시도"[405)] 또는 "현존하는 그리고 계속적인 차별을 철폐하기 위해, 과거의 차별의 지속적인 효과를 보상하기 위하여, 그리고 미래의 차별을 방지하기 위한 체제와 절차를 만들기 위하여 계획된 일련의 조치"[406)] 라고 정의된다. 이러한 "사회적 약자 보호" 정책은 1961년 케네디(John F. Kennedy) 대통령이 인종적 소수집단에 대한 차별적 대우를 막기 위한 조처로 '평등고용기회위원회(Equal Employment Opportunity Committee)'를 설립하는 행정명령을 발동하면서[407)] 시행되기 시작한 뒤, 1964년 모든 종류의 차별을 금지하는 민권법안이 통과되었고, 1967년 존슨(Linden B. Johnson) 대통령이 사회적 약자 집단에게 주는 정부의 혜택이나 보호조치에 여성을 포함시키면서 범위가 확장되었다.

(2) 적극적평등실현조치는 정부의 행위(state action)가 있는 경우에만 평등보호 위반 문제가 제기된다. 여기에서 "state action"이란 연방정부나 주정부 또는 자치단체의 조치를 다 포함한다. 일반적으로 사(법)인에 의한 적극적평등실현조치의 사용은 어떠한 헌법적인 문제를 야기하지 않는다. 다만, 판사가 사인인 고용주로 하여금 인종을 의식한 어떤 계획을 이행하도록 명한 경우에는 예외이다. 그러나 경찰서, 교육청, 국·공립 대학, 또는 다른 정부단체가 의도적으로 어떤 인종을 다른 인종에 비해 선호하는 것으로 보이는 경우에는 평등보호의 문제가 잠재해 있다고 보아도

---

404) Affirmative Action은 "적극적 평등실현정책", "잠정적 우대조치", "약자보호조처" 등으로 번역되고 있는데, 이들 중 어느 것도 확립된 번역례라고 보기는 어려우며, 이 책에서는 '적극적평등실현조치'라고 사용하기로 한다.

405) Michel Rosenfeld, *Affirmative Action and Justice : A Philosophical & Constitutional Inquiry* (New Haven, CT : Yale University Press 1991), p. 42.

406) Black's Law Dictionary (1999), p. 60.

407) 여기에서, 연방정부의 재정지원을 받는 정부 project를 실천하는 과정에서 인종차별 없이 고용과 취업이 이루어지도록 "긍정적 조처들"을 취해야 한다고 밝혔다. 정연주, 워싱턴 11년 비망록, 「한겨레신문」(2000. 7. 28.자), 9면.

된다.[408)]

(3) 이 적극적평등실현조치는 이러한 소수인종이나 여성에 대한 "우선적 처우"가 평등보호조항에서 말하는 '평등'을 실현하기 위한 범위 내의 것인가 하는 점 때문에 헌법적 논쟁의 대상이 되고 있다. 즉, 흑인 등은 인종별 쿼터 배정 등을 뼈대로 하는 적극적평등실현조치는 과거의 차별행위에 대한 보상 및 기회균등 차원에서 존속되어야 한다고 주장하는 반면, 백인 등 주류사회는 일종의 "역차별"이라며 이 정책의 폐기를 주장하고 있는 것이다. 흑인 등 소수인종을 유리하게 처우하기 위한 적극적평등실현조치는 다음의 3가지 문제가 논의된다. 첫째, 소수인종에 유리한 인종적 구분(적극적평등실현조치)는 어느 정도 수준의 심사를 받아야 하는가? 둘째, 어떤 적극적평등실현조치 프로그램의 목적이 그 수준의 심사를 충족시키는가? 셋째, 적극적평등실현조치의 어떤 방법이 그 수준의 심사를 충족시키는가? 하는 점이 그것이다.[409)]

나. 심사기준

(1) 엄격심사기준의 확립

현재 인종을 고려한 정부의 모든 적극적평등실현조치들은 엄격심사를 받아야 된다는 것이 확립되었다. 즉, 1995년의 Adarand Constructors, Inc. v. Pena[410)] 사건에서 연방대법원은, 어떤 인종에 기한 구분도 그것이 연방정부에 의하여 부과된 것이거나 지방정부에 의한 것이거나 불문하고 엄격심사기준에 의하여 심사, 분석되어야 한다고 판시하였다. 그러므로 인종에 기초한 어떤 적극적평등실현조치가 고용, 대학입학, 투표권 또는 어떤 분야에서 이루어지든간에 이러한 계획은 정부의 아주 중요한 이익을 증진하고자 하는 목적으로만 채용되어야 한다. 그리고 그러한 수단(차별)은 이러한 목적을 달성하기에 꼭 필요한 것이어야 한다.[411)]

---

408) S. Emanuel, (2000), p. 261.

409) E. Chemerinsky (1997), p. 585.

410) 515 U.S. 200 (1995).

411) S. Emanuel, (2000), p. 261.

(2) 판례의 변천

그러나 연방대법원은 10년이상 심사수준의 문제와 씨름을 한 후에야 이러한 결론에 도달하였다. 예컨대 1986년의 Local 28, Sheet Metal Workers' International Association v. EEOC(Equal Employment Opportunity Commission)[412] 사건에서 복수의견을 집필한 Brennan 재판관은, "우리는 아직 인종의식적인 구제조치(적극적평등실현조치)의 합헌성을 심사하는데 있어서 적절한 심사기준에 대하여 의견의 일치를 보지 못하였다."고 쓰고 있다.[413]

(가) 먼저 1970년대초에 고등교육에 있어 소수인종에 대한 우선입학정책이 위헌소송의 대상이 되었다. 1974년의 DeFunis v. Odegaard[414] 사건을 보자. 백인 남자인 Marco DeFunis는 Washington 대학 Law School에 지원하였으나 위 대학의 소수인종 우선정책에 따라 입학이 거부되자, 이러한 소수인종 우선입학정책은 인종에 기한 구분이라며 소송을 제기하였다. 이 소송이 계속중에 법원은 원고로 하여금 위 Law School에 입학하도록 하는 가처분을 내렸고, 판결 당시에 원고는 이미 3학년에 재학중이었고 학교 당국에서는 이 소송 결과에 상관없이 원고가 학업을 마칠 수 있도록 보장하겠다고 하였다. 연방대법원은 5:4의 판결로 원고가 이미 졸업을 앞두고 있으므로 권리보호이익이 없다는 이유로 소송을 각하하였다. 이 판결에서는 반대의견에 가담한 Douglas 재판관만이, 비록 소수인종에게 우호적인 조치라 하더라도 인종에 근거한 구분에 대하여는 반대한다는 의견을 밝혔다. 그는 "수정헌법 제14조는 모든 법적용에 있어 인종중립적으로 고려할 것을 요구한다."고 하였다.[415]

(나) 연방대법원이 적극적평등실현조치에 대하여 처음으로 본안판단을 한 것은 1978년의 Regents of the University of California v. Bakke 사건[416]에서였다. Bakke는 California 대학교 Davis 의과대학의 신입생 전형에서 학교측이 100명의 신입생 정원중 16명을 소수인종을 위하여 따로 배정한 것을 문제삼았다. 4명의 재판관

412) 478 U.S. 421 (1986).

413) Note (1987), p. 1152의 footnote 31.

414) 416 U.S. 312 (1974).

415) Gunther/Sullivan (1997), p. 794.

416) 438 U.S. 265 (1978). 이 사건의 사실관계에 대하여는 이 책 제3장 제2절 4. 마. (1) (가) 참조.

— Brennan · White · Marshall · Blackmun — 은 '중간수준의 심사'가 소수인종에 유리한 구분에 적당한 심사수준이라고 밝혔다. 그들은 "여러가지를 고려한 결과 구제의 목적을 넓히기 위하여 마련된 인종적 구분은 중요한 정부목적(공익)에 이바지해야 하는데, 이 사건의 경우 그러한 목적의 실현에 실질적으로 연관되어 있음에 틀림없다."는 결론에 도달하였다.[417] 따라서 이들 네명의 재판관들은 California 대학교 Davis 의과대학의 적극적평등실현조치 프로그램을 지지하였다.[418]

다른 네 명의 재판관 — Stevens · Burger · Stewart · Rehnquist — 은 적극적평등실현조치 프로그램이 연방기금을 지원받는 기관에 의한 차별을 금하는 것을 내용으로 하는 1964년 민권법 제6편을 위반하였다고 결론을 내렸다.[419] 이들은 헌법적 쟁점이나 심사수준에 대하여는 언급하지 않았다. 마지막으로 Powell 재판관은 단독의견으로, 적극적평등실현조치를 위하여는 '엄격한 심사기준'이 적용되어야 한다고 하였다. 그는 "인종적, 종족적 구분은 본질적으로 (위헌의) 혐의가 있으므로 가장 엄밀한 사법적 심사가 요청된다."고 하였다.[420] Powell 재판관은 소수인종을 위한 별도의 배정은 위헌이고, 단지 인종의 다양성을 강화하기 위하여 입학사정의 한 요소로 고려할 수는 있다고 하였다. 그리하여 법정의견은 5:4의 판결로 — Powell · Stevens · Burger · Stewart · Rehnquist 재판관이 이 결정에 찬성하였다 — 소수인종을 위한 우선입학정책을 무효라고 선언하였다. 그러나 또한 5:4로 이 제도를 대학이 인종의 다양성을 증가시키기 위한 요소로 사용하는 것은 허용된다고 하였다. Brennan, White, Marshall, Blackmun, Powell 재판관이 이 결론에 찬성하였다.[421]

(다) 2년 후 Fullilove v. Klutznick 사건에서 연방대법원은 다시 적극적평등실현조치 프로그램에 대하여 판단하였다.[422] 그러나, 이 사건에서 다수의견은 적당한 심

417) Id. at 359.

418) E. Chemerinsky (1997), p. 586.

419) 438 U.S. at 418 (Stevens, J., concurring in the judgment in part and dissenting in part).

420) Id. at 291.

421) E. Chemerinsky (1997), p. 586. 연방대법원은 Grutter v. Bollinger, 539 U.S. 306 (2003) 사건에서도, 교육적 관점에서 학생구성의 다양성(diversity)을 위하여 입학생 선발의 플러스 요인의 하나로 인종을 고려하는 것은 평등보호 위반이 아니라고 보았다. 양건, 전게서 (2009), 320면.

422) 448 U.S. 448 (1980). 이 사건의 사실관계에 대하여는 이 책 제3장 제2절 4. 마. (1) (나) 1) 참조.

사수준에 대하여는 판단하지 않았다. 연방대법원은 지방정부에 교부된 연방공공사업기금 중 10%는 소수인종이 운영하는 사업체를 위하여 유보(set-aside)되어야 한다고 규정한 연방법률을 합헌이라고 지지하였다. 연방대법원장 Burger 재판관은 White 재판관과 Powell 재판관이 동참한 의견에서 적극적평등실현조치 프로그램은 과거의 차별을 치유하기 위한 경우에 정당화된다고 결론을 내렸으나, 이 의견은 명시적 혹은 묵시적으로도 Bakke 사건에서 판시한 분석체계를 받아들이는 것은 아니라고 하였다.[423]

세 명의 다른 재판관들 — Marshall · Brennan · Blackmun — 은 적극적평등실현조치 프로그램을 지지하는데 동조하였으나, 구제목적을 위한 인종적 구분에는 "중간수준의 심사"가 적당함을 다시 한번 주장하였다.[424] 마지막으로 Stewart, Rehnquist, Stevens 재판관은 반대의견을 표시하였으며, "엄격심사"가 적당한 심사기준임을 밝혔다.[425] Stewart 재판관은 — 이 의견에는 Rehnquist 재판관이 참여하였다 — "우리 헌법하에서는 정부는 개인에게 그의 인종을 이유로 해를 가할 수 없다. 그러한 법칙은 어떤 인종에게 편파적인 법에 의해 침해를 받은 개인이 소수인종의 구성원이 아닌 경우에도 마찬가지이다."라고 주장하였다.[426]

(라) 연방대법원은 1989년의 City of Richmond v. J.A. Croson Co.[427] 사건에서 인종에 기초한 州차원의 적극적평등실현조치에 대해서 '엄격심사기준'을 적용하였다. 연방대법원은 Virginia 州의 Richmond 市에서 시행한 공공사업기금의 30%를 소수인종이 소유하는 기업[428]에 우선적으로 배분하는 계획[429]을 무효라고 선언하였다. 5명의 재판관 — O'Connor · Rehnquist · White · Kennedy · Scalia — 이 참여하여 집필하거나 동조한 의견에서는, 그러한 계획에 대하여는 엄격심사기준이 적당한 심사기

---

423) Id. at 492.

424) Id. at 519 (Marshall J., concurring in the judgment).

425) Id. at 523 (Stewart J., dissenting with whom Rehnquist, J., joined); at 532 (Stevens, J., dissenting).

426) Id. at 525-526 (Stewart J., dissenting).

427) 488 U.S. 469 (1989). 이 사건의 사실관계에 대하여는 이 책 제3장 제2절 4. 마. (1) (나) 2) 참조.

428) MBE: Minority Business Enterprise.

429) MSP: Minority Set-aside Program.

준임을 선언하고 있다. Marshall 재판관은 그의 반대의견[430]에서, "오늘은 연방대법원의 다수의견이 인종을 고려한 치유정책의 평등보호조항 위반여부에 대한 사법심사에 엄격심사기준을 채택한 최초의 날이다."라고 탄식하였다.[431]

(마) 그러나 1990년의 Metro Broadcasting Inc. v. Federal Communications Commission[432] 사건에서는, 연방의회가 정한 적극적평등실현조치에 대하여 중간심사기준을 적용하여 연방통신위원회(Federal Communications Commission, FCC)가 방송국면허를 내줌에 있어 소수인종이 경영하는 회사에 우선권을 주는 프로그램을 합헌이라고 판결하였다(5:4). 다수의견은 "연방의회에 의해 승인된 인종을 고려한 정책은, 그것이 비록 '과거에 정부 또는 사회에 의해 차별을 받은' 희생자에 대한 보상을 위해 만들어진 정책이 아니라고 하여도 그것이 연방의회의 권한범위 내에 있는 중요한 정부목적을 위한 것이고, 그러한 목적을 달성하기 위한 수단으로서 실질적으로 관련되어 있는 한 헌법적으로 허용된다."고 선언하였다.[433] 4인의 반대의견은 이 사건에는 엄격심사기준이 적용되어야 하지만, 다수의견이 주장하는 중간심사기준을 적용한다 하더라도 허용될 수 없다고 주장하였다.[434]

(바) 그러다가 1995년의 Adarand Constructors Inc. v. Pena[435] 사건에서 연방대법원은, 인종에 기한 분류에 따른 적극적평등실현조치에 대해서는 연방정부에 의한 것이든, 주정부에 의한 것이든, 자치단체에 의한 것이든 엄격심사기준이 적용된다고 판시하였다.

대부분의 연방기관에 의한 계약에는 도급업자보상조항(subcontractor compensation clause)을 포함해야 한다. 이는 원계약자가, 중소기업청(Small Business Administration, SMA)에 의하여 사회적 · 경제적으로 불리한 대우를 받고 있는 개인으로 인증된 자를 도급업자로 고용하면 정부가 원계약자에게 인센티브를 주는 내용이다. 원고인 Adarand 건설회사는 연방고속도로 건설공사의 도급업자로 입찰에 참여하여 더

430) Id. at 551. (Marshall, J. dissenting).
431) E. Chemerinsky (1997), p. 587.
432) 497 U.S. 547 (1990).
433) E. Chemerinsky (1997), p. 587.
434) Gunther/Sullivan (1997), p. 829.
435) 515 U.S. 200 (1995).

낮은 가격을 제시하였는데, 그 회사는 위 중소기업청(SMA)에 의해 인증받은 회사가 아니어서 낙찰받지 못했다. 따라서 원고회사는 위 도급업자보상조항은 수정헌법 제5조에 포함되어 있는 평등보호조항을 위반한 것이라며 소송을 제기하였다. 연방항소법원은 1980년의 Fullilove v. Klutznick[436] 판결과 1990년의 Metro Broadcasting Inc. v. Federal Communications Commission[437] 판결에서 보인 중간심사와 같은 완화된 심사기준을 적용하여 문제된 위 보상조항은 합헌이라고 판결하였다. 그러나 연방대법원은 5:4의 판결로 이 사건에 엄격한 심사기준을 적용할 것을 선언하고, 항소법원의 판결을 파기·환송하였다.[438] Barron/Dienes는, 따라서 Adarand 판결과 배치되는 위 Fullilove v. Klutznick 판결과 Metro Broadcasting Inc. v. Federal Communications Commission 판결은 변경된 것이라고 평가한다.[439]

(사) 세부적으로 보면 인종에 근거한 적극적평등실현조치에 있어서, 인종에 기한 차별을 심사할 때와 같이 "엄격심사"기준을 적용하여야 할 것인가에 대해서 재판관 사이에서 의견이 나뉘어져 있다. 즉, 위 City of Richmond v. J.A. Croson Co. (1989) 판결에서는 Rehnquist, Powell, O'Connor, Scalia, White, Stevens 재판관이 엄격심사에 가담했고(6:3), Metro Broadcasting Inc. v. Federal Communications Commission(1990) 판결에서는 Rehnquist, Kennedy, O'Connor, Scalia 재판관만이 엄격심사에 가담하였기 때문에 중간심사를 주장한 Brennan, Marshall, Blackmun, White, Stevens 재판관의 의견이 법정의견이 되었다(4:5). 한편, 1995년의 Adarand Constructors Inc. v. Pena 판결에서는 Rehnquist, Kennedy, O'Connor, Scalia, Thomas 재판관이 엄격심사를 주장하였고, Stevens, Souter, Ginsberg, Breyer 재판관은 이를 반대하였다(5:4).

1990년의 Metro Broadcasting 사건과 1995년의 Adarand 사건 사이에 다수의견 재판관 중 4명이 사임하였으며 반면 반대의견 재판관은 아무도 사임하지 않았다. Adarand 사건에서 Metro Broadcasting 사건의 반대의견 재판관 대열에 Thomas 재판관이 참여하여 Metro Broadcasting 판결을 번복하는 다수를 형성하였다. 그리하

436) 448 U.S. 448 (1980).

437) 497 U.S. 547 (1990).

438) [http://laws.findlaw.com/us/000/u10252.html].

439) Barron/Dienes (1999), *Foreword to the Fourth Edition*, Ⅷ.

여 연방대법원은 적극적평등실현조치의 영역에서도 "연방정부 혹은 주정부의 인종적 구분은 불가결한 정부의 이익을 위한 것이어야 하며, 그러한 이익을 실현시키기 위하여 정교하게 재단되어야 한다."고 결론을 내렸다.[440]

다. 엄격심사에 대한 찬반논쟁

(1) 찬성론

(가) 적극적평등실현조치 프로그램에 대하여 엄격한 심사기준을 적용하는 것을 찬성하는 견해는 모든 인종에 기한 구분은 그것이 사악한(invidious) 것이거나, 우호적인(benign) 것이거나 엄격한 심사기준이 적용되어야 한다고 주장한다. Thomas 재판관은 1995년의 Adarand Constructors Inc. v. Pena[441] 사건에서, "내 생각으로는 우호적인 편견에 근거한 정부후원의 인종차별은 사악한 편견에 고무된 차별과 마찬가지로 해롭다. 어떠한 경우이든 그것이 인종차별이라는 것은 분명하고 단순한 것이다."[442] 라고 하여 이러한 입장을 피력하였다. 이러한 견해는, 헌법은 정부로 하여금 각 사람을 그(또는 그녀)의 인종이 어떠하든지 하나의 인격체로 보아야 할 것을 요구한다는 것이다. 그러므로 엄격심사는 이러한 일이 일어나도록 보증하기 위하여 사용된다는 것이다.[443]

(나) 게다가, 적극적평등실현조치에 대하여 엄격심사기준을 적용할 것을 지지하는 자들은 모든 인종에 기한 구분은 인종에 대하여 낙인을 찍는 것이며 인종간의 적대감을 키우는 것이므로 엄격심사기준을 적용해야 한다고 주장한다. O'Connor 재판관은 1989년의 City of Richmond v. J.A. Croson Co.[444] 사건에서, "인종에 근거한 구분은 인종에 대하여 낙인을 찍는 해악이라는 위험을 동반한다. 비록 구제책을 위한 것이라 할지라도 인종에 근거하는 것을 엄격하게 자제하지 않는다면, 그러한 인종에 기한 구제책(적극적평등실현조치)은 실제적으로는 인종적 열등감을 촉진시키고 인종간의 적대감으로 이끄는 정책이 될 것이다."[445] 라고 하였다. Michael Perry도

440) E. Chemerinsky (1997), p. 587.
441) 515 U.S. 200, 115 S.Ct. 2097 (1995).
442) 115 S.Ct. at 2119.
443) E. Chemerinsky (1997), p. 588.
444) 488 U.S. 469 (1989).

비슷한 견해를 피력하였다. 즉, 적극적평등실현조치는 "필연적으로 인종간의 분노를 조장하고 그리하여 인종간의 도덕적 평등의 원리를 보다 넓게 수용하고자 하는 노력을 방해한다."고 주장하였다.446)

(2) 반대론

(가) 적극적평등실현조치에 대하여 엄격한 심사기준을 적용하는 것을 반대하는 자들은, 성부의 소수인종에게 우호적인 인종적 구분과 불이익한 인종적 구분 사이에는 중요한 차이가 있다고 주장한다. 인종구별주의와 (그에 따른) 소수인종에 대한 차별은 오랜 역사가 있으나 백인들에 대한 박해는 이와 비슷한 역사가 전혀 없다. Richard Lempert는 이러한 차이점에 대하여 다음과 같이 설득력있게 설명한다.: "다른 많은 종류의 차별은 그렇지 않은데 왜 인종에 기한 차별은 우리를 흥분시키는가? 그것은 인종적 차별을, 지금은 명백히 악한 것으로 보여지는 (옛날의) 관행들과 관련하여 생각하는 역사해석방법 때문이다. 흑인들을 강제로 그들의 고향에서 끌고와 노예로 만들고, 백인들에게는 범죄가 되지 않을 행위를 이유로 흑인들에게 私刑을 가하고, 자신들의 권리를 행사하고자 하는 흑인들을 위협하는 등, 요컨대 피부색만을 문제로 삼아 한 인종(흑인들)에 대하여 거의 모든 방법으로 체계적으로 불이익을 가한 것이다. … 만일 흑인들이 받았던 해악(고통)이 백인들로 하여금, 현 시점에서 이러한 해악의 유산을 제거하는 가장 유용한 수단이라고 보여지는 것(적극적평등실현조치)을 사용하지 못하도록 도덕적 주장을 하는데 충분한 힘을 제공한다면 그것은 역사의 아이러니이다."447)

(나) 적극적평등실현조치에 대한 사법심사에 더 낮은 강도의 심사기준을 적용할 것을 주장하는 사람들은 또한 Lempert의 다음과 같은 주장을 강조한다. : "미국역사의 현시점에서 사회적 평등을 달성하려면 적극적평등실현조치가 필요하다. 교육·고용·公共공사계약과 같은 영역에서 백인들과 흑인들간의 계속되는 엄청난 격차는

445) Id. at 493.

446) Michael J. Perry, *Modern Equal Protection: A Conceptualization and Appraisal*, 79 Columbia Law Review 1023, 1048 (1979).

447) Richard Lempert, *The Force of Irony: On the Morality of Affirmative Action and United Steelworkers v. Weber*, 95 Ethics 86, 88-89 (1984).

구제책을 필요로 한다. 그런데 엄격심사기준의 적용은 이와 같은 구제노력을 크게 방해할 것이다. 왜냐하면 상대적으로 적은 수의 적극적평등실현조치들이 이 엄격한 심사에서 살아남을 수 있었기 때문이다."[448]

(다) 또한 다수인종이 소수인종을 차별하는 것과 다수인종집단이 자기 스스로를 차별하는 것과는 큰 차이가 있다는 주장이 있다. John Hart Ely는 이에 대하여 "의사결정과정을 통제하는 집단이, 소수인종집단에게 유리하며 자신(다수집단) 스스로에게는 불리한 구분을 할 때는, 비정상적으로 의심스러워서 결과적으로 엄격한 심사기준을 적용해야 할 이유는 없는 것이다."라고 설명하였다.[449]

(3) 연방대법원의 경향

Rehnquist 법원을 기준으로 보면, 연방대법원은 적극적평등실현조치에 대하여 적당한 심사수준이 어떤 것인가에 대한 이러한 두 입장 사이에서 견해가 5:4로 나뉘어져 있다. 다수인 Rehnquist, O'Connor, Scalia, Kennedy, 그리고 Thomas 재판관은 소수인종에게 유리한 인종적 구분을 평가하는데 있어 엄격한 심사기준을 적용해 왔다. 반대자들인 Stevens, Souter, Breyer, 그리고 Ginsburg 재판관은 중간심사기준을 사용하고자 한다.[450]

라. 적극적평등실현조치의 목적 및 방법

(1) 의의

(가) 적극적평등실현조치는 많은 다양한 목적을 달성하기 위하여 사용되고, 여러 가지의 형태를 취한다. 적극적평등실현조치를 위한 주요한 네 가지의 목적으로 다음과 같은 것이 알려져 있다. 즉, ①과거의 차별에 대한 구제책, ② 인종적 다양성, ③소수인종집단 공동체에 속한 사람들에게 성공사례(역할모델)의 제공, ④소수인종집단 공동체를 위한 서비스의 제고 등이 그것이다.[451]

---

448) E. Chemerinsky (1997), p. 589.

449) John H. Ely, *The Constitutionality of Reverse Racial Discrimination*, 41 Univ. Chicago Law Review 723, 735 (1974).

450) E. Chemerinsky (1997), p. 589.

451) E. Chemerinsky (1997), p. 590.

(나) 적극적평등실현조치의 목적도 다양하지만, 적극적평등실현조치가 취할 수 있는 방법은 이보다 훨씬 많다. 적극적평등실현조치의 방법은 그러한 조치가 고용, 교육, 공공공사계약 혹은 면허교부, 정치적 대표성의 영역에 관한 것인지에 따라 광범위한 분포가 있다. 지금까지 연방대법원은, 적극적평등실현조치를 위한 여러 방법들을 심사하였다. 그 중에는 ①소수인종에게 일정한 수(또는 양)를 유보하는(numerical set-asides) 방법, ②소수인종을 돕기 위한 의사결정의 한 요소로 '인종'을 사용하는 방법, ③해고에 있어 경력시스템을 피하는 방법, ④소수인종의 대표자가 선출될 수 있도록 선거구를 획정하는 방법 등이 있다.[452] 이 부분에 대하여는 다음의 항목(라. 유형별 사례의 분석)에서 자세히 살핀다.

(2) 적극적평등실현조치의 목적

(가) 과거의 차별에 대한 구제책

1) 인종을 의식한 적극적평등실현조치는 (엄격심사기준이 적용되는 결과) 정부의 아주 중요한 이익을 추구하고자 하는 경우에만 인정될 수 있기 때문에 이러한 정부의 이익 요건을 만족하는 것은 아마도 과거의 차별을 상쇄하기 위한 것이라는 목적이다. 따라서 정부가 단순히 노동력(근로자수)의 균형, 대학에 있어서 인종간 다양성 확보를 이유로 하거나, 단순히 흑인들을 경제적으로 윤택하게 만들려고 하거나, 기타 과거의 명백한 차별을 철폐하고자 하는 것과 긴밀하게 연관된 것이 아닌한 그 정부이익은 compelling한 것이 아니고, 이러한 조치는 엄격심사를 넘어서지 못할 것이다.[453]

적극적평등실현조치를 지지하는 견해는 현재의 차별을 중단하는 것만으로는 불충분하다고 한다. 과거의 차별효과를 없애기 위한 노력은 행해져야 하며, 이는 적극적평등실현조치를 반드시 포함한다. 적극적평등실현조치에 반대하는 사람들은 인종차별을 금지하는 것으로 족하고, 모든 사람은 그들의 능력에 따라 평가받아야 한다고 주장한다. 문제는 과거의 차별을 치유한다는 것은 여러 가지 다른 내용을 의미할 수 있고, 단일한 개념으로 취급될 수 없다는 것이다.[454]

---

452) E. Chemerinsky (1997), p. 594.

453) S. Emanuel, (2000), pp. 261-262.

454) E. Chemerinsky (1997), p. 590.

2) 우선, 가장 한정된 의미에서 과거의 차별을 치유한다는 것은 과거에 법을 위반한 것으로 입증된 사람이나 주체가, 개인적으로 과거의 차별로 고통받은 사람에게 보상할 것이 요구된다는 것을 의미한다. 어떤 사람이 자신의 인종 때문에 취직이 거부되었음을 입증할 수 있다면, 법원이 차별한 고용주에게 그 사람을 고용할 것을 명하는 것이 적극적평등실현조치의 한 형태이다. 즉, 그 사람은 과거의 차별에 대한 치유책으로서 고용된 것이다. 연방대법원의 가장 극단적인 적극적평등실현조치 반대자들 — 예를 들면 Scalia · Thomas 재판관 — 조차도 이에 대하여는 긍정적이다.[455)]

3) 과거의 차별을 구제하는 것은 더 넓은 의미를 갖는다. 즉, 법 위반자로 입증된 자는 차별대상이었던 집단에게 보상을 제공할 것을 — 비록 그 혜택이 과거의 희생자에게 국한되는 것이 아니라고 하더라도 — 요구하는 것을 의미할 수 있다.[456)] 과거의 차별에 대한 구제책으로 가능한 또 다른 목적은 과거의 차별이 입증된 어떤 분야, 산업에서 비록 특별한 주체가 법을 위반하였음이 밝혀지지 않고 수혜자가 개인적으로 차별로 인해 고통받았음이 밝혀지지 않았다고 하더라도 치유책을 제공할 것을 요구하는 것이다.[457)]

4) 마지막으로, 가장 광범위한 적극적평등실현조치는 일반적, 사회적 차별의 치유책으로 사용될 가능성이 있다. 이러한 노력은 사회전반에 인종주의가 만연해 있었다는 사실에 기초하여, 소수인종에게 수 세기에 걸친 인종차별이 존재하지 않았다면 현재 놓여져 있을 위치를 찾아주기 위한 시도이다. 이러한 유형의 적극적평등실현조치는 오랜 기간에 결쳐 차별로 인해 고통받은 집단의 구성원을 위한 개선책으로서 방어될 수 있다. 그러나, 연방대법원은 이것을 적극적평등실현조치를 위한 충분한 정당화로서 받아들이지 않는다.[458)] 비록 정부가 과거의 차별을 상쇄하고자 노력한다고 하더라도 이러한 차별이 있었다는 점에 대한 명백한 증거가 있어야 한다. 그러므

455) 예컨대, City of Richmond v. J.A. Croson Co. (1989) 사건에서의 Scalia 재판관의 동조의견(concurring in judgment. 488 U.S. at 520) 참조.

456) 예컨대 United States v. Paradise, 480 U.S. 149 (1987). 이 사건에 대하여는 이 책 제3장 제2절 4. 마. (1) (다) 참조.

457) 예컨대 Fullilove v. Klutznick, 480 U.S. 448 (1980) ; City of Richmond v. J.A. Croson Co. 488 U.S. 469 (1989) ; Adarand Constructors Inc. v. Pena 515 U.S. 200 (1995). 이들 사건에 대하여는 이 책 제3장 제2절 4. 마. (1) (나) 참조.

458) 예컨대 Wygant v. Jackson Board of Education, 476 U.S. 267, 274 (1986).

로 사회 전체적으로 있었던 과거의 차별을 상쇄하고자 하는 것만으로는 이러한 요건을 만족시키지 못한다. 과거의 차별이 정부와 밀접한 관련이 있었다는 점에 대하여 입증이 되어야 하는 것이다.[459]

5) 그러므로, 현재의 법제도하에서는 불법적 차별에 관련되어 있는 주체를 규율하거나, 차별로 인한 피해자로 입증된 사람에게 제한된다면 그러한 적극적평등실현조치는 허용될 수 있음이 명백하다. 또한 사회전반에 걸친 인종주의 역사를 치유하기 위한 의도에 기초한 적극적평등실현조치는 허용될 수 없음 또한 명백하다. 이들보다 더 불명확한 분야는 특정주체 또는 경제분야에서 차별이 행하여졌음이 입증되었으나, 수혜자들은 차별의 희생자로 입증되지 않은 경우에 있어 법원이 적극적평등실현조치를 허용할 것인가 여부이다.[460]

(나) 인종적 다양성의 강화

또 하나의 중요한 적극적평등실현조치의 목적은 다양성을 강화하는 것이다. 과거의 차별에 대한 구제차원과는 완전히 별도로, 인종은 피부색을 전혀 고려하지 않은 시스템에 의한 경우에 그러한 시스템이 존재하는 것보다 많은 다양성을 제공하는데 사용될 수 있다. 적극적평등실현조치에 대한 이 정당화방법은 대학에서 신입생을 선발하거나 신규교원을 임용하는 결정에서 가장 자주 채용된다. 그 주장의 논거는 인종은 한 사람의 경험과 지각에 영향을 주는 강력한 요소라는 것이다. 즉, 학교에 다양한 학생과 교원이 있다면 모든 학생을 위한 교육이 강화된다는 것이다.[461] 교육분야 이외에 이러한 인종적 다양성의 목적이 받아들여진 분야는 방송국면허 교부제도가 있다.[462]

(다) 성공사례(역할모델)의 제공

적극적평등실현조치는 사회에서의 성공사례(역할모델: role models)를 제공하는 방법으로서도 정당화될 수 있다. 예를 들어, 교원의 고용에 관한 적극적평등실현조

459) S. Emanuel, (2000), p. 262.

460) E. Chemerinsky (1997), p. 591.

461) 예컨대 Regents of The University of California v. Bakke, 438 U.S. 265 (1978).

462) 예컨대 Metro Broadcasting Inc. v. Federal Communications Commission, 497 U.S. 547 (1990).

치는 소수인종 학생들을 위하여 긍정적인 성공사례를 제공하는 수단으로서 정당화될 수 있다. 그와 동시에, 백인학생들도 소수인종의 사람이 권위있는 위치에 있다는 것을 보는 것으로부터 무언가 배울 수 있다. 더 일반적으로 말하자면, 대학의 입학에 있어 적극적평등실현조치는 장기적으로 긍정적 모델을 만들어낼 가능성으로 인하여 정당화될 수 있다. 예컨대 흑인의사, 흑인변호사 수의 증가는 장기적으로 그러한 이점이 있을 것이다.[463] 그러나 연방대법원은 이를 적극적평등실현조치에 대한 정당화의 근거로 사용하는 것을 거부하였다.[464]

(라) 소수인종공동체에 제공되는 서비스의 제고

인종차별의 유산으로 인하여 소수인종공동체는 일반적으로 대다수 백인들에 비하여 전문가집단에의 접근이 어렵다. 적극적평등실현조치는 이 문제를 해결하는 한 방법으로서 정당화될 수 있다. 예컨대, 의과대학의 입학에 있어서 적극적평등실현조치는 공급이 부족한 의료서비스를 증진시키는데 이용될 수 있다.[465] 흑인의사의 수를 증가시키는 것은 흑인공동체에 의료서비스를 제공하는 의사의 수를 증가시킬 것이라는 희망인 것이다.[466] 그러나, 연방대법원은 이것 역시 적극적평등실현조치의 충분한 정당화근거로서 받아들이지 않는다. 위 Bakke 사건에서 Powell 재판관은 이 논거를 배격하며, 흑인의사를 많이 교육시키는 것이 소수인종공동체에 실제로 더 많은 의사가 생기는 것을 의미한다고 볼 만한 증거가 없다고 하였다.[467] 이러한 목적을 달성하는 데에는 의사가 부족한 지역에서 일하는 의사에게 유인의 동기를 제공하는 것과 같은 보다 직접적인 방법이 있다는 것이다.[468]

---

463) E. Chemerinsky (1997), pp. 592-593.

464) 예컨대 Wygant v. Jackson Board of Education, 476 U.S. 267 (1986). 이 사건에서 연방대법원은, 경력이 더 적은 흑인교사 대신 경력이 더 오래된 백인교사를 해고하는 학교의 계획이 위헌이라고 판결하였다. 이 사건에 대하여는 이 책 제3장 제2절 4. 마. (3) (나) 참조.

465) The University of California at Davis는 그들의 적극적평등실현조치 프로그램을 정당화하기 위하여 이러한 논증을 사용하였다. 438 U.S. at 310 (opinion of Powell, J.)

466) E. Chemerinsky (1997), p. 593.

467) 438 U.S. at 310-311.

468) E. Chemerinsky (1997), p. 592.

마. 유형별 사례의 분석

(1) 소수인종에게 일정한 수 또는 양을 유보하는 방법

(가) 교육분야

1978년의 Regents of The University of California v. Bakke[469] 사건을 보자. 원고인 Bakke는 UC 계열의 Davis 대학교 의과대학의 입학사정에서 2년 연속 불합격하였다. 이 학교는 정규입학사정과 아울러 소수인종의 입학을 도와주기 위한 특별사정 프로그램을 운영하고 있었다. 백인인 원고는 소수인종을 위한 특별입학인원배정(100명 중 16명) 때문에 자신이 합격하지 못한 것은 — 그의 성적은 특별입학한 소수인종 학생들보다 우수했다 — 자신에 대한 평등보호를 부인한 것이고 또한 1964년의 민권법 제6편을 위반한 것이라고 주장했다. 캘리포니아 州대법원은 하급법원의 판례를 뒤집고 데이비스 대학의 입학사정프로그램은 위법이라고 확인하면서 원고를 의과대학에 입학시켜야 하며, 피고는 입학사정에 있어 "인종"을 어떠한 면에서든지 고려해서는 안된다고 판시하였다. 이에 피고가 연방대법원에 상고하였다.[470]

연방대법원은 법정의견을 발표한 Powell 재판관을 통하여 "인종간 다양성의 강화는 대학의 입학제도에 있어서는 불가결의 이익"[471]이라고 판시함으로써 적극적평등실현조치의 목적으로서 '인종간 다양성의 강화'를 인정하였다. 그러나 이 사건에서 5명의 재판관들 — Powell 재판관은 평등보호의 근거에서, 4명의 다른 재판관들(Stevens · Burger · Stewart · Rehnquist)은 실정법적 근거하에서(1964년 민권법 제6편 위반) — California 대학교 Davis 의과대학에서 100명의 입학정원 중 16명을 소수인종학생들에게 우선배정한 것은 허용될 수 없다고 판시하였다.[472] 나머지 4명의 재판관(Brennan · White · Marshall · Blackmun)은 데이비스 의과대학의 적극적평등실현조치를 합헌이라고 평가하고, 연방대법원의 선례들은 과거의 차별을 구제하기 위하여 인종요소를 사용하는 것은 허용된다고 하였으므로 피고의 소수인종 우대조치는 과거의 차별에 대한 구제책으로서 헌법상 정당화될 수 있다고 하였다.[473]

---

469) 438 U.S. 265 (1978).
470) J. Neville (1998), p. 100.
471) 438 U.S. at 314.
472) E. Chemerinsky (1997), p. 594.
473) J. Neville (1998), p. 102.

(나) 공공사업 분야

1) 1980년의 Fullilove v. Klutznick[474] 사건에서 연방대법원은, 지방정부에 제공한 연방사업기금 중 10%는 소수인종 사업자에게 배정할 것을 규정한 연방법률의 위헌 여부를 다루었다. 이 법률에 따라 상무장관 Klutznick는 지방의 공공사업을 위해 지방정부에 교부한 금액의 최소한 10%를 소수인종이 운영하는 기업에게 배분할 것을 요구하였다. 이에 소수인종 도급업자가 아닌 원고 Fullilove는 경제적 침해를 당했다며 소송을 제기하였다. 연방지방법원과 연방항소법원 모두 원고의 주장을 기각하였다. 이에 원고가 상고하였다.[475] 이 법률을 합헌으로 선언한 6명의 재판관(Burger · White · Powell · Marshall · Brennan · Blackmun)은 연방의회가 건설산업분야에서의 오래된 차별의 역사를 치유하기 위하여 적극적평등실현조치를 채용한 것이라고 하였다.[476] 나머지 3명의 재판관(Stewart · Rehnquist · Stevens)은, 연방헌법은 명백히 정부에 의한 사악한 차별을 금지하고 있는데 원고는 오직 피부색을 이유로 침해를 입었으며, 연방의회가 구제권한이 있는 것은 사실이나 그것은 오직 불법적인 인종차별의 실제적인 효과를 제거하기 위해서만 사용될 수 있다는 이유로 반대하였다.[477] 이 사건에서는 적극적평등실현조치가 과거에 차별받은 집단을 돕기 위한 것으로서 비록 치유책의 수혜자가 과거에 차별로 인해 특히 고통받은 것을 입증할 수 없다 하여도 제한되지 않았다.[478]

2) City of Richmond v. J.A. Croson Co.[479] 사건에서 연방대법원은 Virginia 州의 Richmond 市에서 시행한, 공공사업기금 중 30%를 소수인종 사업자에게 배정한 적극적평등실현조치를 다루었다. 리치먼드 시는 위 Fullilove 판결에 따라 시가 발주하는 공사에 참여하는 원도급업자들에게, 그들이 하도급하는 경우 최소한 30%를 소수인종 기업에게 배분하도록 요구하였다. 이 프로그램은 그 도시의 인구 중 소수인종이 차지하는 비율이 50%였음에도 불구하고 시의 공사에 참여하는 도급의 비율은

474) 448 U.S. 448 (1980).
475) J. Neville (1998), p. 102.
476) E. Chemerinsky (1997), p. 594.
477) J. Neville (1998), p. 103.
478) E. Chemerinsky (1997), p. 591.
479) 488 U.S. 469 (1989).

형편없이 낮은 0.67%에 불과하다는 증거에 근거하고 있었다. 그러나 市나 또는 원도급업자가 소수인종을 차별하고 있다는 입증은 없었다. 원고인 리치먼드 시는 원도급업자인 피고에게 위 규정을 강제하기 위하여 소송을 제기했다. 지방법원은 원고승소판결을 내렸으나 항소법원은 이를 파기하였고, 따라서 원고가 상고하였다.[480] 연방대법원은 "초등학교와 중학교 교육의 차별이 의과대학 입시에서의 인종적 선호정책을 정당화시킨다는 주장과 같이, 막연하게 과거에 특정산업에 차별이 존재하여 왔다는 주장만으로는 불변의 인종적 쿼터제도가 정당화될 수는 없다."[481]고 판시하고, 항소법원의 판결을 지지하면서 우선배정이 정밀하게 재단되지 않았음을 강조하였다. 왜냐하면 "히스패닉계, 아시아계, 인디안, 에스키모 등 Richmond 시의 건설업계에서 차별로 인해 고통받지 않은 것으로 보이는 이들"까지도 혜택을 받기 때문이다.[482] 연방대법원은 또한 "거기에는 소수인종 사업자의 市계약 참여를 증진시키기 위한 인종중립적 고려가 없었던 것으로 보인다."고 하였다.[483]

3) 1990년의 Metro Broadcasting Inc. v. Federal Communications Commission[484] 사건에서 연방대법원은 5:4의 결정으로, 연방통신위원회(Federal Communications Commission, FCC)의 두 가지 소수인종우호정책을 합헌이라고 판결했는데, 첫째는 새로운 방송면허를 위한 비교절차에 있어서 소수인종 소유기업에 加點을 주는 것이고, 둘째는 현존하는 라디오와 텔레비전 방송기지국의 일정한 범위에서 그 이전에 있어 오직 소수인종이 운영하는 기업에만 넘겨주는 "소수인종 출혈판매(minority distress sale)" 정책이 그것이다.[485] 다수의견은 중간심사기준을 적용하여, "연방의회에 의해 승인된 인종을 고려한 정책은, 그것이 비록 '과거에 정부 또는 사회에 의해 차별을 받은' 희생자에 대한 보상을 위해 만들어진 정책이 아니라고 하여도 그것이 연방의회의 권한범위 내에 있는 중요한 정부목적을 위한 것이고, 그러한 목적을 달성하기 위한 수단으로서 실질적으로 관련되어 있는 한 헌법적으로 허용된

480) J. Neville (1998), p. 104.
481) 488 U.S. at 499.
482) Id. at 506.
483) Id. at 507.
484) 497 U.S. 547 (1990).
485) Gunther/Sullivan (1997), p. 828.

다."고 선언하였다.[486] 4인의 반대의견은 이 사건에는 엄격심사기준이 적용되어야 하지만, 다수의견이 주장하는 중간심사기준을 적용한다 하더라도 허용될 수 없다고 주장하였다.[487]

4) Adarand Constructors Inc. v. Pena[488] 사건에서, 원고인 아다란드 건설회사는 연방도로공사에 하청받기 위하여 가장 낮은 가격을 제시하였다. 그러나 원고의 경쟁사였던 곤잘레스 건설회사는 원고보다 높은 가격을 썼음에도 불구하고 "사회적・경제적으로 불이익을 받은 소수인종에 의해 운영되는" 회사라는 이유로 하청업자로 낙찰되었다. 원고는 교통부장관인 피고를 상대로 소송을 제기했다. 항소법원이 이 프로그램을 지지하고 원고의 청구를 기각하자 원고가 상고하였다.[489] Adarand 사건은 연방정부가 발주하는 프로젝트에 하청업자로서 소수인종 사업자를 고용하게 하는 재정적 유인동기에 대한 위헌주장이 포함되어 있다. 연방대법원은 그 프로그램에 대한 합헌성에 대하여는 판시하지 않고, 오히려 "엄격심사기준"에 의해 심사되어야 함을 이유로 환송하였다.[490]

5) 그러므로 공공적으로 조성된 기금의 일정비율을 소수인종이 소유하고 있는 기업에게 남겨두는 소수자 유보계획(Minority set-asides)은 엄격심사를 받고 일반적으로 위헌판단을 받을 것이다. 이는 그러한 계획이 연방의회에 의한 것이든 주나 자치단체에 의한 것이든 마찬가지이다.[491]

(다) 근로관계

그 밖에 소수인종에게 우선 배분하는 조치를 지지한 또 하나의 사례로 United States v. Paradise[492] 사건을 들 수 있다. 한 연방지방법원은 공공안전(Public Safety) 회사의 Alabama 支部가 흑인에 대하여 고용 및 승진에 있어 의도적인 차별을 하였음을 확인하였다. 연방지방법원은 구제방법으로서 백인 한 명이 고용되거나 승진될

486) E. Chemerinsky (1997), p. 587.
487) Gunther/Sullivan (1997), p. 829.
488) 515 U.S. 200 (1995).
489) J. Neville (1998), p. 106.
490) E. Chemerinsky (1997), p. 595.
491) S. Emanuel, (2000), p. 281.
492) 480 U.S. 149 (1987).

때마다 자격있는 흑인이 고용되거나 승진되어야 한다는 명령을 하였다. 연방대법원은 이를 합헌이라고 지지하였으며, Brennan 재판관이 집필한 복수의견은 이 명령이 과거의 차별을 치유하기 위하여 만들어진 것이므로 "엄격심사기준"을 충족시킨다고 판시하였다.[493]

(라) 할당제(Quatas) 문제

특별히 평등보호와 관련하여 공격받기 쉬운 영역이 이른바 인종에 기한 할당제이다. 인종에 기한 할당제란 입학사정에 있어 일정수를 확보해 주고, 정부가 돈을 보조해 준다든가 다른 혜택을 소수자들을 위해 마련해 두는 것을 말한다. 예를 들어, 州가 경찰서에서 새로 채용하는 모든 직원의 1/2은 흑인이어야 한다는 규정이나 국·공립 대학 Law School 입학생의 20%는 흑인이나 히스패닉에게 할애해야 한다는 규정을 두는 경우가 그것이다. 아마 모든 인종에 기한 할당제는 비록 정부가 과거의 차별을 철폐하기 위한 노력의 일환이라고 주장하더라도 위헌판정을 받을 것이다. 아마도 연방대법원은 할당제는 그러한 차별을 구제하는데 꼭 필요한 것이 아니라고 판단할 것이다. 왜냐하면, 그 목적을 위한 것이라면 더 유연한 방법들이 있을 수 있기 때문이다.[494]

(2) 의사결결정 과정에서 '인종'을 한 요소로 사용하는 경우

(가) 두 가지 사례에서 연방대법원은 정부가 소수인종을 돕기 위한 의사결정과정의 여러 요소 중의 하나로, 그리고 다양성을 강화하기 위하여 인종을 사용할 수 있다고 판시한 바 있다. 위 Bakke 사건에서 연방대법원은, California의 Davis 의과대학은 인종을 입학사정의 한 요소로 사용할 수 있다고 하였다.[495] 법정의견을 집필한 Powell 재판관은, "그러한 입학사정 프로그램하에서는 인종이나 종족적 배경이 특정지원자 성적의 加點요인이 될 수는 있을 것이다. 그러나 그러한 가점이 그 지원자를 입학정원을 놓고 경쟁하는 모든 다른 지원자들과의 비교로부터 보호하는 것은 아니다. … 이와 같은 방식의 입학사정은 개개 지원자의 특별한 자질의 관점에서 모

---

493) Id. at 167-171.

494) S. Emanuel, (2000), p. 262.

495) 438 U.S. at 316-318.

든 관련되는 다양성의 요소를 고려할 수 있을 만큼 … 유연하다."라고 하였다.[496] 비록 Powell 재판관이 독자의견으로 밝혔으나 다른 4인의 재판관 — Brennan · White · Marshall · Blackmun — 도 이러한 방식의 적극적평등실현조치가 합헌적인 것으로 믿고 있음을 표시하였다.[497] 따라서 이 사건의 캘리포니아 주대법원의 판결 중 '인종'을 입학절차에서 전혀 고려해서는 안된다는 판시는 파기된 것이다.[498]

(나) 1990년의 Metro Broadcasting Inc. v. Federal Communications Commission 사건에서 연방대법원은 소수인종 사업자에게 우선하여 방송국면허를 교부하는 연방제도를 합헌으로 선언하였다.[499] 이 사건에서 연방대법원은 연방통신위원회가 소수인종소유의 방송국 수를 늘리기 위한 면허교부 결정의 한 판단요소로 '인종'을 사용할 수 있다고 판시하였다. 연방대법원은 방송매체에 있어서 '견해 및 프로그램의 다양성'이라는 가치를 강조하였으며 방송국 면허교부의 다양성이 이 목적에 부합한다는 연방정부의 주장을 받아들였다. 그러나, 반대의견은 이를 충분한 논거가 아니라고 명시적으로 거부하였다. 즉, O'Connnor 재판관은 "현대의 평등보호원칙은 '인종차별로 인한 효과의 구제'라는 이익만을 인정할 수 있다. 방송에 있어 '관점의 다양성'을 증가시키려는 이익은 불가결한 이익이 아님이 분명하다."고 하였다.[500] 비록 위 1995년의 Adarand Constructors Inc. v. Pena[501] 사건 판결이 Metro Broadcasting 사건에서 내린 "연방의회에서 승인받은 적극적평등실현조치는 중간심사기준에 의해 심사되어야 한다."는 판시를 폐기하였지만, Adarand 판결에서는 다양성을 증가시키기 위한 결정의 요소로 인종을 사용할 수 있다는 Metro Broadcasting 사건의 판시마저 폐기하는 것인지 여부에 대하여는 언급이 없었다.[502]

(다) 그러나 1996년 3월, 연방제5순회항소법원은 Hopwood v. University of Texas 사건에서, 인종이 다양성을 강화하기 위한 하나의 요소로 사용될 수 없다고

---

496) Id. at 313.
497) E. Chemerinsky (1997), p. 595.
498) J. Neville (1998), p. 101.
499) 497 U.S. 547 (1990).
500) Id. at 612 (O'Connnor, J., dissenting).
501) 515 U.S. 200 (1995)
502) E. Chemerinsky (1997), p. 596.

판결하였다.[503] 제5순회항소법원은, Bakke 사건에서 밝힌 Powell 재판관의 의견은 더 이상 현재의 연방대법원의 견해[504]를 반영하는 것이 아니며, 단순히 인종간의 이질성(heterogeneity)을 달성하기 위하여 민족적 다양성을 사용하는 것은, 비록 Law school 입학사정의 여러 고려요소 중의 하나라고 하더라도, 위헌이라고 하였다.[505] 연방대법원은 상고를 기각하였다.[506]

(3) 해고에 있어 경력시스템(seniority system)의 회피

(가) 적극적평등실현조치 프로그램을 평가하기 위한 가이드라인을 개발하려는 연방대법원의 노력의 상당부분은 고용(근로관계)에서의 차별이라는 상황에서 일어났다. 전형적으로, 재판관들은 이러한 사건들을 심사하는 적합한 기준이 무엇인지 그리고 이러한 적극적평등실현조치를 정당화시켜 주는 주의 이익과 입법사실에 관하여 날카롭게 대립하였다.[507]

소수인종이 아닌 경력자(senior)가 소수인종 고용증가 정책을 유지하기 위해 해고될 수 있는지가 실질적으로 쟁점이 되었던 1984년의 Firefighters Local Union 1784 v. Scotts[508] 사건은 거의 모든 인종의식적인 조치의 종언을 고하는 前兆처럼 보였다. 연방대법원은 분명한 언어로 "민권법 제7장은 불법적인 차별의 실제적인 피해자였던 사람들에게만 구제를 허용하는 것"[509]이라고 해석하였다.[510] 그러나 아래에서 보는 1986년의 판결은 위 Scotts 사건 판결을, '당사자동의명령(consent decree)[511]을 변경한 해고' 라고 하는 특수한 상황에 해당하는(적용되는) 것으로 한정

---

503) Hopwood v. Texas, 84 F.3d 720 (5th Cir. 1996).

504) 예컨대, City of Richmond v. J.A. Croson Co. (1989) 판결 및 Adarand Constructors Inc. v. Pena (1995) 판결.

505) Barron/Dienes (1999), p. 271.

506) 518 U.S. 1033 (1996).

507) Gunther/Sullivan (1997), p. 810.

508) 467 U.S. 561 (1984).

509) Id. at 580.

510) 미국 법무부 송무실장(Solicitor General) Rex E. Lee는 이 사건을 판결의 슬램덩크("slam dunk" of a decision)라고 불렀다. Barbash, *High Court Rules for Seniority, Not Affirmative Action*, 「Washington Post」 1984. 6. 13., at A1, col. 5. Herman Schwartz, *The 1986 and 1987 Affirmative Action Cases: It's all Over but the shouting,* 86 Michgan Law Review 524 (1988), p. 525의 footnote 8.

하였다.[512)]

(나) 1986년의 Wygant v. Jackson Board of Education[513)] 사건에서 연방대법원은, 어떤 市에서 교원의 다양성을 위한 시도로서 그 市의 학교들이 교사를 해고함에 있어 남아 있게 되는 흑인교사들보다 경력이 오래된 백인교사를 해고하는 것을 5:4의 판결로 위헌이라고 선언했다. Michigan州 Jackson市 학교위원회는 흑백차별소송의 합의안으로서 다수의 흑인교사를 채용하였다. 해고가 필요한 시기에 학교이사회는 가장 경력이 오래된 교사들이 자리에 남아야 한다고 결정하고 예외적으로 어떤 경우에도 해고 당시의 소수인종 취업률보다 초과하여 해고할 수는 없다고 결정하였다. 결과적으로 몇몇의 백인교사는 자리를 유지한 몇몇 흑인교사들보다 경력이 오래되었음에도 해고를 당하였다. 연방대법원은 이를 적극적평등실현조치의 허용될 수 있는 수단으로 보지 않았다. 즉, 비록 과거의 차별이 입증되었다고 하여도, 해고조항은 과거차별을 치유하기 위한 불가결한 목적을 달성하기 위한 헌법적으로 받아들일 수 있는 수단이 아니라는 것이었다. Powell 재판관은 복수의견에서, "연방대법원은 사회적 차별만으로 인종적 구분이 정당화된다고 판시한 바가 없다. 오히려, 우리는 그러한 차별을 구제하기 위한 인종적 구분을 허용하기에 앞서 과거의 차별에 정부의 개입이 있음을 밝힐 것을 요구하여 왔다."[514)]고 설시하고, "다른 방법이었으면 정당하였을 목적을 달성하기 위한 방법으로서, 학교이사회의 해고계획은 정밀한 재단이 되지 못하였다. 채용목표제의 도입 등, 비슷한 목적을 달성하기 위한 덜 침해적인 방법이 가능할 것이다."라고 판시하였다.[515)]

Marshall 재판관은 Brennan 재판관과 Blackmun 재판관이 동참한 반대의견에서, "공적 주체인 고용주는 근로자들이 전적으로 동의하는 경우, 근로자를 해고하는 동안에도, 정당하고 헌법적인 적극적평등실현조치로서 고용계획의 이점을 보존할

---

511) 소송의 모든 당사자들이 동의하는 내용의 법원명령(A court decree that all parties agree to)을 가리킨다. Black's Law Dictionary (1999), p. 419.

512) H. Schwartz (1988), p. 525.

513) 476 U.S. 267 (1986).

514) Id. at 274. 적극적평등실현조치에 대한 이러한 엄격한 접근에 대하여는 Kathleen M. Sulvan, *Sins of Discrimination: Last Term's Affirmative Action Cases*, 100 Harvard Law Review 78 (1986) 참조.

515) 476 U.S. at 283-284.

수 있도록 허용되어야 한다고 믿기 때문에 복수의견에 반대한다."고 밝혔다.[516] 또다른 반대의견을 집필한 Stevens 재판관은 Jackson市 학교위원회의 이 계획의 헌법적 정당성을 평가함에 있어 '과거의 차별에 대한 구제책'이라는 논증에 의지할 필요가 없다고 주장하면서, "위 학교위원회의 조치가 미래를 위한 학생교육이라는 공익을 증진시키는지 여부"에 초점을 맞추었다. 그는 "공교육이라는 관점에서 볼 때 학교위원회가, (흑백인종으로) 통합된 교사진에 의한 교육을 받는 것이 전적으로 백인이거나 거의 백인인 교사진에 의한 교육을 받는 것보다 학생들에게 더 이로울 것이라는 결론을 내릴 수 있다는 것은 합리적이고 명백하다."고 하였다.[517]

(4) 소수인종의 대표성을 강화하기 위한 선거구획정

때때로 정부는 소수인종그룹이 대표를 선택할 가능성을 높이기 위하여 선거구를 획정한다. 이는 흑인과 히스패닉계를 묶어서 그들이 다수인 하나의 선거구로 만드는 방식으로 이루어질 수 있다. 1993년과 1996년 사이 연방대법원은 소수인종을 돕기 위한 선거구획정에서 '인종'을 선거구획정의 기준으로 사용하는 것의 합헌성에 대하여 여러 차례 판단하였다. 1993년의 Shaw v. Reno,[518] 1995년의 United States v. Hays[519] 및 Miller v. Johnson,[520] 1996년의 Shaw v. Hunt,[521] Bush v. Vera[522] 사건 등이 그것이다. 이들 사례에서 연방대법원은 3가지 중요한 쟁점에 대하여 판단하였다.

(가) 심사기준

첫째, 인종을 선거구획정에 사용하는 것은 "엄격심사기준"을 충족시켜야 한다는 것이다. Shaw v. Reno (1993) 사건에서 판시되고 이후 후속판례에서 재확인된바, 인종을 선거구획정에 사용하는 것은 정부가 그것이 불가결한 목적을 실현하기 위해 필수적임을 보여줄 수 있어야 한다.[523] 그러므로, 인종이 그 선거구를 획정하는데 있

---

516) Id. at 296 (Marshall, J., dissenting).
517) Id. at 314 (Stevens, J., dissenting).
518) 509 U.S. 630, 113 S.Ct. 2816 (1993).
519) 515 U.S. 737, 115 S.Ct. 2431 (1995).
520) 515 U.S. 900, 115 S.Ct. 2475 (1995).
521) 517 U.S. 899, 116 S.Ct. 1894 (1996).
522) 517 U.S. 952, 116 S.Ct. 1941 (1996).

어 결정적인 요소였다는 결론에 이른다면 연방대법원은 그 획정에 대하여 엄격심사를 할 것이고, 아마도 그러한 획정에 대하여 위헌판단을 할 것이다. 입법자가 선거구를 획정하는데 있어 민족집단(ethnic group)이나 선거구 경계선, 기타 다른 요소들을 고려하는 것같이 인종을 고려할 수는 있다. 그러나 정부(입법자)는 인종을 고려하는 것이 예컨대 이전의 공식적인 선거권차별을 철폐하고자 하는 것과 같은 정부의 필수불가결한 이익을 달성하는데 꼭 필요하다는 것을 입증하지 못하는 한 인종을 결정적인 요소로 만들어서는 안된다.[524]

United States v. Hays(1995) 사건에서 루이지애나 주의회는 아프리카계 미국인들의 투표권을 강화하기 위하여 다수인종선거구와 소수인종선거구를 나누어 획정했는데, 그 모양이 州 전체에 걸쳐 지그재그로 형성된 "Z-형태"로 나타났다.[525] 연방대법원은, 선거구획정에 있어서 인종요소를 고려하는 경우 비록 그 목적이 소수인종의 대표자가 선출될 가능성을 높이려는 것일지라도 "엄격심사"를 충족시키는 경우에 한해 허용될 수 있다고 판시하였다.[526] 연방대법원은 또한 Miller v. Johnson(1995) 사건에서, 흑인 다수 거주지역의 숫자를 (3개로) 늘리려는 목표는 그 자체로는 필수불가결한 이익이 되지 못한다고 판시하였다. 이 사건에서도 연방대법원은 비록 "연방법원이 선거구획정 법률에 대하여 심사하는 것은 州정부의 가장 중요한 기능에 대한 심각한 침해로 나타난다."는 것을 인정하기는 했지만, 연방대법원은 '인종'이 선거구획정의 가장 중요한 요소로 이용되려면 엄격심사기준을 충족해야 한하다는 점을 분명히 하였다.[527] 그러나 이 판결 2년후의 Abrams v. Johnson[528] 사건에서는 좀 더 온건한 선거구재획정(흑인 다수 거주지역을 1개로 함)을 한 Georgia 州법률에 대하여 합헌판결이 선고되었다.[529]

(나) 선거구의 모양

둘째, 연방대법원은 인종이 선거구획정에 사용되었다고 판단되고 따라서 엄격심

523) E. Chemerinsky (1997), p. 597.

524) S. Emanuel, (2000), p. 288.

525) Barron/Dienes (1999), p. 36.

526) E. Chemerinsky (1997), p. 61.

527) 115 S.Ct. at. 2488.

528) 521 U.S. 74, 117 S.Ct 1925 (1997).

529) Barron/Dienes (1999), p. 283.

사기준이 적용될 두 가지 경우를 제시하였다.[530)]

1) 그 하나는 어떤 선거구가 이상한 모양을 하고 있다면 인종이 선거구획정의 기준으로 사용되었음을 나타낸다는 것이다. Shaw v. Reno (1993), 그리고 Shaw v. Hunt (1996) 사건에서는 North Carolina 州의 매우 길고 좁은 상당히 특이한 모양의 선거구가 문제되었다. 연방대법원은 선거구의 모양으로 볼 때 흑인다수의 선거구를 만들어 내기 위하여 인종이 선거구획정의 기준으로 사용되었음이 명백하다고 판시하였다.[531)]

2) 다른 하나는, 만일 선거구의 모양만으로는 인종이 선거구획정에 사용되었음을 판명하기 어렵다면, 인종이 가장 우월한 요소인 것으로 입증된 경우에만 엄격심사기준이 적용된다는 것이다. 1995년의 Miller v. Johnson 사건에서 연방대법원은 흑인이 다수인 선거구를 만들기 위한 Georgia 州의 선거구에 대하여 판단하였다. Kennedy 재판관은 법정의견에서 "선거구의 모양으로부터 선거구획정에 인종이 사용되었음이 명백하지 않다면 법원은 인종이 선거구획정에 가장 우월한 요소로 사용된 것이 드러난 경우에만 엄격심사기준을 사용해야 한다."고 하였다.[532)] 연방대법원은, 텍사스州 연방의회선거의 선거구가 문제된 1996년의 Bush v. Vera 사건에서 이를 재확인하였다.[533)] O'Connor 재판관은 복수의견에서, "엄격심사기준이 적용되는 것은 구역재조정이 인종을 의식하고 행하였기 때문만이 아니다. 또한 엄격심사기준이 의도적으로 소수인종이 다수가 되는 지역구를 만들어 내는 모든 경우에 적용되는 것도 아니다. 엄격심사기준을 적용하기 위하여 원고는 다른 정당한 선거구획정의 원칙들이 인종이라는 요소에 복종되는 위치에 있어야 함(즉, 인종요소가 선거구획정에 있어 가장 우월한 것이었음)을 입증해야 한다."고 하였다.[534)] 복수의견은, 엄격심사기준이 Texas 선거구에서 적합한 심사기준이며 그 이유는 인종적 동기가 정치적 동기보다 선거구획정에 질적으로 더 큰 영향을 미쳤기 때문이라고 결론을 내렸다. 그러나

---

530) E. Chemerinsky (1997), p. 597.

531) 113 S.Ct. at 2436 (1993). 연방대법원은 이 점을 1996년의 Shaw v. Hunt 사건에서 다시 반복하여 판시하였다(116 S.Ct. at 1901).

532) 115 S.Ct at 2436.

533) 116 S.Ct. 1941 (1996).

534) Id. at 1951.

Thomas 재판관은 Scalia 재판관이 동참한 동조의견에서, 선거구재획정에서 인종요소가 사용된다면 비록 '인종요소가 우세한 목적이 아니라 하더라도' 엄격심사기준을 적용해야 한다고 주장했다.[535)]

(다) 정당화근거

셋째, 연방대법원은 어떠한 정당화 근거들이 엄격심사기준을 충족시킬 것인지에 대하여 판단하였다. 예를 들어, 연방대법원은 1996년의 Shaw v. Hunt 사건에서, 선거에 관한 인종차별의 역사가 있는 州의 선거제도를 변경할 경우 법무부의 승인을 받아야 한다고 규정한 선거권법 제5조는 선거구획정에 인종의 요소를 사용하는 것을 정당화하지 못한다고 선언하였다.[536)] 소수인종이 많이 사는 지역구의 수를 최대로 하고자 하는 희망에 대한 법무부의 견해는 엄격심사기준을 충족시키기 위한 충분한 불가결의 이익이 아니다. 더 어려운 문제는 1982년 선거권법 제2조가 엄격심사기준을 충족시킬 것인가의 문제이다. 제2조는 (선거구획정에 있어서) 소수인종에 대하여 차별적 효과를 가져오는 선거제도를 금하고 있다. 1996년의 Shaw v. Hunt 사건과 Bush v. Vera 사건에서는, 이 규정에 따르는 것이 인종요소를 선거구획정에 사용하지 않았으면 이 조항은 침해되지 않았을 것이라는 관점에서 보아 불가결한 이익이 될 것인지 여부에 대한 질문에 대하여 연방대법원은 그 답을 회피하고 있다.[537)]

O'Connor 재판관은 Bush 사건의 복수의견 — 이 의견에는 Rehnquist, Kennedy 재판관이 가담하였다 — 에서, "엄격심사는 단순히 선거구 재획정이 인종을 의식하고 행해졌다는 이유만으로 적용되는 것은 아니다. 또한 의식적으로 다수인종-소수인종을 구분한 모든 선거구획정에 대하여 엄격심사가 적용되는 것도 아니다. 엄격심사가 적용되기 위하여는 원고측에서 다른 적법한 선거구획정 원칙이 '인종'보다 부차적이었다는 점을 입증하여야 한다."고 판시하였다.[538)] 한편, O'Connor 재판관은 그녀 자

---

535) Id. at 1972-1973 (Thomas, J., concurring in the judgment). 그러므로 비록 O'Connor 재판관의 복수의견에는 대법원장인 Rehnquist 재판관과 Kennedy 재판관만이 동참했다고는 하지만 4명의 반대의견 재판관들은 Thomas 재판관의 견해보다는 O'Connor 재판관의 복수의견에 더 호의적이라는 것은 의심의 여지가 없다. E. Chemerinsky (1997), p. 598의 footnote 333.

536) 116 S.Ct. at 1904 (1996).

537) Shaw. v. Hunt, 116 S.Ct. at 1905; Bush v. Vera, 116 S.Ct. at 1961.

신의 동조의견을 스스로 집필했는데[539] 여기에서, "선거권법(제2조)을 따르는 것은, 비록 이 사건 기록에는 제시되어 있지 않지만, 엄격한 심사기준을 견디어낼 수 있을 만큼 충분한 불가결한 이익을 형성한다."고 하였다.[540]

(라) 입증문제

1) 자기는 인종의식적인(race-conscious) 선거구를 획정한 정부기관의 행위로 말미암아 불리한 대우를 받았다고 생각하는 유권자는 그 정부기관을 상대로 평등보호 소송을 제기할 수 있다. 그러나 이 경우 청구인(원고)은 다음 두 가지 중 하나를 입증해야 한다. 즉 첫째, 그 구획이 청구인이 소속되어 있는 그룹을 불리하게 할 목적과 의도로 그어진 것이라거나 둘째, 선거구 구획에 있어 '인종'이 결정적인 요소였다는 점이다.[541]

2) 원고가 속한 그룹(예컨대 백인)의 득표율이 전체 유권자에서 차지하는 비율에 미치지 못한다는 단순한 사실은 그 자체로는 "차별적 효과"(discriminatory effect)를 만족시키지 못한다. 원고들은, 자기들은 정치적인 힘을 갖고 있지 못하며 여러 선거에서 정치적 과정에 참여하지 못하도록 소외되어 왔다는 것을 입증해야 한다. 예컨대, 일단의 백인 유권자가 그 선거구 획정은 흑인들로 하여금 특정 선거에서 당선되는 기회를 늘리기 위해 그어졌다고 주장한다고 치자. 원고가 이 점을 입증하고 실제로 선거에서 흑인이 당선되었다는 것을 밝히더라도 원고는 패소하기가 더 쉽다. 원고로서는 그들이 많은 선거에서 지속적으로 공정선거 과정에의 참여가 거부되어 왔다는 것 — 사실은 백인들이 이 점을 입증하기란 매우 어려울 것이다 — 을 입증하는 경우에만 승소할 수 있는 것이다.[542]

---

538) Gunther/Sullivan (1997), p. 889.

539) 116 S.Ct. at 1968 (O'Connor, J., concurring). 이 의견은 아주 이례적이다. 왜냐하면 O'Connor 재판관은 복수의견도 집필했기 때문이다. 즉, 그녀는 복수의견과 또 별도로 동조의견을 작성한 것이다. E. Chemerinsky (1997), p. 598의 footnote 336.

540) Gunther/Sullivan (1997), p. 890.

541) S. Emanuel, (2000), p. 284.

542) S. Emanuel, (2000), pp. 285-286.

바. 평가

(1) 1960년대 진보운동의 업적

적극적평등실현조치는 상대적으로 진보적인 민주당과 보수적인 공화당 사이의 가치관과 철학의 차이를 가장 분명하게 보여주는 것이다. 또 사회적 약자들이 동등하게 경쟁할 수 있도록 출발점을 옮겨다 준 것으로, 1960년대 미국의 진보운동이 이룩한 가장 뛰어난 업적 가운데 하나로 평가된다. 적극적평등실현조치는 그 정책이 개인의 자격이나 실적에 의해서라기보다 어떤 집단의 일원이라는 것을 근거로 혜택을 주는 것이라는 점, 성·인종 등과 관계없이 개인의 평등한 처우를 보장하는 절차에 대해서가 아니라 절차의 결과에 초점을 맞춘 것이라는 점에서 그 특징을 찾을 수 있고 그런 점에서 개인보다는 집단개념에, 그리고 기회의 평등보다 "결과의 평등"을 추구하는 정책이라고 할 수 있다.

(2) 심사기준의 문제점

(가) 연방대법원의 다수의견은 인종에 기한 구분은 그것이 우호적인(benign) 것이든 사악한(invidious) 것이든, 과거에 역사적으로 정부에 의해 불이익을 받은 그룹에 대한 것이든 아니든지를 불문하고 엄격심사기준이 적용되어야 한다는 것이다. 즉, 연방대법원은 적극적평등실현조치에 대하여도 그것이 "엄격한 심사기준을 통과해야 하며, 다시 말하면 과거의 차별을 치유하고자 하는 정부의 필수불가결한 이익을 달성하기에 엄밀하게 재단되었다고 말할 수 있어야" 합헌이라고 판시해 왔다. 연방대법원의 이러한 심사기준의 적용은 우호적인 차별과 사악한 차별간의 중요한 차이에 적응하는 것을 방해하였다.[543]

(나) 다수집단에 대한 차별은 "의심스러운" 구분에 해당하는 집단과 관련하여 보통 문제되는 두려움을 야기하지 않으며, 또한 역사적으로 불이익을 받아온 그룹에 대한 차별의 문제도 수반하지 않는 것이다.[544] 뿐만 아니라 적극적평등실현조치는 정치적으로 무력한 자들에게 불이익을 주는 것도 아니다.[545] 요컨대, 연방대법원이

---

543) Note (1987), p. 1152.

544) R. Lempert (1984), p. 89.

545) J. Ely (1974), p. 735.

적극적평등실현조치 영역에서 엄격심사를 계속 고집하는 것은 연방대법원이 과거의 차별에 대한 치유책으로서의 구분을 받아들이는 것을 어렵게 만들고, “분리되고 고립된” 소수인종집단, 낙인(stigma), 고정관념(stereotyping), 그리고 역사적 차별에 대한 사법적 관심에 있어 “의심스러운 구분”의 뿌리를 무시하는 것이다. 또한 이것은 수정헌법 제14조(평등보호조항)가 채택된 이유인 뿌리깊은 불평등의 제거를 연장시키는데 기여하고 있는 것이다.[546)]

(3) 도전받는 적극적평등실현조치

(가) 적극적평등실현조치에 대하여는 1970년대 후반부터 공화당 중심의 보수주의자들이 역차별이라고 주장해 왔으며, 보수적인 법원들은 적극적평등실현조치를 뒤엎는 판결을 내려왔다. 인종을 고려한 적극적평등실현조치에 대하여 연방대법원이 엄격심사기준을 확립한 것은 이러한 보수적인 움직임을 반영한 것으로 볼 수 있다. 한편, California 주에서는 1996년의 투표에서 적극적평등실현조치를 뒤엎을 것이라는 평가를 받은 “주민발안(Initiative) 209”(California Civil Right Initiative, CCRI)를 통과시킨 바 있다. 이 CCRI는 기본적으로 캘리포니아주의 정부기관은 고용, 교육, 그리고 정부와의 공공계약에 있어서 인종이나 성, 피부색, 민족집단, 그리고 혈통에 근거하여 ‘차별’을 하거나 ‘우선적 처우’를 할 수 없도록 규정하고 있다. 그런데 이 후자 즉 우선적 처우를 할 수 없다(… may not grant preferential treatment …)는 규정이 소수인종 등에 대한 적극적평등실현조치를 금지하는 것이 아닌가 하는 우려를 낳고 있는 것이다. 이에 대하여 이 CCRI를 옹호하는 입장에서는, 이 CCRI의 규정은 엄격하게 제한적으로 해석되어야 하고 또한 이것은 성에 근거한 차별금지를 폐기하거나 모든 형태의 적극적평등실현조치를 금지하는 것이 아니라고 주장하고 있다.[547)]

(나) 보도에 의하면, Adarand Constructors Inc. v. Pena (1995) 판결 이후 6년만에 미국 연방대법원이 적극적평등실현조치에 대한 심리를 2001년 10월 개정기에 시작하기로 했다고 한다. 미국 교통부는 1990년부터 소수민족과 여성이 경영하는 기업

546) Note (1987), p. 1153.

547) 이러한 입장의 논문으로 Eugene Volokh, *The California Civil Right Initiative : An Interpretive Guide*, 44 UCLA Law Review 1335 (1997) 참조.

이 불리한 위치에 있다는 전제하에 연방정부의 자금이 투입되는 고속도로 공사의 일정 몫을 이들 소수계에 배정하도록 의무화하고 있는데, 이러한 고속도로 건설공사 계약제도의 위헌여부가 미국 연방대법원의 심판대에 다시 오르게 된 것이다.[548)]

5. 근본적 권리의 침해

연방대법원은 시민의 근본적 권리를 보호하기 위하여 특정한 유형의 권리와 자유가 관련된 차별이 문제된 사건들을 단지 일반적 규제권한(police power)이나 사회복지(social welfare) 분야에서의 차별만이 문제된 사건들과 구분하였다.

가. 의의

(1) 근본적 권리의 사상

(가) 연방대법원은 어떤 자유들은 매우 중요하기 때문에 그들은 근본적인 권리(fundamental rights)로 보아야 하고 따라서 일반적으로 정부가 이들 권리를 침해하려면 엄격한 심사기준을 만족시켜야 한다고 하였다. 연방대법원이 근본적인 권리인지 여부를 다룬 자유의 유형에는 가정의 자율성, 生殖權, 성적인 행위, 치료를 받을지 여부를 결정할 권리, 여행할 권리, 투표권, 법원에의 접근권 등이 있고, 언론의 자유, 종교의 자유 등도 근본적 권리로 보았다. 이들 권리는 거의 헌법전에는 명시적으로 언급되어 있지 않다. 유일한 예외가 수정헌법 제15조[549)]에 의해 보호되는 투표권인데, 연방대법원은 투표권도 수정헌법 제14조의 평등보호조항에 의해 보호되는 근본적인 권리라고 하였다.[550)] 그러므로 이들을 다룬 사건에서는 모두 (문제가 된 그 자유

548) 「한겨레신문」 2001. 3. 28.자, 10면기사.

549) 수정헌법 제15조(1867. 7. 18. 공포) ①합중국시민의 투표권은 인종, 피부색 또는 과거의 노예상태에 의하여 합중국 또는 어떤 주도 이를 거부하거나 제한할 수 없다. ②합중국의회는 적당한 입법에 의하여 본조를 시행할 권한을 가진다. {원문은, (Section. 1) : The right of citizens of the United States to vote shall not be denied or abridged by the United States or by any State on account of race, color, or previous condition of servitude. (Section. 2) : The Congress shall have power to enforce this article by appropriate legislation.}

550) Harper v. Virginia Board of Elections, 383 U.S. 663 (1966).

가) 근본적인 권리로 간주되어야 하는지 여부가 중요한 쟁점으로 야기되었다. 연방대법원은 이들 대부분의 영역에서 근본적인 권리를 인정하였고, 따라서 정부가 이들 자유를 침해하려면 그러한 정부행위가 정부의 불가피한 공익을 달성하기에 꼭 필요한 수단이었음을 입증해야 한다고 하였다.[551)]

(나) 오늘날 연방대법원은 "근본적인" 헌법적 권리의 행사를 제한하는 정부행위에 대하여는 적법절차조항과 평등보호조항에 근거하여 엄격한 형태의 사법심사를 하고 있다. 근본적인 헌법적 권리들은 미국사회에서 개인의 자유에 필수적인 가치를 가지고 있다고 연방대법원이 인정하는 권리들을 말하는데, 그 때문에 재판관들이 다른 국가기관(입법부·행정부)의 행위를 심사하는데 있어 1937년 이전의 실체적 적법절차 접근법과 아주 유사한 방식으로 심사하는 것이 정당화된다고 한다. Rotunda/Nowak는, 근본적 권리의 본질을 정확하게 설명하는 것은 쉽지 않은데 그 이유는 근본적 권리 분석이라는 것은 1798년의 Calder v. Bull[552)] 사건에서 Chase 재판관에 의해서 처음으로 제기된 자연법개념의 현대적 인식(재발견)에 다름아니기 때문이라는 것이다.[553)] 그리하여 프라이버시나 여행, 결혼, 또는 가정생활과 같이 헌법에 명시적으로 표현되지 않은 이익을 보호하는데 근본적 권리라는 측면에서 접근하는 것은 새로운 옷을 입은 실체적 적법절차에 다름아니며, 이러한 영역에서의 사법심사권한의 사용은 새로운 형태의 자연법론에 불과하다는 비판이 있다.[554)]

(2) 본질적 권익에 대한 논의의 등장배경

(가) 1938년 United States v. Carolene Products Co.[555)] 판결에서의 Stone 재판관의 유명한 각주 4번에는 이렇게 쓰여져 있다.: "법률이 수정헌법의 첫 10개조항(권리장전)과 같이 헌법이 특별히 금지하는 영역을 규율하는 것으로 문면상 보일 때에는, 법률의 합헌성이 추정되는 범위는 더욱 좁아질 것이다. … 통상 바람직하지 않은 법률의 폐지를 야기할 것으로 기대될 수 있는 정치적 과정을 제한하는 법률이, 수정

551) E. Chemerinsky (1997), p. 638.

552) 3 U.S. 386 (1798).

553) Rotunda/Nowak (1992), pp. 427-428.

554) Barron/Dienes (1999), p. 191.

555) 304 U.S. 144 (1938).

헌법 제14조의 일반적 금지에 근거하여 더욱 엄격한 사법심사를 받아야 하는지 여부에 대하여는 이제 고려할 필요가 없다." 처음 Stone 재판관의 의도는 수정헌법 제1조의 종교, 언론, 출판, 집회 및 청원의 자유라는 5가지를 중심으로 하여 합헌추정의 범위가 좁아지는 중요한 권리가 있음을 주장한 것이었다.[556)]

(나) 이러한 방법으로 평등보호조항을 사용한 초기의 사례로 1942년의 Skinner v. Oklahoma[557)] 사건이 있다. Oklahoma州의 상습범단종법(Oklahoma Habitual Criminal Sterilization Act)은 "성범죄"로 3번이상 유죄판결을 자에 대하여 단종수술을 실시하도록 규정하였다. 연방대법원은 이 법률을 평등보호 위반이라며 위헌이라고 선언하였는데, 그 이유는 이 법률이 生殖權이라는 근본적 자유를 행사할 권한을 차별하기 때문이라는 것이었다. 법정의견을 집필한 William Douglas 재판관은 "우리는 인간의 기초적인 시민권의 하나와 관련된 입법을 다루고 있다. 혼인과 생식은 인류의 존속과 생존에 근본적인 것이다. 만일 단종이 실시된다면 파악하기 어렵고 광범위하며 파괴적인 효과를 가져오게 될 것이다."라고 판시였다.[558)] 즉, 연방대법원은 생식권을 근본적 권리로 인정하였고 그 행사에 대한 정부의 차별을 심사하기 위하여 평등보호조항에 근거한 엄격심사를 적용하였다.[559)] 그러나 이러한 생식권의 행사는 평등보호분석보다는 프라이버시권의 일종이므로 현대의 실체적 적법절차가 보호하는 "자유"의 하나라고 보아야 할 것이다.[560)]

(다) 정부가 선택한 구분(차별)이 근본적인 권리 또는 근본적인 이익에 부담을 주는 경우에는 그와 같은 부담을 받는 사람들이 의심스러운 그룹에 속하지 않는다 하더라도 엄격한 심사를 받게 된다. 이러한 엄격한 심사는 재판관들이 (문제된 법률에서 수단으로 선택된) 차별적인 구분이 헌법적으로 허용되는 것인가를 독립적으로 판단한다는 것을 의미한다. (실체적) 적법절차가 문제된 시민의 자유(예컨대 프라이버시권)에 대한 사건에서와 같이, 평등보호가 문제된 영역에서의 엄격심사는 입법자가 선택한 수단으로서의 차별적인 구분이 필수불가결하거나 우월한 정부의 이익을 도모하

556) H. Abraham (1982), 28면.
557) 316 U.S. 535 (1942).
558) 316 U.S. at 541.
559) E. Chemerinsky (1997), pp. 532-533.
560) Note (1987), p. 1149의 footnote 16.

기 위하여 필요한가 하는 점에 대하여 판단하게 된다.[561)]

(3) 근본적 권리의 보호근거

(가) 이들 권리의 대부분은 수정헌법 제5조, 제14조의 적법절차와 수정헌법 제14조상의 평등보호조항의 양자 또는 어느 한편에 의한 보호를 받는다. 예를 들면, 1990년의 Cruzan v. Director, Missouri Department of Health 사건에서 연방대법원은, 의사능력 있는 성인은 적법절차조항에 의해 보호받는 자유의 일부로서 치료를 거부할 권리를 갖는다고 판시함으로써 치료를 거부할 헌법상의 권리를 적법절차에 의해 보호되는 자유(liberty)의 측면에서 고려하였고,[562)] 1969년의 Shapiro v. Thompson 사건에서는 복지혜택을 받기 위한 조건으로 일정기간 거주할 것을 요구하는 것은 평등보호조항에 의해 보호되는 여행의 자유를 침해하는 것이라고 판시함으로써 여행할 권리는 평등보호조항에 의해 보장된다고 하였다.[563)] 또한 1966년의 Harper v. Virginia Board of Elections 사건에서는 주 및 자치단체의 선거에 있어 인두세(poll tax)는 수정헌법 제14조의 평등보호를 위배한 것이라고 판시하였다.[564)] 그리고 연방대법원은 나머지 대부분의 권리는 적법절차와 평등보호 모두에 의한 보호를 받는다고 판시하였다. 그렇지만 몇몇 사건에서 재판관들은 문제가 된 권리가 적법절차에 의해 보호되는지 또는 평등보호에 의해 보호되는지에 대해 의견의 일치를 보지 못했다. 예컨대 1978년의 Zabloski v. Redhail[565)] 사건에서 다수의견은 결혼할 권리는 적법절차조항에서 보호하는 자유에 해당한다고 보았으나, Powell 재판관은 동조의견에서 평등보호조항으로 접근하였다.[566)]

(나) 근본적인 권리를 보호하는 근거로서 적법절차조항을 사용하는 것과 평등보호조항을 사용하는 것 사이의 중요한 차이는 헌법재판에 있어 논증을 어떻게 하느냐 하는 점이다. 만약 어떤 권리가 적법절차조항에 의해 보호되는 것이라면, 헌법재판

561) Rotunda/Nowak (1992), p. 371.

562) 497 U.S. 261 (1990).

563) 394 U.S. 618 (1969).

564) 383 U.S. 663 (1966). 한편, 1964년에 채택된 수정헌법 제24조는 연방선거에 있어서 인두세를 철폐하였다.

565) 434 U.S. 374 (1978).

566) Id. at 400 (Powell, J., concurring).

에 있어서의 쟁점은 정부의 그 권리에 대한 "침해"가 충분한 입법목적(공익)에 의해 정당화될 수 있는가 하는 점에 있다. 그리고 만일 그 권리가 평등보호조항에 의해 보호되는 것이라면 쟁점은 누가 그 권리를 행사할 수 있는가에 대한 정부의 "차별"이 충분한 입법목적에 의해 정당화될 수 있는가 하는 점에 있게 된다. 이것은 표현의 차이에 불과한 것처럼 보이지만 헌법소송에 있어 실제적인 차이가 존재한다.[567] 즉, 만일 어떤 법률이 모든 사람으로 하여금 어떤 권리를 행사하지 못하도록 부인하는 것이라면 적법절차가 가장 좋은 분석근거가 되고, 그 법률이 누구에게는 권리행사를 부인하고 반면에 다른 누구에게는 이를 허용하는 경우에는 그러한 '차별'에 대하여 평등보호를 침해한다고 주장하거나 그러한 '권리침해'가 적법절차에 어긋난다고 주장할 수도 있다는 것이다.[568]

(4) 6가지 범주

(가) Rotunda/Nowak은 연방대법원이 지금까지 근본적인 것이라고 판단한, 그리하여 엄격심사를 받게 되는 권리는 별로 많지 않은데, 대체로 다음의 6가지 실체적 범주로 나누어 볼 수 있다고 설명한다.[569]

첫째, 연방대법원은 "결사의 자유"는 수정헌법 제1조에서 명시적으로 인정하고 있는 것은 아니지만 동 조항의 보장에 내포되어 있는 근본적 가치에 해당한다고 판단한다.[570] 둘째, 연방대법원은 "선거권 및 선거과정참여권"은 수정헌법의 몇몇 조항에 들어 있고 또 두 가지 적법절차조항(수정헌법 제5조, 제14조)에서 보장되는 자유의 한 형태로 인정되는 근본적인 헌법적 가치라고 판시해 왔다.[571] 셋째, 연방대법원은 "州間여행의 자유"를 근본적 권리로 인정해 왔다. 이 권리는 개인적으로 이동할 수 있는 권리로서 오래 전부터 인정되어 왔는데, 연방헌법의 몇몇 규정에 그 근거를 두

---

567) 수정헌법 제14조의 이러한 부분(적법절차와 평등보호)에 대한 관계에 대하여는 Ira C. Lupu, *Untangling the strands of the Fourteenth Amendment*, 77 Michgan Law Review 981 (1979) 참조.

568) E. Chemerinsky (1997), p. 639.

569) Rotunda/Nowak (1992), pp. 434-436.

570) NAACP v. Alabama ex rel. Patterson, 357 U.S. 449, 460-461 (1958) ; Bates v. Littlerock, 361 U.S. 516, 522-523 (1960).

571) Harper v. Virginia Board of Elections, 383 U.S. 663 (1966) ; Carrington v. Rash, 380 U.S. 89 (1965).

고 있다.[572] 넷째, 연방대법원은 "형사절차에서 공정한 재판을 받을 권리"가 특정의 사건에서 그 근본적 성격 여부에 대하여 직접 쟁점이 된 적은 없었으나, 이를 근본적 권리로서 암묵적으로 승인하였다.[573] 다섯째, 연방대법원은 "개인의 생명, 자유 또는 재산을 침해하는 정부행위를 다투는 소송절차에서 공정한 재판을 받을 권리"가 있음을 인정하였다. 이 권리 또한 특정의 사건에서 명시적으로 설시된 적은 없지만, 연방대법원은 절차적 적법절차에 관한 권리를 다룬 사건에서 적법절차조항의 근본적 성격을 인정함으로써 암묵적으로 이를 승인하였다.[574] 여섯째, 연방대법원은 개인이 그의 사적 생활에 관련된 문제를 자유로이 선택할 수 있다는 "프라이버시권"을 근본적인 권리로 인정하였다. 이 프라이버시권에는 결혼에 관한 선택의 자유,[575] 아기의 출산(및 낙태)에 관한 선택의 자유,[576] 자녀양육에 관한 선택의 자유[577]가 포함되는 것으로 판시하여 왔다.

(나) Rotunda/Nowak은 위 근본적 권리의 목록은 전부를 수록한 영구적인 것이 아니고, 또 연방대법원은 앞으로 언젠가 그것을 변경할 수도 있으나, 이들 권리에 관한 이전의 판결 및 자연권에 대한 사법적 실현의 오랜 역사에 비추어 볼 때, 연방대법원은 앞으로도 계속 이들을 근본적 권리로 존중할 것으로 예상된다고 설명한다.[578]

(5) 심사기준의 강도

연방법률 또는 주법률이 개인의 근본적인 권리의 행사에 제한을 가하는 경우에 법원은 합리성심사기준을 버리고 좀 더 엄격한 심사기준을 택하게 된다. 그렇지만 근본적인 권리의 영역에서도 심시기준은 언제나 동일한 것은 아니다. 근본적 권리가

---

572) Shapiro v. Thompson, 394 U.S. 618 (1969).

573) Douglas v. California, 372 U.S. 353 (1963) ; Mayer v. Chicago, 404 U.S. 189 (1971) ; Bonnds v. Smith, 430 U.S. 817 (1977) ; Murray v. Giarratano, 492 U.S. 1 (1989).

574) Santosky v. Kramer, 455 U.S. 745 (1982) ; Youngberg v. Romeo, 457 U.S. 307 (1982)

575) Boddie v. Connecticut, 401 U.S. 371 (1971) ; Loving v. Virginia, 388 U.S. 1 (1967).

576) Skinner v. Oklahoma, 316 U.S. 535 (1942) ; Roe v. Wade, 410 U.S. 113 (1973) ; Carey v. Population Services International, 431 U.S. 678 (1977).

577) Meyer v. Nebraska, 262 U.S. 390, 399 (1923) ; Pierce v. Society of Sisters, 268 U.S. 510, 535 (1925) ; Prince v. Massachussettes, 321 U.S. 158, 166 (1944).

578) Rotunda/Nowak (1992), p. 436.

관련된 많은 사례에서 연방대법원은, 주(국가)는 법률이 필수불가결한 이익의 달성에 꼭 필요한 수단이라는 것을 입증해야 한다고(즉 엄격심사기준을 적용하여) 판시하고 있으나 다른 사례에서는 심사기준이 약해지는 경우도 있다. 일반적으로 말하자면, 정부가 그 법률을 정당화해야 하는 정도는 그 법률이 개인의 근본적인 권리에 제한을 가하는 타격의 정도에 따라 증가한다고 할 수 있다. 예를 들어, 근본적 권리의 행사를 완전히 금지하는 법률은 그 권리의 행사방법을 제한하는 경우보다는 더 엄격한 심사를 받는다는 것이다.[579]

나. 투표권

(1) 근본적인 이익

(가) 1870년에 비준된 수정헌법 제15조 제1항은, "합중국 시민의 투표권은 인종, 피부색 또는 과거의 노예상태에 의하여 합중국 또는 어떤 주도 이를 거부하거나 제한하지 못한다."고 규정하고 있다.[580] 연방대법원은 흑인들로부터 선거권을 빼앗은 Alabama州 Tuskegee 지역의 선거구 재획정을 다룬 1960년의 Gomillion v. Lightfoot[581] 사건에서, 인종차별적인 선거구획정(게리맨더링)은 수정헌법 제15조 위반이라고 판결한 바 있다. 그러나 연방대법원은 일반적으로 요구할 수 있는 헌법상 보호되는 투표권이 있다고 판시한 적은 없었다. 즉, 州는 투표를 위한 거주자, 나이, 시민권자 등의 요건을 설정할 광범위한 권한을 갖는다. 그리고 주의 公職을 선거가 아니라 임명직으로 채울 수도 있다. 그렇지만 주가 투표권을 부여하면, 평등보호조항은 투표권에의 평등한 접근을 요구한다.[582]

(나) 연방대법원은 1964년 Reynolds v. Sims[583] 사건에서 투표권은 다른 시민적·정치적 권리의 방부제(preservative) 역할을 하기 때문에 민주사회에서 근본적인

---

579) Barron/Dienes (1999), pp. 188-189.

580) 원문의 내용은, "(Section. 1) : The right of citizens of the United States to vote shall not be denied or abridged by the United States or by any State on account of race, color, or previous condition of servitude."

581) 364 U.S. 339 (1960).

582) Barron/Dienes (1999), p. 315.

583) 377 U.S. 533 (1964).

이익이라고 판시하였다. 그러므로 정부의 구분(차별)이 투표권의 행사에 제약을 가한다면 더욱 강화된 심사기준이 요구된다. 이러한 원칙은 선거법규가 투표권을 부인하거나 약화시키는 경우에 적용된다.[584]

(2) 투표자격의 제한

(가) 인두세

1964년에 공포된 수정헌법 제24조는 '聯邦'공직선거에서 투표를 위한 조건으로 인두세를 부과하지 못하도록 하였다.[585]

연방대법원은 1966년의 Harper v. Virginia Board of Elections 사건에서, '州'의 인두세(poll tax)는 평등보호에 위반된다고 판결하였다.[586] 이 사건의 판결문을 시작하면서 연방대법원은, "일단 유권자에게 투표권이 부여되면 평등보호조항에 부합하지 않는 線이 그어져서는 안된다."고 하였다.[587] 법정의견을 집필한 Douglas 재판관은, "州가 투표자의 재산의 다과 여부 또는 어떤 수수료를 선거의 기준으로 삼는다면 그것은 평등보호조항을 위반하는 것이다. 투표할 자격은 富와는 아무런 관계가 없으며 인두세 또는 다른 어느 세금이라도 이를 내거나 내지 않거나 하는 것과도 관계가 없다."고 하였다.[588] 연방대법원은 $1.50의 인두세는 최소한의 것이며 투표권에 심각한 제약을 가하는 것이 아니라는 州의 주장을 배척하였다. 연방대법원은, "富나 수수료납부를 투표자격의 척도로 도입하는 것은 변하기 쉽거나 관계없는 요소를 도입하는 것이다. 그러므로 차별의 정도는 중요하지 않다. 투표할 자격을 얻는 조건으로 수수료를 납부해야 한다는 규정은 평등보호조항에 위배되는 사악한 차별이다."라고 판시하였다.[589]

---

584) Barron/Dienes (1999), p. 315.

585) 원문의 내용은, "(Section. 1) : The right of citizens of the United States to vote in any primary or other election for President or Vice President, for electors for President or Vice President, or for Senator or Representative in Congress, shall not be denied or abridged by the United States or any State by reason of failure to pay any poll tax or other tax. (Section. 2) : The Congress shall have power to enforce this article by appropriate legislation."

586) 383 U.S. 663 (1966).

587) Id. at 665.

588) Id. at 666.

(나) 재산의 소유에 따른 제한

1) 연방대법원은 1969년의 Kramer v. Union Free School Distrect No. 15 사건에서, 學區선거를 위한 투표권을 그 학구내에 과세대상인 부동산을 소유한 자나 그 지방의 공립학교에 자녀를 취학시킨 자에게 한정하는 법률은 평등보호에 위반된다고 판결하였다.[590] 연방대법원은 그 법률은 몇몇 시민들로 하여금 학교선거를 하지 못하도록 막기 때문에 이 사건에는 엄격심사기준을 적용해야 한다고 하였다. 州의 주요한 논증은, 위 법률의 제한은 학교일에 관심을 가지는 자에게 투표참가를 한정하기 위한 것이라고 하였다.[591] 연방대법원은 주정부가 투표에의 관심(이해관계)의 척도를 부동산의 소유 여부나 그 지역의 학교에 자녀를 취학시키고 있는지 여부에 따라 나누는 것은 허용할 수 없다고 하였다. 그리하여 위 자격요건은 학교일에 지대한 관심이 있는 사람들의 투표권을 제한하는데 있어 엄밀하게 재단된 것이 아니기 때문에 투표권의 부인을 정당화할 수 없다고 판시하였다.[592]

2) Kramer 판결 이후 투표권을 부동산 소유자에게 한정하는 법률을 무효화한 판결이 잇따랐다. 즉, 1969년의 Cipriano v. Houma 사건에서는 수익채권(revenue bonds) 발행의 승인을 위한 투표에 재산세를 내는 자에게만 제한한 법률이 위헌판결을 받았고,[593] 1970년의 Phoenix v. Kolodziejski 사건에서는 일반채권(general obligation bonds)의 발행을 위한 투표에 재산세를 내는 자에게 제한한 법률이 위헌판결을 받았으며,[594] 1975년의 Hill v. Stone 사건에서는 市立도서관을 위한 공채의 판매승인을 위한 투표에 재산세를 내는 자의 과반수의 찬성을 요구한 법률이 위헌판결을 받았다.[595] 이들 사건의 기본적인 원리는 州의 구분이 '주거기간', '나이' 또는 '시민권소유 여부'에 기한 근거 이외의 근거로 투표권을 제한한다면 州가 그러한 제한이 필수불가결한 이익을 달성하는데 필요하다는 것을 입증하지 못하면 (엄격한) 심사기준을 통과하지 못한다는 것이다.[596]

589) Id. at 668.
590) 395 U.S. 621 (1969).
591) Id. at 632.
592) Id. at 633.
593) 395 U.S. 701 (1969).
594) 399 U.S. 204 (1970).
595) 421 U.S. 289 (1975).

3) 그러나 이러한 원칙도 "특별한 이해관계"가 있는 선거에서는 예외가 인정된다. 1973년의 Salyer Land Co. v. Tulare Lake Basin Water Storage District 사건에서 연방대법원은, 합리성심사기준을 적용하여 토지소유자에게만 투표권을 허용하고 또 그 토지의 평가액에 따라 투표수를 할당한 법률을 합헌이라고 판결하였다.[597] 물구역(water district)[598]의 선거를 심사하기 위한 기준으로서 엄격심사는, "물구역의 특별히 제한된 목적과 그러한 물구역 활동이 그룹으로서의 토지소유자에 대하여 미치는 불균형한 영향" 때문에, 적당하지 않다고 본 것이다. 본질적으로 물구역은 공권력을 행사하는 주체가 아니므로, 그 활동에 특별한 이해관계를 가지는 사람들에게만 투표권을 제한하는 것은 입법목적의 달성에 합리적으로 관련이 있다는 것이다. 광역매립지역의 이사회 선거를 위한 투표를 토지소유자에게만 부여하고 투표의 수도 할당한 법률을 합헌선언한 1981년의 Ball v. James[599] 사건도 같은 취지이다.[600]

(다) 거주요건에 따른 제한

1) 연방대법원이 1965년에 판결한 Carrington v. Rash[601] 사건에서, 현역군인인 원고는 1962년에 Texas 州로 이주해 왔다. 그는 그곳에서 살아왔으며, 영구적인 주소를 그곳에 정하려고 원하였다. 그런데 Texas 주헌법은 군인의 경우 그 복무를 시작한 곳에서만 투표할 수 있다는 규정을 갖고 있었기 때문에 청구인은 투표를 할 수 없었다. 연방대법원은, 州는 합리적인 투표자격을 정할 수 있지만, 평등보호조항에 의할 때, 그가 군인이라는 이유만으로 투표를 거부할 수 없다고 판시하였다.[602] 연방대법원은, 복무를 위하여 주에 전입해 온 현역군인들에게 그들이 얼마나 오래 그 주에 살았는지 여부 또는 그들이 얼마나 많은 재산을 소유했는지 여부와 관계없이 투표권을 부여하지 않은 법률을 무효화시켰다. 그러나 연방대법원은, 市는 시의 선거에 있어 투표권을 시 거주자에게 제한할 수 있다고 판시하여 왔다. 즉, 연방대법원

---

596) Barron/Dienes (1999), p. 317.

597) 410 U.S. 719 (1973).

598) 물구역(water district)이란 주 또는 자치단체에서 주민들에게 물을 공급하기 위하여 구분한 지리적인 분할구역을 말한다. Black's Law Dictionary (1999), p. 1586.

599) 451 U.S 355 (1981).

600) Barron/Dienes (1999), p. 318.

601) 380 U.S. 89 (1965).

602) Id. at 89-97.

은 1978년의 Holt Civic Club v. City of Tuscaloosa[603] 사건에서, 市가 시에 거주하지 않는 자를 포함한 전체 공동체를 규율할 권한이 있음에도 불구하고 비거주자에게는 시 선거에서의 투표권을 주지 않을 수 있다고 판결하였다. Holt 사건과 Carrington 사건의 차이는, 전자는 시의 거주자에게만 투표권을 제한한 것이고, 후자는 어떤 거주자에게 그들이 어떻게 그 시에 들어오게 되었는가 하는 근거에서 투표를 부인한 사례이다.[604]

2) 새로운 거주자에게 투표권을 얻기 위한 "대기기간"을 설정하는 것은 연방대법원에 의하여 엄격한 판단을 받게 된다. 1972년의 Dunn v. Blumstein 사건에서 연방대법원은 투표자격을 얻기 위하여는 1년의 거주기간이 필요하다는 규정을 위헌이라고 판결하였다.[605] 연방대법원은, 거주기간 요건은 州間여행 및 移住를 위축시키고 따라서 여행할 근본적인 권리를 침해한다고 판시하였다. 거주요건은 최근에 州間여행 및 이주의 권리를 행사한 사람들에게 벌을 내리는 효과가 있다는 것이다. 연방대법원은, "거주기간 요건을 규정한 법률이 최근에 헌법상 보호되는 권리(州間여행 및 移住權)를 행사하여 그 주 또는 카운티에서 진실하게 살려는 거주자를 가려내어 벌을 주는 것과 같다."고 판시하였다.[606] 그러나 모든 투표를 위한 거주기간요건 규정이 허용되지 않는 것은 아니다. 1973년의 Marston v. Lewis 사건에서 연방대법원은, 선거관리를 하는 공무원으로 하여금 선거인명부를 체크하고 詐僞에 의한 투표를 예방하며 선거행정을 원활히 하기 위한 필요에서, 투표를 위하여는 50일간의 거주요건이 필요하다는 규정에 대하여 합헌판결을 하였다.[607]

(라) 영어독해능력시험의 부과

1) 연방대법원은 비록 영어독해능력시험이 연방법률에 의하여 금지되었다 하더라도 여전히 투표권의 요건으로 허용된다고 판단하여 왔다.[608] 연방대법원은 1915년에 Guinn v. United States 사건에서 영어독해능력시험을 처음 다루었는데, 이 사

603) 439 U.S. 60 (1978).
604) E. Chemerinsky (1997), p. 715.
605) 405 U.S. 330 (1972).
606) Id. at 338.
607) 410 U.S. 679 (1973).
608) E. Chemerinsky (1997), p. 715.

건에서 연방대법원은 투표권의 조건으로서 영어독해능력시험을 통과할 것을 요구하는 주의 권한을 지지하였다.[609] 그러나 이 사건에서 연방대법원은 1866년 1월 1일에 투표를 할 수 있었던 자 또는 그들의 직계비속에 대하여는 영어독해능력시험을 면제하였던 "조부조항(grandfather clause)"[610]을 무효로 하였다. 이 조부조항은 그 취지가 남북전쟁 말기에 투표할 자격이 없던 흑인들에 대하여 투표권을 부인하기 위한 것이었음은 분명하다. 그러나 연방대법원은, 조부조항과는 구별하여 영어독해능력시험이 허용된다는 것을 명백히 하였다. 즉, "우리가 이미 살펴본 바와 같이 영어독해능력시험제도는 주에 부여된 적법한 권한의 행사에 의하여 시행된 것이고 우리의 감독에 맡겨진 것이 아니다. 그리고 사실상 그 유효성은 승인되었기 때문에 영어독해능력시험의 유효성에 관한 문제를 검토하는데 시간을 허비할 필요가 없다."고 판시하였던 것이다.[611]

2) 또한 1959년의 Lassiter v. Northampton County Board of Elections[612] 사건에서 연방대법원은, 영어로 씌여진 연방헌법의 어떤 항(section)을 읽고 쓰는 능력을 투표할 자격의 조건으로 규정한 North Carolina 주법을 합헌이라 판결하였다. 법정의견을 집필한 Douglas 재판관은, "州가 헌법이 금하는 방법으로 차별하지 않는다면 투표할 권리가 시행될 수 있는 조건을 정하는 광범위한 권한을 갖는다는 것은 합헌으로 인정되어 왔다."는 것을 강조하였다.[613]

그러나 비록 영어독해능력시험이 합헌이라 하더라도 연방법률은 이를 금지해 왔다. 연방의회는 처음에는 영어독해능력시험을 제한하였고, 그 후 선거권법을 수정하여 이를 완전하게 금지하였다. 연방대법원이 1966년에 다룬 Katzenbach v. Morgan[614] 사건에서는 1965년의 선거권법(Voting Rights Act) 제4조 (e)항의 위헌 여부가 문제되었는데, 동 조항은 스페인어로 교육이 실시되는 푸에르토리코 학교에서

609) 238 U.S. 347 (1915).

610) 역사적으로는, 몇몇 남부주의 헌법에 규정되어 있던, 남북전쟁 전에 투표권을 가진 자의 후손을 투표권제한으로부터 면제하는(즉, 남북전쟁 전에 투표권을 행사한 자의 후손에게는 투표권을 부여하는) 조항을 말한다. Black's Law Dictionary (1999), p. 706.

611) 238 U.S. at 366.

612) 360 U.S. 45 (1959).

613) Id at 50.

614) 384 U.S. 641 (1966).

6학년을 마친 사람은 누구나 영어독해능력요건(English language literacy requirement)을 갖추지 않았다는 이유로 투표권이 부인되지 않는다고 규정하고 있었다. 연방대법원은 이러한 법률들을 합헌이라고 판결하였는데, 이는 사실상 초기의 연방대법원의 판결을 뒤집는 효과를 내는 것이었다.[615]

(마) 수형자(기결수)와 미결구금자의 투표권 제한

1) 연방대법원의 판례에 의하면, 州는 재판에 계류중인 자들의 투표권을 부인해서는 안되고, 그들이 선거를 할 수 있는 다른 방법이 없다면 주는 그들에게 부재자투표의 기회를 제공하여야만 한다. 또한 어떤 사람이 이전에 중죄의 유죄판결을 받았던 적이 있다면 주는 그의 투표권을 영구적으로 박탈할 수 있다. 그러나 적어도 그 법의 이면에 인종차별적인 목적의 증거가 있는 경우에는 州가, 파렴치범을 포함하여, 유죄의 판결을 받았던 자라고 하더라도 그의 투표권을 영구적으로 부인하는 것은 금지된다.[616]

2) 연방대법원은 1969년의 McDonald v. Board of Election Commissioners 사건에서, 구속기소되어 재판을 기다리는 미결구금자 중 장애로 인하여 투표소에 가는 것이 불가능한 자나 또는 선거 당일에 郡의 외부로 가려는 자들에게만 부재자선거의 기회를 허용한 주법에 대한 위헌주장을 배척하였다.[617] 그 효과는 재판을 기다리는 미결구금자에 대한 부재자선거를 부인하는 것이었다. 그러나 1974년의 O'Brien v. Skinner 사건에서 연방대법원은, 교도소에 수감중인 자가 투표를 할 수 있는 다른 방법이 없다는 것이 입증되는 경우에는 정부는 그들에게 부재자 투표를 할 수 있도록 하여야만 한다고 판결하였다.[618] McDonald 판결과 O'Brien 판결은 정부가 형사재판에 계류 중인 수감자의 투표권을 전적으로 부인할 수 없다는 원칙을 세웠다. 투표에 참여할 수 있도록 보장하는 대체적인 장치를 제공하는 한 주는 부재자 투표를 반드시 제공할 필요는 없다. 그러나 대체적인 방법이 없는 경우에는 주는 수감자에게 부재자 투표를 제공하여야할 의무가 있다는 것이다.[619]

---

615) E. Chemerinsky (1997), p. 716.
616) E. Chemerinsky (1997), pp. 716-717.
617) 394 U.S. 802 (1969).
618) 414 U.S. 524 (1974).
619) E. Chemerinsky (1997), p. 717.

3) 州는, 중죄의 유죄선고를 받았던 적이 있는 사람에게는 개별적으로 투표권을 부인할 수 있다. 1974년의 Richardson v. Ramirez 사건에서 연방대법원은 중죄인이나 중죄인이었던 자의 투표권을 부인할 수 있는 주의 권한을 인정하기 위하여 수정헌법 제14조 제2항의 문언을 근거로 들었다.[620] 제2항의 제1문은 "하원의원은 각 주의 인구수에 비례하여 개별 주에서 선임되는데, 각 주의 인구수는 과세되지 않는 인디언을 제외한 인구총수이다."라고 규정하고 있다.[621] 그러나 만일 어떤 주가 "반란에 참여하거나 다른 범죄를 행한 경우를 제외하고"라는 제2항 단서에 따라 21세 또는 그 이상의 남자시민에 대한 투표권을 부인한다면 대표자의 수가 줄어들게 된다. 달리 말하면 단서조항은 만약 어떤 주가 반란에 참여하거나 다른 범죄를 행한 자의 투표권을 부인한다 하더라도 연방하원에 있어서의 '대표'라는 관점에서 벌칙(penalty)은 없다는 것이다. 그러나 1985년의 Hunter v. Underwood 사건에서 연방대법원은 파렴치범죄를 포함한 범죄로 인하여 유죄로 인정된 적이 있었던 자의 투표권을 부인한 Alabama 주법을 무효로 하였다.[622] 연방지방법원은 그 규정이 흑인들의 참정권을 부인하기 위한 목적에서 채택되었고, 실제로 그러한 효과를 가졌다고 판단하였다.[623] 연방대법원은 이러한 판단을 받아들였다.[624]

(바) 예비선거에서 정당가입을 근거로 한 투표권의 제한

1) 투표권의 제한에 대한 마지막 유형은 州가 예비선거에서의 투표권 행사의 요건으로 정당가입을 요구하는 것이다. 이러한 요건은 한편으로 정당원인 자로 예비선거에의 참여를 제한하려는 의도에서 비롯된 것이다. 이러한 요건이 없다면 반대당의 구성원들이 한 정당의 예비선거에 참여하거나 의도적으로 가장 허약한 후보에게 투표함으로써 예비선거를 방해할 위험이 있기 때문이다. 그러나 다른 한편으로는 정당의 소속원으로 등재된 당원으로 선거권을 제한함으로써 특히 무소속인 개인의 예비선거에의 투표권과 참여권을 부인하는 것이다. 연방대법원은 주가 예비선거에서 정

---

620) 418 U.S. 24 (1974).

621) 원문은, "(Section. 2) : Representatives shall be apportioned among the several States according to their respective numbers, counting the whole number of persons in each State, excluding Indians not taxed."

622) 471 U.S. 222 (1985).

623) Id. at 227-228.

624) E. Chemerinsky (1997), p. 718.

당원인 자로 선거권을 제한하는 것이 합리적인 수단으로 평가될 수 있는 한 허용된다고 하여 타협을 해 왔다.[625]

2) 연방대법원은 1973년의 Rosario v. Rockefeller 사건에서, 다음 예비선거에서의 투표권 행사를 위하여 총선거 전 30일 내에 유권자들이 정당을 선택할 것을 요구하는 New York 주법을 합헌이라고 판결하였다.[626] 연방대법원은, 어떤 정당을 지지하는 유권자들이 다른 정당의 예비선거에 영향을 끼치거나 선거결과를 결정하기 위하여 다른 정당의 유권자로 스스로를 표방하는 관행을 방지하려는 것에 주법의 의도가 있다고 판시하였다.[627] 그러나 그 후 연방대법원은 이러한 목적의 추구에 있어서도 주가 나아갈 수 있는 일정한 한계가 있음을 명확히 하였다. 즉, 같은 해의 Kusper v. Pontikes[628] 사건에서 연방대법원은, 어떤 사람이 23개월 내에 다른 정당의 예비선거에서 투표한 경우 예비선거에서의 투표권을 제한하는 주법이 위헌이라고 선언하였다. Rosario 사건과 Kusper 사건의 차이점은 제한기간의 장단에 있다. Rosario 사건에서는 다른 정당의 예비선거에의 참여로 인한 자격박탈이 총선거 전 10월부터 다음 예비선거에 이르기까지 약 1년 반 정도이다. Kusper 사건에서 자격박탈기준은 23개월이다. 그렇다고 하더라도 문제는 과연 이러한 기간면에서의 차이가 실제로 결정적인지 여부라 할 것이다.[629]

3) 1973년의 Tashjian v. Republican Party of Connecticut[630] 사건에서 연방대법원은, 정당의 예비선거에서의 투표권 행사를 그 정당의 소속원들로만 제한하는 주법이 위헌이라고 판결하였다. Connecticut州 공화당은 어떠한 정당에도 등록되지 않은 무소속의 유권자들에게 공화당의 연방 및 주의 공직에 대한 예비선거에서 투표권을 행사할 수 있도록 하는 규칙을 채택하였다. 공화당의 규칙과는 달리 Connecticut 주법은 그 정당에 등록된 자들로 선거권을 제한하고 있었다. 연방대법원은, Rosario 사건에서 판시된, 어떤 정당의 유권자들이 다른 정당의 예비선거에 참여하여 그 정

625) E. Chemerinsky (1997), p. 719.

626) 410 U.S. 752 (1973).

627) Id. at 760.

628) 414 U.S. 51 (1973).

629) E. Chemerinsky (1997), p. 719.

630) 479 U.S. 208 (1986).

당의 선택을 방해하는 것을 방지하기 위한 것이라는 논거가 무소속 유권자들에 대해서는 적용되지 않는다는 것을 강조하였다. 또한 연방대법원은 정당 스스로가 그의 선거를 개방하도록 할 수 있다는 것을 강조하였다.[631]

(사) 투표자의 선택의 제한

만일 투표에 관한 주의 규율이 유권자로 하여금 투표를 전혀 하지 못하게 하는 것이 아니라 투표권에 약간의(합리적이고 비차별적인) 부담을 주는 효과를 가져오는 경우에 연방대법원은 엄격심사를 적용하지 않을 것이다. 그 대신 법원은 부담의 정도와 주의 이익의 크기를 비교 교량한다.[632] 예컨대 1992년의 Burdick v. Takushi[633] 사건에서 연방대법원은, 주법률이 후보자에게 입후보를 위한 합리적인 기회를 부여한다면 후보자의 난립을 막기 위하여 기명투표(write-in)를 금지하는 것은 합헌이라고 판결하였다.[634]

(3) 투표권의 약화

(가) 一人一票의 원칙

1) 1960년대 이전에 많은 주의회에서는 선거구간에 인구편차가 매우 심했다. 주의회를 구성하기 위한 어떤 선거구는 종종 다른 선거구보다 훨씬 더 많은 인구수를 가지고 있었다. 마찬가지로 연방하원의 구성원을 선출하기 위한 어떤 주 내의 선거구들도 종종 인구편차가 매우 심했다. 여러 선거영역에서의 부당한 인구편차는 도시지역에서의 인구변동에 기인한 것이었다. 도시들이 시골 지역들과 비교하여 과소대표되도록 한, 도시로의 이주현상에 따라 선거구의 인구조정이 다시 이루어지지 않았다. 부당한 인구편차로 혜택을 받았던 주의회의 의원들도 선거구획정을 변경할 것으로 보이지 않았다.[635]

2) 초기에 연방대법원은 부당한 선거구인구편차가 다투어진 헌법소송에서, 이러

---

631) Id. at 224.

632) S. Emanuel, (2000), p. 327.

633) 504 U.S. 427 (1992).

634) Barron/Dienes (1999), p. 479.

635) E. Chemerinsky (1997), pp. 719-720.

한 사안은 사법판단적격성이 없는 정치문제(non-justiciable political question)의 성격을 띤다고 판단하였다. 즉, 1946년의 Colegrove v. Green[636] 사건에서 연방대법원은, Illinois 州의회 선거구에 대한 위헌소송에서 이 문제는 사법심사의 대상이 아니라고 판결하였다. 법정의견을 집필한 Frankfurter 재판관은, "정부의 효율적인 업무수행은 특유의 정치적 성질을 가진 이러한 문제에서 드러나고, 따라서 이 문제는 사법적으로 판단하기에 적당하지 않다. 이러한 문제들을 다룰 수 있는 권한은 다른 곳에 존재한다."고 판시하면서, "법원은 이러한 정치적인 덤불 속에 들어가지 말아야 한다."[637]고 결론지었다.[638]

3) 그러나 1962년의 Baker v. Carr[639] 사건에서 연방대법원은, 부당한 선거구인구편차는 평등보호원칙에 위반된다는 주장에 대하여 사법판단적격성이 있는 것이라고 하였다.[640] 이 사건의 반대의견에서 Felix Frankfurter 재판관은, 연방대법원은 의원정수배분의 불평등(malapportionment)이 헌법을 위반하는지 여부에 대하여 판단하지 말아야 한다고 주장했다.[641] 그 후 곧 연방대법원은 1인1표의 원칙을 확립하였는데, 그것은 어떠한 입법부의 구성을 위한 모든 지역구는 거의 동일한 인구규모를 가져야만 한다는 것이다.[642] 이 원칙을 선언한 최초의 사건이 1963년의 Gray v. Sanders[643] 사건이다. 이 사건은 각 郡을 단위로 한 Georgia 주의회의 의원을 선출하기 위한 조지아주 선거제도에 관련된 것이었다. 이러한 불평등은 각 군이 인구의 규모면에서 크게 변화한 것에 기인한 것이었다. Douglas 재판관은 법정의견에서 "단지 어떤 사람이 시골지역 또는 가장 작은 시골 군에 산다는 이유로 어떻게 그가 주의 총선거에서 다른 사람보다 2배 또는 10배의 투표가치를 부여받을 수 있겠는가? 일단 의원을 선출할 수 있는 지역적인 단위가 획정된다면, 그 선거에 참여하는 모든 사람

---

636) 328 U.S. 549 (1946).

637) Id. at 552-554, 556.

638) E. Chemerinsky (1997), p. 124.

639) 369 U.S. 186 (1962).

640) 연방대법원장 Earl Warren은 그가 연방대법원에서 재직하는 동안(1953~1969) 가장 중요한 결정은 의원정수재배분에 대한 정비, 즉 이 사건이었다고 말했다. Note, *The Warren Court ; An Editorial Preface*, 67 Michgan Law Review 219, 220 (1968).

641) 369 U.S. at 267 (Frankfurter, J., dissenting). E. Chemerinsky (1997), p. 120.

642) E. Chemerinsky (1997), p. 720.

643) 372 U.S. 368 (1963).

은 그의 혈통・성・직업・수입이 어떠하든지, 그의 집이 지역적인 단위의 어디에 위치하든지간에 평등한 투표가치를 가져야 한다. 수정 제14조의 평등보호조항은 이를 요구한다."[644]고 하면서 위 선거제도를 위헌이라고 선언하였다. 이 판결의 결론에서 연방대법원은, "독립선언에서부터 Lincoln의 Gettysburg 연설, 수정헌법 제14조, 제17조 및 제19조에 이르기까지 정치적인 평등이란 개념은 오직 한 가지, 1인1표만을 의미한다."고 선언하였다.[645]

4) 연방대법원은 이 논거를 1964년의 Wesberry v. Sanders 사건에서도 원용하여, 몇몇 선거구의 인구가 다른 선거구 인구의 2배인 연방하원의원선거를 위한 선거구획정을 위헌이라고 선언하였다.[646] 연방대법원은 "비록 국회의원의 선거구를 수학적으로 정밀하게 획정할 수는 없다고 하더라도, 연방하원선거에서의 근본적인 목표인 동일한 인구수에 대한 동등한 대표라는 우리 연방헌법의 평범한 목적을 무시하는 것에 대한 변명은 없다. 그것은 선조들이 우리들을 위하여 정한 정의와 상식의 중대한 기준인 것이다."[647] 라고 판시하였다. 또한 같은 해의 Reynold v. Sims 사건에서 연방대법원은, 주의회 의원선거에서의 부당한 선거구획정을 위헌이라고 선언하였다.[648] 법정의견을 집필한 Warren 대법원장은, 지리적인 영역이란 선거구획정에서 아무런 의미가 없고, 오로지 인구수만이 허용될 수 있는 근거라고 판시하였다.[649]

(나) 입후보(피선거권)의 제한

투표권이 약화될 수 있는 또다른 방법은 후보자나 정당의 피선거권(access to ballot)을 제한하는 것이다. 그러한 제한은 유권자들이 그들의 투표를 통하여 자신의 選好를 표현하는 것을 막기 때문이다.[650]

---

644) Id. at 379.
645) Id. at. 381.
646) 376 U.S. 1 (1964).
647) Id.
648) 377 U.S. 533 (1964)
649) E. Chemerinsky (1997), p. 720.
650) Barron/Dienes (1999), p. 321.

1) 엄격심사

가) 정치적인 선거직의 후보자가 되어 그 이름을 투표용지에 올릴 수 있는 (Ballot access) 권리, 즉 피선거권은 "준 근본적인"(quasi-fundamental) 것으로 보인다. 그리하여 연방대법원이 전통적인 합리성심사를 하지 않고 엄격하게 조사하는 범주로는 富에 기한 입후보자격제한과 신생(소수)정당 또는 무소속 후보자에 대한 무거운 부담을 가하는 경우이다.[651] 연방대법원은 1972년의 Bullock v. Carter 사건에서 가난한 후보자에게도 입후보 조건으로서 기탁금을 부과한 규정은 입후보자뿐만아니라 투표자에게도 불평등한 부담을 주는 것이기 때문에 전통적인 합리성심사에 머물 수 없다고 하였고,[652] 1974년의 Lubin v. Panish 사건에서는 富에 근거한 입후보제한은, 예컨대 $700의 입후보기탁금은 州가 가난한 후보자에게도 이를 적용하는 경우에는 평등보호를 위반하는 것이라고 판시하였다.[653]

나) 또한 연방대법원은 의장선거에 입후보할 수 있는 자격에 있어서 기존의 정당과 새로이 결성하려는 신당을 차별한 것이 문제된 1968년의 Williams v. Rhodes 사건에서, 그러한 제한은 두 가지의(일부는 겹치기도 하지만) 기본권, 즉 정치적 신념을 증진시키기 위한 개인의 결사의 자유와 정치적 신조와 상관없이 자격있는 유권자가 자신의 투표권을 행사할 권리에 제약을 주는 것이라고 하면서, 기존의 정당이 아닌 신생 정당에게 불리한 제한, 예컨대 군소정당(minor party)이 후보자를 내려면 유권자의 15%의 서명을 받아야 하고, 예비선거를 시행해야 하며, 정교한 정당구조를 갖추어야 한다는 규정은 평등보호를 위반하는 것이라고 판단하였다.[654] 왜냐하면 이러한 규정은 민주당과 공화당에게 완전한 독점을 허용하기 때문이다.[655]

다) 그러나 입후보자나 정당으로 하여금 입후보하려면 그 지역사회에서 어느 정도 수준의 지지를 얻고 있음을 제시하도록 요구하는 법률의 위헌 여부는 그렇게 분명하지는 않았다. 만약 어떤 법률이 군소정당에게 실질적으로 평등한 기회를 부여한다면 그러한 법률은 엄격심사에도 불구하고 지지될 수 있었다.[656] 즉, 1974년의

---

651) Barron/Dienes (1999), p. 323.

652) 405 U.S. 134, 143 (1972).

653) 415 U.S. 709, 717-718 (1974).

654) 393 U.S. 23 (1968).

655) Barron/Dienes (1999), p. 311.

656) Barron/Dienes (1999), p. 322.

Storer v. Brown[657] 사건에서는 무소속으로 출마하고자 하는 사람은 예비선거 1년 전에 다른 정당으로부터 탈퇴해야 하며 또한 지난 총선거에 투표했던 유권자수의 5%에 해당하는 유권자의 서명을 받아야 한다는 법률은 정치시스템의 안정을 위해 필요한 주의 불가결한 이익이라고 하여 합헌판결을 하였고, 또한 같은 해의 American Party of Texas v. White[658] 사건에서도 지난 번 선거에서 의미있는 정도의 유권자 지지를 얻지 못한 정당은 유권자 1%(그들은 다른 정당의 예비선거나 후보지명절차에 참여하지 않은 자라야 한다)의 서명을 받을 것을 요구한 Texas 州법률을 합헌이라고 판결하였다.[659]

2) 후보자적격에 대한 제한 : 합리성심사

가) 버거법원(1969~1986) 하에서 연방대법원은, 공직선거에 입후보할 권리는 근본적인 권리가 아니어서 전통적인 합리성심사를 벗어날 필요가 없다고 하면서, 입후보에 대한 제한을 다투는 헌법소송에서는 입후보자격을 제한하려는 주의 이익과 그러한 제한으로 인하여 받게 되는 부담(제약)을 비교 형량해야 한다고 하였다. 그리하여 신생정당에 불리한 제한이나 부에 근거한 제한의 범주에 들어가지 아니하는 개별 후보자의 적격성에 대한 합리적인 제한은 연방대법원에 의해 합헌으로 받아들여졌다. 즉, 州는 후보자 가능연령을 설정할 수 있으며, 후보자가 되려면 입후보하려는 지역에 일정기간 이상 거주해야 한다는 요건을 설정할 수 있다.[660] 그러한 제한은 경솔하거나 사기성 있는 입후보자들로부터 정치과정(선거)의 순수성을 지키고, 선거과정의 유효성을 확보하며, 너무 많은 후보자로 인해 유권자가 혼란스럽게 되지 않도록 해 주며, 과다한 선거관리비용이 들지 않도록 막아 주는 주의 중요한 이익에 이바지한다는 것이다.[661]

나) 그리하여 1982년의 Clements v. Fashing 사건에서 연방대법원은 합리성심사기준을 적용하여, 이미 공직에 있는 사람은 다른 공직선거에 출마할 수 없도록 제한하는 Texas 州헌법은 평등보호에 위반하는 것이 아니라고 판결하였다.[662]

657) 415 U.S. 724 (1974).

658) 415 U.S. 767 (1974).

659) E. Chemerinsky (1997), pp. 732-733.

660) S. Emanuel, (2000), p. 331.

661) Barron/Dienes (1999), p. 321.

662) 457 U.S. 957 (1982).

Texas 州헌법은 텍사스주의 법원판사, 국무장관, 검찰총장, 그 밖의 일정한 유형의 공무원은 그의 임기가 계속되는 동안에는 주의회 의원선거에 입후보할 수 없으며, 만일 위와 같은 자가 주의원 선거에 입후보할 것을 공식발표하는 경우 그의 임기가 1년이상 남은 자는 자동적으로 사임한 것으로 간주하는 규정을 두고 있었다. 주의 치안판사(Justice of the Peace: JP) 등이 원고가 되어 이 규정의 수정헌법 제1조 및 제14조 평등보호위반을 다툰 사건에서 연방지방법원과 항소법원에서는 위 규정들이 원고들에 대한 평등보호를 거부한 것이라 하여 위헌판결을 하였으나, 연방대법원은 합헌결정을 하였다. 다만 이 결정은 평등보호위반 여부에 관하여 합헌의견이 5인이었으나, 그 중 1명(Stevens 재판관)이 이유를 달리하여 다수의견(majority)을 형성하지 못하고, 복수의견(plurality)에 머물렀다.[663)]

(다) 수정헌법 제1조와의 관계

연방대법원은 1983년의 Anderson v. Celebrezze 사건에서, 무소속후보나 군소정당의 후보자인 경우 주요정당의 후보자보다 입후보를 빨리 해야 한다는 법률에 대하여 정치적 결사의 자유를 침해하는 것이라며 위헌판결을 하였다.[664)] 이 사건에서 연방대법원은 위헌논증을 위하여 평등보호 사례를 많이 들었으면서도 수정헌법 제1조[665)]의 언론・출판의 자유 분석을 하였는데, 이러한 연방대법원의 접근방법은 여러 법원으로부터 평등보호상의 근본적 권리 분석에 대한 대안으로서 주목을 받았다고 한다.[666)]

---

663) Id. at 962-966, 973.

664) 460 U.S. 780 (1983).

665) 수정헌법 제1조(1791. 12. 15. 공포) : 미합중국의회는 종교를 수립하거나 종교의 자유로운 행사를 금지하거나 언론 또는 출판의 자유를 제한하거나 또는 평온하게 집회하고 고통의 구제를 위하여 정부에 청원하는 인민의 권리를 침해하는 법률을 제정할 수 없다. {원문은, "Congress shall make no law respecting an establishment of religion, or prohibiting the free exercise thereof; or abridging the freedom of speech, or of the press; or the right of the people peaceably to assemble, and to petition the Government for a redress of grievances."}

666) Barron/Dienes (1999), p. 323.

다. 여행의 권리

(1) 근본적인 권리

(가) 소위 여행할 권리(right to travel)는 근본적인 권리이다. 이 여행권은 오해하기가 쉽다. 이것은 사실은 자신의 "주거나 직장"(residence or employment)을 옮길 수 있는 권리이다. 그러므로 주가 어떤 사람의 주거나 직장을 다른 州로 변경할 권리에 부담을 주는 경우에는 엄격한 심사를 받게 된다.[667] 연방헌법에는 명시적으로 여행할 권리를 규정하지 않았다. 그러나 연방대법원은 1969년의 Shapiro v. Thompson[668] 사건에서 주의 복지혜택(welfare benefits)을 받으려면 그 주에 1년간 거주해야 한다는 요건을 정한 Pennsylvania 州법률을 위헌판결하면서, "이 법률은 州間여행이라는 근본적인 권리를 제약하는 것이기 때문에 이에 대한 합헌성을 심사하려면 그러한 제약이 주의 필수불가결한 이익을 증진시키는 것인지 여부를 살피는 엄격한 심사기준을 적용해야 한다."[669]고 판시하였다.[670]

(나) 이와 같이 거주요건이 위헌판결을 받은 사례로는 투표(voting)와 관련한 1972년의 Dunn v. Blumstein[671] 사건, 의료혜택(free medical care)와 관련된 1974년의 Memorial Hospital v. Maricopa County[672] 사건 등이 있다. 그런데 이 Memorial Hospital 사건에서 연방대법원은, "생활필수품 내지는 생활의 기본적 수요(Necessities of life)를 부인하는 것으로는 주간여행권에 형벌을 가하는 것과 같은 효과는 없는 것이므로 이러한 경우의 거주요건에는 엄격심사기준이 적용되지 않는다."[673]고 하였다. 뿐만 아니라 연방대법원은 1971년의 Starns v. Malkerson[674] 사건에서는 일반적으로 州가 운영하는 대학의 수업료를 주에 거주하지 않는 자에게 더 높게 부과하는 관행에 대하여 합헌이라고 판시하였다.[675]

---

667) S. Emanuel, (2000), p. 333.

668) 394 U.S. 618 (1969).

669) 그 후의 판례인 Dunn v. Blumstein, 405 U.S. 330 (1972) 사건과 Memorial Hospital v. Maricopa County, 415 U.S. 250 (1974) 사건에서도 같은 취지의 판시를 하였다.

670) Barron/Dienes (1999), p. 310.

671) 405 U.S. 330 (1972).

672) 415 U.S. 250 (1974).

673) Id. at 258-59.

674) 401 U.S. 985 (1971).

(2) 헌법적 근거

비록 주간여행권이 연방헌법의 제정 당시부터 헌법에 구체화된 연방주의체제에 포함된 것이라는 견해가 일반적으로 인정되었다 하더라도, 연방대법원은 이러한 주간여행권의 "근거(source)"에 대하여는 명백히 밝히지 않았다. 그리하여 이와 같이 州의 복지혜택을 받으려면 일정기간 그 주에 거주해야 한다는 이러한 사건을 다룸에 있어 연방대법원은 일반적으로 "평등보호조항"이 보호하는 근본적인 권리라는 점을 들어 엄격한 심사를 하였다.[676] 즉, 1972년의 Dunn v. Blumstein 사건에서는 투표권을 행사하기 위한 1년 거주기간 요건은 평등보호를 위반한 것이라고 판결하였고,[677] 1974년의 Memorial Hospital v. Maricopa County 사건에서는 가난한 사람이 주의 의료혜택을 받으려면 1년간 거주해야 한다는 규정은 평등보호위반이라고 판결하였다.[678]

(3) 심사기준의 문제 : 특히 善意 거주기간 요건

(가) 그러나 州間移住에 대한 제약이 언제나 엄격한 심사를 받은 것은 아니었다. 소위 선의(bona fide) 거주기간 요건은 일반적으로 합리성심사기준이 적용되었고 따라서 합헌결정을 받았다. 예컨대, 1976년의 McCarthy v. Philadelphia Civil Service Commission 사건에서는 시공무원이 되고자 하는 자는 그 시의 거주자이어야 한다는 규정이 합헌판결을 받았고,[679] 1983년의 Martinez v. Bynum 사건에서는 자녀가 공립학교에서 무료교육을 받으려면 그 지역에 거주해야 한다는 규정에 대하여 합리성심사를 하여 합헌결정을 하였다.[680] 이러한 법률들은 여행에 근거한 차별을 한 것이 아니라 그 주에 거주하는지 여부에 따라 주의 혜택 여부를 결정한 것이기 때문에, 당사자가 거주하기만 하면 그러한 복지프로그램에 완전히 참여할 수 있었던 것이다.[681] 즉, 이것은 만일 주가 새로이 이주해 온 사람들이 정부의 중요한 혜택을 받기

---

675) J. Shaman (1984), p. 170.

676) Barron/Dienes (1999), p. 311.

677) 405 U.S. 330 (1972).

678) 415 U.S. 250 (1974).

679) 424 U.S. 645 (1976).

680) 461 U.S. 321 (1983).

681) Barron/Dienes (1999), p. 311.

위하여 실질적인 대기기간(substantial waiting period)을 요구한다면, 이러한 조치는 엄격하게 심사될 것이다. 그러나 만일 그 혜택이 (당해 주민의 삶에) 꼭 필요한 것이 아니라면 州는 실질적인 대기기간(substantial waiting period)을 부과할 수 있다. 예컨대, 국·공립 대학의 학비감면을 받으려면 1년의 대기기간이 필요하다는 규정이 있다면, 이는 근본적인 권리에 부담을 주는 것이 아니므로 엄격한 심사를 할 필요가 없다는 것이다.[682]

(나) 연방대법원이 합리성심사기준을 적용했다고 하지만 위헌판결을 한 사례도 있다. 즉, 1982년의 Zobel v. Williams 사건에서는 Alaska 州의 천연자원으로 생긴 이익을 분배함에 있어 각 시민의 거주기간에 따라 나누어주는 것은 평등보호를 위반한 것이라고 판결하였다.[683] 한편, 1986년의 Attorney General v. Soto-Lopez[684] 사건에서는 군복무를 시작할 당시 그 주에 거주했던 예비역군인(veterans)들에게 州공무원 채용에 있어서 우선권을 준 New York 州법률이 위헌판결을 받았는데, 복수의견[685]은 주간여행권과 평등보호를 내세우며 엄격심사기준을 적용했으나 동조의견[686]은 합리성심사기준을 적용하였다.[687]

(4) 엄격심사기준의 예외

(가) 위에서 본 바와 같이 1974년의 Memorial Hospital v. Maricopa County 사건에서, "생활필수품 내지는 생활의 기본적 수요(Necessities of life)를 부인하는 것으로는 주간여행권에 형벌을 가하는 것과 같은 효과는 없는 것이므로 이러한 경우의 거주요건에는 엄격심사기준이 적용되지 않는다."[688]고 판시한 이래 연방대법원은 몇 사례에서 주간여행에 영향을 미치는 주 법률들에 대하여 엄격심사기준의 적용을 면제하는 다른 방법을 찾기 시작하였는데, 그 첫 번째 사례가 1975년의 Sosna v. Iowa[689] 사건이다. 이 사건에서 연방대법원은 주에 거주하지 않는 자에 대하여

---

682) S. Emanuel, (2000), p. 337.

683) 457 U.S. 55 (1982). 이 사건에 대하여는 이 책 제3장 제1절 1. 라. (2) (라) 참조.

684) 476 U.S. 898 (1986).

685) 재판관 Brennan, Marshall, Blackmun, Powell.

686) 재판관 Burger, White.

687) Barron/Dienes (1999), p. 313.

688) 415 U.S. at 258-59.

이혼소송을 제기하려면 그 심판청구인은 Iowa 주에서 1년이상 거주해야 한다는 거주요건규정에 대하여 합헌판결을 하였다. 이 사건에서 거주요건규정은 최소한 "주간여행"과 "혼인관계"[690]라는 두 가지 근본적인 권리에 영향을 미치는 것이었지만, 다수의견은 가족관계는 오랫 동안 사실상 州의 배타적인 관할영역으로 간주되어 왔다는 이유로 합리성심사기준을 적용하였다.[691] 그러나 Marshall 재판관은, Brennan 재판관이 동참한 반대의견에서, "이혼을 획득할 권리는 충분히 중요한 것이기 때문에 새로 전입해 온 자에게 이를 부인하는 것은 주간여행에 형벌을 가하는 효과를 구성한다."고 하였다.[692]

(나) 연방대법원은 1981년의 Jones v. Helms[693] 사건에서 엄격심사가 적용되지 않는 또 다른 분석방법을 제시하였다. 이 사건에서는 자녀를 고의로 유기하는 자를 처벌하는 Geogia 주법률을 다루었는데, 동법 규정에 의하면 자녀를 고의로 유기하는 자는 경죄(misdemeanor)를 구성하나 유기 후 그 주를 떠나는 경우에는 중죄(felony)가 되었다.[694] 이것은 분명히 가족관계에 대한 규정이었으나 연방대법원은 위 Sosna 판결의 논리를 따르지 않고, 그 대신 다른 방식으로 엄격심사의 예외를 구성하였다. 즉, "비록 주간여행권은 근본적인 권리이지만 절대적인 것은 아니며 범죄행위로 나아가면 이 사건에서처럼 그 근본적인 성격을 상실한다."[695]는 것이다. 따라서 엄격심사기준은 이 규정에는 적용되지 않는데 그 이유는 이 규정은 헌법상의 권리인 주간여행권의 행사에 형벌을 가하는 것이 아니기 때문이라고 하였다.[696] 이러한 논거에 대하여 J. Shaman은 연방대법원의 결론은 맞을지 모르지만 그 논리에는 상당한 의문이 있다고 비판한다. 즉, 연방대법원의 논거의 전제는 주간여행권은 그것이 근본적일 때 근본적 권리가 된다는 동어반복(tautology)이라는 것이다. 그리하여

---

689) 419 U.S. 393 (1975).

690) Zablocki v. Redhail, 434 U.S. 374 (1978) 사건 및 Boddie v. Connecticut, 401 U.S. 371 (1971) 사건 참조.

691) J. Shaman (1984), p. 170.

692) Gunther/Sullivan (1997), p. 908.

693) 452 U.S. 412 (1981).

694) Id. at 413.

695) Id. at 420.

696) Id. at 426.

그는, 이 판결 논리상의 궤변은 이 사건의 결론을 바꾸지 않고서도 "주간여행권은 근본적 권리인 것은 사실이나 부양받는 자녀를 보호하고자 하는 주의 이익은 필수불가결한(매우 중요한, compelling) 것이어서 주간여행권보다 그 가치에서 압도한다."는 논리를 취함으로써 피할 수 있었을 것이라고 주장한다.[697]

라. 사법접근권

(1) 의의

연방대법원은 "법원에의 접근에 대한 근본적인 헌법상 권리"가 적법절차의 핵심적 요소라는 점을 인정해 왔다. 예컨대 1876년 Windsor v. McVeigh 사건에서, 법적 청문권(right to be heard)은 "잘 整序된 사법체계의 기반"일 뿐만 아니라, "자연적 정의의 첫 번째 원칙"이라고 하였다.[698] 법원에 접근할 권리는 근본적인 권리이다. 따라서 주가 부과한 구분이 이러한 권리를 침해할 때 그러한 구분은 엄격한 심사를 받게 된다.

(2) 형사소송의 경우

(가) 기록복사료

만일 州가 형사사건에서 부자만이 낼 수 있고 가난한 자는 낼 수 없는 수수료를 부과하고 있는 경우에는 엄격심사가 적용된다. 예컨대, 주는 가난한 사람에게 형사사건의 소송기록복사 수수료를 부과할 수 없다. 1956년의 Griffin v. Illinois[699] 판결에서 연방대법원은 "적법절차와 평등보호에 관한 헌법적 보장은 형사재판에 있어서 어떠한 불공평한 차별도 허용하지 않는 절차를 요구한다."고 하면서, 정부는 적절하고 효과적인 항소심재판을 받기 위해 필요한 사실심의 기록을 가난한 사람에게 무료로 제공해 주어야 한다고 판시하였다.[700] 이후 연방대법원은 Griffin 원칙을 따랐고, 심지어 가난한 형사피고인에 대해서 소송기록을 제공할지에 대해서 정부가 판사에게 재량권을 부여한 경우까지 위헌으로 선언하였다. 예컨대 1958년의 Eskridge v.

---

697) J. Shaman (1984), p. 171.

698) 93 U.S. 274, 277, 280 (1876). E. Chemerinsky (1997), pp. 735-736.

699) 351 U.S. 12 (1956).

700) Barron/Dienes (1999), p. 323.

Prison Board of Washington[701] 사건에서, 사실심판사가 "정의가 증진되는 경우"라고 판단한 경우 피고인에게 소송기록을 무료로 제공할 수 있도록 재량을 허용한 Washington 州法을 위헌선언하였다.[702]

(나) 국선변호인

형사재판에의 접근 문제에 대한 평등보호 어프로치는 1963년의 Douglas v. California[703] 사건에서 한층 분명하게 받아들여졌다. 이 사건에서 연방대법원은 가난한 형사피고인에게 항소심재판에 필요한 국선변호인을 선임해 주어야 한다고 판시했다. 법정의견을 집필한 Douglas 재판관은, 가난한 형사피고인에게 국선변호인을 제공하기를 거부한 주의 행위를 "가난한 자에 대한 차별"이라고 선언하였다. Douglas 재판관은 이어서, 법원에의 접근에 있어서 가난한 피고인이 그의 권리로서 가지는 한 번의 그리고 유일한 항소 절차에서 변호인은 매우 중요하다고 판시하였다. 그런데 주는 가난한 자와 부유한 자 사이에 위헌적인 線(구분)을 그었다는 것이다.[704] 그러나, 이후 연방대법원은 권리로서 창설된 최초의 항소, 즉 주의 항소법원이 의무적으로 심사를 하고 판결을 내려야 하는 항소의 경우에만 적용되는 것으로 그 범위를 제한하였다. 예컨대 1974년의 Ross v. Moffitt[705] 사건에서는, 주최고법원 내지 연방대법원에 대한 가난한 형사피고인의 재량상고를 위해서 정부가 국선변호인을 선임해 줄 필요는 없다고 판결하였다.[706]

(다) 적법절차 여부

다만, 이들 사건에서 Harlan 재판관은 반대의견에서 다수의견의 평등보호 어프로치를 비판하였다. Harlan 재판관은, 다수의견은 항소할 헌법적인 권리가 없다는 것을 인정하면서도 평등보호조항으로부터 경제적인 환경의 차이에 기인한 핸디캡을 보전해 줄 적극적인 의무를 이끌어 냈다고 하면서, 평등보호는 평등한 처우를 요구하지만 그것은 州로 하여금 가난한 자에게 다른 사람이 지불하는 돈(조세수입)을 주

701) 357 U.S. 214 (1958).
702) E. Chemerinsky (1997), p. 737.
703) 372 U.S. 353 (1963).
704) Barron/Dienes (1999), pp. 324-325.
705) 417 U.S. 600 (1974).
706) E. Chemerinsky (1997), p. 738.

도록 요구하는 것은 아니라고 하였다. 그는 이 문제는 전통적인 적법절차조항에 대한 문제라고 주장하였다.[707]

(3) 민사소송의 경우

(가) 근본적인 권리인가

가난한 자의 사법접근권의 문제는 민사소송의 영역에서도 제기되었다.[708] 연방대법원은 법원에 대한 평등한 접근권에 관해서 강하게 판시해 왔음에도 불구하고, 정부가 민사소송에서 가난한 자에게 소송비용을 면제시켜 줄 헌법상 의무가 인정되는지의 여부에 대해서는 매우 일관성이 없었다. 사실 연방대법원은 소송비용 그 자체는 평등보호나 적법절차를 위반하는 것이 아니라고 하였다.[709] 왜냐하면 일반적으로 민사소송에 관련된 경우 법원에의 접근권은 근본적인 권리가 아니라고 보았기 때문이다. 민사소송에서 주가 수수료를 부과할 수 없는 분야는 이혼, 친자관계확인, 친권박탈에 관한 소송 등의 가사사건일 경우만이다.[710]

(나) 이혼소송

1971년의 Boddie v. Connecticut 사건에서 연방대법원은, 이혼심판을 청구하기 위한 법원에의 접근을 수수료를 납입할 능력이 없다는 이유로 거부하는 것은 위헌이라고 판결하였다(8:1).[711] Connecticut 州法은 이혼심판을 청구하기 위해서는 (일반민사소송의 수수료 $45와는 달리) $60의 수수료를 납입할 것을 요구하고 있었다. Boddie 부부는 사회보장수혜자로서, 수수료를 납일할 능력이 없어 이혼심판청구를 할 수 없었다. Harlan 재판관이 판결문을 집필한[712] 이 사건에서 연방대법원은 동법을 위헌이라고 선언하면서, "우리 사회의 가치질서에 있어서 결혼이 갖는 기본적인 지위와 혼인관계의 법적인 해소수단에 대한 州의 독점권을 고려할 때, '적법절차는 州로 하여금 혼인관계의 해소를 위하여 법원에 접근하고자 하는 자를 단지 수수료를

707) Barron/Dienes (1999), pp. 324-325.
708) Barron/Dienes (1999), p. 327.
709) E. Chemerinsky (1997), p. 739.
710) S. Emanuel, (2000), p. 333.
711) 401 U.S. 371 (1971).
712) 따라서 이 사건은 적법절차의 문제로 다루었다.

지불할 능력이 없다는 이유로 부인하는 것을 금지한다'는 것이 우리의 결론이다."라고 판시하였다.[713] 그러나 이후의 사건들에서, 연방대법원은 Boddie 판결을 여타의 다른 민사사건에서도 소송수수료가 면제되는 것으로 확대해석하기를 거부했다.

(다) 파산

1973년의 United States v. Kras[714] 사건에서, Robert Kras는 실직자였고 부인과 어린 두 자녀, 어머니, 동생과 함께 2½ bedrooms의 아파트에 살고 있었다. 8개월된 그의 아들은 cystic fibrosis(낭포성 섬유증)이라는 병을 앓고 있어, 납부해야 할 병원비가 많이 밀려 있었다. Kras의 유일한 재산은 $50 정도의 가치가 나가는 의류와 생활필수품이 전부였고, 그와 그의 가족은 정부의 생계보조비를 받고 있었다. 그는 $6,000의 부채를 면제받기 위해 파산신청을 하면서, $50의 수수료를 납부할 수 없으며 할부납입마저도 어렵다는 사실을 소명하였다.[715] 연방대법원은 파산절차에 $50의 수수료를 부과하는 것은 위헌이 아니라고 판결하였다. 채무의 부담에서 벗어나려는 채무자의 이익은 위 Boddie 사건에서 판시한 혼인관계에서의 이익과는 달리 근본적인 것이 아니라는 것이다.[716] 연방대법원은 파산의 경우에는 수수료를 면제해줄 정부의 의무가 헌법상 인정되는 것이 아니라고 판시하면서 이 사건과 위 Boddie 사건을 두 가지 점에서 다르다고 하였다. 첫째, 이혼은 혼인관계에 관한 헌법상의 권리와 관련되어 있다는 점이다. 즉, 현재의 배우자와의 이혼이 성립되는 경우에만 또다른 혼인에 관한 권리를 행사할 수 있게 되는 것이다. 요컨대, 혼인을 해소할 수 없다는 것은 헌법상 보호되는 또 다른 행위(새로운 혼인)를 추구할 자유를 심각하게 위협하게 된다는 점이다. 그러나 Kras가 자신의 부채에서 벗어나고자 하는 이익은, 새로운 삶의 출발이라는 점에서 중요하기는 하지만, 혼인의 경우와 동일한 헌법적 수준의 문제를 야기하지는 않는다는 것이다. 둘째, 연방대법원은 州가 이혼을 허용하는데 있어서 독점적 지위를 갖고 있다는 점을 강조했다. 이혼을 원하는 사람에게는 법원을 통한 절차 이외에 다른 방법이 존재하지 않는다. 그러나 부채문제를 해결하고자 하는 사람에게는 다른 대안이 존재한다는 것이다.[717]

---

713) 401 U.S. at 375.

714) 409 U.S. 434 (1973).

715) Id. at 437, 451-452.

716) Barron/Dienes (1999), p. 327.

(라) 사회보장급여에 대한 불복소송

같은 해의 Ortwein v. Schwab[718] 사건에서, 연방대법원은 자신에게 불리한 복지위원회의 결정에 대한 불복절차에 부과되는 수수료를 합헌이라고 판결하였다(5:4).[719] 복지급여의 감소에 대해 법원에 불복하려고 했던 원고는 $25의 수수료를 납입할 돈이 없었다. 연방대법원은 Kras 사건의 논리에 따라, 복지급여의 거부 내지 감소는 헌법상의 권리와 관련되어 있지 않으며, 따라서 소송수수료를 납입할 돈이 없다는 이유로 법원에의 접근을 허용하지 않은 것은 적법절차 내지 평등보호를 위반한 것이 아니라고 판시하였다.[720]

그런데 Boddie 사건의 경우와 마찬가지로 Ortwein 사건에서도, 州는 문제되는 분쟁을 해결하는데 독점적 지위를 가지고 있었다. 즉, 법원을 통한 불복절차(소송)만이 자기에게 불리한 복지급여결정을 시정할 수 있었음에도 불구하고 연방대법원은 소송수수료를 낼 돈이 없다는 이유로 법원에의 접근을 거부하는 것은 위헌이 아니라고 한 것이다. 두 사건 사이에 재판부의 구성의 변경은, Boddie 사건에서 합헌의견을 냈던 Black 재판관과 위헌의견을 냈던 Harlan 재판관이 은퇴하고 1972년에 Powell 재판관과 Rehnquist 재판관이 새로 임명되었을 뿐이다. Ortwein 사건에서는 새로 임명된 두 재판관이 합헌의견을 냈고, Boddie 사건에서 위헌의견을 냈던 Burger, White, Blackmun 재판관이 합헌의견에 가담하였다. 이에 대하여 Chemerinsky는, Boddie 판결은 헌법상의 권리와 관련된 쟁점이 제기되는 경우에만 소송수수료가 면제되는 것으로 좁게 해석되어 왔고, 따라서 Kras 판결과 Ortwein 판결은 일반적인 법원에의 접근권(general right of access to the courts)이라는 개념에 대해 의문을 갖게 만드는 강력한 선례로서 작용한다고 평가하였다.[721]

(마) 친권상실소송

연방대법원은 1996년 M.L.B. v. S.L.J. 사건에서 Mississippi 州가 자신의 친권을 종결시킨 衡平法院(Chancery Court)이 판결[722]에 대한 生母의 항소권에 대하여 기록

---

717) E. Chemerinsky (1997), pp. 740-741.

718) 410 U.S. 656 (1973).

719) Barron/Dienes (1999), p. 327.

720) E. Chemerinsky (1997), p. 741.

721) E. Chemerinsky (1997), p. 742.

서류준비비용(record preparation fees)을 선납하도록 조건을 부과한 것은 수정헌법 제14조의 적법절차와 평등보호조항에 위반된다고 판결하였다.[723] 연방대법원은, "일반 민사사건들과 가족관계에 대한 州의 통제 내지 개입과 관련된 사건들을 일관되게 구별해 왔는데, 후자의 영역에서는 부당한 공권력의 개입으로부터 가족관계를 보호하기 위해서 정부의 개입을 정당화하기 위한 정부의 이익의 중요성에 대해 세밀한 검토를 해 왔다. … 이 사건과 같이 부모-자녀간의 유대관계를 영속적으로 단절시키는 주의 권한과 관련된 사건의 경우에는, 우리 사회에서 근본적인 중요성을 갖는 가족관계가 문제되었을 때 연방대법원이 지속적으로 요구해 왔던 면밀한 검토를 요구한다. … 이 사건에서 원고인 M.L.B.의 이해관계는 크다. 왜냐하면 친권상실은 가장 근본적인 가족관계를 돌이킬 수 없이 파괴시키는 것이고, 실수로 인한 위험성은 상당한 것이기 때문이다."라고 판시하고, 결론적으로 미시시피 州는 M.L.B.에 대하여 상소심에 의한 심사를 위한 기록제공을 거부할 수 없다면서, 원심(미시시피 주대법원) 판결을 파기 · 환송하였다.[724]

(바) 소결

州가 일단 상소심의 심사를 허용한다면 평등한 사법절차에의 문을 닫아서는 안 된다는 Griffin 원칙은 순전히 형사소송의 경우에만 한정된 것은 아니다. Boddie 사건과 같은 사례에서 연방대법원은, 어느 당사자의 소송수수료 지불능력과는 관계없이 법원에의 접근을 제공해야 하는 민사소송의 좁은 범주를 인정해 왔다. 이러한 범주에 속하는 경우로는 州가 혼인이나 가족생활과 같은 기본적인 결사의 권리에 관계되는 가족관계에 침입하는 경우, 그리고 친권의 종료와 같이 자녀양육에 관련되는 경우 등의 사례이다. 그리고 이러한 사례에서는 평등보호와 적법절차 문제가 혼재해 있다. 평등보호의 관점에서는 상소하려는 자를 단순히 그가 소송비용을 지불할 수 없다는 이유로 사법절차에서 배제하는 조치의 유효 여부와 관련이 있고, 적법절차의

722) Mississippi 州대법원은, 민사소송에서 극빈자소송절차(forma pauperis)를 요구할 권리는 1심재판 단계에서만 존재한다고 밝히면서 원고의 극빈자소송의 요청을 거부하고 항소를 기각하였다.

723) 519 U.S. 102 (1996).

724) G. Gunther / K. Sullivan, *Constitutional Law*, 13th ed. 1999 Supplement (Westbury, N.Y.: The Foundation Press 1999), p. 73.

관점에서는 주(정부)만이 가지고 있는 (사법)절차에서 불이익을 주는 정부행위의 본질적인 공정성의 문제와 관련이 있다.[725]

마. 프라이버시권

(1) 의의

미국연방헌법에는 프라이버시권(right of privacy)에 대하여 명시적으로 규정한 것은 없지만 연방대법원은 1965년의 Griswold v. Connecticut[726] 사건 이래로 계속하여 이러한 권리는 특별한 헌법적인 보장에 의해 창설되는 "사생활의 영역"에 포함되어 있는 것이라고 판시하여 왔다.[727] 프라이버시권과 관련있는 분야는 피임, 결혼, 낙태, 동성애(男色), 성, 가족생활, 생식권, 치료받을(받지 않을) 권리, 죽을 권리 등의 영역이 있다. 이러한 프라이버시권이 보호받는 근거로는 평등보호조항 또는 적법절차조항이 사용된다. 예컨대 피임에 있어서 평등보호와 적법절차 모두가 적용되었지만,[728] 몇몇 사례에서는 연방대법원의 재판관들 사이에 의견의 일치를 보지 못했다.[729] 즉, 1978년의 Zabloski v. Redhail[730] 사건에서, 다수의견은 혼인할 권리는 적법절차조항의 자유에서 보호되는 근본적인 권리라고 보았으나, 동조의견에서 Powell 재판관은 평등보호조항을 적용하였다.[731] 하지만 이러한 모든 프라이버시권의 영역에서 적법절차에 의한 심사가 가장 일반적인 것 같다.[732]

(2) 피임

(가) 연방대법원은 1965년의 Griswold v. Connecticut[733] 사건에서 7:2의 판결로, 피임기구를 사용하거나 동 사용을 교사 또는 방조하는 것을 금지한 Connecticut

---

725) Barron/Dienes (1999), pp. 327-328.
726) 381 U.S. 479 (1965).
727) Black's Law Dictionary (1999), p. 1325.
728) Eisenstadt v. Baird, 405 U.S. 438 (1972) ; Carey v. Population Services International, 431 U.S. 678 (1977).
729) E. Chemerinsky (1997), p. 639.
730) 434 U.S. 374 (1978).
731) Id. at 400 (Powell, J., concurring).
732) Barron/Dienes (1999), p. 192.
733) 381 U.S. 479 (1965).

주법률은 헌법상의 프라이버시권을 침해한 것이라고 선언하였다.[734] Douglas 재판관이 집필한 다수의견은 근본적인 권리인 "프라이버시권"이 위 법률에 의하여 침해되었음을 인정하였다. 다수의견은 이 권리가 몇몇 권리장전 규정의 "半陰影지역(penumbras)"[735]에 있는 권리라고 판시하였다.[736] 하지만 Douglas 재판관은 권리장전의 어느 부분에서 그 근거를 찾을 수 있는지 명시하지는 않았다.[737] Goldberg 재판관은 동조의견에서, 프라이버시권은 권리장전의 어떠한 구체적 보장규정에 의존하지 않고도 인정되어야 한다고 주장하였다.[738] 그는 연방대법원이 과연 어떤 가치들이 근본적인 권리로서 보호되어야 하는가를 결정할 때에는 국가의 "전통과 양심"에 의존하여야 한다고 하였다.[739] Harlan 재판관만이 왜 프라이버시권을 헌법적으로 보장할 가치가 있다고 인정하는가에 대한 명쾌한 근거를 제시하였다. 몇 년 전의 반대의견[740]에서 밝힌 바와 같이 그는 자연법적 접근방법에 근거하여 프라이버시권은 보호될 수 있다고 하였다.[741] 또 다른 반대자인 Black 재판관은 적법절차에 대한 자연법적 접근방법에 반대하면서, 권리장전의 문언에서 프라이버시권에 대한 명확한 근거를 찾을 수 없다는 이유로 다수의견에 반대하였다.[742]

(나) R.H. Bork[743]는 프라이버시권을 인정하고 있는 이 판결을 비판하면서, "연방대법원이 근본적 가치를 선택하는 것은 정당화될 수 없다. 헌법이 우선적인 가치

734) Barron/Dienes (1999), p. 192.

735) 사전상의 의미는 보통 '일식이나 월식의 그늘진 부분', 또는 '태양 흑점 주위의 그늘진 부분'을 일컫는다.

736) 381 U.S. at 484.

737) Rotunda/Nowak (1992), p. 429.

738) 381 U.S. at 486 (Goldberg, J., concurring).

739) Id. at 493.

740) Poe v. Ullman, 367 U.S. 497, 522 (1961) (Harlan, J., dissenting).

741) 381 U.S. at 499 (Harlan, J., dissenting).

742) Id. at 507 (Blackmun, J., dissenting).

743) Robert H. Bork는 보수적인 인물로 연방항소법원(콜롬비아특별구) 판사로 재직 중이던 1987년 7월 1일, 건강상의 이유로 은퇴를 선언한 Louis F. Powell 재판관의 후임으로 Reagan 대통령에 의해 연방대법원의 재판관으로 지명되었으나 같은 해 10월 23일 상원 인준과정에서 42:58로 동의를 얻는데 실패했다. 그 대신 1988년 2월에 Anthony M. Kenney가 상원의 인준을 받아 Powell 재판관의 후임으로 확정되었다. Gunther/Sullivan (1997), Appendix B (Tables of Justices) B-6의 footnote 1. 이 과정에 대한 자세한 설명은 Philip Bobbit, Constitutional Interpretation (Cambridge, Mass.: Blackwell 1991), pp. 83-108 참조.

를 명시적으로 선언하고 있지 않는 한 계쟁중의 가치가 다른 여타의 가치보다 우선한다는 명제를 취할 수는 없는 것이다. 재판관은 헌법의 문언, 그 역사, 그리고 그에 명확히 함의되어 있는 것에 대해서만 충실하여야 할 뿐, 새로운 권리를 창조하여서는 않된다."고 하면서, 이 사건에서 선언된 새로운 프라이버시권은 재판관 자신의 가치판단에 불과한 것으로 헌법의 문언이나 그의 성립사 또는 헌법의 구조보다도 재판관 자신의 도덕철학을 논거로 하여 창조된 것이며, 이는 대의민주주의적 정치원리가 아닌 사법에 의한 통치를 야기하는 것이라고 평가하였다.[744)]

(3) 결혼할 권리

(가) 1978년의 Zablocki v. Redhail[745)] 사건을 보자. Wisconsin 州는 법원에 의해 미성년자에 대한 보호명령을 받은 자가 미성년자를 데리고(보호하고) 있지 않은 경우에는 법원의 허가가 있어야만 결혼할 수 있다는 법률을 시행하고 있었다. 그 법률규정에 따르면, 그러한 상태에 있는 결혼신청자가 ①법원의 명령에 따른 보호의무를 다하였고 따라서 ②보호명령의 대상인 어린이가 신청 당시에나 그 이후라도 공립보호소에 보내질 것 같지 않다는 입증을 요구하였다. Redhail은 이러한 법원의 허가를 얻지 못해 결혼할 수 없었다. 그는 이러한 두 가지 요건을 충족시킬 수 없었기 때문에 허가를 위한 청원을 하지 않았다. 그는 이 법률이 평등보호와 적법절차를 위배하여 위헌이라며 소송을 제기하였다. 연방대법원의 다수의견은 비록 "새로운 평등보호" 영역에서의 근본적인 권리라는 개념으로 분석을 하였지만, 이는 "결혼할 권리는 근본적인 것"이라는 판시를 한 실체적 적법절차 群의 선례에서 강한 영향을 받은 것이었다.[746)] 법정의견을 집필한 Marshall 재판관은 위 법률을 무효라고 선언하면서, "결혼할 권리는 근본적인 중요성을 갖고 있고 또 이 사건에서의 구분은 그러한 권리의 행사를 심각하게 방해하고 있기 때문에, 이러한 구분이 필요하다는 州의 이익에 대하여 엄격한 심사가 요구된다."고 판시하였다.[747)]

---

744) R.H. Bork, *Neutral Principle and Some First Amendment Problems*, Indiana Law Journal, vol. 1 (1971), p. 8. 한상희(1998), 178-179면에서 재인용.

745) 434 U.S. 374 (1978).

746) Gunther/Sullivan (1997), p. 587.

747) Barron/Dienes (1999), p. 314.

(나) 그러나 Zablocki 사건에서도 판시하였듯이, 문제가 된 구분이 결혼의 결정에 심각한 방해를 하는 경우가 아니라면, 합리성 심사기준이 적용된다. 예컨대 1977년의 Califano v. Jobst[748] 사건에서, 장애인보조금을 받는 사람이 다른 장애인과 결혼하는 경우에는 계속 수령할 수 있지만 정상인과 결혼하는 경우에는 이를 중단하도록 하는 법률에 대하여 합리성 심사기준을 적용하여 합헌이라고 하였다. 또한, 출산을 한 산모에게는 보조금을 주고 낙태한 사람에게는 주지 않는 규정이 문제된 1980년의 Harris v. McRae[749] 사건에서는, 헌법적으로 보호되는 중요한 권리가 침해되지 않았으므로(다시 말하면, 심각한 부담이 있는 경우가 아니므로) 합리성 심사기준이 적용된다고 판시하였다.[750]

(4) 낙태문제

(가) Roe v. Wade 사건 (1973)

1) 연방대법원은 임신중에 있었던 한 독신녀(가명 Jane Roe)가 Texas州 낙태금지법이 위헌이라며 제기한 1973년의 Roe v. Wade[751] 사건에서 임신기간을 3분기로 구분하는 소위 "3분기 분석법"(trimester analysis)을 제시하였다. 법정의견을 집필한 Blackmun 재판관은, 임신 첫 3분기(임신후 3개월까지) 동안의 낙태는 임산부가 정상적인 출산을 할 때보다 덜 위험하므로 국가는 이 기간 동안 임산부의 낙태권을 제한할 수 없고, 2분기(4월~6월)에는 국가가 임산부의 건강보호와 합리적으로 연결되는 범위 안에서 낙태절차에 대한 규제를 할 수 있으며, 3분기(7월~9월) 동안에는 태아가 모체 밖으로 나와도 생존이 가능하므로 입법자는 임산부의 생명 또는 건강보호를 위하여 필요한 경우를 제외하고는 낙태를 금지시킬 수 있다고 판시하였다. 연방대법원은, 여성이 낙태 여부를 결정하는 것은 여성이 가지는 프라이버시의 권리에 포함되는 것이며 비록 프라이버시권이 헌법에 명문으로 규정되어 있지 않을지라도 헌법상 인정될 수 있는 근본적인 권리라고 인정한 다음, "엄격심사기준"을 적용하여 텍사스州의 낙태금지법을 위헌이라고 판결하였다(7:2). 반대의견을 쓴 Rehnquist 재판관

---

748) 434 U.S. 47 (1977).

749) 448 U.S. 297, (1980).

750) Barron/Dienes (1999), pp. 314-315.

751) 410 U.S. 113 (1973).

과 White 재판관은 낙태의 문제는 입법자의 판단에 맡겨두어야 하는 문제라고 강조하였다. 예컨대 White 재판관은 "사법심사권한의 행사로 본다면 연방대법원은 오늘 판결하는 것과 같은 권한을 가지고 있는지도 모른다. 그러나 나의 견해에 의하면 오늘의 판결은 선견지명이 없고 무절제한 사법심사권한의 행사이다. … 이 사건의 쟁점은 국민들과 국민들이 자신의 문제를 통제할 수 있는 기관인 입법자의 판단에 남겨두어야 하는 것이다."라고 하였다.[752)]

이 사건의 판시내용은 연방대법원이 같은 해의 Doe v. Bolton[753)] 사건에서 Geogia 주의 낙태규제법을 위헌선언하는데 인용되었다. 연방대법원이 여성들은 태아의 생존가능성 이전에는 낙태할 헌법적 권리를 갖는다고 판시한 이상, 만약 州가 임신의 계속이 임산모의 건강에 위험하다거나 태아가 심각한 기형아이거나 임신이 강간에 의한 경우를 제외하고는 낙태할 수 없다고 금지한다면 그 법률은 위헌일 수밖에 없는 것이다.[754)]

2) 미국사회에서 낙태문제가 가지는 중요성 때문에 Roe v. Wade 판결에 대하여는 많은 학술적 논쟁이 있었다. 이 판결에 대한 비평은 주로 다음의 세 가지로 나누어 볼 수 있다.

가) 첫째, 낙태의 권리는 헌법전에 나와 있지도 않고 헌법기초자들이 의도한 바도 아니므로 이를 법원이 보호하는 것은 잘못이라는 것이다. 예컨대, John Ely는 "Roe 판결이 걱정스러운 점은 이와 같이 엄청나게 보호되고 있는 권리가 헌법의 조문, 헌법기초자들의 이 문제에 대한 생각, 그들이 삽입한 조항들에서 추출할 수 있는 가치, 또는 국가의 정부구조에서 유추할 수 있는 것이 아니라는 것이다. Roe 판결의 문제점은 이 판결이 문제를 잘못 다루었다는 데에 있는 것이 아니라, 헌법에 따라 법원이 다루어야 할 사항이 아닌 문제를 판단하였다는 것이다. Roe 판결은 나쁜 헌법원리에 관한 것이기 때문에 잘못된 판결이기도 하지만, 오히려 헌법사항이 아닌 것에 대해 다루었다는 점에서 잘못된 것"이라고 주장하였다.[755)]

---

752) Id. at 222 (White, J., dissenting).

753) 410 U.S. 179 (1973).

754) E. Chemerinsky (1997), p. 665.

755) John H. Ely, *The Wages of Crying Wolf: A Comment on Roe v. Wade*, 82 Yale Law Journal 920, 935-936, 943, 947 (1973).

그러나 Roe 판결에 대하여 찬성하는 사람들은, 연방대법원이 미국에서 보호해 온 가족과 임신에 관한 다른 권리에 대해 언급하며 이러한 비판에 맞섰다. 연방대법원은 결혼할 권리, 가족보호의 권리, 가족과 함께 살 권리, 자녀를 통제하고 기를 권리, 자식을 낳을 권리, 피임약을 사거나 사용할 권리 등을 — 비록 이들이 헌법전에 명시되어 있지 않고 헌법기초자들이 의도하지 않았었다 하더라도 — 보장해 왔다. L. Tribe는 "거의 대부분의 사람들은 최소한 이러한 개인의 자율성과 독립성의 어떤 특성들을 수정헌법 제14조에서 말하는 '적법절차를 거치지 않고는' 빼앗을 수 없는 '자유'의 한 부분이라고 생각한다."고 언급하였다.[756] 따라서 연방헌법이나 그 기초자들이 낙태에 대해 단순히 침묵하였다는 이유로 Roe 판결을 비판할 수는 없을 것이다.[757]

나) Roe 판결에 대한 두 번째 주요 비판은, 연방대법원이 태아의 생명을 보호하고자 하는 주의 이익을 충분히 고려하지 않았다는 것이다. Roe 판결을 비판하는 몇몇 사람들은 사법적 방법론의 문제에 초점을 맞추기보다는 태아를 보호하는 것이 낙태를 금지할 만큼 중대한 권익이 아니라는 연방대법원의 실체적인 판단에 초점을 더 두고 있다. J. Noonan은 "연방대법원이 임신기간 중 마지막 두 달 동안만 태아가 보호받을 수 있다고 판단한 것은 연방대법원이 태아를 생명이라기보다는 단순히 잠재성이나 생존가능성 이론으로 받아들이고 있다는 것을 보여준다. 연방대법원의 견해는 생물학적인 사실이 법원이 행하는 군주적인 언명에 의해 무시될 수 있다는 가정에 근거한 보인다."고 말했다.[758]

이에 대하여 Roe 판결을 찬성하는 사람들은 다음의 두 가지 반응을 보이고 있다. 하나는 태아가 언제부터 인간이 되는지에 대한 문제에 대해 법원이 판단하지 않은 것은 옳았다는 것이다. 언제부터 태아가 헌법에 의해 보호받는 인간이 되는지는 여러 시점의 가능성이 있다. 즉 임신, 자궁벽에의 착상, 개체화(태아가 개인적 특성을 갖는 시기), 태동초감(임신모가 태아의 첫 움직임을 느낀 때), 생존가능성, 및 분만시가 그것이다. F. Olsen은 "인간의 생명의 시작에 대한 판단은 자의적인 것으로 비판받을 수 있다. … 생명의 가치는 관찰할 수 있는 어떤 특정한 존재형태에 기인하는 것

756) Laurence Tribe, *Abortion: The Clash of Absolutes* (New York : W.W. Norton & Company Inc. 1990), p. 99.

757) E. Chemerinsky (1997), p. 666.

758) John Noonan Jr., *The Root and Branch of Roe v. Wade*, 63 Nebraska Law Review 668, 673 (1984).

이 아니다. 인간은 문화적으로 창조되었기 때문에, 생명의 가치는 사회적인 의미를 갖는 것이고, 중요하게는 性정책(sex politics)에 따른다."고 설명하였다.[759] 따라서 연방대법원이 여성으로 하여금 인간성이 언제 시작되는지에 대해 결정하도록 한 것은 적절한 것이라는 주장이다.[760]

연방대법원이 태아보호에 거의 무게를 두지 않았다는 주장에 대한 또 다른 반응은, 태아가 사람으로 간주되더라도 (판례를 포함한) 법은 여성을 그녀의 의사에 반하여 태아를 키우는 인큐베이터가 되도록 강요해서는 안된다는 것이다. J. Thomson은, 태아는 임신의 순간부터 사람이라는 것을 인정한다 하더라도 사람은 다른 사람의 생명을 유지하기 위하여 그의 몸이 사용되도록 강요되어서는 안된다고 주장하였다.[761] Thomson의 주장에 의하면, 예컨대 그것이 한 생명을 살리는 유일한 방법이라 하더라도 법은 한 사람으로 하여금 다른 사람과 육체적으로 결부되어 있으라고 강요할 수 없다는 것이다. 부모들도 그들의 자녀의 생명을 구하기 위해 그들의 장기나 피를 기증하도록 요구되지 않는다.[762] 이러한 견해에 의하면, 여성들도 태아의 생명을 유지하기 위해 그들의 자궁이나 몸을 기증하라고 강요되어서는 안된다는 것이다.[763]

다) Roe 판결에 대한 세 번째 비판은 평등보호보다 적법절차를 판결의 근거로 삼은 것은 잘못이라는 것이다. 낙태를 금지하는 것은 여성에게만 적용되는 것으로 이는 남녀차별이며 따라서 위헌으로 선언되어야 한다는 주장이다.[764] C. MacKinnon은, "이러한 남녀평등의 관점에서 분석하면 Roe 판결로 무효가 된 낙태처벌규정은 평등보호에 위반하는 것이다. 그 규정은 여성들만이 필요로 하는 의료행위 때문에 여성을 범죄자로 만들고, 또는 여성들만이 필요로 하는 의료행위를 수행한 다른 사람들을 범죄자로 만드는 것이므로, 이것은 사회의 성차별에서 오는 것이고,

---

759) Frances Olsen, *Unraveling Comprimise*, 103 Harvard Law Review 105, 127-128 (1989).

760) E. Chemerinsky (1997), p. 666.

761) Judith J. Thomson, *A Defence of Abortion*, 1 Phil. & Pub. Aff. 47, 48-49 (1971).

762) 또한 Donald H. Regan, *Rewriting Roe v. Wade*, 77 Michgan Law Review 1569 (1979) 참조.

763) E. Chemerinsky (1997), p. 667.

764) Ruth. B. Ginsberg, *Some Thoughts on Autonomy and Equality in Relation to Roe v. Wade*, 63 North Carolina Law Review 375, 383 (1985); Sylvia A. Law, *Rethinking Sex and the Constitution*, 132 University of Pennsylvania Law Review 955, 987 (1984).

따라서 강요된 母性은 성차별이다."라고 주장했다.[765)]

이러한 주장에 대한 반응은, 평등에 근거한 분석은 프라이버시 접근법과 같이 "태아의 생명을 보호하는 정부의 이익이 낙태금지를 정당화할 수 있느냐?" 하는 기본적인 질문으로 귀결된다. 평등보호법리에 의하면 성차별은 중간단계의 심사를 통과하면 허용될 수 있다. 즉, 정부의 행위가 중요한 정부의 권익과 실질적으로 관련되어 있느냐는 것이다.[766)] 만약 태아의 생명을 보호하는 것이 중요한 정부의 이익이라고 인정되면, 낙태를 금지하는 법은 그것이 성에 기한 차별이라 하더라도 정당화될 수 있는 것이다. 이는 결국 평등보호 분석에 의하더라도 나을 것이 없다는 것이다. 다시 말하면, 프라이버시나 평등보호의 어느 쪽에 의하든지 태아의 생명을 보호하고자 하는 州의 이익이 충분한 것이 아니어서 낙태처벌법이 위헌이 되거나, 또는 (프라이버시나 평등보호의) 어느 쪽에 의하든지 낙태금지를 정당화할 만큼 주의 이익이 충분하여 낙태처벌법이 합헌이 되거나 하는 둘 중의 하나인 것이다.[767)]

(나) Webster v. Reproductive Health Services 사건 (1989)

1) Missouri 州법률은 생명은 임신의 순간부터 시작된다는 州의 견해를 받아들여, 낙태시술을 행하거나 낙태하고자 하는 여성을 격려하는 상담을 하기 위해 정부의 기금을 사용하는 것을 금지하고, 태아가 살 수 없다고 판명될 경우에만 임신 20주 후부터 낙태를 허용한다고 규정하였다. 이 법률의 위헌 여부를 다룬 1989년의 Webster v. Reproductive Health Services 사건에서 연방대법원은 다수의견(majority opnion) 없이 이 규정을 합헌이라고 판결하였다.[768)]

White 재판관과 Kennedy 재판관이 동참한 복수의견에서 Rehnquist 대법원장은 Roe 판결을 강하게 비판하였다. 그는 어머니의 권리와 태아를 보호하려는 정부의 이익의 균형을 맞추기 위해 Roe 판결에서 사용된, 3분기분석틀(trimester)을 공격하였다. 그는, "Roe 판결의 경직된 이론체계는 개방적인 언어로 쓰여 있는 헌법의 개념

765) Catharine A. MacKinnon, *Reflections on Sex Equality Under Law*, 100 Yale Law Journal 1281, 1319 (1991).

766) Craig v. Boren, 429 U.S. 190 (1976).

767) 또 하나 고려해야 할 점은 성차별에 있어 중간수준의 심사기준은 1976년의 Craig v. Boren 사건에서 비로소 확립되었다는 점이다. E. Chemerinsky (1997), p. 668.

768) 492 U.S. 490 (1989).

에 맞지 않는다. … Roe 판결의 중심되는 이론체계 — 3분기분석틀(trimesters)과 생존가능성(viability) 이론 — 은 헌법전에서는 찾을 수 없는 것이고 헌법의 원칙으로부터 찾을 수 있다고 기대되는 것도 아니다."라고 하였다.[769] Rehnquist 재판관은 또한, "우리는 왜 태아의 생명을 보호하기 위한 주정부의 이익이 생존가능성을 얻는 시기에서부터 시작되어야 하고, 이에 따라 '주정부는 태아가 생존가능한 때부터만 낙태를 규제할 수 있다'는 경직된 견해를 인정할 수 없다. … 州의 이익은, 만일 태아의 생존가능성(viability) 이후에 필수불가결한 것이라면, 소위 '생존가능성' 이전에도 동등하게 필수불가결한 것이다."라고 설시하였다.[770] Rehnquist 재판관의 의견은 명시적으로 Roe 판결을 변경해야 한다고 주장하지는 않았지만, 그의 의견은 州는 태아의 생명을 보호함에 있어 임신의 순간부터 필수불가결한 이익을 갖는다는 것을 선언하고자 했다는 것은 의문의 여지가 없다. Rehnquist 재판관과 White 재판관은 Roe 사건 판결에서 반대의견을 집필했었고, 그동안도 Roe 판결을 변경해야 한다고 주장해 왔던 것이다.[771]

2) Scalia 재판관은 동조의견에서 판결에 일부 동의하였다. 그는, 복수의견은 "실질적으로는 Roe v. Wade 판결을 변경하려는 것"이라고 평가하고, "나는 그와 같은 판례변경이 이루어져야 한다고 생각하고 그러나 나는 이것을 좀 더 분명하게 하고자 한다."고 언급하였다. 그는 연방대법원이 Roe 판결을 변경하는데 실패한 것은 사법적 판단이라기보다는 정치적인 이유 때문이라고 주장하였다.[772] O'Connor 재판관은 Webster 판결에서 결론을 정하기 위한 다섯 번째 표를 행사했지만 위 Missouri 주법의 구체적인 점만을 판단하였고, Roe 판결을 변경할 것인지 여부에 대하여는 의견을 표시하지 않았다.[773] 그녀는 "Missouri 주법은 낙태를 금지하지 않았고, 따라서 Roe 판결의 헌법적 유효성을 재검토해 달라는 州의 요청을 받아들일 필요가 없다."고 언급하였다.[774]

---

769) Id. at 518.

770) Id. at 519.

771) Thornburgh v. American College of Obstetricians and Gynecologists, 476 U.S. 747, 797 (1986) (White, J., dissenting) 참조.

772) Id. at 532 (Scalia, J., concurring in part and concurring in the judgment).

773) 492 U.S. at 522 (O'Connor, J., concurring in part and concurring in the judgment).

774) Id. at 525.

3) Brennan 재판관과 Marshall 재판관이 동참한 반대의견에서 Blackmun 재판관은 "오늘 Roe v. Wade 판결과 여성들이 임신을 끝낼 것인지 여부를 결정할 수 있다는 근본적인 헌법상 권리는 살아 남았지만 안전한 것은 아니다. … 복수의견은 전 세대의 획기적인 판결을[775] 버린 것이고, 또한 헌법은 여성들이 자녀를 낳을 독특한 능력을 통제할 수 있는 권리의 행사를 보장하고 있다고 믿게 된 이 나라의 모든 여성이 갖고 있는 희망과 비전을 어둠속으로 내던지는 것이다. … 최소한 오늘은 낙태법리가 방해받지 않은 채로 유지되었다. 오늘은 이 나라의 여성들이 그들의 운명을 통제할 수 있는 자유를 보유하였다. 그러나 징조는 명백하고 불길하다. 찬바람이 불고 있는 것이다."라고 탄식하였다.[776]

(다) Casey 사건 (1992)

1) 연방대법원은 1992년 Planned Parenthood of Southeastern Pennsylvania v. Casey[777] 사건에서 미국사회의 예민한 문제인 낙태에 관하여 다시 한 번 다루게 되었다. 문제가 된 Pennsylvania 州 낙태규제법은 1988년과 1989년에 새로 개정하면서 임신한 여성이 낙태를 원할 경우 "사전동의(informed consent)"와 "시술전 24시간 대기" 등을 규정하고 있었다. 즉, 그녀가 미성년자인 경우 부모 중 일방의 동의를, 기혼자인 경우에는 남편에게 落胎意思를 통고해야만 했다. 이러한 규정에 대하여 몇몇 낙태병원과 醫師들이 소송을 제기하였다.[778]

2) Webster 판결 후 이 사건이 연방대법원에 접수된 1989년과 1992년 사이에 Brennan 재판관과 Marshall 재판관이 사임하여 Souter 재판관과 Thomas 재판관이 새로 임명되었다. 이들 중 한 명, 특히 Thomas 재판관은 Roe 판결을 폐기하는 다섯 번째 표를 던질 것으로 생각되었다. 그러나 연방대법원은 그렇게 하지 않았다. 연방대법원은 5:4의 의견으로, 州는 태아의 생존가능성 시기 이전의 낙태를 금지할 수 없다는 것을 다시 확인했다. 그러나 복수의견(Souter · O'Connor · Kennedy 재판관)은, Roe 판결에서 사용된 3분기 분석틀과 주의 낙태규제에 대하여 "엄격심사"를 적용하

775) Blackmun 재판관 자신이 Roe v. Wade 판결을 집필하였다.

776) 492 U.S. at 537, 560 (Blackmun, J., dissenting). E. Chemerinsky (1997), p. 669.

777) 505 U.S. 833 (1992).

778) Id. at 833-834.

여 판단하는 것을 폐기하였다. 그 대신 복수의견은, 생존가능성 이전의 낙태규제는 그것이 낙태에 대한 "과도한 부담(undue burden)"이 아닌 한 허용되어야 한다고 판시했다.[779]

3) 그리고 Blackmun 재판관과 Stevens 재판관은 판결주문에는 일부 동의하였지만 3분기 분석틀과 "엄격심사"를 지지하였다. 즉, Blackmun 재판관은 "이러한 분석틀의 적용은 그것이 Roe 판결에서 연방대법원의 7명의 재판관들에 의해 적용되었을 때와 마찬가지로 보장되어야 한다. 출산 여부의 선택에 관한 주의 제한에 대하여 엄격심사를 하는 것은 출산여부에 관하여 주의 강제없이 스스로 결정할 여성들의 권리를 가장 확실하게 보장하는 것이다. … 3분기 분석틀의 사실적 전제도 훼손되지 않았다."라고 언급했다.[780] 위 Roe 판결을 집필했던 Blackmun 재판관은 문제가 된 Pennsylvania 州 낙태규제법의 모든 조항을 무효화하고자 한 것이다.[781]

4) 이 판결에서 연방대법원은 낙태를 제한하는 법률의 위헌여부를 결정함에 있어 새로운 기준을 제시하였다. "과도한 부담"이라고 불리우는 이 기준은 「태아가 생존가능성을 획득하기 전에 낙태를 원하는 여성에게 실질적인 방해(substantial obstacle)를 부과할 목적을 가지거나 그러한 효과를 야기하는 경우」에는 그 법은 무효라는 것이다. 이러한 "undue-burden test"에 따라 이 사건에서는 기혼여성이 남편에게 통지해야 한다는 요건만이 위헌판결을 받았다.[782]

(5) 가족에 관한 권리

1977년의 Moore v. City of East Cleveland[783] 사건을 보자. Ohio 주의 East Cleveland 市는 한 가구에 여러 명이 혼잡하게 삶으로써 시의 (재정적인 것을 포함하여) 부담을 가중시키는 것을 방지하기 위하여 1가구에는 1가족만 거주토록 하는 조례를 만들었다. 여기에서 가족이란 예컨대 손자와 조부모는 함께 살 수 없다는 것이

779) E. Chemerinsky (1997), p. 669.

780) 505 U.S. at 930 (Blackmun, J., concurring in part, concurring in the judgment in part, and dissenting in part).

781) Id. at 934. E. Chemerinsky (1997), p. 671.

782) Oyez Oyez Oyez: Planned Parenthood v. Casey - Abstrac, in [THE OYEZ PROJECT NORTHWESTERN UNIVERSITY]

783) 431 U.S. 494 (1977).

다. 연방대법원은 5:4의 판결로 이 조례를 위헌이라고 하였다. 이 판결에서 연방대법원은, 가족생활과 관계된 선택에 정부가 간섭(침입)하는 경우에 법원은 행정목적의 중요성과 수단으로 선택된 규율이 이 목적에 기여하는 정도를 매우 주의깊게 심사해야 한다고 하면서, 위 조례의 제정목적은 정당하지만 실제로 위 조례는 그 목적에 기여하는 바가 아주 적다고 판단하였다. 이 사건에서 연방대법원은 가족에 관한 권리를 보호하기 위하여 프라이버시권을 언급하지 않고 실체적 적법절차 접근방법을 채택하였다. 그러나 이 판결에 대하여는 엄격심사라기보다는 중간심사를 적용했다고 평가도 있다.[784)]

바. 근본적인 권리에 포함되지 않는 영역

(1) 의의

근본적인 권리로 인정되기 위하여는 — 즉 엄격심사의 대상이 되기 위하여는 — 그 권리는 반드시 명시적 또는 함축적으로 헌법이 보장하는 것이어야 한다.[785)] 연방대법원은 근본적인 권리가 아닌 권리에 대한 차별은 전통적인 “합리성 심사”를 적용한다.

생활필수품 내지는 생활의 기본적 수요(Necessities of life)에 대한 권리는 근본적인 것이 아니다. 그러므로 주가 필수품을 사람들에게 다른 방법으로 나누어 준다고 (또는 그러한 물품을 살 수 있는 돈을 다른 방법으로 나누어 준다고) 해도 여기에는 엄격심사를 적용할 필요가 없다. 왜냐하면 근본적인 권리가 관여된 바 없기 때문이다.[786)] 국내 문헌중에는 생활권적 기본권이 헌법에서 명문으로 규정되어 있지 않은 미국의 경우 사회복지·교육 등에 관한 권익이 근본적 권익에 포함될 수 있을 것이라고 소개한 것이 있으나,[787)] 아래에서 보는 바와 같이 미국 연방대법원은 이들이 근본적인 권리가 아니라고 하였다.

---

784) Barron/Dienes (1999), pp. 214-215.

785) San Antonio Independent School District v. Rodriguez, 411 U.S. 1 (1973).

786) S. Emanuel, (2000), p. 336.

787) 서주실, 전게논문(1997), 13면.

(2) 복지권

생활하는데 있어 필요한 물품을 요구할 근본적인 권리는 없다. 이와 같이 음식이나 주거, 그리고 의료혜택 등은 평등보호 목적의 근본적인 것이 아니다. 그러므로 州는 이와 같은 물품을 불공평하게 분배할 수 있다. 마찬가지로 州가 이러한 물품을 살 돈을 어떤 사람들에게는 주고 어떤 사람들에게는 주지 않는다 하더라도 이러한 조치는 엄격심사를 받는 것이 아니다. 예를 들어, 州가 대가족에게는 소가족보다 1인당 복지연금액을 적게 준다 하더라도 이러한 조치는 엄격심사의 대상이 아니다. 이것은 食(food)과 住(shelter)를 위하여 사용되는 돈은 근본적인 권리에 해당되지 않기 때문이라는 것이다.[788)]

(가) 1970년의 Dandridge v. Williams 사건에서 연방대법원은, 가족의 수에 관계없이 복지혜택(the Aid to Families with Dependent Children, AFDC)을 받을 수 있는 상한선을 설정한 Maryland 州法에 대하여 합리성심사기준을 적용하여 합헌이라고 판결하였다.[789)] 이 판결에서 연방대법원은 생활필수품(necessities)은 근본적인 이익이라는 주장을 배척했는데, 이러한 판시에 대해서는 후속 판례에서 다시 문제시되었다.[790)] Dandridge 사건의 Maryland 州法에 의하면 가족수가 많은 가정의 자녀들은 소가족의 자녀들보다 1인당 복지혜택을 적게 받게 된다. 연방대법원은, 이 법률은 사회・복지에 관련되어 있기 때문에 합리성심사기준을 적용하는 것이 적당하다고 판시하였다.[791)] 따라서 연방대법원은, 한정된 공적부조금을 할당함에 있어 가지는 州의 이익은 이 법을 정당화하기에 충분하다고 하였다.[792)] 그러나 이 판결이 있은지 3년후 United States Department of Agriculture v. Moreno 사건에서, 가족과 관계없는 사람이 함께 살고 있는 가구에 대하여는 무료식량지원을 중단한다는 법은 위헌으로 판정받았다.[793)]

---

788) S. Emanuel, (2000), p. 337.

789) 397 U.S. 471 (1970).

790) 예컨대 Richardson v. Belcher, 404 U.S. 78 (1971) (장애혜택) 사건과 Jefferson v. Hackney, 406 U.S. 535 (1972) (AFDC 수령자에게 다른 범주의 보조프로그램 수익자보다 더 낮은 비율로 지급함) 참조. Gunther/Sullivan (1997), p. 913.

791) 397 U.S. at 485.

792) E. Chemerinsky (1997), 633면.

793) 413 U.S. 528 (1973).

(나) 또한 좋은 집에서 살거나 (남의 집을) 나의 집으로 점유할 권리는 근본적 이익이라는 주장은 1972년의 Lindsey v. Normet[794] 사건에서 실패하였다.[795] 연방대법원은 이 사건에서, 주법률에서 인정하는 간이퇴거절차(summary eviction procedure)에 대한 위헌주장을 배척하였다(7:2). 법정의견을 집필한 White 재판관은 엄격한 심사기준을 적용해야 한다는 주장을 배척하면서, "헌법은 모든 사회·경제적인 惡에 대하여 사법적인 구제를 제공하지 않는다. 우리는 그 문서(헌법)에서 어떤 특별한 質의 주거생활을 헌법적으로 보장하고 있다는 주장을 받아들일 수 없다."고 판시하였다.[796]

(3) 교육을 받을 권리

사람은 공공학교 교육을 받을 근본적인 권리를 갖고 있지 않다. 따라서 주가 그러한 공공학교 교육의 분배에 있어 불평등을 용인하거나 심지어는 장려한다 하더라도 이는 근본적인 권리를 침해하는 것이 아니므로 엄격심사를 적용할 필요는 없다. 또한 공립학교에 무료통학버스를 타고 갈 헌법상 권리도 존재하지 않는다.[797]

(가) 연방대법원은 1973년 San Antonio Independent School District v. Rodriguez[798] 사건에서 공공교육에 투자하기 위한 재산세 사용에 관한 "state action"과 "평등보호"의 문제를 다뤘다. 즉, Texas 州가 공립학교에 재정보조를 함에 있어서 학생당 많은 재산세를 내는 지역의 교육에 더 많은 예산을 사용한다 하여 평등보호위반이 문제된 사건이다.[799]

전통적으로 공립학교 교육의 재정은 당해 학교지역구에 부과되는 재산세(property taxes)를 통하여 조달되었다. 이 사건은 이와 같이 주로 지역 재산세에 의존하는 Texas 州의 공교육 재정정책에 대한 공격에 관련된 사건이었다. 이러한 공격의 요점은, 텍사스주의 공교육 재정정책은 지역간에 재산세 과세물건의 가치의 차이에

794) 405 U.S. 56 (1972).

795) Gunther/Sullivan (1997), p. 913.

796) 405 U.S. at 74.

797) S. Emanuel, (2000), p. 319.

798) 411 U.S. 1. (1973). 이 사건에서 Thurgood Marshall 재판관은 반대의견에서 유명한 Sliding Scale Theory를 전개하였다.

799) S. Emanuel, (2000), p. 320.

서 연유하는 학생당 교육보조비에 실질적인 차이를 유발하기 때문에 평등보호조항에 위배된다는 것이었다. San Antonio 市의 Edgewood 학교구에 살며 자녀를 가진 멕시코계 미국인인 원고는 낮은 재산세 과세표준 지역에 사는 가난한 가정의 자녀를 위해 소송을 제기하였다(class action). 전국에 걸친 "최소기금 학교 프로그램(minimum foundation school program)"으로부터의 보조금이 지역간의 차이를 줄이는데 기여를 했음에도 불구하고, 학교구의 교육비 지출은 지역 재산가치의 차이 때문에 상당한 정도로 다르게 되었다(예컨대 원고의 학교구인 Edgewood 학교구는 학생 1인당 교육비지출이 $356인 반면에, 가장 부유한 지역인 Alamo Heights 학교구는 $594였다). 연방지방법원은 "엄격심사기준"을 적용하여 이러한 텍사스주의 정책은 평등보호에 위반된다고 판결하였으나, 연방대법원은 이를 파기하였다.[800)]

이 사건에서 연방대법원(Burger Court)는 5:4의 판결로, 교육 그 자체는 근본적인 권리가 아니라고 판시하고, 공립학교 재정보조조치가 엄격심사의 대상이 되려면 그것이 의심스러운 분류와 관련되어 있거나, 또한 여기에서 문제가 된 富의 여하에 따른 구분에 의해 어떤 기대되는 이익이 완전히 박탈되었을 경우이어야 한다고 하였다. 그러므로 텍사스州의 위 조치는 합리적관계 심사만을 거치면 되었다. 교육에 재정보조를 함에 있어서 재산세를 사용하는 것은 각 학교지역의 주민들이 받게 되는 교육에 대한 통제권한이라는 州의 정당한 목적달성을 위한 합리적인 방법이기 때문에, 단순한 합리적 심사기준을 만족한 것이라는 설명이다.[801)]

(나) 1982년의 Plyler v. Doe 사건에서도 역시 교육을 받을 권리는 헌법이 인정한 본질적인 권리가 아니라고 판결하였다.[802)] 이 사건에서 연방대법원은, 시민권자와 적법하게 입국한 외국인의 자녀에게는 무상의 공립학교 교육을 제공하면서 불법체류자의 자녀에게는 무상교육의 혜택을 주지 않은 Texas 州의 조치에 대하여 평등보호 위반이라고 하였다. 위 San Antonio 사건에서 반대의견을 썼던 Brennan 재판관이 이번에는 법정의견을 집필하였다. 그는, 공립학교 교육은 헌법이 개인에게 보장하는 권리는 아니라는 점을 인정하면서도 교육은 우리 사회의 구조를 지탱하는 근본적인 역할을 한다는 것을 지적하였다. 그는 또한 불법으로 입국한 외국인은 의심

800) Gunther/Sullivan (1997), p. 842.
801) Goldberg/Tenen (1996), p. 86.
802) 457 U.S. 202 (1982).

스러운 구분에 해당하지 않는다는 점을 시인하면서 그러나 그들의 자녀는 우리 사회의 저변을 구성하고 있는 특별한 구성원이라고 지적하고, 시민권자나 적법한 거주자에게는 제공되는 혜택을 거부하는 것은 "영구적인 계급제도(caste)의 일부"라고 하였다. Brennan 재판관은 위 텍사스 법률은 소외된 계층의 어린이들에게 그들이 책임질 수 없는 이유를 들어 평생의 고초를 부과하는 것이라고 하였다. 또한 그와 같은 차별이 죄없는 어린이에게 부과한 교육상실의 대가의 관점에서 볼 때, 그 법률은 주의 실질적인(중요한) 목적을 증진시킨다고 할 수 없는 한 도저히 합리적인 조치라고 볼 수 없다고 판시하였다. 이와 같이 "중간심사기준"을 적용하면서 연방대법원은 5:4의 결정으로 위 텍사스 법률을 위헌이라고 판단하였다.[803)]

Plyler 사건은 의심스러운 구분이나 근본적인 권리가 관련되지 않았음에도 합리성심사를 버린 기억할 만한 사건이다. 이 사건은 워렌법원에서 사용한 경직된 평등심사 구조에 하나의 대안을 제공하고 있는 것으로 보인다. 즉, 심사의 강도는 구분(차별)하는 특성의 성격과 제약되는 이익의 중요성과 제약의 정도(예컨대 그 법률이 근본적인 이익에 하나의 처벌(penalty)에 해당한다고 볼 수 있는지)에 따라 다를 수 있다는 것이다.[804)]

(다) 그러나 Plyler 사건의 1년 후 Martinez v. Bynum[805)] 사건에서 연방대법원은, 무료인 공립학교에 다니기 위하여 부모와 떨어져 살고 있는 소수인종 학생에게 무료의 공교육을 거부하는 권한을 교육구청(학교구, school districts)에 부여한 텍사스 주법에 대한 위헌주장을 배척하였다(8:1). Marshall 재판관만이 반대한 가운데 다수의견을 집필한 Powell 재판관은, 이 규정은 善意거주요건(bona fide residence requirement)으로서 유효하다고 판시하였다.[806)]

1988년의 Kadrmas v. Dickinson Public Schools[807)] 사건에서도 연방대법원은, Plyler 사건을 따르기보다는 Rodriguez 사건을 따라 재판관 5:4의 의견으로, 공립학교 학생들이 버스를 타고 통학하는 비용을 부과하는 권한을 지역 학교위원회에 허가

803) Barron/Dienes (1999), pp. 330-331.

804) Barron/Dienes (1999), pp. 331-332.

805) 461 U.S. 321 (1983).

806) Gunther/Sullivan (1997), p. 857.

807) 487 U.S. 450 (1988).

하는 North Dakota 州法을 합헌이라고 지지하였다. 다수의견을 집필한 O'Connor 재판관은 富에 기한 차별이라는 근거로 또는 교육에 있어 근본적인 이익이 존재한다는 이유로 "엄격심사기준"이 적용되어야 한다는 주장을 배척하였다. O'Connor 재판관은 Plyler 사건에서 중간심사 또는 강화된 심사기준이 적용된 것은 그 사건의 특수한 상황 때문이었다고 설명하면서, Plyler 사건의 학생들과는 달리 이 사건의 원고인 Sarita Kadrmas는 부모의 불법적인 행동 때문에 불이익을 받은 것이지 주정부에 의해 처벌받은(penalized) 상황에 이른 것이 아니라고 판시하였다. Brennan 재판관이 가담한 Marshall 재판관의 반대의견은, 특히 교육분야에 있어서 富에 근거한 차별은 특별한 헌법적 중요성을 갖고 있는 것이므로 세밀한(엄격한) 심사기준이 적용되어야 한다고 하였다. 또 다른 반대의견으로 Stevens 재판관과 Blackmun 재판관은 이 사건의 버스통학비용은 합리성심사기준마저도 통과할 수 없다고 주장하였다.[808]

(라) 요컨대, 공공교육의 완전한 박탈은 평등보호 위반이 될 수 있다. 그러므로 만일 주가 어떤 그룹의 주민들에게 공공교육을 전혀 제공하지 않는다면, 이는 교육의 박탈이 될 것이고, 이는 근본적인 권리의 침해이므로 엄격심사를 받게 될 것이다.[809]

(4) 치료를 받거나 받지 않을 권리

개인은 치료를 받거나 치료를 받지 않을 권리가 있다. 따라서 연방대법원은 1975년의 O'Connor v. Donaldson[810] 사건에서, 본인의 의사에 反한 정신병원 수용은 자유권의 박탈이며 적법절차조항의 보호를 받는다고 판시하였다. 그러나 정신이상이 된 성인의 경우 스스로 또는 타인에게 위험하거나 병원 이외의 장소에서는 안전하게 생존할 능력이 없을 때는 강제수용이 가능하다. 또한 연방대법원은 1990년의 Cruzan v. Director, Missouri Department of Health[811] 사건에서, 정부는 명백히고 확신이 가는 증거를 제시하며 특정인의 사실상의 희망을 입증하고 병원에 수용할 수 있다고 판결하였다. 후에 1997년의 Washington v. Glucksberg[812] 사건의 판결문을

808) Gunther/Sullivan (1997), p. 857.

809) S. Emanuel, (2000), p. 320.

810) 422 U.S. 563 (1975).

811) 497 U.S. 261. (1990).

집필한 Rehnquist 재판관은, 이(Cruzan) 판결에서 연방대법원은 원하지 않는 치료 또는 생명연장을 거절할 중요한 자유의 이익(significant liberty interest)이 있다는 것을 인정하였지만, 이러한 이익은 추상적으로 보호되는 개인의 자율성이라는 관념에서 나오는 것이 아니라 강요된 치료는 폭행(battery)에 해당한다는 common law의 전통에서 나오는 것이라고 하였다.[813)]

(5) 자살할 권리

Washington 州法은 자살을 방조하거나 교사하는 것을 중범죄(felony) 규정하고 있었다. 이에 시한부 환자와 그들의 의사 몇몇이 이 규정은 적법절차규정에 의하여 보호되는 자유를 침해하는 것이라고 소송을 제기하였다. 이들은 이러한 자유는 의사의 도움을 받은 자살에까지 미친다고 주장하였다. 이 사건을 다룬 1997년의 Washington v. Glucksberg[814)] 사건에서 법정의견을 집필한 Rehnquist 대법원장은 이들의 주장을 배척하며, 스스로 자살할 권리나 남의 도움을 받아 자살할 권리는 없으며 자살할 권리는 적법절차에서 보호하는 근본적인 자유가 아니라고 판시하였다.[815)]

(6) 동성애 문제

(가) 연방대법원은 1986년의 Bowers v. Hardwick[816)] 사건에서, 결혼하지 않은 사람들 사이의 성행위에서는 어떤 근본적 권리도 찾을 수 없다고 판시하였다. 이 사건에서 연방대법원은 남성간 성행위(sodomy)를 형사처벌하는 주법률을 합헌이라고 판결하였는데, 이 법률은 성인 남성간의 합의하에 '은밀하게' 이루어지는 성행위까지도 처벌의 대상으로 하고 있었다. 다수의견을 집필한 White 재판관은, 동성간 성행위를 형사처벌로부터 보호할 수 있는 어떤 근본적 권리를 사법적으로 창출할 만한 아무런 근거가 없다고 설시하였다. White 재판관은 아기의 출산, 양육, 그리고 가족관계에 관한 권리가 근본적 권리인 프라이버시권에 포함된다고 확인했던 이전의 연

812) 521 U.S. 702 (1997).

813) Barron/Dienes (1999), p. 225.

814) 521 U.S. 702 (1997).

815) Barron/Dienes (1999), p. 225.

816) 478 U.S. 186 (1986).

방대법원의 판결들은 "남성간 성행위를 할 동성애자의 헌법적 권리가 있다."고 주장하는 이 사건과는 어떤 유사한 점이 없다고 판단하였다. 다수의견은, 남성간 성행위를 할 권리는 "확립된 자유"의 개념에 포함되어 있지 않은 것이고 따라서 그것은 적법절차가 보장하는 자유의 필수적인 부분은 아니고, 또한 이러한 동성간의 성행위를 할 권리는 "이 나라의 역사와 전통에 뿌리박힌 것이어서 사법적으로 보호되어야 하는" 그러한 성격의 권리도 아니라고 보았다.[817] 이 판결에서는 그러나 동성애자를 차별하는 입법이 평등보호를 위반하는지 여부에 대하여는 판단하지 않았다.[818]

(나) 그러나 연방대법원은 1996년 Romer v. Evans[819] 사건에서 6:3의 판결로 Colorado州의 수정헌법조항을 "평등보호조항에 근거하여" 무효화시켰다. Colorado州는 州나 또는 자치단체에서 성적 경향이나 행동(sexual orientation or conduct)에 기한 차별로부터 동성애자를 보호하기 위한 법률을 만들지 못하도록 하는 헌법수정을 하였는데, 연방대법원은 이 수정조항이 게이들의 평등보호에 관한 권리를 침해하였다고 판결하였다.[820]

이 사건은 판단하지 않은 점 때문에 더 중요하다는 평가가 있다. 즉, 위 Bowers 사건은 명시적으로 변경(파기)되지 않았다. 오히려 연방대법원(다수의견)은 Romer 사건에서 Bowers 사건을 인용하지조차 않았다. 그러나 엄밀히 말한다면, 이제 Bowers 사건은 선례로서의 지위가 흔들리고 있다는 것이다.[821]

---

817) Id. at 190. Rotunda/Nowak (1992), p. 433.

818) Barron/Dienes (1999), p. 304.

819) 517 U.S. 620 (1996).

820) Barron/Dienes (1999), *Foreword to the Fourth Edition*, Ⅸ.

821) Barron/Dienes (1999), p. 307.

제3절 새로운 심사기준의 모색

1. 심사기준의 적용경향

가. 빈슨법원까지

(1) 미국연방대법원 초기부터 빈슨법원(Vinson Court, 1946~1953)까지를 살펴보면, 초기에는 물론이고 1868년 수정헌법 제14조가 채택된 이후에도 평등보호에 눈을 뜨지 못하였다. 경제규제입법에 대하여 실질적 적법절차를 적용하여 위헌판결을 하였던 로크너시대(Lochner Era, 1905~1937)를 마감하면서 이른바 현대적 사법심사(modern judicial review) 시대에 들어섰지만, 헌법의 몇몇 규정들은 모호한 일반규정이어서 연방대법원이 각종 다양한 사건에서 "여러 이익들을 형량하는 절차를 통하여 구체화해야 할 원칙의 선언" 이상의 의미를 부여받지 못하였다. 다만, 연방대법원은 전통적인 법률의 "합헌성추정"에서 수정헌법 제1조[822]에 관련된 영역에서는 "위헌성추정" — 진정한 위헌성추정은 아니라 하더라도 최소한 그러한 중요한 권리가 제한될 수밖에 없는 이유를 제시하도록 정부에 입증책임을 두었다 — 에 가까운 입장을 보였다. 그러나 이러한 영역의 권리는 아주 희소하였고, 특히 빈슨법원 시대 동안에 연방대법원은 이러한 권리 영역에서 제한이 필요하다는 정부의 정당화주장을 기꺼이 수용하려고 하였다.[823]

(2) 한편 평등보호의 관점에서 보면, 풀러법원(Fuller Court, 1888~1910) 시절인

822) 수정헌법 제1조(1791. 12. 15. 공포) : 미합중국(연방)의회는 종교(국교)를 수립하거나 종교의 자유로운 행사를 금지하거나 언론・출판의 자유를 제한하거나 또는 평화스럽게 집회할 권리나 고통의 구제를 위하여 정부에 청원하는 국민의 권리를 침해하는 법률을 제정할 수 없다. (원문은, "Congress shall make no law respecting an establishment of religion, or prohibiting the free exercise thereof; or abridging the freedom of speech, or of the press; or the right of the people peaceably to assemble, and to petition the Government for a redress of grievances.")

823) C. Wolfe (1986), p. 258.

1897년의 Gulf, C. & S. F. Ry. Co. v. Ellis[824] 사건에서는 철도회사를 상대로 한 어떤 유형의 소송에서 승소한 원고의 변호사비용을 피고가 지불하도록 의무화한 텍사스州의 규정은 철도회사에게 보장된 평등보호를 부인하는 것이라고 판시하였고,[825] 태프트법원(Taft Court, 1921~1930) 초기인 1921년의 Truax v. Corrigan[826] 사건에서 연방대법원은, 노사분규로 인한 근로자의 피켓팅에 대하여 기업주가 불법행위소송에서의 행위금지가처분(injunctive relief in torts)을 제기하지 못하도록 한 Arizona 주법률을 위헌이라고 판결한 바 있는데, 이 사건에서 연방대법원은 근로자들의 불법행위에 대하여 기업주들이 구제를 받지 못하는 것은 평등보호위반이라고 판시하였다.[827] 또한 휴즈법원(Hughes Court, 1930~1941) 시절에도 1935년의 Stewart Dry Goods Co. v. Lewis 사건에서 어떤 유형의 기업에 대한 과세를 규정한 주법률을 위헌이라고 판결했는데, 그 이유는 특정한 과세에서의 차별은 그 기업에 대하여 법의 평등보호를 부인하는 것이기 때문이라는 것이다.[828]

(3) 그러나 자유방임적 법논리(laissez-faire jurisprudence)의 과도기적인 시절[829]의 이와 같은 기업보호적인 예외적인 판례를 제외하고는 워렌법원 이전까지는 평등보호조항은 Holmes 재판관이 1927년의 Buck v. Bell 사건에서 한 탄식처럼 "위헌논의의 마지막 수단"(the last resort of constitutional arguments)[830]의 역할밖에 하지 못하였고, 그나마 일반적인 합리성 여부를 판단하는 기준 정도에 머물렀을 뿐이다.

나. 워렌법원

(1) 워렌법원(Warren Court, 1953~1969)은 대부분의 영역에서 빈슨법원과 마찬가지의 헌법해석 방법을 취했지만 근본적 권리의 범주를 극적으로 확장하였고, 사회적으로 논쟁이 된 많은 영역에서 폭넓은 사회적 정책형성의 역할을 떠맡았다. 워렌법

824) 165 U.S. 150 (1897).
825) Rotunda/Nowak (1992), p. 393의 footnote 18.
826) 257 U.S. 312 (1921).
827) Id. at 334.
828) 294 U.S. 550 (1935).
829) C. Wolfe (1986), p. 286.
830) 274 U.S. 200, 208 (1927).

원은 미국 역사상 가장 사법적극적이었고 미국인들의 생활과 법문화에 깊은 족적을 남겼다는 평가를 받는다.[831]

(2) 1960년대 워렌법원은 평등보호조항을 인류평등주의적 개혁(egalitarian reforms)의 도구로 채용하기 위하여 후-로크너 정책(post-1937 policy)을 번복하였다. 그리하여 인구변화를 반영하기 위한 선거구재획정에 관한 판례[832]에서 평등보호조항에 근거하여 판결하였다. 그리고 1960년대 중반에 워렌법원은 평등보호에 대한 2중기준론을 발전시켰다. 여기에는 우선 보통 경제규제입법에 적용되는 낮은 수준의 심사(합리성심사)가 있는데, 이러한 사건에서 정부는 그 구분(차별)이 "합리적"이었다는 것을 증명하기만 하면 되었다. 또 하나 높은 수준의 심사는 정부의 구분이 "엄격심사"기준을 통과해야 했는데, 이 경우에는 그러한 구분이 정부의 꼭 필요한(필수불가결한) 이익의 근거에서만 정당화될 수 있었다. 이러한 높은 수준의 심사기준이 적용되는 영역에는 일정한 의심스러운 구분 — 인종이 그 대표적인 유형이다 — 인 경우와 근본적인 권리 — 투표권이 그 가장 좋은 예이다 — 가 침해되는 경우의 두 가지가 있다.[833]

(3) 워렌법원은 헌법상 명시적인 권리(예컨대, 투표권)를 근본적인 권리라고 판시한 이외에도 더 넓은 범위의 권리가 근본적인 권리에 포함될 수 있을 것이라는 힌트를 남겼다. 예컨대 1966년의 Harper v. Virginia Board of Elections 사건에서는 "재산의 소유여부에 따른 구분은 인종에 기한 그것과 같이 전통적으로 바람직하지 않다."고 하였고,[834] 1969년의 Shapiro v. Thompson 사건에서는, "거주요건규정(residency requirement)은 가족들이 살아나갈 수단 — 음식, 주거, 그 밖에 생활의 필수품[835] — 인 복지혜택을 부인하는 것"이라고 판시하였다.[836] 그러나 이렇게 되면 Shapiro 사건에서 Harlan 재판관이 반대의견[837]에서 지적했듯이 평등보호에 있어

831) C. Wolfe (1986), p. 258.

832) 예컨대 Baker v. Carr, 369 U.S. 186 (1962) ; Wesberry v. Sanders, 376 U.S. 1 (1964) ; Reynolds v. Sims, 377 U.S. 533 (1964) ; Lucas v. 44th General Assembly, 377 U.S. 713 (1964) ; Swann v. Adams, 385 U.S. 440 (1967).

833) C. Wolfe (1986), p. 287.

834) 383 U.S. 663, 668 (1966).

835) 그러나 이들은 나중에 버거법원에서 그 근본적인 권리성이 부인되었다.

836) 394 U.S. 618, 627 (1969).

근본적인 권리의 영역은 매우 넓어질 가능성(우려)이 있었다. 왜냐하면 실제로 많은 州 법률이 중요한 권리에 영향을 미치기 때문이다. 그리하여 그는 여러 가지 많은 행위유형에 "근본적"이라는 표지를 붙이고 그들에 대하여 이례적으로 엄격한 평등보호를 부여하는 것은 연방대법원으로 하여금 超입법부(a superlagislature)[838]가 되게 하는 지나친 해석이라고 비판하였다.[839]

다. 버거법원

(1) 버거법원(Burger Court, 1969~1986)은 평등보호에 있어 상위 수준의 심사, 즉 엄격심사기준을 일반적으로 확대하는 것을 거부하면서 그 업무를 시작하였다.[840] 버거법원은 그 초기에 재산(wealth)은 의심스러운 구분에 속하지 않는다고 하였다. 1971년의 James v. Valtierra[841] 사건에서, 워렌법원이 Harper v. Virginia Board of Elections (인두세) 사건에서 밝힌 암시, 즉 "재산의 소유여부에 따른 구분은 인종에 기한 그것과 같이 전통적으로 바람직하지 않다."[842]고 한 판시를 명시적으로 거부하면서 재산은 의심스러운 구분영역이 아니라고 하였다.[843] 또 다른 암시, 즉 워렌법원이 Shapiro v. Thompson[844]에서 밝힌 생활필수품(necessities)에 대한 수요는 근본적인 권리일 수 있다는 판시는 1970년의 Dandridge v. Williams[845] 사건에서 거부되었다.[846]

---

837) Id. at 655 (Harlan, J., dissenting).

838) Id. at 661.

839) C. Wolfe (1986), pp. 287, 288, 289.

840) 한 가지 예외로 1971년의 Graham v. Richardson, 403 U.S. 365 사건을 들 수 있다. 이 사건에서 법정의견을 집필한 Blackmun 재판관은 외국인에 대하여 의심스러운 구분 분석을 확장하면서 United States v. Carolene Products Co., 304 U.S. 144 (1938) 사건의 논거를 채용하였다. Carolene Products 사건에서 연방대법원이 높은 수준의 평등보호가 필요하다고 밝힌 "분리되고 고립된 소수그룹"의 대표적인 예가 바로 외국인이라는 것이었다. C. Wolfe (1986), p. 302.

841) 402 U.S. 137 (1971). 이 사건에 대하여는 이 책 제3장 제2절 2. 다. (3) 참조.

842) 383 U.S. 663, 668 (1966).

843) 이 사건에서 Marshall 재판관은 Brennan, Blackmun 재판관이 동참한 반대의견에서, 가난하다는 것은 분리되고 고립된 소수그룹에 속하므로 엄격심사를 적용해야 한다고 하였다. 402 U.S. at 143 (Marshall, J., dissenting).

844) 394 U.S. 618 (1969).

845) 397 U.S. 471 (1970). 이 사건에 대하여는 이 책 제3장 제2절 5. 바. (2) (가) 참조.

(2) 비록 평등보호에 있어 엄격심사를 요하는 근본적 권리의 영역의 확장을 거부하기는 하였지만, 버거법원은 새로운 평등보호기준을 선보였다. 워렌법원에서의 두 가지 심사기준, 즉 합리성심사기준과 엄격심사기준 이외에 중간심사기준의 개발이 그것이다.[847] 이러한 중간심사기준은 처음에는 평등보호사건에서 의심스러운 구분의 특성을 일부 갖고 있는 性에 기한 차별이나 嫡庶차별을 평가하는 수단으로 개발되었으나,[848] 그 후에는 수정헌법 제1조 소정의 표현의 자유 중 상업적인 언론·표현의 영역[849]에도 적용되었는데, 연방대법원은 이 영역에서의 제한은 다른 형태의 표현의 자유영역보다는 기본권침해의 정도가 약하다고 보았고 따라서 이 영역에서의 표현의 자유의 제한은 표현의 자유 본래의 이상적인 형태와는 관련이 없다[850]고 판단한 것이다.[851]

(3) 이러한 세 가지 기준 외에 버거법원에서는 특히 역사적으로 여성에게 가하여졌던 차별에 대한 補償이라는 근거하에 실질적 평등을 지향하는 우호적 대우기준(preferential treatment test)을 새로이 적용하기 시작하였다.

1974년의 Kahn v. Shevin[852] 사건에서 연방대법원은, 남편이 사망한 여성에게는 州의 재산세를 면제해 주는 반면에 부인이 사망한 남성에게는 면제해 주지 않는 Florida 州의 조치는 합헌으로 유지될 수 있다고 판결했는데, 그 이유는 위 조치는 입법목적에 공평하고 실질적인 관계를 갖고 있기 때문[853]이라는 것이었다. 연방대법원은 이러한 주 세법규정은 남편의 사망이라는, 여성에게는 견디기 어려운 무거운 부담을 주는 충격을 완화하기 위한 주의 정책을 증진하기 위하여 합리적으로 고안된[854] 것이고, 이러한 과거의 여성에 대한 차별의 효과를 교정하기 위하여 만들어진

---

846) C. Wolfe (1986), pp. 302-303.

847) C. Wolfe (1986), p. 304.

848) Craig v. Boren, 429 U.S. 190 (1976) ; Weber v. Aetna Casualty & Surety Co., 406 U.S. 164 (1972) ; Reed v. Reed, 404 U.S. 71 (1971).

849) Central Hudson Gas v. Public Service Commission, 447 U.S. 557 (1980) ; Ohralik v. Ohio State Bar Association, 436 U.S. 447 (1978).

850) 예컨대 Heffron v. International Society for Krishna Consciousness, Inc., 452 U.S. 640 (1981) 참조.

851) J. Shaman (1984), p. 163.

852) 416 U.S. 351 (1974).

853) Id. at 352.

법률은 심사를 통과할 수 있다[855]고 판시하였다.[856] 1975년의 Schlesinger v. Ballard[857] 사건에서는 미국 해군의 승진시스템에 대하여 남성장교가 제기한 남녀차별에 기한 위헌주장을 배척하였다. 이 규정은 여성장교의 경우 승진을 못하더라도 13년간의 복무를 보장해 주는 반면에, 남성장교의 경우는 13년을 복무하지 않았더라도 두 차례의 승진누락이 있으면 강제전역되도록 규정하고 있었다.[858] 한편, 1977년의 Califano v. Webster[859] 사건에서는 사회보장법상 여성근로자의 노년연금 계산규정에 대하여 여성에게 우호적인 구분(benign classification)이라며 합헌판결을 하였다. 이 규정은 평균임금을 산정함에 있어 여성근로자는 월급이 낮았던 해를 남성근로자보다 3년 더 공제해 주도록 규정하고 있었다. 그 결과 여성근로자는 같은 경력의 남성근로자보다 평균임금이 약간 높게 계산되었고, 따라서 노년연금도 남성근로자보다 높게 되었던 것이다.[860]

라. 렝퀴스트법원

(1) 렝퀴스트법원(Rehnquist Court, 1986~2005)은 새로운 평등보호의 가지인 근본적인 권리의 영역을 확장함에 있어 버거법원보다도 더 소극적인 것으로 보이고, 따라서 앞으로도 평등보호에 있어 근본적인 권리분석은 제한적일 수밖에 없을 것이다. 그리고 엄격심사분석이 적용될 것으로서 기왕에 인정된 영역 이외에 새로이 추가될 이익(new interests)은 없어 보인다.[861] 다만, 1986년의 Bowers v. Hardwick[862] 사건에서 동성간 성행위를 형사처벌로부터 보호할 수 있는 어떤 근본적 권리를 사법적으로 창출할 만한 아무런 근거가 없다고 판결했던 버거법원에 비하여, 렝퀴스트법원은 1996년 Romer v. Evans[863] 사건에서 재판관 6:3의 의견으로, 州나 또는 자치

854) Id. at 355.
855) Id. at 355 (footnote 8).
856) Gunther/Sullivan (1997), p. 716.
857) 419 U.S. 498 (1975).
858) Gunther/Sullivan (1997), p. 718.
859) 430 U.S. 313 (1977).
860) Gunther/Sullivan (1997), p. 718.
861) Barron/Dienes (1999), p. 333.
862) 478 U.S. 186 (1986).
863) 517 U.S. 620 (1996).

단체에서 성적 경향이나 행동(sexual orientation or conduct)에 기한 차별로부터 동성애자를 보호하기 위한 법률을 만들지 못하도록 하는 Colorado州의 수정헌법조항은 게이들의 평등보호에 관한 권리를 침해하였다고 판결하였는데,[864] 다수의견은 Romer 사건에서 Bowers 사건을 인용하지조차 않았지만 엄밀히 말한다면 이제 Bowers 사건은 선례로서의 지위가 흔들리고 있다는 평가도 있다.[865]

(2) Gunther/Sullivan은 그들의 책에서, 1970년대말에 연방대법원은 대부분의 경제 · 사회적인 규제입법에 대하여 입법자의 판단을 매우 존중하는 경향으로 후퇴하는 것 같았는데, 1980년대 및 1990년대의 버거법원에서 렝퀴스트법원에 이르기까지의 이른바 현대 연방대법원의 평등보호에 관한 판례의 경향은 불규칙적이고 변덕스러운 모습이라는 비판에는 풍부한 근거가 있다고 평가하면서, 현대 연방대법원의 평등보호판례는 단순한 임시변통적인 판단(ad hoc intervention)의 축적이 아닌가? 평등보호분석에 있어서 (후술하는) 마샬 재판관의 슬라이딩스케일 이론을 따르는 것이 가장 명료한 것인가? 라는 질문을 던지고 있다.[866]

마. 로버츠법원

(1) 2005년 10월부터 시작된 로버츠법원(Roberts[867] Court, 2005~현재)에서 평등보호에 관한 판례로 주목을 받은 것은 2007년 6월 28일 선고된 Parents Involved in Community Schools v. Seattle School District No. 1 et al. 사건[868]이다. 이 사건

---

864) Barron/Dienes (1999), *Foreword to the Fourth Edition*, Ⅸ.

865) Barron/Dienes (1999), p. 307.

866) Gunther/Sullivan (1997), pp. 632-633.

867) John Roberts Jr. 1955년생으로 George W. Bush 대통령에 의해 만 50세인 2005년 9월 29일 연방대법원장으로 임명되었다. 원래는 2005년 7월 1일 오코너(Sandra Day O'Connor) 재판관이 병상에 있는 남편을 돌보고 개인적인 행복을 얻기 위하여 사임을 하겠다는 서신을 보냈을 때, Bush 대통령은 오코너 재판관의 후임으로 당시 워싱턴 D.C. 연방항소법원 판사였던 로버츠를 지명했는데, 당시 대법원장이었던 렌퀴스트가 같은 해 9. 3. 갑자기 사망하자 Bush 대통령은 처음에 위와 같이 오코너 재판관의 후임으로 지명하였던 로버츠를 대법원장 후임으로 변경하여 지명하였고, 오코너 재판관의 후임으로는 알리토(Samuel Alito Jr.)가 지명되었다. 따라서 로버츠는 연방대법원 재판관을 거치지 않고 바로 연방대법원장이 되었다. 최승재, 「미국 대법관 이야기」(경북대학교출판부 2011), 261-262면.

868) 127 S.Ct. 2738 (2007).

에서 연방대법원은 주요 쟁점에 대하여 재판관 5[869] : 4[870]의 의견으로 원심판결을 파기하고 환송하였다. 그 주요 이유는 위와 같이 학생들을 오로지 인종(race)에 근거하여 강제로 학교를 배정(학생통합)한 것은 엄격한 심사기준(strict scrutiny)을 통과해야 하나, Seattle School District는 전에 흑백학생 분리정책을 실시한 적이 없었고 Jefferson School District는 전에 흑백학생 분리정책을 실시한 적이 있었으나 2000년에 종전의 학생분리정책의 흔적을 모두 제거했다는 이유로 연방지방법원의 통합명령이 해소되었기 때문에, 학생통합정책을 채택할 이유가 없었음에도 이를 채택하려면 엄격한 심사기준이 요구하는 요건을 충족해야 하나 위 두 School District는 이를 입증하지 못했다는 것이다.[871]

(2) 위와 같이 로버츠법원의 다수의견은 원래 흑인 학생들을 사회에 보다 완전하게 통합시키기 위해 고안되었던 수정헌법 제14조의 평등보호규정이 백인 학생들을 통합으로부터 보호하는 도구로 삼았다. 2007년의 한 신문사 사설에 의하면,[872] 로버츠법원은 거의 모든 경우에 재판관 5:4의 판결로 법원의 보호를 필요로 하는 개인과 약자에 대해서는 문을 닫아버리고 기업과 강자의 이익을 대변해 왔다는 평가를 받고 있다.

2. 3중기준론으로부터의 이탈

가. 3중기준론의 문제점

현대의 헌법재판은 다중심사기준(multiple levels of scrutiny)으로 구성된 정교한 사법심사체제의 특성을 갖고 있다.[873] 엄격심사, 중간심사, 그리고 최소한의 합리성 심사 라고 불리어지는 3가지의 구별되는 심사기준은 아마도 현재의 헌법사례분석의 가장 큰 특징이라고 할 것이다.[874] 이러한 다중심사기준론에 대하여는 여러 가지 비

869) Roberts, Scalia, Kennedy, Thomas, Alito.

870) Breyer, Stevence, Souter, Ginsberg.

871) 인터넷(www.findlaw.com) 검색자료 참조. (접속일: 2011. 12. 4.)
[http://caselaw.lp.findlaw.com/scripts/getcase.pl?court=us&vol=000&invol=05-908]

872) The New York Times, 2007. 7. 5.자 사설 참조.

873) L. Tribe (1978), pp. 994-1098; G. Gunther (1972), p. 8.

판이 있어 왔는데, 경직성 · 사례분석의 방해 · 내적 불일치(일관성 결여) 등의 결함이 있는 것으로 지적되었다.

(1) 경직성

(가) 다중기준론의 가장 명백한 결함은 그 경직성이라고 한다.[875] 이러한 체계하에서는 재판과정은 헌법적 잣대 위에 미리 위치가 정하여진 어느 하나를 지적하는 것으로[876] 시작된다. 결과적으로 정부행위를 (합헌으로) 받아들일 것인가 또는 (위헌으로) 배척할 것인가의 궁극적인 판단이 주어진 사례에 적용될 심사기준에 의하여 미리 운명지워지는 것이다. 즉, 최소한의 합리성 심사기준이 요구되는 상황에서는 정부의 조치는 거의 자동적으로 합헌으로 유지되고, 반면 엄격심사기준이 적용되는 경우에는 정부의 조치는 거의 자동적으로 위헌이 된다.[877]

(나) 이 체계의 경직성은 최소한의 합리성심사기준에서 가장 현저하다. J. Shaman은, 최소한의 합리성심사기준은 사실상은 아무런 심사기준도 아니기 때문에 연방대법원은 불합리한 법률을 합헌으로 판단하거나 그 법률을 위헌판단하기 위하여 합리성심사기준을 조작하였다고 평가한다. 그리고 거의 대부분의 합리성심사 사례에서 연방대법원은 전자의 입장을 취하여, 비록 연방대법원 스스로 그 법률이 불합리한 것임을 알면서도 마치 그것이 합리적인 것인양 假裝하고 합헌판결을 해 왔으며, 후자의 입장을 취한 몇몇 사례[878]에서는 최소한의 합리성심사기준을 조금 강화한 모습으로 변형시켜야만 했다는 것이다.[879] 연방대법원의 몇몇 재판관들은 이러한 비유연성(경직성)에 실망하여, 최소한의 합리성심사기준을 적용하더라도 정부측 변호사의 설득력 없고 믿기 어려운 정당화논거에 따라 합헌결정을 하는 “무딘(toothless)” 것이 되어서는 안된다고 주장하였다.[880]

874) J. Shaman (1984), p. 161.

875) G. Gunther (1972), p. 188.

876) 심사기준의 확정절차를 말함.

877) J. Shaman (1984), p. 173.

878) 예컨대 United States Department of Agriculture v. Moreno, 413 U.S. 528 (1973) ; Minnesota v. Clover Leaf Creamery Co., 449 U.S. 456 (1981) ; Logan v. Zimmerman Brush Co., 455 U.S. 422 (1982) ; Zobel v. Williams, 457 U.S. 55 (1982).

879) J. Shaman (1984), p. 173.

(2) 분석의 방해 (추상적 범주화)

(가) 전통적인 3중기준론은 각 그룹을 범주화하여 그 범주마다 불변의 결과인 심사기준을 적용하려 하기 때문에 평등보호에 있어서 논의의 초점이 통상 추상적인 범주화(abstract categories)에 맞추어지게 된다. 이렇게 추상적인 범주화에 노력을 기울이다 보면, 이러한 방식은 어떤 특정한 상황하에서 행한 입법자의 구분(차별)에 대한 심도있는 분석에 방해가 되기도 한다.[881] 다시 말하면, 다중기준론은 특정한 사안의 본래의 시비를 가리는 작업에서 절연된 추상화작업 그 자체에 초점을 맞춤으로써 법적 분석작업을 방해한다는 것이다. 이 체계하에서는 관심이 구분・이익・심사수준과 같은 관념에 집중되어 실제 사건의 본안이 무시되는 것이다. 이 문제에 대하여 J. Shaman은, 우리가 헌법판례에 나타난 연방대법원의 의견이나 그 사건기록에 제출된 준비서면을 읽고 나면 숲은 보되 나무는 보지 못하고 자리를 떠나는 느낌을 자주 갖게 된다고 표현한다.[882]

(나) 더 심각한 문제는 다중기준론은 헌법적 형량과정(constitutional balancing process)에 범주화를 부과함으로써 법적 분석을 방해한다는 점이다. 모든 헌법분쟁에 있어서는 이익형량, 다시 말하여 정부의 이익(공익)과 개인의 이익(사익)의 비교평가가 반드시 수반된다. 그런데 다중기준론은 선험적인 범주화(a priori categories)를 통하여 이익들을 평가한다. 그리고 각 심사수준은 "정당한 주의 이익", "근본적인 권리", "의심스러운 구분" 등과 같은 범주화에 따라 정해진다. 이는 곧 범주화적 형량(categorical balancing)이라고 부를 수 있는 헌법재판으로 귀결되는 것이다. 그 결과 개인의 기본권은 근본적인 것과 그렇지 않은 것으로 나누이고 그 중간에는 아무 것도 없다. 개인에 대한 구분은 의심스러운 것, 거의 의심스러운 것, 의심스럽지 않은 것으로 나누이고 그 밖에는 없다. 정부의 목적도 필수불가결한(compelling) 것, 중요한(important) 것, 정당한(valid) 것, 정당하지 않은(invalid) 것으로 나누이고 그 밖의 다른 가능성은 상정하지 않는다. 정부의 차별수단도 필요한(necessary) 것, 실질적인

---

880) 예컨대 United States R.R. Retirement Bd. v. Fritz, 449 U.S. 166, 184 (1980) (Brennan, J., dissenting).; New York City Transit Auth. v. Beazer, 440 U.S. 568, 605-611 (1979) (White, J., dissenting).

881) Note (1987), p. 1150.

882) J. Shaman (1984), p. 174.

(substantial) 것, 합리적인(rational) 것, 비합리적인(irrational) 것으로 나누이고 그 이상은 없다. 이렇게 엄격하게 제한되기 때문에 범주화적 형량은 헌법소송에서 제기되는 다양한 이익들을 평가하기 위한 정확한 눈금매기기에 합당하지 않다는 것이다.[883)]

(3) 내적인 불일치 (일관성 결여)

(가) 다중기준론에서 사용되는 선험적인 범주화는 그 체계를 위한 내적인 안정성을 제공해 주지 못하였다.[884)] 이러한 내적 불일치는 의심스러운 구분에 대한 범주화로부터 시작된다. 초기에 연방대법원은 의심스러운 구분을 "분리되고 고립된 소수인종"(discrete and insular minority)[885)]에 대한 차별에 관련된 것으로 정의하였다. 연방대법원은 그 후 나중의 사건에서는 "의도적으로 불평등 대우를 받아왔거나 정치적으로 무력한 위치에 있는 사람들"[886)]과 관련된 구분으로 정의하였다. 연방대법원은 또한 의심스러운 구분을 하는 것은 "열등감의 표지나 낙인"(a badge or stigma of inferiority)을 찍는 것을 의미한다고도 판시하였다.[887)]

(나) 그러나 연방대법원 자신의 정의에 따르더라도 의심스러운 구분 영역에 해당하는 것이 있지만 그럼에도 불구하고 연방대법원은 이를 인정하지 않은 부분이 있다. Frontiero v. Richardson[888)] 사건을 보면, 성에 기한 구분은 의심스러운 구분의 특성을 모두 갖고 있고 여성에 대한 의도적인 불평등 대우의 역사를 확인할 수 있으며 여성은 정치적으로 무력한 지위에 있음에도 불구하고, 4인의 복수의견은 성에 기한 구분이 의심스러운 구분이라는 것을 선언하도록 설득시키지 못했다.[889)] 이는 적서차별,[890)] 재산소유 여부,[891)] 동성애,[892)] 정신장애[893)]의 경우에도 마찬가지였다.

---

883) J. Shaman (1984), pp. 174-175.

884) J. Shaman (1984), p. 175.

885) United States v. Carolene Products Co., 304 U.S. 144, 153 note 4 (1938).

886) Massachusetts Board of Retirement v. Murgia, 427 U.S. 307, 313 (1976) (quoting San Antonio Indepent School Distric v. Rodriguez, 411 U.S. 1, 28 (1973).

887) Brown v. Board of Education, 347 U.S. 483, 494 (1954).

888) 411 U.S. 677 (1973).

889) 이에 대하여는 이 책 제3장 제1절 2. 나. (6) (나) 참조.

890) Lalli v. Lalli, 439 U.S. 259 (1978); Trimble v. Gordon, 430 U.S. 762 (1977); Matthews v. Lucas, 427 U.S. 495 (1976).

891) San Antonio Indep. School Dist. v. Rodriguez, 411 U.S. 1, 28 (1973).

연방대법원은 스스로의 定義를 고수하기보다는 이들을 스스로의 논리에 따라 그룹지우기도 하고 3가지 심사기준에 임의로 뿌려 흩어놓기도 하였다.[894]

(다) 이러한 내적 불일치는 근본적인 이익의 범주에도 영향을 미쳤다. 원래 어떤 이익이 근본적이라고 인정된 이유는 연방대법원이 그것을 사회적으로 매우 중요한 것으로 인정했기 때문이다.[895] 그러나 연방대법원이 근본적인 권리(이익)라고 인정한 방식은 주관적이었고 따라서 모순 내지는 불일치에 이르게 되었다. 예를 들어, 프라이버시[896]는 연방대법원의 사고방식에 의하면 근본적인 권리였으나 재산권[897]은 아니었다. 州 선거에서의 투표권,[898] 州間여행권,[899] 낙태권,[900] 대가족이 함께 살 권리[901] 등은 근본적 권리로 인정되었으나, 교육받을 권리,[902] 주택,[903] 고용,[904] 그리고 생활수단[905]에 대한 요구는 근본적인 권리로 인정되지 않았다.[906]

(4) 위에서 본 경직성, 결함있는 분석방법, 그리고 내적 불일치라는 근본적인 문제는 연방대법원의 심사기준에 대한 비판을 불러왔고, 이제 사람들은 헌법재판의 분

---

892) Doe v. Commonwealth's Attorney, 425 U.S. 901 (1976).

893) Schweiker v. Wilson, 450 U.S. 221 (1981).

894) J. Shaman (1984), p. 176.

895) Kramer v. Union Free School Dist. No. 15, 395 U.S. 621 (1969); Harper v. Virginia Bd. of Elections, 383 U.S. 663 (1966); Griswold v. Connecticut, 381 U.S. 479 (1965); Douglas v. California, 372 U.S. 353 (1963); Griffin v. Illinois, 351 U.S. 12 (1956); Skinner v. Oklahoma, 316 U.S. 535 (1942).

896) Griswold v. Connecticut, 381 U.S. 479 (1965); Skinner v. Oklahoma, 316 U.S. 535 (1942).

897) Flemming v. Nestor, 363 U.S. 603 (1960); Day-Brite Lighting Inc. v. Missouri, 342 U.S. 421 (1952); Railway Express Agency v. New York, 336 U.S. 106 (1949).

898) Kusper v. Pontikes, 414 U.S. 51 (1973); Kramer v. Union Free School Dist. No. 15, 395 U.S. 621 (1969); Harper v. Virginia Bd. of Elections, 383 U.S. 663 (1966).

899) Memorial Hosp. v. Maricopa Couty, 415 U.S. 250 (1974); Dunn v. Blumstein, 405 U.S. 330 (1972); Shapiro v. Thompson, 394 U.S. 618 (1969).

900) City of Akron v. Akron Center for Reproductive Health, Inc., 462 U.S. 416 (1983); Roe v. Wade, 410 U.S. 113 (1973).

901) Moore v. City of East Cleveland, 431 U.S. 494 (1977).

902) San Antonio Indep. School Dist. v. Rodriguez, 411 U.S. 1, 28 (1973).

903) Lindsey v. Normet, 405 U.S. 56 (1972).

904) Vance v. Bradley, 440 U.S. 93 (1979).

905) Jefferson v. Hackney, 406 U.S. 535 (1972).

906) J. Shaman (1984), pp. 176-177.

석방법을 재구성하는 더 나은 방법이 없는지 의문을 갖게 되었다.[907)]

그리하여 연방대법원의 다수의견은 심사기준의 諸수준(3중기준론)을 계속해서 표현하고 적용하고 있으나, 연방대법원 내부에서도 평등보호에 관한 전통적인 3중기준론을 이탈하자는 주장이 있다. H. Schwartz가 평가한 Lewis F. Powell 재판관의 5중기준론, Thurgood Marshall[908)] 재판관의 "슬라이딩스케일이론"(Sliding Scale Theory), 그밖에 John P. Stevens 재판관의 "연관성심사"(Inquiry into Relevance) 방법이 그것이다. 이러한 새로운 시도 내지 분석방법은 이 책 제4장에서 다루고 있는 우리나라 헌법재판소의 평등권심사 구조에서 중요한 시사점을 제공하고 있다.

나. 5중기준론

(1) H. Schwartz는 Powell 재판관의 평등보호에 관한 접근이 후에 다수의견을 차지하게 된다면, 평등보호법리는 사실상 3중기준이 아닌 5중기준을 갖게 될 것이라고 하면서 이 기준들을 다음의 5가지로 분류하였다. 즉, ①인종이나 민족에 따라 그들을 배척하거나 낙인을 찍게 되는 구분에 적용되는 진정한 엄격심사기준, ②소수인종 우호적인 적극적평등실현조치에 적용되는 완화된 엄격심사기준, ③성이나 적출여부에 따른 구분에 적용되는 중간심사기준, ④정신지체(mentally retarded), 그리고 정신장애(mentally disturbed)와 같은 기타 특별한 범주에 적용되는 강화된 합리성심사기준, ⑤전통적으로 경제 및 복지 규제에 적용된 종래의 합리성심사기준이 그것이다.[909)]

(2) H. Schwartz는, 적극적평등실현조치에서는 예외지만, 위와 같이 다른 구분에 주어지는 심사의 강도는 그 대상에 대해 갖는 공동체의 편견 또는 관련성(community "prejudice" and "relevance")에 따라 달라진다고 한다. 즉, 인종적인 특성은 편견쪽에는 높은 점수를, 관련성쪽에는 낮은 점수를 주게 되며, 반면에 전통적인 경제규제는 그 반대의 관계를 갖는다는 것이다. 그리고 성이나 적출여부, 정신지체에

907) J. Shaman (1984), p. 177.

908) Thurgood Marshall (1908-1993). 뉴욕州 출신의 민주당원으로, 1967년 공화당 대통령 Nixon에 의해 (흑인으로서는 최초로) 연방대법원의 재판관으로 임명되어 1991년 은퇴하였다. Gunther/Sullivan (1997), Appendix B (Tables of Justices) B-6.

909) H. Schwartz (1988), p. 550.

근거한 구분은 의미있는(significant) 편견과 관계되어 있으나 또한 때로는 관련성도 있다. 적극적평등실현조치는 높은 관련성과 아주 낮은 편견을 갖기 때문에 전통적인 합리성심사 영역이 아닌가 하는 의심이 있다. 그러나 연방대법원은 (적극적평등실현조치에 내포된) 의미있는 편견의 가능성을 인식하였고, 과도한 불공정성에 대한 관심(concern for excessive unfairness)을 더하였다고 한다.[910]

(3) 이와 같은 5중기준론은 연방대법원의 판례의 경향을 (결과적으로) 확인하는 데는 유익할 수 있으나, 각 기준에 따른 심사방법이 구체적으로 제시되지 않았기 때문에 실제로 헌법재판에서의 심사도구로서의 유용성과는 별개의 문제라고 할 수 있겠다.

다. 슬라이딩스케일 이론

(1) 몇몇 재판관들이 다중기준론체계를 비판했는데, 그 선두주자는 Thurgood Marshall 재판관으로서 그는 중간심사기준이 등장하기 전인 1970년부터 일련의 반대의견[911]에서 연방대법원의 다중기준론(2중기준론 및 그 후의 3중기준론)을 비판하였다. 마샬 재판관은 다중기준론은 지나친 단순화 작업이어서 헌법소송에 있어 판결절차를 정확하게 반영하지 못한다[912]고 생각하였다.[913]

(2) 마샬 재판관은 사회복지와 관련된 1970년의 Dandridge v. Williams[914] 사건의 반대의견[915]에서 그의 슬라이딩스케일 이론을 처음으로 설명하였다. Dandridge

---

910) H. Schwartz (1988), p. 550의 footnote 145.

911) Massachusetts Bd. of Retirement v. Murgia, 427 U.S. 307, 318-21 (1976) (Marshall, J., dissenting); Marshall v. United States, 414 U.S. 417, 432-33 (1974) (Marshall, J., dissenting); San Antonio Indep. School Dist. v. Rodriguez, 411 U.S. 1, 98-99 (1973) (Marshall, Jr., dissenting); Richardson v. Belcher, 404 U.S. 78, 90-91 (1971) (Marshall, J., dissenting); Dandridge v. Williams, 397 U.S. 471, 519-21 (1970) (Marshall, Jr., dissenting).

912) Massachusetts Bd. of Retirement v. Murgia, 427 U.S. 307, 318-21 (1976) (Marshall, J., dissenting); San Antonio Indep. School Dist. v. Rodriguez, 411 U.S. 1, 98-99 (1973) (Marshall, J., dissenting).

913) S. Emanuel, (2000), p. 163.

914) 397 U.S. 471 (1970).

915) Id. at 508 (Marshall, Jr., dissenting). Brennan 재판관이 이 반대의견에 동참하였다.

사건의 Maryland 州法에 의하면 가족수가 많은 가정의 자녀들은 소가족의 자녀들보다 1인당 복지혜택을 적게 받게 되었다. 연방대법원은, 이 법률은 사회・복지에 관련되어 있기 때문에 합리성심사기준을 적용하는 것이 적당하다고 판시하였다.[916) 따라서 연방대법원은, 한정된 공적부조금을 할당함에 있어 가지는 주의 이익은 이 법을 정당화하기에 충분하다고 하였다.[917) 마샬 재판관은 이 사건의 반대의견에서, 워렌법원(1953~1969)이 확립한 이중기준론은 이 사건에서는 적당하지 않다고 주장하면서 "연방대법원에 의해 합리성심사기준이 적용된 사건들은 경제규제에 관한 사례였다. 이 사건은 다수의견도 인정하듯이 빵을 벌 수 없는 가난한 가족이라는 힘없는 소수그룹의 중요한 이익을 포함한 사건이므로 경제규제에 관한 영역과는 거리가 멀다. 그런데 그와 같이 경제규제영역에서 적용된 (합리성)심사기준이 이 사건에서도 적용되어야 하는가? 이 사건에서 논의의 중점은 구분(차별)의 성격에 맞추어져야 한다."고 하면서 이 사건에 대하여 좀 더 강화된 심사기준을 적용해야 한다고 설시하였다.[918)]

(3) 마샬 재판관은 1972년 Chicago Police Department v. Mosley[919)] 사건의 다수의견을 집필하게 되자, 종래 연방대법원의 입장인 다중심사기준을 대신하는 대안으로서 단일한 심사기준(a single standard of review)을 제시하였다. 그는 "평등보호사건에 있어 가장 중요한 문제는 정부의 해당 규제(입법)가 정당한 정부목적을 적절하게 증진시키는지 여부이다."라고 설시하였다.[920)] 이러한 포괄적인 심사방법은 모든 사건에서 심사의 수준 내지는 정도를 단일한 형태로 통합・정리한다는 것이다. 그러나 Mosley 사건에서 제시한 마샬 재판관의 심사기준은 단명하였다. 연방대법원의 다수의견은 명백히 이러한 제안을 거부하고 그 대신 중간심사기준을 만들어냈을 뿐이다.[921)]

---

916) Id. at 485.

917) 그러나 이 판결이 있은지 3년후 United States Department of Agriculture v. Moreno, 413 U.S. 528 (1973) 사건에서는 가족과 관계없는 사람이 함께 살고 있는 가구에 대하여는 무료식량지원을 중단한다는 연방법률이 위헌으로 선고되었다.

918) Gunther/Sullivan (1997), p. 913.

919) 408 U.S. 92 (1972).

920) Id. at 95.

921) J. Shaman (1984), p. 164.

(4) Marshall 재판관은 1973년 San Antonio Independent School Distric v. Rodriguez[922] 판결의 반대의견[923]에서 그의 슬라이딩스케일 이론을 더 다듬어 설명하였다. "연방대법원은 오늘날 모든 평등보호 사건이 엄격심사와 합리성심사 기준이 각각 적용되는 두 가지 범주로 유형화할 수 있다고 보고 있다. 그러나 연방대법원의 그간의 판례를 살펴보면 오히려 이러한 단순한 범주화를 부인하고 있다. 즉, 평등보호에 위반된다고 주장하는 차별을 심사함에 있어서 연방대법원은 스펙트럼의 띠와 같은 심사기준을 적용해 왔음을 알 수 있다. 이 기준의 스펙트럼은, 불리한 영향을 받은(침해된) 이익의 헌법적·사회적 중요성 및 차별의 원인이 된 근거의 사악성(invidiousness)에 따라 심사기준의 정도를 달리했다는 것이다. … 그러므로 나는 다수의견의 견해, 즉 '엄격심사를 요하는 근본적인 이익은 헌법전 자체에서 찾을 수 있는 확립된 권리만을 포함한다'는 의견을 받아들일 수 없다. 평등보호분석을 위해 '어떤 이익이 근본적인지 여부에 대한 대답은 항상 그 이익이 헌법전에서 명시적으로 또는 함축적으로 보장되어 있는지 여부에 의하여 결정된다'고 제시하는 것만으로는 충분하지 않다. … 요컨대, 연방대법원은 일관하여 주(정부)의 차별에 대하여 불리한 영향을 받은 이익의 헌법적 중요성과 특정한 차별의 사악성의 관점에서 평등심사를 해 왔다는 것은 분명하다."는 것이다.[924]

(5) 또한 1976년 Massachusettes Board of Retirement v. Murgia[925] 사건의 유일한 반대의견에서 다수의견의 경직된 2중심사기준론(rigid two-tier model)을 계속 공격하였다. 이 판결의 다수의견은, 州 경찰관의 정년을 50세로 규정한 것은 의심스러운 구분에 기한 차별이 아니어서 엄격심사기준을 적용할 사안이 아니므로, 이 법률에 의한 구분이 완벽하지 않다는 이유로 평등보호를 위반한 것은 아니라고 판시하였다. 마샬 재판관은 반대의견[926]에서, 연방대법원의 평등보호심사는 엄격심사와 합리성심사라는 단순한 도식이 아니라 훨씬 복잡하였으므로 이제 연방대법원은 이를 인정해야 한다고 주장하였다. 그에 의하면 연방대법원은 논의의 촛점을, 문제가 된 ①

922) 411 U.S. 1 (1973).

923) Id. at 63 (Marshall, Jr., dissenting). 이 반대의견에는 Douglas 재판관이 동조하였다.

924) Gunther/Sullivan (1997), pp. 847, 848.

925) 427 U.S. 307 (1976).

926) Id. at 318-21 (Marshall, J., dissenting).

차별의 성격과 ②정부의 혜택을 받지 못하는 그룹에 속한 개인의 상대적 중요성, 그리고 ③그러한 차별을 지지하기 위해 주장되는 정부의 이익에 놓아 왔다는 것이다. 그리하여 연방대법원이 엄격심사기준을 끌어들이기를 주저한 것을 어떻게 이해하던 지간에, (엄격심사가 적용되지 않는) 모든 입법에 대해 최저한의 심사 즉 단순한 합리성심사로 떨어뜨려서는 안된다고 주장하였다. 그리하여 이 사건에서 그는 다양한 점을 고려하는 유연한(flexible) 슬라이딩스케일을 적용하여, 위의 3가지 요소를 적용해 볼 때 50세 정년규정은 위헌을 면치 못한다고 주장하였다.[927]

(6) 평등보호 사건에서 종래 연방대법원이 보여온 경직된 2원적 분석방법에 대한 Marshall 재판관의 줄기찬 공격은 결국 연방대법원의 다수 재판관으로 하여금 일정한 영역에서 제3의 심사기준, 즉 중간심사기준을 채택하도록 하는 결실을 맺게 하였다고 할 수 있다. 그러나 그의 슬라이딩스케일 접근방법은 그 "유연한" 성격 때문에 오히려 심사도구로서의 '예측가능성'을 확보할 수 없는 단점이 있다고 하겠다.

라. 연관성심사

(1) Stevens 재판관은[928] 1975년 연방대법원의 재판관으로 취임한 이래로 전통적인 多重심사기준론을 거부하고 평등보호에 관한 그의 다른 견해를 분명히 하였다. 그는 취임 다음해에 선고된 Craig v. Boren[929] 사건의 동조의견에서, "평등보호조항은 오직 하나만이 있을 뿐이다. … 이 조항은 법원으로 하여금 어떤 사건에서는 이런 심사기준을, 다른 사건에서는 저런 심사기준을 적용하도록 명하고 있는 것이 아니다."라고 하였다.[930] 이 사건에서 다수의견이 "성차별의 경우 입법목적은 중요한(important) 것이어야 하고 이를 달성하기 위한 수단은 이러한 목적과 실질적인 관련(substantially related)이 있어야 한다."고 하는 '중간심사' 기준을 세우고, 문제된 법이 선택한 수단은 '교통사고 예방'이라는 목적과 실질적인 관련이 없다고 위헌판결을 한

---

927) Gunther/Sullivan (1997), p. 650.

928) John Paul Stevens (1920-2010. 6. 29.). 일리노이州 출신의 공화당원으로, 1975년 공화당 대통령인 Reagan에 의해 연방대법원의 재판관으로 임명되었고 2010년 6월 29일 사임하였다. Gunther/Sullivan (1997), Appendix B (Tables of Justices) B-6,7.

929) 429 U.S. 190 (1976). 이 사건에 대하여는 이 책 제3장 제1절 2. 나. (4) 참조.

930) Id. at. 211-212 (Stevens, J., concurring). Note (1987), p. 1146.

데 대하여, Stevens 재판관은 이 법이 실제로 교통사고를 대처하기 위해 만들어졌는지는 믿기 어렵다고 하였다. 왜냐하면 이 법은 독주가 아닌 음료에의 접근차단에 극히 미세한 영향만을 미칠뿐이고 그러한 음료를 마시는 것을 금지하지도 않기(이 법은 판매만을 금지하고 있다) 때문이라는 것이다.[931]

(2) Stevens 재판관은 연방대법원의 3중기준론에 대한 代案을 발전시켜 왔다.[932] 그는 논쟁의 초점을 여러 유형의 입법(행정)적 구분의 '추상적인 특성'으로부터 각 '사건의 맥락'에서 사용된 구분으로 옮기고 있다.[933] 즉, Stevens 재판관은 구분(차별)의 추상적인 범주화에 초점을 맞추는 대신, 매 사건마다 case-by-case로 정당한 공익에 대하여 구분이 갖는 연관성(the "relevance" of the classification to a valid public purpose)에 대한 심사를 행한다. 그의 평등보호분석에 있어서 정당한 공익에 대한 연관성의 요건은, "어떤 한 그룹에 대하여 입법적으로 혜택을 부여하거나 부담을 주기 위하여 추출해낸 특성(characteristic)이나 특질(trait) 또는 행태(behavior)는 두 그룹 소속원을 다르게 대우하는 이유를 정당화할 수 있어야 함"을 의미한다.[934]

(3) 이에 대하여 그는 1979년의 Caban v. Mohammed[935] 사건의 반대의견에서 자신의 견해를 밝혔다. 이 판결에서 다수의견은, 혼외자(an illegitimate child)의 어머니에게는 그 아이가 얼마나 자랐든지 또는 그 아이와 아버지의 관계가 어떠하든지 관계없이 그 아이의 입양을 거부할 수 있게 한 반면에 아버지에게는 그러한 거부권을 주지 않는 법률을 중간심사기준을 적용하여 평등보호위반이라고 판결하였다.[936] 다수의견은 이 법률규정은 母子관계와 父子관계의 근본적인 차이에 기인한 것이라는 뉴욕주의 주장을 배척하면서, "그러한 관계는 중요성에 있어서 항상 다른 것이 아니다. … 이 사건에서 아버지가 그의 혼인외 자녀와 갖는 관계는 어머니가 혼인외 자녀와 갖는 관계와 비교할 때 완전히 동등할 정도의 관계이다."[937] 라고 판시하

931) Goldberg/Tenen (1996), p. 64.
932) 이러한 대안에 긍정적인 평가를 하는 재판관은 오직 Marshall 뿐이다.
933) Note (1987), p. 1147.
934) Note (1987), pp. 1153-1154.
935) 441 U.S. 380, (1979).
936) Barron/Dienes (1999), pp. 299-300.
937) Id. at 388-389.

였다. 스티븐스 재판관은 반대의견[938]에서, "이러한 방법은 외국인(alienage), 성(gender), 또는 적출여부(illegitimacy)에 근거한 차별을 포함하는 사례들마다 다른 결과를 초래한다. 그러나 이것은 우리가 이러한 유형의 사건에서 중간심사를 적용하기 때문이 아니라 오히려 이러한 그룹의 특성이 때로는 공익, 다시 말하면 문제되고 있는 법률이 달성하려고 하는 입법목적에 연관이 있고 때로는 연관이 없다는 이유 때문이다."라고 하였다.[939]

(4) 스티븐스 재판관은 1985년의 City of Cleburne v. Cleburne Living Center Inc.[940] 사건 판결의 동조의견에서 자신의 이론을 가장 명쾌하게 설명하였다.[941]

1980년 7월에 Jan Hannah라는 사람이 텍사스주의 Cleburne 시에 있는 한 건물을 매입하여 이를 정신지체자들을 위한 공동주택을 운영하려는 Cleburne Living Center(CLC) 회사에 임대하려고 하였다. 공개청문을 거친 후 Cleburne 시의회는 위와 같은 주택운영을 위해 시조례가 요구하는 특별허가를 내주기를 거절하였다.[942] 이에 CLC 회사가 제기한 소송에서 연방항소법원은 정신적 지체는 준의심스러운 구분이고 위 시조례는 정부의 중요한 목적에 실질적인 관련이 없기 때문에 평등보호를 위반한 것이라고 판결하였다. 연방대법원은 더 낮은 단계의 심사기준(합리성심사)이 적당하다고 하면서 그러나 결론적으로는, 허용될 수 있는 정부목적을 위하여 합리적인 관련이 없다는 이유로 위 조례의 위헌을 확인하였다.[943]

Stevens 재판관은 동조의견[944]에서, "합리적 근거(rational basis)"라는 모호하고 형식적인 문구 대신에 다음과 같이 평이한 의미를 찾으려고 하였다.: "연방항소법원은 이 사건에서 결정되어야 할 중요한 문제는 '평등보호심사에서 3가지로 분명하게 정의된 심사기준 중 어느 것이 정신지체자들을 차별하는 이 사건 입법구분에 적용되

938) Id. at 403 (Stevens, J., dissenting). 이 반대의견에는 연방대법원장인 Burger 재판관과 Rehnquist 재판관이 동참하였다.

939) Note (1987), p. 1154.

940) 473 U.S. 432 (1985).

941) Note (1987), p. 1146.

942) 473 U.S. at 435-436.

943) Id. at 435.

944) Id. at 451 (Stevens, J., concurring). 이 의견에는 연방대법원장 Burger 재판관이 동참하였다.

어야 할 것인가' 라는 것인양 이 사건을 처리하였다. 그러나 나는 이러한 소위 '기준론'이라는 것은 판결의 결정과정을 정확하게 설명하는 것이 아니라고 생각해 왔다. 국적·불법체류·사생아·성·나이 그리고 이 사건에서와 같은 정신지체에 기한 구분은 위의 기준론에는 잘 맞지 않는 영역이다. 나는 언제나 문제된 구분에 대하여 '합리적인 근거'를 찾을 수 있는지 스스로 질문해 왔다. 여기에서 '합리적'이라는 용어는 불편부당한 입법자가 '그러한 구분이 불리함을 받는 그룹의 사람들에게 미치는 해악을 넘어 정당한 공익목적에 이바지할 수 있다'고 논리적으로 믿을 수 있어야 한다는 요건을 포함하는 개념이다. 따라서 '합리적'이라는 단어는 — 적어도 나에게는 — 언제나 공평하게 권한을 행사해야 한다는 주권(공권력)담당자의 의무수행을 특징지우는 정당성(legitimacy)과 중립성(neutrality)의 요소를 포함한다. 제대로만 이해한다면 합리적 근거 심사기준은 어떤 사람으로부터 그의 피부색이 다른 유권자의 피부색과 다르다는 이유로 투표권을 박탈하는 법률이 평등보호를 위반하는지를 잘 설명할 수 있는 것이다. 우리는 이러한 사례를 결정하기 위하여 어떤 특별한 심사기준, 즉 소위 '엄격심사기준'나 '중간심사기준'이라는 것을 적용할 필요가 없는 것이다. 모든 평등보호 사건에서 우리는 기본적인 질문을 해야 한다. 그 법률에 의해서 어떤 그룹의 사람들이 해를 입었는가? 그러한 그룹은 우리들의 법문화에서 전통적으로 불이익을 당해왔는가? 그 법률로 달성하고자 하는 공익이 무엇인가? 불이익을 받는 그룹의 어떤 특성이 이와 같은 다른 취급(차별)을 정당화하는 것인가?"[945]

(5) 평등에 관한 그의 규범적이고 사회적인 견해는 고정관념화된 사고를 거부하고 소수집단(monorities)을 사회의 제도와 행위 속에 포함하여 이해할 것을 추구한다. 이러한 견해에 따라 그는 일상적으로 불이익을 받은 집단이 처한 역사적 상황을 언제나 고려하여 심사한다. 그의 방법은 또한 포함적 차별(inclusionary classification)과 배제적 차별(exclusionary classification)을 구별하다. 마지막으로 이러한 가치들을 보충하기 위한 도구로서, 그는 전통적으로 정부의 입법목적에 주어져 왔던 존중(deference)을 거부하고, 때로는 (문면상의) 입법목적이 단순한 핑계에 불과하고 실제로 드러난 목적이 허용될 수 없는 것이라는 결론에 이른 경우에는 그 목적 자체를 거부한다.[946]

945) Id. at 451-453.

(6) Stevens 재판관의 분석방법은 비록 완전하다고는 할 수 없지만, 일관성있는 통일성을 갖고 있기 때문에 연방대법원의 전통적인 평등보호심사보다 더 이점이 있으며,[947] 확인할 수 있는 방향을 가진 대안(an alternative that has an ascertainable direction)을 제시한다는 평가가 있다.[948]

그러나 그의 분석방법은, 비록 그가 자신의 방법에 의하더라도 대부분의 경제입법의 차별에 대하여는 합헌의 결과에 이르는 것이라고 해명하기는 하였지만,[949] 차별에 대하여 광범위한 "연관성"(relevance) 심사를 행하는 경우 Lochner 시대와 같이 입법부의 입법형성의 영역을 부당하게 제한하는 결과를 초래하는 결점이 있다고 할 것이다.

946) Note (1987), p. 1155.

947) 특히 적극적평등실현조치가 문제된 사례에서 일관된 평가를 할 수 있다.

948) Note (1987), pp. 1147, 1161.

949) Cleburne v. Cleburne Living Center Inc., 473 U.S. 432, 451 (1985).

제4장
한국헌법재판소의 위헌심사기준

한국의 헌법재판소는 국민의 기본권을 침해하는 법령 및 행정행위에 대하여 그 규율대상 및 침해되는 기본권의 유형에 따라 다양한 종류의 심사기준을 사용해 왔는바, 형식의 합헌성과 관련해서는 (1) 법률유보원칙, (2) 명확성원칙, (3) 포괄위임입법금지원칙, (4) 영장주의, (5) 이중처벌금지원칙, (6) 언론·출판의 검열금지, (7) 집회·결사의 허가금지 등이, 내용의 합헌성과 관련해서는 이 책의 주제인 평등원칙 이외에 (1) 과잉금지원칙 및 본질적 내용침해금지 원칙, (2) 신뢰보호원칙, (3) 입법부작위(행정입법부작위), (4) 최소보장원칙(사회적 기본권), (5) 과소보호금지원칙(기본권보호의무), (6) 자기책임원리, (7) 체계정당성원리 등이 있다. 이하에서는 먼저 평등권이 문제되는 사례에서 적용되는 심사기준인 평등원칙을 검토하고, 이어서 나머지 위헌심사기준을 살펴보기로 한다.

제1절 평등권 심사기준

1. 일반론

가. 독일연방헌법재판소의 경우

독일연방헌법재판소는 1951년 10월 23일 '南西國(Südweststaat)결정'[1] 이래 1980년 독일민사소송법 제528조에 대한 결정[2] 전까지 평등권심사 영역에서 소위 「자의금지」 공식에 의하였고, 1980년의 이 결정부터 1993년 1월 26일의 제2차 '성전환자(Transsexuellen)' 결정[3] 이전까지는 차별의 유형을 "인적 차별과 사항적 차별"로 나누는 「새로운 공식」에 의하였고, 이 결정 이후에는 "입법자는 인적 집단을 불평등 대우

1) Vgl. BVerfGE 1, 14, 52.
2) BVerfGE 55, 72, 88ff.
3) BVerfGE 88, 87, 96f.

함에 있어서 원칙적으로 엄격한 구속을 받고, 이와 같은 구속은 인적관련 표지들이 기본법 제3조[4] 제3항에 언급된 표지들에 수렴하면 할수록 그만큼 더 강해지며, 사람이나 사태에 대한 불평등대우가 기본권으로 보호된 자유의 행사에 불리한 영향을 미칠 수 있는 정도가 크면 클수록, 입법자의 형성의 여지에 대해서는 그만큼 더 좁은 한계가 설정되므로, 입법자의 형성의 여지의 폭이 다양함에 따라서 헌법재판소의 심사에 있어서 통제의 강도도 단계화된다."는 소위 「최신의 공식」에 따라 평등권심사를 하고 있다.[5]

나. 입법권의 기속과 입법형성권의 한계

우리 헌법재판소는 일찍이 평등원칙의 일반적 의미에 대하여 "평등의 원칙은 국민의 기본권 보장에 관한 우리 헌법의 최고원리로서, 국가가 입법을 하거나 법을 해석 및 집행함에 있어 따라야 할 기준인 동시에, 국가에 대하여 합리적 이유 없이 불평등한 대우를 하지 말 것과 평등한 대우를 요구할 수 있는 모든 국민의 권리로서, 국민의 기본권 중의 기본권"이라고 하였다.[6]

헌법 제11조 제1항은 "모든 국민은 법 앞에 평등하다. 누구든지 성별·종교 또는 사회적 신분에 의하여 정치적·경제적·사회적·문화적 생활의 모든 영역에 있어서 차별을 받지 아니한다."고 하여 평등원칙을 선언하고 있다. 헌법 제11조 제1항이 규정하고 있는 평등원칙은 법치국가질서의 근본요청으로서 모든 국가기관에게 법을 적용함에 있어서 정당한 근거 없이 개인이나 일정한 인적 집단을 불평등하게 대우하는 것을 금지한다. 따라서 모든 사람은 평등하게 법규범을 통해서 의무를 부

4) 독일기본법 제3조(법률앞의 평등) ①모든 인간은 법률 앞에서 평등하다. ②남성과 여성은 평등하다. 국가는 남녀평등의 실질적 실현을 촉진하고 현존하는 불이익의 제거를 위해 노력한다. ③누구든지 그 성별, 혈통, 인종, 언어, 출신지와 문벌, 신앙, 종교적 또는 정치적 견해를 이유로 불이익을 받거나 우대받지 아니한다. 누구든지 그 장애를 이유로 불이익을 받지 아니한다.

5) 독일연방헌법재판소의 평등심사기준의 변천, 즉 자의금지공식 - 새로운 공식 - 최신의 공식에 대하여는 한수웅, 평등권의 구조와 심사기준, 「헌법논총 제9집」(헌법재판소 1998), 52-65면; 김주환, 입법자의 평등에의 구속과 그에 대한 통제, 「헌법논총 제11집」(헌법재판소 2000), 445-464면; 박진완, 불평등대우의 헌법적 정당화 심사기준으로서 일반적 평등원칙, 「세계헌법연구 제15권 3호」(세계헌법학회 2009), 201면 이하 (특히 216-223면) 참조.

6) 헌재 1989. 1. 25. 88헌가7, 판례집 1, 1, 2.

담하고 권리를 부여받으며, 반대로 모든 공권력주체에 대해서는 일정한 사람들에게 유리하거나 불리하게 법을 적용하거나 적용하지 않는 것이 금지된다. 그러나 헌법 제11조 제1항의 규범적 의미는 이와 같은 '법 적용의 평등'에서 끝나지 않고, 더 나아가 입법자에 대해서도 그가 입법을 통해서 권리와 의무를 분배함에 있어서 적용할 가치평가의 기준을 정당화할 것을 요구하는 '법 제정의 평등'을 포함한다. 따라서 평등원칙은 입법자가 법률을 제정함에 있어서 법적 효과를 달리 부여하기 위하여 선택한 차별의 기준이 객관적으로 정당화될 수 없을 때에는 그 기준을 법적 차별의 근거로 삼는 것을 금지한다. 이때 입법자가 헌법 제11조 제1항의 평등원칙에 어느 정도로 구속되는가는 그 규율대상과 차별기준의 특성을 고려하여 구체적으로 결정된다.[7]

평등권(평등원칙)이 요구하는 평등은 절대적 평등이 아니고 상대적 평등을 뜻하기 때문에 '같은 것'과 '같지 않은 것', '같게 취급할 사항'과 '다르게 취급할 사항'을 결정할 수 있는 넓은 형성의 자유가 입법권자에게 허용된다. 그러나 입법권자의 형성의 자유가 무제한한 것은 아니기 때문에 정의의 관점에서 자의적이라고 평가될 수 있는 경우까지 형성의 자유에 의해서 정당화되는 것은 아니다. 바로 이곳에 입법권자에게 주어진 형성의 자유의 한계가 있고, 평등권을 침해하는 법률에 대한 헌법재판소의 위헌심사는 그와 같은 입법형성권의 한계가 지켜졌는지를 판단해야 하는 어려운 과제를 안고 있다.[8] 그리고 이와 같은 입법형성권의 한계에 대한 판단을 위하여 헌법재판소가 사용하는 잣대가 바로 "심사기준"이라고 할 수 있다.

2. 합리성(자의금지) 심사와 비례성(과잉금지) 심사

가. 평등권의 본질

(1) 의의

평등권은 본질적으로 같은 것은 같게, 본질적으로 다른 것은 다르게 취급할 것을 요구한다. 따라서 평등원칙은 입법자에게 본질적으로 같은 것을 자의적으로 다르

7) 헌재 2000. 8. 31. 97헌가12, 판례집 12-2, 167, 180.

8) 허영, 전게서(2011), 343면.

게, 본질적으로 다른 것을 자의적으로 같게 취급하는 것을 금하고 있다. 평등권침해 여부의 심사는 첫째, 본질적으로 동일한 것을 다르게 취급하고 있는가 또는 본질적으로 다른 것을 같게 취급하고 있는가 하는 차별취급 여부의 확인과,[9] 둘째, 이러한 차별취급이 자의적인가의 두 단계로 이루어 진다. 본질적으로 동일한 것의 차별대우 또는 본질적으로 다른 것의 동등한 대우가 자의적인 것이 아니려면 헌법적으로 정당화되어야 한다.

그러므로 예컨대, 본질적으로 같은 것을 다르게 취급하였다고 하여 그것이 곧 평등권에 위반되는 것은 아니고, 차별대우가 헌법적인 정당성을 갖지 못하는 경우, 즉 자의적인 경우에 평등권이 침해된다. 여기서의 자의성은 합리적인 이유가 결여된 것을 의미하므로 차별대우를 정당화하는 객관적이고 합리적인 관점이 존재한다면 차별대우는 자의적이 아닌 것으로 판단된다.

(2) 비교집단의 존재

헌법상 규정된 평등원칙에 위반된 차별취급이 존재하기 위해서는 우선 동질적인 비교집단이 존재해야 하고, 그 비교집단에 대한 차별취급이 존재해야 한다.[10] 즉, 평등권의 침해는 본질적으로 동일한 비교집단을 다르게 취급하는 경우에 발생하므로, 평등권의 침해 가능성을 판단하기 위해서는 그 전제로서 본질적으로 동일한 비교집단이 존재하여야 한다.[11]

헌법재판소는 헌재 2010. 5. 27. 2008헌바110 결정에서, "청구인들은 사법시험에 있어서 정원제에 의한 합격자 선발방식을 취함으로써 사법시험 응시자들을 일정 점수 이상 득점자를 합격자로 선발하고 있는 공인회계사 · 변리사시험 응시자들에 비하여 합리적 이유없이 차별하고 있다고 주장하나, 변호사를 비롯한 법조인은 공인회계사 · 변리사 등과 업무의 양상과 국민의 신체와 재산에 미치는 영향의 정도에 있어서 현저하게 다르므로, 양사는 평등권의 침해를 논할 비교집단이 되지 않는다."고 하였다.[12]

9) 그러므로 본질적으로 같지 않은 것을 다르게 취급하는 경우에는 차별 자체가 존재한다고 할 수 없다.(헌재 2006. 1. 17. 2005헌마1214, 공보 112, 216, 217; 헌재 2010. 4. 29. 2008헌마622, 공보 163, 907, 911).

10) 헌재 2010. 3. 25. 2009헌바83, 공보 162, 693, 697.

11) 헌재 2010. 6. 24. 2010헌마167, 공보 165, 1214, 1218.

또한 헌법재판소는 헌재 2011. 6. 30. 2009헌바55 결정에서, "구 상속세법의 위와 같은 개정에도 불구하고 명의신탁자가 부동산실명법에 따라 과징금을 부과받는 것은 마찬가지이므로, 구 상속세법의 개정에 따라 명의신탁자에게 어떠한 차별이 생겼다고 할 수는 없다. 또한, 구 상속세법의 증여세를 부담하는지 여부에 따른 평등권 침해의 문제는 명의신탁자에 대하여 과징금을 부과하고 있는 부동산실명법 조항이 헌법에 위반되는지 여부의 문제와는 무관한 구 상속세법 해당 조문의 문제에 불과할 뿐만 아니라, 구 상속세법의 그와 같은 개정은 부동산실명법이 이미 시행된 1995. 7. 1. 이후의 개정이므로 위 개정 이후에 부동산을 명의신탁한 자는 청구인과 같은 부동산실명법 제정 이전에 명의신탁을 한 기존 명의신탁자에 포함될 수 없으므로 처음부터 이 사건 법률조항[13]이 적용될 여지조차도 없는 것이다. 따라서, 구 상속세법이 위와 같이 개정된 이후에 명의신탁행위를 한 명의신탁자와 부동산실명법 제정 이전에 명의신탁을 한 기존 명의신탁자를 동등한 비교집단으로 볼 수는 없으므로, 이 사건 법률조항은 기존 명의신탁자의 평등권을 침해하지 아니한다."고 판시하였다.[14]

(3) 본질적으로 다른 것의 동등취급

헌법재판소에서의 평등권심사가 문제되는 사례는 주로 '본질적으로 같은 것을 다르게 취급'했다고 주장하는 경우이다. 반면에 '본질적으로 다른 것을 같게 취급'했다고 다투는 사례도 적지 않다.

예컨대 헌재 2010. 7. 29. 2009헌바40 결정에서 헌법재판소는, "이 사건 법률조항[15]으로 인한 핵심적인 기본권의 제한은 사립학교를 운영함에 있어서 학교급식 시설·설비 경비의 부담을 사립학교가 자율적으로 정하지 못하게 함으로 인하여 발생하는 사립학교 운영의 자유의 제한이라고 할 것이나, 청구인의 주장의 요지는 국·

---

12) 공보 164, 996, 999.

13) 구 부동산 실권리자명의 등기에 관한 법률(1995. 3. 30. 법률 제4944호로 제정되고, 2010. 3. 31. 법률 제10203호로 개정되기 전의 것) 제12조 제2항 중 제5조 제1항 제1호를 적용하는 부분.

14) 공보 177, 915, 915-919.

15) 구 학교급식법 제8조 제1항(1996. 12. 30. 법률 제5236호로 개정되고, 2006. 7. 19. 법률 제7962호로 개정되기 전의 것) 중 '학교급식의 실시에 필요한 시설·설비에 요하는 경비는 원칙적으로 당해 학교의 설립경영자 부담을 원칙으로 한다'는 부분.

공립학교에 비하여 청구인과 같은 사립학교의 경우는 급식시설 설치・유지비를 부담하기 어려워 결국 위탁급식을 실시할 수밖에 없어, '국・공립학교와 비교하여 서로 본질적으로 다른 것을 같이 취급한 것이 불합리하다'는 것이므로, 평등원칙 위반 여부를 우선 살펴보기로 한다."고 하였고,[16] 헌재 2010. 11. 25. 2010헌바93 결정에서는 "청구인은, '공무원의 신분이나 직무와 관련 없는 사유로 금고 이상의 형을 받은 명예퇴직자'와 '공무원의 신분이나 직무와 관련 있는 사유로 금고 이상의 형을 받은 명예퇴직자'는 명백히 구별됨에도, 이 사건 법률조항[17]이 명예퇴직수당의 환수에 있어서 합리적 이유 없이 양자를 동일하게 취급하고 있어 평등의 원칙에 반한다고 주장한다. 그러나 앞서 본 살펴 본 바와 같이, 직무와 관련 없는 사유 중에도 공무원으로서 법률적・사회적 비난가능성이 큰 범죄가 존재하는 점, 명예퇴직수당의 법적 성격에 비추어 그 환수요건에 관하여 넓은 입법적 재량이 허용되는 점, 형사재판과정에서 해당 사유를 참작한 법관의 양형에 의하여 구체적 부당함이 보정될 수 있는 점 등에 비추어 볼 때, 양자를 명예퇴직수당의 환수에 있어서 동등하게 취급하는 것이 현저히 불합리하다고 할 수 없다."고 판시하였다.[18]

(4) '사실상의 불평등' 문제

법 앞에 평등하다는 것은 법적 불평등의 금지를 의미하는 것이지, 현실로 존재하는 경제적・사회적 기타 여러 가지의 사실상 불균등을 시정하여야만 하는 것은 아니므로, 예컨대 언어장애자인 후보자와 비장애인 후보자 사이의 실질상의 불균등이 있음에도 동일하게 취급하였다고 하여 곧바로 동 조항[19]이 평등의 원칙에 위반되는 것이라고 할 수는 없는 것이고,[20] 정치신인인 예비후보자와 현역 국회의원인 예비후보자 또는 부모의 이름이 잘 알려진 2세 정치인인 예비후보자 사이에 사실상의 불균등이 있음에도 동일하게 취급하였다고 하여 이를[21] 두고 정치신인인 예비후보자의

16) 공보 166, 1412, 1415.

17) 명예퇴직공무원이 재직 중의 사유로 금고 이상의 형을 받은 때에는 명예퇴직수당을 필요적 환수토록 한 국가공무원법((2008. 12. 31. 법률 제9296호로 개정된 것) 제74조의2 제3항 제1호.

18) 공보 170, 2099, 2102.

19) 선거사무원의 수를 제한한 공직선거법(2005. 8. 4. 법률 제7681호로 개정된 것) 제62조 제2항 제4호 및 제7호.

20) 헌재 2009. 2. 26. 2006헌마626, 공보 149, 473, 479.

21) 예비후보자홍보물의 수량을 제한하는 공직선거법(2008. 2. 29. 법률 제8879호로 개정된 것)

평등권을 침해하였다고 할 수 없다.[22]

(5) 제도의 단계적 개선

헌법 제11조 제1항이 규정하는 평등의 원칙은 결코 일체의 차별적 대우를 부정하는 절대적 평등을 의미하는 것이 아니라 법의 적용이나 입법에 있어서 불합리한 조건에 의한 차별을 하여서는 안된다는 것을 뜻하고, 개인의 기본권신장이나 제도의 개혁에 있어 법적 가치의 상향적 실현을 보편화하기 위한 것이지, 불균등의 제거만을 목적으로 한 나머지 하향적 균등까지 수용하고자 하는 것은 결코 아니다.[23] 즉, 헌법상 평등의 원칙은 입법자가 언제 어떤 계층에 대하여 정책이나 제도를 개선할 것인지 아니면 존치할 것인지를 선택하는 것을 방해하지 않는다. 입법자는 합리적인 기준에 따라 헌법이 허용하는 권한의 범위 내에서 정당한 공익을 실현하기 위하여 기본권을 제한하는 제도나 정책을 도입할 수도 있고 개선할 수도 있어야 한다. 그것이 허용되지 않는다면 모든 사항과 계층을 대상으로 하는 예외적인 경우가 아닌 한 어떠한 제도나 정책의 시행도 평등의 원칙 때문에 불가능하다는 결과에 이르게 되어 불합리할 뿐 아니라 평등의 원칙이 실현하고자 하는 가치와도 어긋나기 때문이다.[24]

나. 합리성심사

(1) 원칙적 심사기준

평등권침해를 다투는 사건에서는 합리성심사, 즉 관대한 심사가 우리 헌법이 예정하고 있는 원칙적 기본질서에 충실히 부합하는 심사기준이라고 할 수 있다. 따라서 관대한 심사는 평등위반이 문제된 경우의 '원칙적인 심사기준'이라고 할 수 있을 것이다.[25]

헌법재판소는 "헌법 제11조 제1항의 평등의 원칙은 일체의 차별적 대우를 부정

제60조의3 제1항 제4호 중 '세대수의 100분의 10 이내에 해당하는 수' 부분.

22) 헌재 2009. 7. 30. 2008헌마180, 공보 154, 1567, 1572.

23) 헌재 1990. 6. 25. 89헌마107, 판례집 2, 178, 196-197.

24) 헌재 1990. 6. 25. 89헌마107, 판례집 2, 178, 197; 헌재 1998. 12. 24. 98헌가1, 판례집 10-2, 819, 834; 헌재 2005. 9. 29. 2004헌바53, 판례집 17-2, 174, 185; 헌재 2009. 3. 26. 2007헌마988등, 공보 150, 755, 761-762.

25) 황도수, 전게논문(1996.8), 104면.

하는 절대적 평등을 의미하는 것이 아니라 입법과 법의 적용에 있어서 합리적 근거 없는 차별을 하여서는 아니된다는 상대적 평등을 뜻하고, 따라서 합리적 근거 있는 차별 내지 불평등은 평등의 원칙에 반하는 것이 아니"라고 하였고,[26] "평등원칙은 행위규범으로서 입법자에게 '객관적으로 같은 것은 같게, 다른 것은 다르게' 규범의 대상을 실질적으로 평등하게 규율할 것을 요구하고 있다. 그러나 헌법재판소의 심사기준이 되는 통제규범으로서의 평등원칙은 단지 '자의적인 입법의 금지'만을 의미하게 되므로, 헌법재판소는 입법자의 결정에서 차별을 정당화할 수 있는 합리적인 이유를 찾아 볼 수 없는 경우에만 평등원칙의 위반을 선언하게 된다."고 판시하였다.[27]

(2) 위헌결정된 사례[28] : 제대군인가산점 사건 이전까지

○ **헌재 1989. 1. 25. 선고, 88헌가7 (국가에 대한 가집행불가) 사건**[29]

이 사건에서 심판대상 법률조항은 "다만, 국가를 상대로 하는 재산권의 청구에 관하여는 가집행의 선고를 할 수 없다."고 규정한 소송촉진등에관한특례법(1981. 1. 29. 법률 제3361호) 제6조 제1항 단서 부분이었고, 관련된 기본권은 재산권(헌법 제23조)과 신속한 재판을 받을 권리(헌법 제27조 제3항)였다. 헌법재판소는 이 규정이 합리적 이유없이 소송당사자를 차별하여 국가를 우대하고 있는 것이므로 헌법 제11조 제1항에 위반된다고 판시하였다.[30]

---

26) 헌재 1994. 2. 24. 92헌바43, 판례집 6-1, 72, 75. 그러나 이 결정에서는 이어서 "합리적 근거 있는 차별인가의 여부는 그 차별이 인간의 존엄성 존중이라는 헌법원리에 반하지 아니하면서 정당한 입법목적을 달성하기 위하여 필요하고도 적정한 것인가를 기준으로 판단되어야 한다."고 함으로써 결과적으로 후술하는 과잉금지심사를 하였다고 평가된다. 한수웅, 전게논문(1998), 81면.

27) 헌재 1997. 1. 16. 90헌마110등, 판례집 9-1, 90, 115. 그 밖에 헌재 1989. 1. 25. 88헌가7, 판례집 1, 1, 2 ; 헌재 1989. 3. 17. 88헌마1, 판례집 1, 9, 22 ; 헌재 1989. 4. 17. 88헌마3, 판례집 1, 31, 37 ; 헌재 1991. 2. 11. 90헌가27, 판례집 3, 11, 24 ; 헌재 1993. 12. 23. 89헌마189, 판례집 5-2, 622, 640; 헌재 1994. 2. 24. 91헌가3, 판례집 6-1, 21, 32 (헌재 1996. 8. 29. 93헌바57, 판례집 8-2, 46, 56도 同旨) ; 헌재 1996. 12. 26. 96헌가18, 판례집 8-2, 680, 701 ; 헌재 1997. 8. 21, 94헌바2, 판례집 9-2, 223, 234 ; 헌재 1998. 3. 26. 97헌마194, 판례집 10-1, 302, 318 ; 헌재 1998. 4. 30. 96헌마7, 판례집 10-1, 465, 477 ; 헌재 1998. 8. 27. 97헌마372등, 판례집 10-2, 461, 476 ; 헌재 1998. 9. 30. 98헌가7등, 판례집 10-2, 484, 503 등 참조.

28) 이하 분석대상 판례에서 '심판의 대상'은 평등권과 관련된 경우만을 가린 것이고, '관련 기본권'은 당해 사건에서 평등권 이외에 그 침해 여부가 문제가 된 기본권을 말한다.

29) 판례집 1, 1.

○ **헌재 1996. 12. 26. 선고, 96헌가18 (自道燒酒구입명령제) 사건**[31]

심판의 대상은, 주류판매업자는 매월 희석식 소주의 50% 이상을 당해 주류판매업자의 판매장이 소재하는 지역과 같은 지역에 소재하는 제조장으로부터 구입하도록 규정한 주세법(1995. 12. 29. 법률 제5036호로 개정된 것) 제38조의7 및 제18조 제1항 제9호이고, 관련 기본권은 소주판매업자의 '직업행사의 자유', 소주제조업자의 '기업의 자유' 및 '경쟁의 자유', 그리고 소비자의 행복추구권에서 파생되는 '자기결정권'이다. 헌법재판소는, "구입명령제도가 독과점규제와 중소기업의 보호라는 입법목적을 실현하기 위한 수단이라면, 소주판매업자에 대하여만 구입의무를 부과함으로써 소주판매업자와 다른 상품의 판매업자를 서로 달리 취급하는 것을 정당화할 수 있는 합리적인 이유가 존재하지 않고, 또한 입법목적을 '물류비증가와 교통량체증의 방지'로 본다고 하여도 소주와 다른 상품, 따라서 소주판매업자와 다른 상품의 판매업자, 소주제조업자와 다른 상품의 제조업자를 구분하여 달리 규율할 합리적인 이유도 찾아 볼 수 없으므로 결국 평등원칙에 위반된다."고 판시하였다.[32]

○ **헌재 1998. 9. 30. 선고, 98헌가7등 (경매절차 발송송달특례) 사건**[33]

심판의 대상은 경매절차에서 민사소송법과 별도로 발송송달의 특례를 인정하고 있는 금융기관의연체대출금에관한특별조치법(1993. 12. 10. 법률 제4585호로 개정된 것) 제3조이고, 관련 기본권은 재산권(헌법 제23조) 및 재판청구권(헌법 제27조 제1항)이다. 헌법재판소는, "이 법률조항이 경매의 실행에 채무명의를 요하지 아니하는 이른바 임의경매에 적용되는 경우에는 위에서 본 여러 사정에 미루어 금융기관에게 그 나름의 차별에 대한 합리적인 이유가 있다 할 것이므로 평등의 원칙에 위반된다고 볼 수 없다. … (그러나) 부동산 강제경매절차에서 차별에 대한 합리적인 이유도 없이 오로지 금융기관이 신청하였다는 이유만으로 신청인이 금융기관이 아닌 경우와 차별하

30) 위 판례집 4면.

31) 판례집 8-2, 680.

32) 위 판례집 702면. 이 결정에는, "소주에 대하여는 그 특성상 국민보건에 직접적 영향을 미치는 상품이어서 강한 규제를 하지 않을 수 없고, 구입명령제도는 대기업 제조업자의 독과점을 막고 지역소주제조업자를 보호함으로써 독과점규제와 지역경제육성이라는 헌법상의 경제목표를 구체화하고자 하는 제도이므로, 이 제도로 인하여 약간의 차별이 생긴다고 하여도 그 차별에는 합리적인 이유가 있다."는 재판관 3인(조승형 · 정경식 · 고중석 재판관)의 반대의견이 있다(동 판례집 704, 712면).

33) 판례집 10-2, 484.

여 발송송달의 특례를 인정하는 것은, 같은 것은 같게 규율하여야 할 것임에도 불구하고 이를 다르게 규율한 것으로서 결국 입법형성에 있어 헌법적 한계를 벗어난 것이라 아니할 수 없으므로 평등의 원칙에 위반된다."고 판시하였다.[34]

다. 비례성심사

(1) 엄격한 심사기준과 헌법 제37조 제2항

헌법 제37조 제2항은 입법권의 한계로서 과잉입법금지의 원칙을 명문으로 인정하고 있다. 즉, '국민의 모든 자유와 권리를 제한할 경우에' 입법은 "'국가안전보장·질서유지 또는 공공복리를 위하여 필요한 경우에 한하여'야 한다고 규정하여, 헌법 제37조 제2항에 의한 입법적 한계가 평등심사의 원칙적 심사기준인 관대한 심사(합리성심사) 기준에 비하여 엄격한 것임은 문언상 명백하다.[35]

헌법재판소는 "헌법 제37조 제2항의 규정에 미루어 이러한 기본권에 대한 제한이나 차별적인 대우를 하고자 하는 때에는, 첫째 제한 또는 차별의 목적이 국가안전보장·질서유지 또는 공공복리를 위하여 필요하고 정당한 것이어야 하고, 둘째 그 수단·방법이 목적의 실현을 위하여 실질적인 관계가 있어야 할 뿐만아니라 그 정도 또한 적정한 것이어야 한다."고 하였다.[36]

(2) 평등심사에서의 특성

형식이론적으로 보면 평등권도 기본권인만큼 다른 기본권과 마찬가지로 국가안전보장·질서유지·공공복리를 위해서 필요한 경우에 한하여 법률로써 제한할 수

34) 위 판례집 506, 508면. 이 결정에는 "이 사건 법률조항 중 강제경매에 관한 부분만 위헌이고, 임의경매에 관한 부분은 위헌이 아니라고 한다면, 금융기관이 신청한 경매사건 중 임의경매와 강제경매를 구분하여 임의경매에 대해서만 특례를 인정하게 될 것인데, 위와 같은 차별은 합리적인 근거 없는 것"이라는 재판관 4인(김용준·조승형·이영모·한대현 재판관)의 반대의견이 있다(동 판례집 509, 513면).

35) 황도수, 전게논문(1996.8), 118면.

36) 헌재 1989. 5. 24. 89헌가37등, 판례집 1, 48, 54-55. 그 밖에 헌재 1990. 6. 25. 89헌가98, 판례집 2, 132, 143; 헌재 1990. 8. 27. 89헌가118, 판례집 2, 222, 236; 헌재 1990. 10. 8. 89헌마89, 판례집 2, 332, 342; 헌재 1991. 3. 11. 90헌마28, 판례집 3, 63, 81; 헌재 1991. 6. 3. 89헌마204, 판례집 3, 268, 279; 헌재 1991. 9. 16. 89헌마231, 판례집 3, 542, 551; 헌재 1992. 2. 25. 90헌가69등, 판례집 4, 114, 122; 헌재 1995. 5. 25. 91헌마67, 판례집 7-1, 722, 749 등 참조.

있다(헌법 제 37조 제2항)고 말할 수 있다. 그러나 평등권은 "기본권 실현의 방법적 기초"로서의 성격과 기능을 갖고 있기 때문에 그 제한의 의미와 효과가 다른 기본권에서와는 다르다.[37] 예컨대, 자유권침해 사례의 심사기준인 과잉금지원칙(비례성원칙) 중 '최소침해(필요성)의 원칙'은 평등권심사에서는 자유권에 대한 심사와는 다르게 응용되어야 한다. 본질적으로 불평등하게 다루어야 할 정당한 목적이 있는데도 불구하고 최소침해의 원칙에 따라서 최소한으로 불평등한 차별을 하라는 요구는 오히려 실질적으로 평등하게 대우하는 결과를 가져오기 때문이다.

또한 평등심사에 있어서는 우리 헌법 제37조 제2항은 적용되지 않는다는 견해도 있다. 즉, 입법자의 불평등대우는 헌법이 그것을 명시적으로 금지하지 않는 한 그가 헌법적으로 허용되는 일정한 목적을 달성하기 위하여 객관적 생활관계를 법률로써 규율하는 경우에 언제나 발생하게 되는 필연적인 현상이며, 따라서 입법자에 의한 규율대상의 선택과 이를 위한 차별기준의 선택은 자유권에 있어서 침해유보(Eingriffsvorbehalt)에 근거한 제한권능의 행사와 전적으로 동일시될 수는 없다는 것이다. 왜냐하면 헌법 제11조 제1항의 평등원칙은 입법자의 형성의 자유의 행사 그 자체로부터 발생하는 필연적인 현상인 불평등대우에 대한 한계(Schranken)로서 입법자에게 그와 같은 불평등대우를 객관적으로 정당화할 것을 요구하며, 그러한 한 평등권은 헌법 제37조 제2항의 일반적 법률유보에 근거하여 제한될 수 있는 '국민의 모든 자유와 권리'에는 해당되지 않는다고 보아야 하기 때문이라는 것이다.[38]

(3) 사례의 분석 : 제대군인가산점 사건 이전까지

○ **헌재 1989. 5. 24. 선고, 89헌가37등 (경매절차시 금융기관 우월지위) 사건**[39]

심판의 대상은 연체대출금에 관한 경매절차에 있어서 경락허가결정에 대한 항고를 하고자 하는 자는 담보로서 경락대금의 10분의 5에 해당하는 현금 또는 금융기관이 발행한 자기앞수표 및 대통령령으로 정하는 유가증권을 공탁하도록 규정한 금융기관의연체대출금에관한특별조치법(1973. 3. 3. 법률 제2570호로 개정된 것) 제5조의2이고, 관련 기본권은 재판청구권(헌법 제27조 제1항)이다. 헌법재판소는, "이 법률조항

37) 허영, 전게서(2011), 355면.
38) 김주환, 전게논문(2000), 442-443면.
39) 판례집 1, 48.

은 결국 합리적 근거없이 금융기관에게 차별적으로 우월한 지위를 부여하여 경락허가결정에 대한 항고를 하고자 하는 자에게 과다한 경제적 부담을 지게 함으로써 특히 자력이 없는 항고권자에게 부당하게 재판청구권인 항고권을 제한하는 내용의 것이라 아니할 수 없는 것이므로 헌법 제11조 제1항, 제27조 제1항 및 '제37조 제2항'에 위반되는 것"이라고 판시하였다.[40]

○ **헌재 1990. 6. 25. 선고, 89헌가98등 (회사정리절차시 금융기관 우월지위) 사건**[41]

심판의 대상은 성업공사에 이관되었거나 회수가 위임된 채권의 채무자인 회사의 재산에 대하여는 성업공사의 신청이 있는 때에는 회사정리법의 규정에 불구하고 이(심판대상) 법과 경매법의 규정에 의한 경매절차를 진행하도록 규정한 금융기관의 연체대출금에관한특별조치법(1973. 3. 3. 법률 제2570호로 개정된 것) 제7조의3이고, 관련 기본권(헌법원칙)은 '사법권의 독립'이다. 헌법재판소는, "(이 법률조항은) ①공공성이 더 강한 국세채권, 준국세채권, 순위가 더 우선하는 담보권자와의 관계에서 권형의 상실 ②회사정리절차의 공공성·사회성을 도외시하고 이해관계인의 권익의 부당한 침해가능성의 불배제 ③요건상의 제약도 없고 사법적 통제에서도 벗어난 신청권의 부여 ④신청권 행사에 있어서 채권액의 다과를 문제삼지 않은 점 등 금융기관에 대한 과도한 특권임에 틀림없으며, 이에 의하여 다른 이해관계인들로 하여금 차별대우를 받게 하였는바, 이처럼 평등의 원칙에 예외를 이룬데 있어서 목적의 정당성과 '필요성'에 있어서나 그 수단의 적정성에 있어서 합리적 근거를 쉽사리 찾기 어렵다고 할 것이므로, 이로써 헌법 제11조의 평등의 원칙을 위반하였다."고 판시하였다.[42]

---

40) 위 판례집 58면. 이 결정에는 "경제관계법률에 대한 위헌 여부를 심판함에 있어서는 그 시대적 요청과 새로운 경제질서를 감안하여 헌법규범을 해석 적용하여야 할 것이며 … 헌법재판소의 규범통제 권한은 입법부가 제정한 법률이 명백하게 헌법규범에 위배되느냐 또는 입법권을 자의적으로 남용하였느냐의 여부를 심사하는 것인데 … 다수의견은 입법권의 한계를 헌법 제37조의 문리적 해석으로만 판단한 것"이라는 재판관 한병채의 반대의견(합헌의견)이 있다(동 판례집 59, 64-65면). 즉, 자의금지심사를 해야 한다는 것이다.

41) 판례집 2, 132.

42) 위 판례집 153면. 이 결정에는, "(다수의견은) 헌법상의 평등의 원칙은 합리적 근거가 없는 자의적 차별을 금지하는 것이지, 국가나 사회 그리고 경제적으로 공공의 복리증진과 경제질서 유지를 위하여 필요한 정당한 이유가 있거나 합리적 근거가 있는 경우의 차별적 대우나 입법은 헌법에 위배되지 아니한다는 원리를 잘못 이해하고 있으며, … 자의적이고도 명백하게 적법절차에 위배되는 법률이라고 볼 수 없고 헌법상의 비례원칙에도 위반된다고 할 수 없어 헌법에 합치된다."는 재판관 한병채의 반대의견(합헌의견)이 있다(동 판례집 155, 162,

헌법재판소는 이 사건에서 헌법 제37조 제2항을 심사기준으로 언급하지는 않았으나, 위 89헌가37등(동 사건에서는 헌법 제37조 제2항을 심사기준으로 언급하였다) 사건과 심판대상법률이 같고 심사기준도 다를 이유가 없기 때문에 역시 비례성심사를 한 것으로 보아야 할 것이다. 특히 '필요성'이라는 부분의 언급은 이를 반증한다고 하겠다.

○ **헌재 1990. 10. 8. 선고, 89헌마89 (국 · 공립 사범대학 졸업자 우선채용) 사건**[43)]

심판의 대상은 교사의 신규채용에 있어서는 국립 또는 공립의 교육대학, 사범대학 기타 교원양성기관의 졸업자 또는 수료자를 우선하여 채용하도록 규정한 교육공무원법(1981. 11. 23. 법률 제3458호로 전문개정된 것) 제11조 제1항이고, 관련 기본권은 직업선택의 자유(헌법 제15조)이다. 헌법재판소는, "이 법률조항을 적용하여 교직과정 이수자를 교육공무원의 채용에서 완전히 배제하는 현재의 상황은 그 차별의 정도가 지나치고, 입법목적 달성의 수단으로서도 심히 균형을 잃고 있어서 비례의 원칙에 어긋나며, 달리 이를 정당화할 근거를 찾을 수 없고, … 이는 교사자격자 개인의 능력과는 관계없이 특정학교 출신이라는 사유와 국 · 공립 사범대학 졸업자의 과잉공급현상이라는 사정 때문에 사립 사범대학 졸업자 및 교직과정이수자들이 교육공무원이라는 직업을 선택함에 있어서 중대한 제한을 가하는 것"이라고 판시하였다.[44)]

○ **헌재 1991. 3. 11. 선고, 90헌마28 (지방의회의원 입후보제한) 사건**[45)]

심판의 대상은 농업협동조합 등 각 조합의 조합장들이 지방자치단체의 의원 후보자가 되는 것 및 지방의회 의원의 직을 겸하는 것을 금지한 지방의회의원선거법(1990. 12. 31. 법률 제4311호로 전문개정된 것) 제35조 제1항 제7호 및 지방자치법(1990. 12. 31. 법률 제4310호로 개정된 것) 제33조 제1항 제6호이고, 관련 기본권(헌법원칙)은 '공무담임권'(참정권, 헌법 제25조) 및 '민주주의원칙'이다. 헌법재판소는, "적어도 국민의 참정권을 제한함에 있어서 합리성 없는 차별대우의 입법이라고 보지 않을 수 없으며, 이들에 대한 참정권 및 평등권에 관하여 도저히 헌법 제37조 제2항에 의하여 정당화될 수 없는 과도한 제한이며 그 기본권의 침해라고 볼 것이다. 민주주의는 피치자(被治者)가 곧 치자(治者)가 되는 치자와 피치자의 자동성(自同性)을 뜻하기 때문

164면).

43) 판례집 2, 332.

44) 위 판례집 348, 350면.

45) 판례집 3, 63.

에 공무담임권을 통해 최대 다수의 최대 정치참여, 자치참여의 기회를 보장하여야 하는 것이며, 그 제한은 어디까지나 예외적이고 필요 부득이한 경우에 국한되어야 한다. 이러한 헌법상의 법리가 지켜지지 않은 것이다."라고 판시하였다.[46)]

○ **헌재 1992. 2. 25. 선고, 90헌가69등 (증여세 과세가액) 사건**[47)]

심판의 대상은 증여세의 과세가액을 정함에 있어 수증자가 증여자의 채무를 인수한 경우에도 당해 채무액을 공제하지 아니하도록 규정한 상속세법(1991. 11. 30. 법률 제4410호로 개정된 것) 제29조의4 제2항이고, 관련 기본권(헌법원칙)은 재산권(헌법 제23조), 재판청구권(헌법 제27조 제1항), 그리고 조세법률주의(헌법 제38조·제59조)이다. 헌법재판소는, "이 법률조항은 결국 실지조사와 쟁송의 번거로움을 피하고 편리한 세금징수의 방법만을 강구한 나머지 조세형평이나 국민의 기본권 보장은 도외시한 채 오직 조세행정의 편의만을 위주로 하여 제정된 매우 불합리한 법률이고, 기본권 경시와 행정편의주의 및 획일주의의 정도가 지나쳐 평등권, 재산권, 재판청구권 등 중대한 기본권을 제한함으로써 얻어지는 공익과 제한되는 기본권 사이에 합리적인 비례관계가 유지되었다고 볼 수 없다. 그리하여 이 법률조항은 헌법 제11조 제1항의 평등권, 제23조 제1항의 재산권, 제27조 제1항의 재판청구권을 제한하는 정도가 지나치고 불합리하여 그 본질적 내용을 침해하는 것이어서 헌법 제37조 제2항에 위배되고 그럼으로써 헌법 제38조·제59조의 조세법률주의에 위배되는 위헌법률"이라고 판시하였다.[48)49)]

46) 위 판례집 81면.

47) 판례집 4, 114.

48) 이 결정에 대하여는, "결국 이 조항이 수증자의 채무인수가 명백하다고 할 때에는 구제를 배제하지 않고 있는데다가 이처럼 납세자를 위하여 확장해석도 가능할 수 있는 것이라면 비록 특례규정이지만 쉽게 조세포탈 내지 회피하는 것의 방지라는 공공복리의 견지에서 정당화될 수 있는 규정이며 전혀 합리성 없는 차별이 아닌 것으로 헌법 제11조의 평등권을 침해하는 규정으로는 단정하기 어렵다."고 한 재판관 조규광·이시윤의 반대의견(합헌의견)이 있다(동 판례집 124, 126면). 즉, 자의금지심사를 해야 한다는 취지이다.

49) 위 판례집 124면.

3. 새로운 심사기준

가. 이중기준론 : 제대군인가산점 사건

헌법재판소의 종래 판례는 학계의 통설을 따라 헌법 제11조 제1항 후문을 단지 전문의 평등조항의 예시적 표현에 불과할 뿐 특별한 법적 의미가 없다는 견해를 취하여 왔다.[50] 그러나 1997. 6. 26. 선고한 96헌마89 (선거연령20세 사건) 결정[51]의 보충의견에서 이영모 재판관은 처음으로 제11조 제1항의 전문과 후문의 차이, 특히 입증책임의 문제에 대하여 언급하였다. 즉, 그는 "평등권이 재판에서 문제가 되는 경우에 헌법 제11조 제1항 후단이 일정사유로 예시하고 있는 '성별 · 종교 또는 사회적 신분'은 중요한 의미를 갖는다. 왜냐하면 여기에 열거된 사유는 민주제의 기본요소에 해당되고 동 사유에 의한 차별취급은 통상 허용할 수 없는 것으로 인정되어 합리적인 근거가 없는 차별로 추정되기 때문에 합헌이라고 주장하는 측이 합리적 차별취급이라는 점을 입증하여야 한다. 그러나 일정사유로 예시되지 아니한 그 밖의 사유에 의한 차별취급에 관하여는 대의민주기관의 입법행위는 합헌으로 추정되고, 차별취급 또한 합리성의 추정을 받게 되는 것이다. 이 사건에서의 쟁점인 선거권 '연령'은 예시사유 중 '사회적 신분'으로 볼 수도 없으므로 18~19세 국민들에 대한 선거권연령 제한이 위헌이라고 주장하는 청구인들이 합리성이 결여된 차별취급이라는 점을 논증할 책임이 있는 것이다."라는 입론을 폈다.[52] 이영모 재판관이 제시한 이와 같은 해석론은 이후의 판례에 영향을 미치는 몇 가지 특징적인 내용을 담고 있다. 첫째, 평등심사에 있어서 헌법의 명시적인 차별금지사유에 대해 특별한 의미를 부여하였다는 점이다. 둘째, 이들 사유에 의한 차별입법에 대해서는 헌법재판소가 엄격심사를 해야 한다는 주장이다. 셋째, 엄격심사와 합리성심사의 구체적 내용을 (입증책임과 관련하여) 구별하여 제시하였다는 점이다.[53]

마침내 헌법재판소는 1999. 12. 23. 제대군인이 공무원채용시험 등에 응시한 때

50) 한수웅, 전게논문(1998), 92면.

51) 판례집 9-1, 674.

52) 위 판례집 684면.

53) 이인호, 재판관 이영모의 헌법정신에 대한 탐구, 「소수와의 동행 (재판관 이영모 의견집)」 (박영사 2001. 7), 29면.

에 5% 이내의 범위내에서 가산점을 주도록 한 舊국가유공자예우등에관한법률[54] 및 제대군인지원에관한법률[55]의 위헌여부에 관한 헌법소원사건에서, "평등위반 여부를 심사함에 있어 엄격한 심사척도에 의할 것인지, 완화된 심사척도에 의할 것인지는 입법자에게 인정되는 입법형성권의 정도에 따라 달라지게 될 것이다. 차별적 취급으로 인하여 관련 기본권에 대한 중대한 제한을 초래하게 된다면 입법형성권은 축소되어 보다 엄격한 심사척도가 적용되어야 할 것이다. 그런데 가산점제도는 헌법 제25조에 의하여 보장된 공무담임권이라는 기본권의 행사에 중대한 제약을 초래하는 것이다. 따라서 가산점제도에 대하여는 엄격한 심사척도가 적용되어야 하는데, 엄격한 심사를 한다는 것은 '자의금지'원칙에 따른 심사, 즉 합리적 이유의 유무를 심사하는 것에 그치지 아니하고 '비례성'원칙에 따른 심사, 즉 차별취급의 목적과 수단간에 엄격한 비례관계가 성립하는지를 기준으로 한 심사를 행함을 의미한다."고 하여,[56] 평등위반의 문제에 있어서 완화된 심사를 하게 되는 경우와 엄격한 심사를 할 수 있는 경우가 있음을 구체적으로 밝혔다. 그리고 엄격한 심사를 하게 되는 경우는 첫째, 헌법에서 특별히 평등을 요구하고 있는 경우와 둘째, 차별적 취급으로 인하여 관련 기본권에 대한 중대한 제한을 초래하게 되는 경우를 들 수 있는바, 이 사건은 실질적으로 남성에 비하여 여성을 차별하는 제도이고[57] 가산점제도를 규정한 이 사건 규정은 능력주의에 기초하지 아니하는 불합리한 기준으로 (장애인 및 여성의) 공무담임권을 제한하고 있으므로[58] 엄격심사의 대상이 된다고 하였다.[59]

나. 삼중기준론 : 중간심사영역 (?)

헌법재판소는 2001. 2. 22. 선고한 2000헌마25 국가유공자등예우및지원에관한

54) 헌재 1999. 12. 23. 98헌바33 사건 : 청구인은 '장애인'이다.

55) 헌재 1999. 12. 23. 98헌마363 사건 : 청구인들은 여성(5명) 및 장애인(1명)이다.

56) 헌재 1999. 12. 23. 98헌바33, 판례집 11-2, 732, 749 ; 헌재 1999. 12. 23. 98헌마363, 판례집 11-2, 770, 787.

57) 판례집 11-2, 785면.

58) 판례집 11-2, 799면.

59) 결국 헌법재판소는 이 규정들이 엄격심사를 요구하는 두 가지 경우에 모두 해당한다고 보았다.

법률 제34조 제1항 위헌확인 사건의 결정에서 평등권의 침해여부에 대한 심사에 있어 그 심사기준을 다양화하려는 시도를 하였다.[60] 이에 의하면, 평등권의 침해 여부에 대한 심사는 그 심사기준에 따라 자의금지원칙에 의한 심사와 비례의 원칙에 의한 심사로 크게 나누어 볼 수 있는바, 자의금지심사의 경우에는 차별을 정당화하는 합리적인 이유가 있는지만을 심사하기 때문에 그에 해당하는 비교대상간의 사실상의 차이나 입법목적(차별목적)의 발견 · 확인에 그치는 반면에, 비례심사의 경우에는 단순히 합리적인 이유의 존부 문제가 아니라 차별을 정당화하는 이유와 차별간의 상관관계에 대한 심사, 즉 비교대상간의 사실상의 차이의 성질과 비중 또는 입법목적(차별목적)의 비중과 차별의 정도에 적정한 균형관계가 이루어져 있는가를 심사한다는 것이다. 이 결정은, 그동안 헌법재판소는 평등심사에 있어 원칙적으로 자의금지원칙을 기준으로 하여 심사하여 왔고, 이따금 비례의 원칙을 기준으로 심사한 것으로 보이는 경우에도 비례심사의 본질에 해당하는 '법익의 균형성(협의의 비례성)'에 대한 본격적인 심사를 하는 경우는 찾아보기 힘들었다고 평가하면서, 헌법재판소는 1999. 12. 23. 선고한 98헌마363 사건에서 평등위반심사를 함에 있어 '법익의 균형성' 심사에까지 이르는 본격적인 비례심사를 하고 있다고 하였다. 나아가 헌법재판소는 위 2000헌마25 사건의 경우는 위 결정(98헌마363)에서 비례심사를 하여야 할 첫 번째 경우인 헌법에서 특별히 평등을 요구하고 있는 경우에는 해당하지 아니하는데, 왜냐하면 헌법 제32조 제6항은 "국가유공자 · 상이군경 및 전몰군경의 유가족은 법률이 정하는 바에 의하여 우선적으로 근로의 기회를 부여받는다."라고 규정함으로써, 국가유공자 등에 대하여 근로의 기회에 있어서 평등을 요구하는 것이 아니라 오히려 차별대우(우대)를 할 것을 명령하고 있기 때문이라는 것이다.

그렇다면 이 사건(2000헌마25) 가산점제도의 경우와 같이 입법자가 국가유공자와 그 유족 등에 대하여 우선적으로 근로의 기회를 부여하기 위한 입법을 한다고 하여도 이는 헌법에 근거를 둔 것으로서, 이러한 경우에는 입법자는 상당한 정도의 입법형성권을 갖는다고 보아야 하기 때문에, 이에 대하여 비례심사와 같은 엄격심사를 적용하는 것은 적당하지 않은 것으로 볼 여지가 있으나, 동 사건의 경우는 비교집단이 일정한 생활영역에서 경쟁관계에 있는 경우로서 국가유공자와 그 유족 등에게 가산점의 혜택을 부여하는 것은 그 이외의 자들에게는 공무담임권 또는 직업

60) 공보 54, 234, 238-239.

선택의 자유에 대한 중대한 침해를 의미하게 되는 관계에 있기 때문에, 헌법재판소의 위 결정에서 비례의 원칙에 따른 심사를 하여야 할 두 번째 경우인 차별적 취급으로 인하여 관련 기본권에 대한 중대한 제한을 초래하게 되는 경우에는 해당한다고 할 것이고, 따라서 자의심사에 그치는 것은 적절치 아니하고 원칙적으로 비례심사를 하여야 할 것이나, 구체적인 비례심사의 과정에서는 헌법에서 차별명령규정을 두고 있는 점을 고려하여 보다 완화된 기준을 적용하여야 할 것[61]이라고 결론을 내리고 있다.

그렇지만 헌법재판소의 후속 판례에서는 위 2000헌마25 결정을 따른 결정이 나오지 않았고, 헌법재판소는 종래의 2중기준론을 여전히 유지하고 있다. 생각건대 위 2000헌마25 결정은 평등권침해 사례에서 완화된 심사(자의금지원칙)와 엄격한 심사(비례성원칙) 이외에 "완화된 비례성심사"라는 제3의 심사기준(중간심사기준)을 제시하였지만, 동 사안은 헌법 제32조 제6항의 차별대우명령 규정에 따른 차별대우(우대)가 문제된 경우이었으므로 자의금지원칙에 따른 심사로 족한 사례였다고 판단된다.

다. 제대군인가산점 사건 이후의 추이

(1) 제대군인가산점 사건 결정의 정리

헌법재판소는 위 제대군인 가산점 사건의 결정에서부터 평등원칙 내지 평등권 침해 여부에 대한 심사에 합리적 심사기준과 엄격한 심사기준을 원용하고 있다. 즉, 평등원칙 내지 평등권 침해 여부에 대한 심사를 자의금지원칙에 의한 심사와 비례성원칙에 의한 심사로 구분하고 있다.

(가) 자의금지원칙에 의한 심사 : 완화된 심사, 합리성심사

1) 완화된 심사척도의 내용

일반적으로 자의금지원칙에 관한 심사요건은 ①본질적으로 동일한 것을 다르게 취급하고 있는지에 관련된 차별취급의 존재 여부와, ②이러한 차별취급이 존재한다면 이를 자의적인 것으로 볼 수 있는지 여부라고 할 수 있다. 한편 ①의 요건과 관련

61) 위 공보 239면.

하여 두 개의 비교집단이 본질적으로 동일한가의 판단은 일반적으로 관련 헌법규정과 당해 법규정의 의미와 목적에 달려 있고, ②의 요건에 관련하여 차별취급의 자의성은 합리적인 이유가 결여된 것을 의미하므로, 차별대우를 정당화하는 객관적이고 합리적인 이유가 존재한다면 차별대우는 자의적인 것이 아니게 된다.[62)]

2) 자의금지원칙이 적용되는 경우

가) 입법부의 입법형성의 자유를 존중한다는 의미에서 평등권침해의 심사에 있어서 우선적 기준은 자의금지원칙이다. 따라서 입법권자에게 광범위한 입법형성의 자유를 부여하는 동시에 동등하게 취급하거나 다르게 취급함에 있어서 어떠한 명백한 합리적인 근거가 없는 경우에만 평등권 위반으로 본다.[63)]

나) 수익적 내지 시혜적인 법률에 의한 차별이 발생하거나 광범위한 입법형성의 자유영역에서는 자의금지 원칙만을 적용한다.[64)]

(나) 비례성원칙에 의한 심사 : 엄격한 심사

1) 엄격한 심사기준의 내용

엄격한 심사기준이라 함은 비례성원칙에 따른 심사, 즉 정당한 차별목적, 차별취급의 적합성, 차별취급의 불가피성 또는 필요성, 법익균형성이 인정되는지를 기준으로 평등권 침해여부 심사를 행함을 의미한다.

---

62) 헌재 2003. 1. 30. 2001헌바64, 판례집 15-1, 48, 59.

63) 헌재 2002. 9. 19. 2000헌바84 - 약사 또는 한약사가 아니면 약국을 개설할 수 없다고 규정한 약사법 제16조 제1항 위헌소원 사건 : "직업수행의 자유가 일부 제한된다고 하여 관련 기본권에 대한 중대한 침해가 있다고 볼 수 없으므로 완화된 심사기준, 즉 차별기준 내지 방법의 합리성 여부가 헌법적 정당성 여부의 판단기준이 된다." 同旨, 헌재 2006. 2. 23. 2005헌마403 - 지방자치법 제87조 제1항 (선출직공무원 3회 제한) 위헌확인 사건.

64) 헌재 2004. 6. 24. 2003헌바111 - 금고이상의 형의 선고유예를 받아 당연퇴직된 공무원을 특별채용함에 있어서 사실상 공무원으로 근무하여 온 기간을 경력으로 인정하지 않았던 사례 : "시혜적인 법률에 있어서는 국민의 권리를 제한하거나 새로운 의무를 부과하는 법률과는 달리 입법자에게 광범위한 입법형성의 자유가 인정된다고 할 것이다. …동 조항상의 경력과 호봉문제에 대한 심사기준은 합리적 근거 유무에 관한 자의금지심사라고 할 것이다." 同旨, 헌재 2005. 6. 30. 2003헌마841 : "뉴스통신사에 대한 재정지원 등 혜택을 부여하는 것을 내용으로 하는 시혜적 법률로서, 자의금지원칙에 입각하여 심판대상이 정한 차별취급을 정당화할 정도의 합리적 이유를 가지고 있는지 여부에 관하여 본다."; 헌재 2005. 10. 27. 2004헌바37 - 병역법 제75조 제1항 (군부대 입영중 사고에 대한 보상규정) 위헌소원 사건 : "이 사건에서는 자의금지원칙에 입각하여 이 사건 법률조항의 평등원칙 위배 여부를 판단한다."

2) 엄격한 심사기준이 적용되는 경우

①헌법에서 특별히 평등을 요구하고 있는 경우, 즉 헌법이 스스로 차별의 근거로 삼아서는 아니 되는 기준을 제시하거나 차별을 특히 금지하고 있는 영역을 제시하고 있는 경우와 ②차별적 취급으로 인하여 관련기본권에 대한 중대한 제한을 초래하게 되는 경우이다.

3) 엄격한 심사기준 적용의 의미

엄격한 심사를 한다는 것은 자의금지원칙에 따른 심사, 즉 합리적 이유의 유무를 심사하는 것에 그치지 아니하고 비례성원칙에 따른 심사, 즉 차별취급의 목적과 수단 간에 엄격한 비례관계가 성립하는지를 기준으로 한 심사를 행함을 의미한다.

(2) 제대군인 가산점 사건 이후의 결정

(가) 헌재 2003. 9. 25. 2003헌마30 사건[65]

이 사건에서 헌법재판소는 엄격한 심사의 적용에 관하여, "헌법재판소는 제대군인 가산점 사건에서 '차별적 취급으로 인하여 관련 기본권에 대한 중대한 제한을 초래하게 된다면 입법형성권은 축소되어 보다 엄격한 심사척도가 적용되어야 할 것이다'라고 한 바 있는데,[66] 이러한 판시는 차별적 취급으로 인하여 기본권에 중대한 제한을 초래할수록 보다 엄격한 심사척도가 적용되어야 한다는 취지이며, 기본권에 대한 제한이기는 하나 중대하지 않은 경우에는 엄격한 심사척도가 적용되지 않는다는 취지는 아니라고 볼 것이다."라고 판시하였다.[67] 이는 엄격한 심사를 적용하는 경우는 '차별적 취급으로 인하여 기본권에 대한 제한을 초래하는 경우'인 것이고, 만일 기본권에 대한 제한이 중대하다면 '보다' 엄격한 심사척도가 작용된다는 의미로 해석할 수 있을 것이다.

그런데 헌법재판소는 위와 같은 입장을 그 후로는 일반적으로 받아들이고 있는

65) 국가공무원 7급 시험에서 정보관리기술사, 정보처리기술사, 정보처리산업기사 등 자격 소지자와는 달리 정보처리기능사 자격의 경우에는 아무런 가산점을 부여하지 않는 것이 평등권을 침하는지 여부에 관한 사건.

66) 헌재 1999. 12. 23. 98헌마363, 판례집 11-2, 770, 787.

67) 판례집 15-2상, 501, 510.

것 같지는 않다. 예를 들어 헌재 2010. 11. 25. 2010헌바93 결정과 헌재 2010. 11. 25. 2010헌바25 결정에서는 기본권(재산권)과 관련이 있었음에도 합리성심사(자의금지심사)를 하였고, 특히 헌재 2010. 11. 25. 2006헌마328 결정에서는 "평등권침해 여부를 심사함에 있어 엄격한 심사척도에 의할 것인지, 완화된 심사척도에 의할 것인지는 입법자에게 인정되는 입법형성권의 정도에 따라 달라지게 될 것이다. 헌법에서 특별히 평등을 요구하고 있는 경우나 차별적 취급으로 인하여 관련 기본권에 대한 중대한 제한을 초래하게 되는 경우에는 입법형성권은 축소되고, 보다 엄격한 심사척도가 적용되어야 할 것이다(헌재 1999. 12. 23. 98헌마363, 판례집 11-2, 770, 787 참조)."라고 판시함으로써, 위 제대군인가산점 사건의 평등심사기준을 유지하고 있다.[68]

(나) 헌재 2006. 2. 23. 2004헌마675 사건[69] : 헌법 32조 제6항의 해석

이 사건에서 헌법재판소는 헌법 32조 제6항의 문리해석과 관련하여, "종전 결정에서 헌법재판소는 헌법 제32조 제6항의 '국가유공자·상이군경 및 전몰군경의 유가족은 법률이 정하는 바에 의하여 우선적으로 근로의 기회를 부여받는다'는 규정을 넓게 해석하였다. 하지만 오늘날 국가유공자와 그 가족의 수가 과거에 비하여 비약적으로 증가하고 있는 현실과, 취업보호대상자에서 가족이 차지하는 비율, 공무원시험의 경쟁이 심화되는 현실을 고려할 때, 위 조항의 폭넓은 해석은 필연적으로 일반 응시자의 공무담임의 기회를 제약하게 되는 결과가 될 수 있으므로 위 조항은 엄격하게 해석할 필요가 있다. 이러한 관점에서 위 조항의 대상자는 조문의 문리해석대로 '국가유공자', '상이군경', 그리고 '전몰군경의 유가족'이라고 봄이 상당하다."고 판시하고,[70] 이어서 "이 사건 조항은 일반 응시자들의 공직취임의 기회를 차별하는 것이며, 이러한 기본권 행사에 있어서의 차별은 차별목적과 수단 간에 비례성을 갖추

68) 同旨, 헌재 2010. 11. 25. 2010헌마144 결정; 헌재 2010. 12. 28. 2009헌바400 결정; 헌재 2010. 12. 28. 2008헌마527 결정.

69) 국·공립학교의 채용시험에 국가유공자와 그 가족이 응시하는 경우 만점의 10퍼센트를 가산하도록 규정하고 있는 국가유공자등예우및지원에관한법률 제31조 제1항·제2항, 독립유공자예우에관한법률 제16조 제3항 중 국가유공자등예우및지원에관한법률 제31조 제1항·제2항 준용 부분, 5·18민주유공자예우에관한법률 제22조 제1항·제2항(이 사건 조항)이 기타 응시자들의 평등권과 공무담임권을 침해하는지 여부에 대한 사건.

70) 판례집 18-1상, 269, 284.

어야만 헌법적으로 정당화될 수 있다. '국가유공자의 가족'의 경우 가산점의 부여는 헌법이 직접 요청하고 있는 것이 아니고, 그러한 법률상의 입법정책은 능력주의 또는 성과주의를 바탕으로 하여야 하는 공직취임권의 규율에 있어서 중요한 예외를 구성한다. 헌법적 요청이 있는 경우에는 합리적 범위 안에서 능력주의가 제한될 수 있지만, 단지 법률적 차원의 정책적 관점에서 능력주의의 예외를 인정하려면 해당 공익과 일반응시자의 공무담임권의 차별 사이에 엄밀한 법익형량이 이루어져야 한다."고 판시하면서 "이 사건 조항의 차별로 인한 불평등 효과는 입법목적과 그 달성수단 간의 비례성을 현저히 초과하는 것이므로, 이 사건 조항은 청구인들과 같은 일반 공직시험 응시자들의 평등권을 침해한다."고 하면서 종전의 판례[71]를 변경하여 헌법불합치결정을 선고하였다.

(다) 헌재 2009. 2. 26. 2006헌마626 사건[72] : "장애인"

헌법재판소는 이 사건에서 헌법상 "장애인" 규정이 차별금지 명령인지에 관하여, "헌법 제11조 제1항에서는 '모든 국민은 법 앞에 평등하다'고 선언하면서, 이어서 '누구든지 성별· 종교 또는 사회적 신분에 의하여 정치적·경제적·사회적·문화적 생활의 모든 영역에 있어서 차별을 받지 아니한다'고 하여 차별금지영역을 규정하고 있다. 장애가 있다고 하여 불합리하게 차별받아서는 안 된다는 것은 당연한 원칙이지만, 헌법이 '장애인'을 차별금지영역으로 정하였다고 보기는 어렵다. 헌법 제34조 제5항에서 신체장애자 등은 법률이 정하는 바에 의하여 국가의 보호를 받는다고 선언하고 있지만, 이는 국가가 장애자 등 스스로 생계와 생활을 유지할 수 없는 사회적 약자에 대하여 생존의 최소한의 수준에서 보호하여야 한다는 취지이고, 장애인과 비장애인 간에 동등한 취급을 규정한 것은 아니라고 볼 것이다. 또한, 이 사건 법률조항이 중증장애인 후보자에 대하여만 특정한 선거운동방법을 금지·제한하는 내용이

71) 헌재 2001. 2. 22. 2000헌마25, 국가유공자등예우및지원에관한법률 제34조 제1항 위헌확인 사건.

72) 1. 선거사무원의 수를 제한한 공직선거법 제62조 제2항 제4호 및 제7호가 중증장애인인 지역구시·도의원선거 후보자 또는 지역자치구·시·군의원선거 후보자(이하 '이 사건 중증장애인 후보자'라 한다)의 기본권을 침해할 가능성이 있는지 여부(소극), 2. 명함을 배포할 수 있는 자를 제한한 공직선거법 제93조 제1항 단서가 이 사건 중증장애인 후보자의 기본권을 침해할 가능성이 있는지 여부(소극), 3. 탈법방법에 의한 문서·도화의 배부 등을 금지한 공직선거법 제93조 제1항 본문이 언어장애를 가진 후보자의 평등권을 침해하는지 여부(소극)에 관한 사건.

아니라, 중증장애인 후보자와 비장애인 후보자를 '동등하게' 취급하였다는 점이 결과적으로는 불평등을 초래하였다는 것이므로 이 사건 법률조항으로 인하여 관련 기본권에 대한 중대한 제한을 초래한 것으로 볼 수는 없다. 따라서 이 사건에서의 평등심사는 완화된 기준에 의하기로 한다."고 판시하였다.[73)]

(라) 헌재 2010. 11. 25. 2006헌마328 사건[74)] : "성별"

헌법재판소는 이 사건에서 "성별"이 병역의무 영역에서도 차별금지 명령인지 여부에 관하여, "'성별'의 경우를 살펴보면, 성별은 개인이 자유로이 선택할 수 없고 변경하기 어려운 생래적인 특징으로서 개인의 인간으로서의 존엄과 가치에 영향을 미치는 요소는 아니다. 그럼에도 불구하고 역사적으로 매우 오랜 기간 동안 대표적인 차별가능사유로서 정당화되어 왔기 때문에, 불합리한 차별을 극복해야 할 절실한 필요에 의하여 우리 헌법이 이를 차별금지의 사유로 예시하기에 이른 것이다. 그러나 이와 같은 헌법규정이 남성과 여성의 차이, 예컨대 임신이나 출산과 관련된 신체적

---

73) 판례집 21-1상, 211, 227, 재판관 4인의 합헌의견. 이에 대하여 재판관 4인의 헌법불합치의견은 "이 사건에서 문제된 공무담임권 등 참정권에 대해서는 우리 재판소가 누차 우리 헌법의 최고 이념인 국민주권주의와 자유민주주의 실현에 있어 참정권의 중요성을 강조해 왔다. 즉, 참정권은 선거를 통하여 통치기관을 구성하고 그에 정당성을 부여하는 한편, 국민 스스로 정치형성과정에 참여하여 국민주권 및 대의민주주의를 실현하는 핵심적인 수단으로, 특히 국정에 참여하는 참정권은 국민주권의 상징적 표현으로 국민의 가장 중요한 기본권 중의 하나이다. 뿐만 아니라 우리 헌법은 제34조 제5항에서 신체장애자에 대하여는 국가의 특별한 보호를 받도록 규정함으로써 신체장애인과 비장애인 사이에 실질적 불평등이 이루어지지 않도록 노력하고 있다. 그럼에도 불구하고 장애인이 우리 사회에서 사회·경제적 소수자이자 약자로 지내왔음은 부정할 수 없고 이러한 불평등과 차별은 그들이 정치적 의사결정과정에서 소외되고 무시됨으로써 더욱 공고해져 왔다. 즉, 이러한 정치적 의사결정과정에서의 배제는 그들에 대한 교육 및 직업생활에서의 차별, 교통 및 건물 이용을 비롯한 생활환경상의 차별 등을 시정할 수 있는 통로를 차단하였으며, 이러한 기본적 사회적 인프라의 불평등은 다시 그들이 정상적인 교육과 사회 환경 속에 성장하여 정치적 의사결정에 적극적으로 참여할 수 있는 길을 막는 악순환으로 이어졌다. 따라서 참정권의 중요성과 장애인 보호의 헌법취지를 고려할 때, 이 사건 법률조항은 언어장애를 가지고 있어 선거운동에 결정적으로 불리한 위치에 있는 장애인을 일반인과 동일한 조건하에 선거운동을 하도록 강제함으로써 이러한 장애인의 참정권 행사에 중대한 제약을 가하고 있다고 할 것이므로 이에 대해서는 비례심사가 적용되어야 한다."는 의견을 제시하였다. 한편, 나머지 1인의 재판관은 이 부분에 대한 판단 없이, 이 규정은 선거운동의 자유를 과도하게 제한한다는 이유로 위헌의견을 제시하였다.

74) 대한민국 국민인 남자에 한하여 병역의무를 부과한 구 병역법 제3조 제1항 전문(이하 '이 사건 법률조항'이라 한다)의 평등권 침해 여부(소극)에 관한 사건.

차이 등을 이유로 한 차별취급까지 금지하는 것은 아니며, 성별에 의한 차별취급이 곧바로 위헌의 강한 의심을 일으키는 사례군으로서 언제나 엄격한 심사를 요구하는 것이라고 단정짓기는 어렵다. 우리 헌법은 '근로', '혼인과 가족생활' 등 인간의 활동의 주요부분을 차지하는 영역으로서 성별에 의한 불합리한 차별적 취급을 엄격하게 통제할 필요가 있는 영역에 대하여는 양성평등 보호규정(제32조 제4항, 제36조 제1항)을 별도로 두고 있으며, 헌법재판소는 위와 같이 헌법이 특별히 양성평등을 요구하는 경우에는 엄격한 심사기준을 적용하여 왔으나, 이 사건 법률조항은 그에 해당한다고 보기 어렵다."고 판시하였다.[75]

(마) 2011. 3. 31. 2008헌바141 : "사회적 신분"

사회적 신분에 대한 차별금지는 헌법 제11조 제1항 후문에서 예시된 것인데, 헌법 제11조 제1항 후문의 규정은 불합리한 차별의 금지에 초점이 있는 것으로서, 예시한 사유가 있는 경우에 절대적으로 차별을 금지할 것을 요구함으로써 입법자에게 인정되는 입법형성권을 제한하는 것은 아니다.[76] 그렇다면 친일반민족행위자의 후손이라는 점이 헌법 제11조 제1항 후문의 사회적 신분에 해당한다 할지라도 이것만으로는 헌법에서 특별히 평등을 요구하고 있는 경우라고 할 수 없다.[77]

4. 소결

헌법 제11조 제1항의 평등의 원칙은 일체의 차별적 대우를 부정하는 절대적 평등을 의미하는 것이 아니라 합리적 근거 없는 차별을 하여서는 아니 된다는 상대적 평등을 뜻하며, 합리적 근거 있는 차별인가의 여부는 그 차별이 인간의 존엄성 존중이라는 헌법원리에 반하지 아니하면서 정당한 입법목적을 달성하기 위하여 필요하고도 적정한 것인가를 기준으로 판단되어야 한다.[78] 이러한 평등 위반의 여부를 심사함에 있어 엄격한 심사척도에 의할 것인지, 완화된 심사척도에 의할 것인지는 입

75) 판례집 22-2하, 446, 454, 재판관 4인의 기각의견. 이와 같은 입장은 재판관 2인의 위헌의견에서도 받아들여졌다. 따라서 헌법재판소의 공식입장(법정의견)이라고 할 수 있다.

76) 헌재 2010. 11. 25. 2006헌마328, 공보 170, 2106, 2110.

77) 헌재 2011. 3. 31. 2008헌바141, 공보 174, 548, 564.

78) 헌재 1997. 5. 29. 94헌바5, 판례집 9-1, 519, 525.

법자에게 인정되는 입법형성권의 정도에 따라 달라지는데, 헌법이 스스로 차별의 근거로 삼아서는 아니 되는 기준을 제시하거나 차별을 특히 금지하고 있는 영역을 제시하고 있다면 그러한 기준을 근거로 한 차별이나 그러한 영역에서의 차별에 대하여 엄격하게 심사하는 것이 정당화되고, 또 차별적 취급으로 인하여 관련 기본권에 대한 중대한 제한을 초래하게 된다면 입법형성권은 축소되어 보다 엄격한 심사척도가 적용되어야 할 것이다.[79]

79) 헌재 1999. 12. 23. 98헌마363, 판례집 11-2, 770, 787 ; 헌재 2008. 12. 26. 2005헌바34, 판례집 20-2하, 594, 607; 헌재 2009. 11. 26, 2008헌마711, 공보 158, 2231, 2234; 헌재 2011. 2. 24. 2008헌바56, 공보 173, 343, 346.

제2절 평등권심사 이외의 심사기준

1. 형식의 합헌성에 관한 위헌심사기준

가. 법률유보원칙

(1) 의의

국민의 기본권은 헌법 제37조 제2항에 의하여 국가안전보장, 질서유지 또는 공공복리를 위하여 필요한 경우에 한하여 이를 제한할 수 있으나 그 제한은 원칙적으로 법률로써만 가능하며, 제한하는 경우에도 기본권의 본질적 내용을 침해할 수 없고 필요한 최소한도에 그쳐야 한다. 이러한 법률유보의 원칙은 '법률에 의한' 규율만을 뜻하는 것이 아니라 '법률에 근거한' 규율을 요청하는 것이므로 기본권제한의 형식이 반드시 법률의 형식일 필요는 없고 법률에 근거를 두면서 헌법 제75조가 요구하는 위임의 구체성과 명확성을 구비하면 위임입법에 의하여도 기본권제한을 할 수 있다.[80)]

(2) 의회유보[81)]

헌법은 법치주의를 그 기본원리의 하나로 하고 있고, 법치주의는 법률유보원칙, 즉 행정작용에는 국회가 제정한 형식적 법률의 근거가 요청된다는 원칙을 그 핵심적 내용으로 하고 있다. 나아가 오늘날의 법률유보 원칙은 단순히 행정작용이 법률에 근거를 두기만 하면 충분한 것이 아니라, 국가공동체와 그 구성원에게 기본적이고도 중요한 의미를 갖는 영역, 특히 국민의 기본권 실현에 관련된 영역에 있어서는 행정에 맡길 것이 아니라 국민의 대표자인 입법자 스스로 그 본질적 사항에 대하여 결정하여야 한다는 요구, 즉 "의회유보" 원칙까지 내포하는 것으로 이해되고 있다. 이 때

80) 헌재 2005. 2. 24. 2003헌마289, 판례집 17-1, 261, 269; 헌재 2010. 10. 28. 2008헌마638, 공보 169, 1927, 1935.

81) 헌재 2009. 10. 29. 2007헌바63, 공보 157, 1915, 1919.

입법자가 형식적 법률로 스스로 규율하여야 하는 사항이 어떤 것인가는 일률적으로 획정할 수 없고 구체적인 사례에서 관련된 이익 내지 가치의 중요성, 규제 내지 침해의 정도와 방법 등을 고려하여 개별적으로 결정할 수 있을 뿐이나 적어도 헌법상 보장된 국민의 자유나 권리를 제한한 때에는 그 제한의 본질적인 사항에 관한 한 입법자가 법률로써 스스로 규율하여야 할 것이다.[82]

한편, 국회의 입법절차는 국민의 대표로 구성된 다원적 인적 구성의 합의체에서 공개적 토론을 통하여 국민의 다양한 견해와 이익을 인식하고 교량하여 공동체의 중요한 의사결정을 하는 과정이며, 일반 국민과 야당의 비판을 허용하고 그들의 참여가능성을 개방하고 있다는 점에서 전문관료들만에 의하여 이루어지는 행정입법절차와는 달리 공익의 발견과 상충하는 이익간의 정당한 조정에 보다 적합한 민주적 과정이다. 이러한 견지에서, 규율대상이 기본권적 중요성을 가질수록 그리고 그에 관한 공개적 토론의 필요성 내지 상충하는 이익간 조정의 필요성이 클수록, 그것이 국회의 법률에 의해 직접 규율될 필요성 및 그 규율밀도의 요구정도는 그만큼 더 증대되는 것으로 보아야 한다.[83]

나. 명확성원칙

(1) 의의

법치국가원리의 한 표현인 명확성의 원칙은 기본적으로 모든 기본권제한 입법에 대하여 요구된다. 규범의 의미내용으로부터 무엇이 금지되는 행위이고 무엇이 허용되는 행위인지를 수범자가 알 수 없다면 법적안정성과 예측가능성은 확보될 수 없게 될 것이고, 또한 법집행 당국에 의한 자의적 집행을 가능하게 할 것이기 때문이다.[84] 그러나 이러한 명확성의 원칙을 기계적으로 관철하도록 요구하는 것은 언어적 내지 입법기술적 한계로 인하여 불가능하거나 현저히 곤란하므로, 비록 해당 문언 자체만으로 일의적인 해석이 힘든 경우라 하더라도 당해 법률의 입법목적, 규범의 연혁적 내지 체계적 구조 등을 고려하여 합리적인 해석이 가능하다면 이는 법관의

---

82) 헌재 1999. 5. 27. 98헌바70, 판례집 11-1, 633, 644 ; 헌재 2009. 2. 26. 2008헌마370, 공보 149, 514, 521-522.

83) 헌재 2004. 3. 25. 2001헌마882, 판례집 16-1, 441, 454.

84) 헌재 1998. 4. 30. 95헌가16 판례집 10-1, 327, 341.

보충적 해석을 통하여 규범내용이 확정될 수 있는 것이므로 헌법상 명확성원칙에 반한다고 할 수 없다.[85]

(2) 명확성 판단의 기준 (죄형법정주의와 명확성원칙)

헌법 제12조 및 제13조를 통하여 보장되는 죄형법정주의 원칙은 범죄와 형벌이 법률로 정하여져야 함을 의미하며, 이러한 죄형법정주의에서 파생되는 명확성원칙은 법률이 처벌하고자 하는 행위가 무엇이며 그에 대한 형벌이 어떠한 것인지를 누구나 예견할 수 있고, 그에 따라 자신의 행위를 결정할 수 있도록 구성요건을 명확하게 규정해야 하는 것을 의미한다. 그러나 처벌법규의 구성요건이 명확하여야 한다고 하여 모든 구성요건을 단순한 서술적 개념으로 규정하여야 하는 것은 아니고, 다소 광범위하여 법관의 보충적인 해석을 필요로 하는 개념을 사용하였다고 하더라도 건전한 상식과 통상적인 법감정을 가진 사람이 통상의 해석방법에 의하여 당해 처벌법규의 보호법익과 금지된 행위 및 처벌의 종류와 정도를 알 수 있도록 규정하였다면 헌법이 요구하는 처벌법규의 명확성에 배치되는 것이 아니다. 그렇지 않으면 처벌법규의 구성요건이 지나치게 구체적이고 정형적이 되어 부단히 변화하는 다양한 생활관계를 제대로 규율할 수 없게 될 것이기 때문이다.[86]

그리고 처벌규정에 대한 예측가능성 유무를 판단할 때는 당해 특정조항 하나만을 가지고 판단할 것이 아니고, 법률조항의 문언, 입법목적, 입법연혁, 체계적 구조 등을 종합적으로 고려하여 관련 법조항 전체를 종합 판단하여야 하며, 각 대상법률의 성질에 따라 구체적·개별적으로 검토하여야 한다.[87]

요컨대, 명확성원칙은 법규범의 의미내용이 불확실하면 법적안정성과 예측가능성을 확보할 수 없고 법집행 당국의 자의적인 법해석과 집행을 가능하게 한다는 것을 그 근거로 하므로, **예측가능성** 및 **자의적 법집행 배제**가 확보되는지 여부에 따라 명확성원칙에 위반되는지 여부를 판단할 수 있다. 법규범의 의미내용은 법규범의 문언뿐만 아니라 입법목적이나 입법취지, 입법연혁, 그리고 법규범의 체계적 구조 등을 종합적으로 고려하는 해석방법에 의하여 구체화하게 된다.[88]

85) 헌재 2010. 4. 29. 2007헌바40, 공보 163, 814, 819.
86) 헌재 2004. 11. 25. 2004헌바35, 공보 99, 1295, 1298.
87) 헌재 2009. 2. 26. 선고 2005헌바94등, 공보 149, 379, 383.

다. 포괄위임입법금지원칙

(1) 의의

헌법 제75조와 제95조는 위임입법의 근거를 마련하는 한편 위임입법의 범위와 한계를 제시하고 있는데, 위임입법의 근거, 범위 및 한계는 그 수범자가 누구냐에 따라 입법권자에 대한 한계와 수권법률에 의해 법규명령을 제정하는 수임자에 대한 한계로 구별할 수 있다.[89)]

포괄위임금지원칙은 법률이 기본권 제한 사항에 관하여 하위법규에 위임할 경우에는 법률에 미리 하위법규에 규정될 내용 및 범위의 기본사항을 구체적으로 규정하여 둠으로써 행정권에 의한 자의적인 법률의 해석과 집행을 방지하고 의회입법과 법치주의의 원칙을 달성하고자 하는 원칙이다. 그러므로 헌법 제75조의 '구체적으로 범위를 정하여'라 함은 법률에 대통령령 등 하위법규에 규정될 내용 및 범위의 기본사항이 가능한 한 구체적이고도 명확하게 규정함으로써 누구라도 당해 법률 그 자체로부터 대통령령 등에 규정될 내용의 대강을 예측할 수 있어야 함을 의미한다. 다만, 그 예측가능성의 유무는 당해 특정조항 하나만을 가지고 판단할 것은 아니고 관련 법조항 전체를 유기적・체계적으로 종합 판단하여야 하며, 각 대상법률의 성질에 따라 구체적・개별적으로 검토하여야 한다.[90)]

대통령이 법률의 위임에 따라 대통령령을 제정하거나 국무총리 및 행정각부의 장이 소관사무에 관하여 법률이나 대통령령의 위임에 따라 총리령 또는 부령을 제정하는 경우에는, 수권법률이나 대통령령이 규정하거나 위임한 범위 내에서 수임명령을 규정할 수 있을 뿐 수권법률이나 대통령령이 규정하지 아니하거나 위임한 범위를 벗어나는 사항을 수임명령에서 규정하는 것은 위임입법의 한계를 위배하는 것이다.[91)] 그런데 수임명령이 규정한 내용이 수권법률이나 대통령령이 규정하거나 위임한 범위 내의 것인지 여부를 판단함에 있어서는, 당해 특정 법률조항이나 대통령령 조항 하나만을 가지고 판단할 것이 아니라 관련 법규 조항들 전체를 유기적・체계적

88) 헌재 2005. 6. 30. 2002헌바83, 판례집 17-1, 812, 821-822; 헌재 2010. 6. 24. 2009헌바43, 공보 165, 1149, 1151-1152.

89) 헌재 2010. 10. 28. 2008헌마408, 공보 169, 1897, 1905.

90) 헌재 2009. 3. 26. 2007헌마1327, 공보 150, 763, 768.

91) 헌재 2010. 4. 29. 2007헌마910, 공보 163, 893, 897.

으로 고려하여 종합판단하여야 한다. 수권법률이나 대통령령 조항 자체가 위임한 사항과 구체적 범위를 명확히 규정하고 있지 않다고 하더라도 관련 법규의 전반적 체계와 관련 규정에 비추어 위임받은 내용과 범위의 한계를 객관적으로 확인할 수 있다면 그 범위 내에서 규정된 수임명령 조항은 위임입법의 한계를 위배하는 것이 아니다.[92]

(2) 위임의 필요성

국민의 권리·의무에 관한 사항은 법률로써 규정함이 원칙이나, ①특히 긴급한 필요가 있거나 미리 법률로써 자세히 정할 수 없는 부득이한 사정이 있거나, ②규율대상이 지극히 다양하거나 수시로 변화하는 성질의 것이어서 일일이 법률로 규정할 경우 상황에 맞게 적절히 대처할 수 없다거나, ③전문적인 지식을 갖춘 행정부로 하여금 이를 정하도록 할 필요가 있는 경우에는 위임입법의 필요성이 인정된다.[93]

(3) 위임입법의 예측가능성

법률은 규정할 내용의 일부를 대통령령에 위임할 수 있으나(헌법 제75조), 이 경우 대통령령으로 규정될 내용 및 범위의 기본사항이 이미 법률에 구체적으로 규정되어 있어서 누구라도 당해 법률로부터 대통령령에 규정될 내용의 대강 내지 기본적 윤곽을 예측할 수 있어야 한다.[94]

한편, 위임의 구체성·개별성은 법률 자체를 기준으로 하며, 시행령의 내용을 보고 사후적으로 법률의 해당 위임조항의 불명확성을 따질 수는 없다. 그러므로 아무리 시행령이 구체적·개별적으로 명확하게 규정되어 있다고 하더라도 모법이 불명확하다면 위임입법의 한계를 초과한 것으로 된다. 헌법재판소도 위임입법의 허용 한계는 법률에 의한 수권에 의거한 명령의 내용이 어떠한 것이 될 수 있을 것인가를 법규명령에 의하여가 아니라 그보다 먼저 그 수권법률의 내용으로부터 예견 가능하여야 하는 것을 의미하는 것이라고 판시한 바 있다.[95]

---

92) 헌재 2010. 10. 28. 2008헌마408, 공보 169, 1897, 1905.

93) 헌재 2007. 4. 26. 2004헌가29, 2007헌바4, 판례집 19-1, 349, 365-366.

94) 헌재 1996. 8. 29. 95헌바36, 판례집 8-2, 90, 99; 헌재 1999. 1. 28. 97헌바90, 판례집 11-1, 19, 28-29.

95) 헌재 1993. 5. 13. 92헌마80, 판례집 5-1, 365, 379-380; 헌재 2009.5. 28. 2007헌가18, 공보

(4) 기타

(가) 처벌법규에 있어서의 위임의 한계

법률에 의한 처벌법규의 위임은 죄형법정주의와 적법절차, 기본권보장 우위사상에 비추어 바람직하지 못한 일이므로, 그 요건과 범위가 보다 엄격하게 제한적으로 적용되어야 한다. 따라서 처벌법규의 위임은 첫째, 특히 긴급한 필요가 있거나 미리 법률로써 자세히 정할 수 없는 부득이한 사정이 있는 경우에 한정되어야 하고, 둘째, 이러한 경우일지라도 법률에서 범죄의 구성요건은 처벌대상인 행위가 어떠한 것일 거라고 이를 예측할 수 있을 정도로 구체적으로 정하고, 셋째, 형벌의 종류 및 그 상한과 폭을 명백히 규정하여야 한다.[96]

(나) 명확성원칙과의 관계

범죄와 형벌에 관한 사항에 대한 위임입법의 한계와 관련된 요구는 죄형법정주의의 명확성원칙의 요구와 경합된다고 할 것이고,[97] 죄형에 관하여 법률조항이 그 내용을 해당 시행령에 포괄적으로 위임하고 있다면 이는 죄형법정주의의 명확성원칙의 위반 여부의 문제인 동시에 헌법 제75조의 포괄위임입법금지 여부의 문제가 된다.[98] 포괄위임금지의 원칙은 행정부에 입법을 위임하는 수권법률의 명확성원칙에 관한 것으로서 법률의 명확성 원칙이 위임입법에 관하여 구체화된 특별규정이라고 할 수 있다. 따라서 수권법률조항의 명확성원칙 위배 여부는 헌법 제75조의 포괄위임금지의 원칙의 위반 여부에 대한 심사로써 충족된다.[99]

(다) 정관에의 위임에도 적용되는지

위임입법이란 법률 또는 상위명령에서 구체적으로 범위를 정하여 위임받은 사항에 관하여 법규로서의 성질을 가지는 일반적·추상적 규범을 정립하는 것을 의미하는 것으로서, 형식적 의미의 법률(국회입법)에는 속하지 않지만 실질적으로는 행정

152, 1040, 1043.

96) 헌재 1991. 7. 8. 91헌가4, 판례집 3, 336, 341; 헌재 2004. 8. 26. 2004헌바14, 판례집 16-2상, 306, 314; 헌재 2008. 7. 31. 2005헌마667등, 공보 142, 1113, 1118.

97) 헌재 1997. 9. 25. 96헌가16, 판례집 9-2, 312, 322-323.

98) 헌재 1996. 2. 29. 94헌마213, 판례집 8-1, 147, 158-159.

99) 헌재 2007. 4. 26. 2004헌가29, 판례집 19-1, 349, 365-366; 헌재 2011. 2. 24. 2009헌바13, 공보 173, 361, 366.

에 의한 입법으로서 법률과 같은 성질을 갖는 법규의 정립이기 때문에 권력분립주의 내지 법치주의 원리에 비추어 그 요건이 엄격할 수밖에 없으니, 법규적 효력을 가지는 행정입법의 제정에는 반드시 구체적이며 명확한 법률의 위임을 요하는 것이다(헌법 제75조).[100] 그런데 법률이 정관에 자치법적 사항을 위임한 경우에는 헌법 제75조, 제95조가 정하는 포괄적인 위임입법의 금지는 원칙적으로 적용되지 않는다고 봄이 상당하다.[101]

(라) 사례

○ 헌재 2008. 7. 31. 2005헌마667등

이 사건 구 약사법 제21조 제7항 단서에 대하여 살펴보면, 한약처방의 종류 및 그 조제방법이라는 것은 그 대상이 매우 다양하고, 세부적·기술적·가변적 사항으로서 어떠한 처방에 대하여 한약사에게 임의조제를 허용할 것인가는 그 처방이 일반적으로 안정성과 유효성이 인정된 것인지 여부를 고려하여 판단하여야 하는 전문적·기술적 영역이며, 그 판단을 위해서는 고도의 전문지식이 필요하다. 또한 실제로도 이 사건 조제규정의 내용을 보면 매우 기술적이고 세부적이라는 점을 알 수 있다. 따라서 이러한 내용을 법규명령에 위임하지 아니하고 보건복지부 고시에 위임하는 것은 허용된다.[102]

---

100) 헌재 1993. 5. 13. 92헌마80, 판례집 5-1, 365, 379.

101) 헌재 2006. 3. 30. 2005헌바31, 공보 114, 528, 531.

102) 공보 142, 1113, 1117-1118. 이에 대하여는 "다수의견은, 헌법이 예정하는 위 위임입법형식을 한정적이 아니라 예시적인 것으로 본 뒤 규율대상이 매우 다양하고 세부적·기술적·가변적 사항으로서 고도의 전문지식에 의해 판단해야 하는 전문적·기술적 영역에 관해서는 탄력적으로 대응할 필요가 크기 때문에 법률이 법규명령에 위임하지 아니하고 바로 행정규칙에 위임하는 것도 허용되어야 한다는 취지로 수상한다. 그러나 이러한 탄력적 대응이 필요하다는 요청은 이른바 헌법합치적인 단계적 위임에 의하여도 충분히 해결할 수 있다고 본다. 즉 법률이 헌법에 정하여진 법규명령에 대하여 위임을 하고, 다시 법규명령이 구체적 범위를 정하여 행정규칙에 위임하는 형식을 갖춤으로써 헌법적 결단에 합치하면서도 국가의 적극적 기능을 확보할 수 있는 것이다. 그렇다면 구 약사법 제21조 제7항은 법규적 사항을 헌법에서 한정적으로 열거한 위임입법의 형식을 따르지 아니하고 법률에서 임의로 위임입법의 형식을 창설한 것이므로 헌법에 위반되고, 위헌인 법률에 따라 이루어진 이 사건 조제규정 역시 헌법에 위반된다."는 재판관 2인(김종대·목영준 재판관)의 반대의견이 있다(위 공보 1123).

○ **헌재 2010. 11. 25. 2009헌바105**

이 사건 법률조항[103]에 의하여 대통령령에 위임되는 범위는, '미풍양속을 해하는 행위 및 시설'로서, 학교의 보건위생과 학습환경에 나쁜 영향을 주는 정도가 구 학교보건법 제6조 제1항에서 구체적으로 열거하고 있는 행위 및 시설과 비슷한 행위 및 시설을 의미한다고 할 수 있다. 이러한 관점에서 생각하면, 건전한 상식을 갖춘 통상인이 이 사건 법률조항에 따라 대통령령에서 금지대상으로 규정될 수 있는 '미풍양속을 해하는 행위 및 시설'의 범위를 예측할 수 없다고 보기는 어렵다. 따라서 이 부분이 헌법 제75조에 위반된다고 볼 수 없다.[104]

○ **헌재 2011. 7. 28. 2009헌바244**

이 사건 법률조항 중 제3문 부분[105]은 국민의 기본권을 제한하는 조항이 아니라, 시행자 비용부담 원칙을 완화시켜 주는 조항, 즉 발굴조사비용 시행자부담원칙에 대한 예외조항으로서 수혜적 성격을 가지고 있는바, 수혜대상의 범위를 정함에 있어서는 국가의 예산상황 및 지방자치단체별 경제수준, 개발사업에 미치는 영향 등 구체적인 사정을 고려하여 결정하여야 하므로, 이를 반드시 입법자가 법률로써만 규정해야 한다는 당위성이 인정되기 어렵다. 또한, 이러한 수혜적 성격을 가진 조항에 대하여는 포괄위임입법금지원칙 판단에서 요구되는 구체성의 요구 정도도 상대적으로 약화된다고 봄이 상당한데, 앞서 살펴본 바와 같이 구제발굴의 경우 처음에는 사업시행자로 하여금 모든 매장문화재 발굴조사비용을 부담하게 하여 오다가, 이후 국가예산이 허락하는 범위 내에서 규모가 작은 건축공사에 대하여 국가나 지방자치단체로 하여금 매장문화재 발굴조사비용을 부담하게 할 필요에서 단서조항이 추가된 사실을 알 수 있는바, 법률의 전반적인 체계와 입법목적 및 그 연혁을 통하여 볼 때, 매장문화재의 발굴조사비용을 국가 등이 지원할 수 있는 경우는 국가 예산상 그다지 문제되지 아니하는 소규모 공사에 한함을 충분히 예측할 수 있다고 할 것이다. 이처럼 구체적인 발굴조사비용 지원대상의 범위에 관하여 이를 시행령에 위임하는 경우

103) 구 학교보건법(2005. 3. 24. 법률 제7396호로 개정되고, 2007. 8. 3. 법률 제8578호로 개정되기 전의 것) 제6조 제1항 제15호 중 '미풍양속을 해하는 행위 및 시설' 부분

104) 공보 170, 2074, 2078.

105) "다만, 대통령령으로 정하는 건설 공사로 인한 발굴에 소요되는 경비는 예산의 범위에서 국가나 지방자치단체가 부담할 수 있다."

에도 그 위임조항의 내재적인 위임범위나 한계를 충분히 예측할 수 있다고 할 것이므로 포괄위임입법금지원칙에 위배된다고 볼 수 없다.[106)]

[헌법 제95조]

- 법률이 입법사항을 고시 등 행정규칙에 위임하는 것이 허용되는지 여부

○ **예시설(합헌론)** : 다수의견(법정의견)

오늘날 의회의 '입법독점주의'에서 '입법중심주의'로 전환하여 일정한 범위 내에서 행정입법을 허용하게 된 동기가 사회적 변화에 대응한 입법수요의 급증과 종래의 형식적 권력분립주의로는 현대사회에 대응할 수 없다는 기능적 권력분립론에 있다는 점 등을 감안하여 헌법 제40조와 헌법 제75조, 제95조의 의미를 살펴보면, 입법기관이 아닌 제2의 국가기관인 행정기관은 국회에서 법률 등으로 구체적인 범위를 정하여 위임한 사항에 관하여 법정립의 권한을 갖게 되고, 입법자가 규율의 형식을 선택할 수도 있다 할 것이다. 따라서 헌법이 인정하고 있는 위임입법의 형식은 예시적인 것으로 보아야 할 것이고, 법률이 어떤 사항을 행정규칙에 위임하는 경우에 그 행정규칙은 위임된 사항만을 규율할 수 있는 것이므로, 국회입법의 원칙과 상치되지 않는다. 다만 행정규칙은 법규명령과 같은 엄격한 제정 및 개정절차를 요하지 아니하므로, 재산권 등과 같은 기본권을 제한하는 작용을 하는 법률이 입법위임을 할 때에는 대통령령・총리령・부령 등 법규명령에 위임함이 바람직하고, 고시와 같은 형식으로 입법위임을 할 때에는 적어도 행정규제기본법 제4조 제2항 단서에서 정한 바와 같이 법령이 전문적・기술적 사항이나 경미한 사항으로서 업무의 성질상 위임이 불가피한 사항에 한정된다 할 것이고, 그러한 사항이라 하더라도 포괄위임금지의 원칙상 법률의 위임은 반드시 구체적・개별적으로 한정된 사항에 대하여 행하여져야 할 것이다.[107)]

○ **열거설(위헌론)** : 소수의견(반대의견)

우리 헌법은 제40조에서 국회입법의 원칙을 천명하면서, 다만 헌법 제75조, 제95조, 제108조, 제113조 제2항, 제114조 제6항에서 법률의 위임을 받아 발할 수 있

---

106) 공보 178, 1085, 1092-1093.

107) 헌재 2006. 12. 28. 2005헌바59 (한국표준산업분류), 판례집 18-2, 601, 611-612; 헌재 2004. 10. 28. 99헌바91 (금융감독위원회 고시), 판례집 16-2하, 104, 119 참조.

는 법규명령으로 대통령령, 총리령과 부령, 대법원규칙, 헌법재판소규칙, 중앙선거관리위원회규칙 등을 한정적으로 열거하고 있다. 그런데 우리 헌법은 그것에 저촉되는 법률을 포함한 일체의 국가의사가 유효하게 존립될 수 없는 경성헌법이므로 헌법에 규정된 원칙에 대하여는 헌법 자신이 인정하는 경우에 한하여 예외가 허용될 뿐 법률 또는 그 이하의 입법형식으로써 그 예외를 인정할 수는 없다. 즉, 우리 헌법과 같이 법규명령의 형식이 헌법상 확정되어 있고 구체적으로 법규명령의 종류 · 발령주체 · 위임범위 · 요건 등에 관한 명시적 규정이 있는 이상, 법률로써 그와 다른 종류의 법규명령을 창설할 수 없고 더구나 그러한 법규사항을 행정규칙 기타 비법규명령에 위임하여서는 아니 된다. 결국 법률이 행정규칙 등에 위임할 수 있는 사항은 집행명령(헌법 제75조 후단)에 의하여 규정할 수 있는 사항 또는 법률의 의미를 구체화하는 사항에 한정되어야 하는 것이고, 새로운 입법사항이나 국민의 새로운 권리 · 의무에 관한 사항이 되어서는 아니 된다.[108)]

라. 영장주의

(1) 의의 및 헌법상 근거

영장주의란 형사절차와 관련하여 체포 · 구속 · 압수 등의 강제처분을 함에 있어서는 사법권 독립에 의하여 그 신분이 보장되는 법관이 발부한 영장에 의하지 않으면 아니된다는 원칙이고, 따라서 영장주의의 본질은 신체의 자유를 침해하는 강제처분을 함에 있어서는 중립적인 법관이 구체적 판단을 거쳐 발부한 영장에 의하여야만 한다는 데에 있다고 할 수 있다.[109)]

검사가 신청하여 법관이 영장을 발부할 수 있도록 한 헌법 제12조 제3항은 수사단계의 영장주의 근거이고, 공판단계에서는 검사의 신청이 영장발부에 필요치 않고 법원이 직권으로 영장을 발부할 수 있는데 이의 근거는 헌법 제12조 제1항이다.[110)]

---

108) 헌재 2008. 11. 27. 2005헌마161등, 공보 146, 1758, 1772, 재판관 조대현, 재판관 김종대, 재판관 목영준의 반대의견. 同旨, 헌재 2004. 10. 28. 99헌바91 결정의 재판관 권성, 재판관 주선회, 재판관 이상경의 반대의견; 헌재 2006. 12. 28. 2005헌바59 결정의 재판관 주선회, 재판관 김종대, 재판관 목영준의 반대의견; 헌재 2011. 2. 24. 2009헌바13등 결정의 재판관 김종대, 재판관 목영준의 반대의견.

109) 헌재 1997. 3. 27. 96헌바28등, 판례집 9-1, 313, 320.

110) 헌재 1997. 3. 27. 96헌바28등, 판례집 9-1, 313, 321.

(2) 영장의 법적 성격

법원이 직권으로 발부하는 영장과 수사기관의 청구에 의하여 발부하는 구속영장의 법적 성격은 같지 않다. 즉, 전자는 **명령장**으로서의 성질을 갖지만, 후자는 **허가장**으로서의 성질을 갖는 것으로 이해되고 있다.[111)]

(3) 헌법 제12조 제3항과 제16조와의 관계

헌법 제12조 제3항의 압수·수색은 신체에 대한 것을 말하는데 반하여, 제16조는 주거에 대한 압수·수색을 규정하고 있다. 따라서 주거에 대한 압수·수색의 영장의 근거는 헌법 제16조이다.

(4) 영장주의의 적용범위

영장주의는 **강제처분**에 적용되는데, 학설에 의하면 여기의 강제처분에는 물리적 강제력을 행사하는 경우(물리적 강제설)뿐만 아니라 '상대방에게 의무를 부담하게 하는 처분' 또는 '상대방의 의사에 반하여 실질적으로 법익 또는 기본권을 침해하는 처분'도 포함된다(심리적 강제설). 그런데 헌법재판소는, "영장주의는 신체에 물리적 강제력을 행사하는 '직접강제'의 경우에만 적용되고, 형벌에 의한 불이익을 부과함으로써 심리적·간접적으로 강제하는 경우에는 영장주의가 적용되지 않는다."는 입장이다. 수사절차에서 발생하는 의무부담 또는 기본권제한의 경우 그 범위가 광범위하여 명확한 기준을 제시해 준다고 볼 수 없고, 모든 의무부담 또는 기본권제한을 법관이 발부한 영장에 의하도록 하는 것이 가능하지도 않기 때문이라는 것이다.[112)]

따라서 음주측정[113)]과 지문채취,[114)] 그리고 소변채취[115)]에는 영장주의가 적용

---

111) 헌재 1997. 3. 27. 96헌바28등, 판례집 9-1, 313, 321.

112) 헌재 2004. 9. 23. 2002헌가17등, 판례집 16-2상, 379, 388.

113) 헌재 1997. 3. 27. 96헌가11, 판례집 9-1, 245 이하.

114) 헌재 2004. 9. 23. 2002헌가17등, 판례집 16-2상, 379 이하.

115) 헌재 2006. 7. 27. 2005헌마277. 이 결정에서 헌법재판소는 구 행형법 제17조의2에서 교도관이 수용자의 신체검사를 하면서 소변채취를 요구하는 경우 영장주의가 적용되는지에 대하여, "영장주의란 '법관이 발부한 영장에 의하지 아니하고는 수사에 필요한 강제처분을 하지 못한다'는 의미인바, 이 사건에서 문제된 소변채취는 수사에 필요한 처분이 아니고 대상자의 협력이 필수적이라는 점에서 강제처분이 아니기 때문에 영장주의가 적용되지 아니한다."고 판시하였다.(판례집 18-2, 280, 287)

되지 아니한다. 그런데 소위 "BBK 사건"에서 헌법재판소의 다수의견(5인)은, 형벌(벌금 1,000만원)이라는 사후제재에 의하여 동행명령을 강제하는 것에 대해 영장주의에 위배된다고 판시하였다.[116] 그러나 헌법재판소법 제23조 제2호 소정의 판례변경을 위한 정족수(재판관 6인 이상)를 충족하지 못하였기 때문에, 영장주의의 적용범위에 관한 선례의 입장은 여전히 유효하다고 할 것이다.

(5) 영장주의의 예외

입법자는 사전영장주의에 대한 예외를 인정하는 입법을 임의로 할 수 없고, 헌법이 스스로 인정하는 예외의 경우에 국한해야 한다. 즉, ①현행범인인 경우와 긴급체포를 요하는 장기 3년 이상의 형에 해당하는 죄를 범하고 도피 또는 증거인멸의 염려가 있는 때(제12조 제3항 단서), 또는 ②대통령이 비상계엄을 선포한 경우(제77조 제3항)에 한해서 사전영장주의의 예외를 규정할 수 있다.[117]

(6) 행정상 즉시강제와 영장주의

(가) 행정상 즉시강제의 개념

행정상 즉시강제란 행정강제의 일종으로서 목전의 급박한 행정상 장해를 제거할 필요가 있는 경우에, 미리 의무를 명할 시간적 여유가 없을 때 또는 그 성질상 의무를 명하여 가지고는 목적달성이 곤란할 때에, 직접 국민의 신체 또는 재산에 실력을 가하여 행정상 필요한 상태를 실현하는 작용이다.

(나) 학설

1) 영장불요설

영장주의는 연혁상 형사사법권의 남용을 방지하기 위하여 채택된 것이며, 즉시강제는 하명·계고 등이 선행될 수 없는 급박한 상황에서 발동되기 때문에, 행정상

---

116) 헌재 2008. 1. 10. 2007헌마1468. 이 결정에서 동행명령조항에 대하여 재판관 8인이 위헌의견을 냈는데, 과잉금지원칙 위반과는 달리 영장주의 위반에 대하여는 재판관 5명만이 참여하였다.

117) 따라서 비상계엄하에서도 영장제도 자체를 배제할 수는 없다. 제1공화국의 헌법위원회 결정(1955.10.18)에서도, "비상계엄하에서도 영장제도 자체를 배제하는 것은 인정될 수 없다."고 하였다.

즉시강제에는 영장주의가 적용되지 않는다는 입장이다.[118)]

2) 영장필요설

영장주의를 형사사법권 발동에 한정하면 기본권을 침해하는 결과를 초래하게 되므로, 행정상 즉시강제에도 영장제도가 적용되어야 한다는 입장이다.[119)]

3) 절충설

행정상의 즉시강제(임검, 수색 등)에서도 원칙적으로 영장이 필요하나 화재진압 등 예외적인 경우에 한하여 영장주의가 배제된다. 지극히 예외적으로 긴급히 필요할 경우에만 예외가 인정된다.[120)]

(다) 판례

헌법재판소는, "영장주의가 행정상 즉시강제에 대해서도 적용되는지에 관하여는 논란이 있으나, 행정상 즉시강제는 상대방의 임의이행을 기다릴 시간적 여유가 없을 때 바로 실력을 행사하는 것으로서 그 본질상 급박성을 요건으로 하고 있어 법관의 영장을 기다려서는 그 목적을 달성할 수 없다고 할 것이므로, 원칙적으로 영장주의가 적용되지 않는다고 보아야 할 것"이라고 한다.[121)] 또한 대법원도, 행정상 즉시강제에 영장주의가 적용되지 않는 경우가 있다고 한다.[122)]

마. 이중처벌금지원칙

(1) 의의

헌법 제13조 제1항은 "모든 국민은 … 동일한 범죄에 대하여 거듭 처벌받지 아니한다."고 하여 이른바 '이중처벌금지의 원칙'을 규정하고 있는바, 이 원칙은 한번 판결이 확정되면 동일한 사건에 대해서는 다시 심판할 수 없다는 '일사부재리의 원칙'이 국가형벌권의 기속원리로 헌법상 선언된 것으로서, 동일한 범죄행위에 대하여 국가가 형벌권을 거듭 행사할 수 없도록 함으로써 국민의 기본권 특히 신체의 자유

118) 이철환, 「행정법일반이론」(전남대학교출판부 2011), 575면.

119) 이철환, 전게서(2011), 576면.

120) 김철수, 「헌법학신론」(박영사 2008), 491 · 545면; 권영성, 「헌법학원론」(법문사 2010), 467면.

121) 헌재 2002. 10. 31, 2000헌가12.

122) 대판 1997. 6. 13, 97다56115.

를 보장하기 위한 것이라고 할 수 있다. 이러한 점에서 헌법 제13조 제1항에서 말하는 '처벌'은 원칙적으로 범죄에 대한 국가의 형벌권 실행으로서의 과벌을 의미하는 것이고, 국가가 행하는 일체의 제재나 불이익처분을 모두 그 '처벌'에 포함시킬 수는 없다.[123)]

(2) 이중처벌금지원칙의 '처벌'의 의미와 행정형벌

행정법상의 의무를 위반한 자에 대한 제재로서 일반통치권에 기하여 과하는 처벌인 행정벌에는 행정형벌, 행정질서벌,[124)] 조례에 의한 과태료 등이 있다. 이 중에서 행정형벌이란 행정법상의 의무위반에 대한 제재로서 사형·징역·금고·자격상실·자격정지·벌금·구류·과료 및 몰수와 같이 형법상의 형을 과하는 경우를 말한다. 이러한 행정형벌을 과할 때에는 특별한 규정이 있는 경우를 제외하고는 원칙적으로 형법총칙의 규정이 적용된다(형법 제8조).[125)] 그 절차는 형사소송절차에 의하는 것이 원칙이지만, 예외적으로 통고처분·즉결심판 등에 의하는 경우도 있다.[126)]

(3) 사례

○ **헌재 1994. 6. 30. 92헌바38**

구 건축법 제54조 제1항에 의한 형사처벌의 대상이 되는 범죄의 구성요건은 당국의 허가 없이 건축행위 또는 건축물의 용도변경행위를 한 것이고, 동법 제56조의2 제1항에 의한 **과태료**는 건축법령에 위반되는 위법건축물에 대한 시정명령을 받고도 건축주 등이 이를 시정하지 아니할 때 과하는 것이므로, 양자는 처벌 내지 제재대상이 되는 기본적 사실관계로서의 행위를 달리하는 것이다. … 이러한 점에 비추어 구

---

123) 헌재 1994. 6. 30. 92헌바38, 판례집 6-1, 619, 627; 헌재 2002. 7. 18. 2000헌바57, 판례집 14-2, 1, 18.

124) 行政秩序罰이란 행정법상 의무위반에 대한 제재로서 형법에 刑名이 없는 벌인 과태료를 과하는 것을 말한다. 행정질서벌은 직접적으로 행정목적을 침해하는 데까지 이르지 않고 단지 간접적으로 행정상 질서에 장애를 줄 위험이 있는 행위에 대한 제재에 지나지 않는다. 행정질서벌은 형법총칙의 규정이 적용되지 않으며, 원칙적으로 비송사건절차법이 정하는 바에 따른다.

125) 형법 제8조 (총칙의 적용) 본법 총칙은 타 법령에 정한 죄에 적용한다. 단 그 법령에 특별한 규정이 있는 때에는 예외로 한다.

126) 배제식/손주찬/이재상 감수, 「법률학사전」(법률출판사 2004), 2164·2169쪽.

건축법 제54조 제1항에 의한 무허가건축행위에 대한 형사처벌과 동법 제56조의2의 제1항에 의한 과태료의 부과는 헌법 제13조 제1항이 금지하는 이중처벌에 해당한다고 할 수 없다.[127)]

○ **헌재 2003. 7. 24. 2001헌가25**

구 독점규제및공정거래에관한법률(이하 '공정거래법') 제24조의2에 의한 부당내부거래에 대한 과징금은 그 취지와 기능, 부과의 주체와 절차 등을 종합할 때 부당내부거래 억지라는 행정목적을 실현하기 위하여 그 위반행위에 대하여 제재를 가하는 행정상의 제재금으로서의 기본적 성격에 더하여, 중·장기적으로 대규모 기업집단 소속 계열회사 사이의 부당내부거래는 경제력 집중을 통하여 부당지원을 한 기업에게 발생한 상당한 부당이득을 환수하는 요소도 부가되어 있는 것이므로, 헌법 제13조 제1항에서 금지하는 국가형벌권 행사로서의 '처벌'에 해당한다고는 할 수 없으므로, 공정거래법에서 형사처벌과 아울러 **과징금**의 병과를 예정하고 있더라도 이중처벌금지원칙에 위반된다고 볼 수 없다."고 판시하여,[128)] 공정거래법상 형사처벌(행정형벌이다)과 과징금 부과가 이중처벌금지원칙에 위배되지 않는다고 보았다(5:4).[129)]

○ **헌재 2004. 2. 26. 2001헌바80등**

무허가 건축행위에 대한 건축법 제78조의 형사처벌과 건축법상 시정명령 위반에 대한 건축법 제83조의 **이행강제금** 부과는 그 처벌 내지 제재대상이 되는 기본적

127) 판례집 6-1, 619, 628-629. 그러나 이 결정에서 헌법재판소는 "다만, 행정질서벌로서의 과태료는 행정상 의무의 위반에 대하여 국가가 일반통치권에 기하여 과하는 제재로서 형벌(특히 행정형벌)과 목적·기능이 중복되는 면이 없지 않으므로, 동일한 행위를 대상으로 하여 형벌을 부과하면서 아울러 행정질서벌로서의 과태료까지 부과한다면 그것은 이중처벌금지의 기본정신에 배치되어 국가입법권의 남용으로 인정될 여지가 있음을 부정할 수 없다."고 판시하였다.(위 판례집 627)

128) 판례집 15-2상, 1, 12-13.

129) 위 결정의 반대의견 중 재판관 3인은 "위 과징금은 부당하게 다른 회사를 지원한 기업에게 가해지는 제재금으로서 부당지원자에게 부과되는 것이지, 피지원자에게 부과되는 것이 아니므로 비록 형벌은 아니라고 하더라도 부당지원행위에 대한 응징 내지 처벌로서의 의미를 가지고 있는바, 매출액의 규모와 부당지원과의 사이에는 원칙적으로 상관관계를 인정하기가 곤란하므로, 부당지원행위에 대하여 매출액을 기준으로 과징금을 부과할 수 있도록 하는 것은 부당지원이라는 자기의 행위와 상관관계가 없는 매출액이라는 다른 요소에 의하여 책임의 범위를 정하는 것이 되어 자기책임의 원리에 위배된다."고 하였고, 재판관 1인은 위 과징금도 실질적으로 '처벌' 즉 (행정)형벌에 해당한다고 보아 이중처벌금지원칙에 위배된다고 하였다.

사실관계로서의 행위를 달리하며 그 보호법익과 목적에서도 차이가 있으므로 헌법 제13조 제1항이 금지하는 이중처벌에 해당한다고 할 수 없다.[130]

○ **헌재 2004. 10. 28. 2003헌가18**

추징은 몰수에 갈음하여 그 가액의 납부를 명령하는 사법처분이나 부가형의 성질을 가지므로, 주형은 아니지만 부가형으로서의 (관세법위반죄에 의한) 추징도 일종의 형벌임을 부인할 수는 없다. 그러나 일정액수의 추징금을 납부하지 않은 자에게 내리는 출국금지의 행정처분은 형법 제41조상의 형벌이 아니라 형벌의 이행확보를 위하여 출국의 자유를 제한하는 행정조치의 성격을 지니고 있다. 그렇다면 심판대상 법조항에 의한 **출국금지처분**은 헌법 제13조 제1항 상의 이중처벌금지원칙에 위배된다고 할 수 없다.[131]

바. 의사표현에 대한 검열금지

(1) 헌법상 사전검열금지원칙의 의미 및 요건

(가) 헌법 제21조 제2항은 언론・출판에 대한 허가나 검열은 인정되지 아니한다고 규정하고 있는바, 여기서 말하는 검열은 그 명칭이나 형식과 관계없이 실질적으로 행정권이 주체가 되어 사상이나 의견 등이 발표되기 이전에 예방적 조치로서 그 **내용**[132]을 심사・선별하여 발표를 사전에 억제하는, 즉 허가받지 아니한 것의 발표를 금지하는 제도를 뜻하고 이러한 사전검열은 법률에 의하더라도 불가능하다. 우리 재판소는 헌법 제21조 제2항이 언론・출판에 대한 사전검열금지를 규정한 이유에 관하여, 사전검열이 허용될 경우에는 국민의 예술활동의 독창성과 창의성을 침해하여 정신생활에 미치는 위험이 클 뿐만 아니라 행정기관이 집권자에게 불리한 내용의 표현을 사전에 억제함으로써 이른바 관제의견이나 지배자에게 무해한 여론만을 허용하는 결과를 초래할 염려가 있기 때문에 절대적으로 금지되는 것이라고 판시한 바

130) 판례집 16-1, 202, 232.

131) 판례집 16-2하, 86, 99.

132) 헌재 1998. 2. 27. 96헌바2 : "옥외광고물등관리법 제3조는 일정한 지역・장소 및 물건에 광고물 또는 게시시설을 표시하거나 설치하는 경우에 그 광고물 등의 종류・모양・크기・색깔, 표시 또는 설치의 방법 및 기간 등을 규제하고 있을 뿐, 광고물 등의 내용을 심사・선별하여 광고물을 사전에 통제하려는 제도가 아님은 명백하므로, 헌법 제21조 제2항이 정하는 사전허가・검열에 해당되지 아니한다."(판례집 10-1, 118, 126)

있다.[133)]

그러나 한편, 이러한 사전검열금지원칙은 모든 형태의 사전적 규제를 금지하는 것은 아니고, 의사표현의 발표 여부가 오로지 행정권의 허가에 달려 있는 사전심사만을 금지하는데 우리 재판소는, 일반적으로 "①허가를 받기 위한 표현물 제출의무의 존재, ②행정권이 주체가 된 사전심사절차의 존재, ③허가를 받지 아니한 의사표현의 금지 및 ④심사절차를 관철할 수 있는 강제수단의 존재"의 요건을 갖춘 사전심사절차의 경우에만 금지되는 것이라고 판시하여,[134)] 절대적 사전검열금지원칙을 제한적으로 적용해 왔다.[135)]

<사례>

○ **헌재 2008. 6. 26. 2005헌마506**
: 텔레비전 방송광고 사전심의 규정(방송법 제32조)

"한국광고자율심의기구는 행정기관적 성격을 가진 방송위원회[136)]로부터 위탁을 받아 이 사건 텔레비전 방송광고 사전심의를 담당하고 있는바, 한국광고자율심의기구는 민간이 주도가 되어 설립된 기구이기는 하나, 그 구성에 행정권이 개입하고 있고, 행정법상 공무수탁사인(公務受託私人)으로서 그 위탁받은 업무에 관하여 국가의 지휘·감독을 받고 있으며, 방송위원회는 텔레비전 방송광고의 심의기준이 되는 '방송광고 심의규정'을 제정·개정할 권한을 가지고 있고, 자율심의기구의 운영비나 사무실 유지비, 인건비 등을 지급하고 있다. 그렇다면 한국광고자율심의기구가 행하는 방송광고 사전심의는 방송위원회가 위탁이라는 방법에 의해 그 업무의 범위를 확장한 것에 지나지 않는다고 할 것이므로, 한국광고자율심의기구가 행하는 이 사건 텔레비전 방송광고 사전심의는 행정기관에 의한 사전검열로서 헌법이 금지하는 사전검열에 해당한다."[**위헌**]

---

133) 헌재 2008. 6. 26. 2005헌마506, 판례집 20-1하, 397, 410; 헌재 1996. 10. 4. 93헌가13등, 판례집 8-2, 212, 222-223.

134) 헌재 2005. 2. 3. 2004헌가8, 판례집 17-1, 51, 59; 헌재 1996. 10. 4. 93헌가13등, 판례집 8-2, 212, 223.

135) 헌재 2010. 7. 29. 2006헌바75, 공보 166, 1366, 1373.

136) 방송법 제32조는 2008. 2. 29. 법률 제8867호로 개정되어 방송광고 사전심의의 주체를 방송통신심의위원회로 변경하였는바, 이에 대하여도 같은 판단을 하였다.

(나) 그런데 헌재 2010. 7. 29. 2006헌바75 결정에서는 위와 같은 사전검열행위 자체의 범위를 제한해야 할 뿐만 아니라 사전검열금지원칙이 적용될 대상 역시 헌법이 언론·출판의 자유를 보장하고 사전검열을 금지하는 목적에 맞게 한정하여 적용해야 한다고 하였다.

그리하여 재판관 5:4의 의견으로, "건강기능식품의 허위·과장 광고를 사전에 예방하지 않을 경우 불특정 다수가 신체·건강상 피해를 보는 등 광범위한 해악이 초래될 수 있고, 허위·과장 광고 등에 대해 사후적인 제재를 하더라도 소비자들이 신체·건강상으로 이미 입은 피해는 피해 회복이 사실상 불가능할 수 있어서 실효성이 별로 없다는 문제가 있다. 반면에 건강기능식품 광고는 영리 목적의 순수한 상업광고로서 사상이나 지식에 관한 정치적·시민적 표현행위 등과 별로 관련이 없고, 이러한 광고를 사전에 심사한다고 하여 예술활동의 독창성과 창의성 등이 침해되거나 표현의 자유 등이 크게 위축되어 집권자의 입맛에 맞는 표현만 허용되는 결과가 될 위험도 작다. 그러므로 이와 같이 건강기능식품의 기능성 표시·광고와 같이 규제의 필요성이 큰 경우에 언론·출판의 자유를 최대한도로 보장할 의무를 지는 외에 헌법 제36조 제3항에 따라 국민의 보건에 관한 보호의무도 지는 입법자가 국민의 표현의 자유와 보건·건강권 모두를 최대한 보장하고, 기본권들 간의 균형을 기하는 차원에서 건강기능식품의 표시·광고에 관한 사전심의절차를 법률로 규정하였다 하여 이를 우리 헌법이 절대적으로 금지하는 사전검열에 해당한다고 보기는 어렵다."고 판시하였다.[137)]

(2) 영화심의제도의 발전 경과

(가) 1962. 1. 20. 법률 제995호로 영화법이 제정될 당시의 영화심의제도는 문공부장관의 사전허가제였다가 1984. 12. 31. 법률 제3776호로 영화법이 개정되면서 심의 주체가 공연윤리위원회로 변경되고, 심의 방식도 사전심의제로 운영되었다. 1995. 12. 30. 법률 제5129호로 영화법이 폐지되고 영화진흥법이 제정되었으나, 사

137) 이에 대하여 재판관 4인의 반대의견은 위 사안도 사전검열금지원칙의 적용대상이 된다고 보았는데, 다만 그 중 2인의 재판관(이강국·송두환 재판관)은 심의위원회의 행정주체성이 인정되지 않는다고 보았고, 나머지 재판관 2인(이공현·김종대 재판관)만이 사전검열금지원칙에 위반되어 위헌이라는 의견을 제시하였다.

전심의제는 그대로 유지되었고, 1996. 10. 4. 영화법 제12조 등에 대하여 위헌법률심판이 제청되어, 헌법재판소는 **공연윤리위원회에 의한 사전심의제**가 사전검열에 해당한다고 하여 위헌을 선언하였다.[138)]

(나) 그러자 1997. 4. 10. 법률 제5321호로 영화진흥법이 개정되어 등급분류제가 도입되었고, 등급분류의 심의기관이 종전의 공연윤리위원회에서 한국공연예술진흥협의회로 바뀌었으며, 등급구분은 전체 관람가, 12세 관람가, 15세 관람가, 18세 관람가로 나뉘었고, 이때부터 등급보류제도가 신설되어 6개월 이내의 기간을 정하여 등급부여를 보류할 수 있도록 하였다.

(다) 1999. 2. 8. 법률 제5929호로 영화진흥법이 전부 개정되면서 영화의 심의주체가 영상물등급위원회로 바뀌었고, 등급구분에 있어서는 '15세 관람가' 등급이 삭제되고, 등급보류기간이 6개월에서 3개월로 축소 변경되었으며, 2000. 1. 21. 법률 제6186호로 영화진흥법이 개정되면서 삭제되었던 '15세 관람가' 등급이 부활되었다.

(라) 한편, **영화에 대한 (영상물등급위원회의) 등급분류보류제**에 대하여 위헌법률심판이 제청되었고, 2001. 8. 30. 헌법재판소는 이것이 사전검열에 해당한다고 하여 위헌을 선언하였다.[139)] 이에 영화진흥법은 2002. 1. 26. 법률 6632호 개정으로 영화에 대한 등급분류 보류 규정을 삭제하고, 제21조 제3항 제5호에서 '제한상영가' 등급을 신설하였으며, 제한상영가 영화는 제한상영관에서만 상영하고, 이에 관한 광고와 선전도 제한상영관 안에서만 하도록 하였으며, 비디오물 등 다른 영상물로의 제작도 금지하였다.

(마) 2006. 4. 28. 국회는 규율 대상 매체의 성격에 따라 영화와 비디오를 하나로 묶어 '영화 및 비디오물 진흥에 관한 법률'(법률 제7943호), 음반은 '음악산업 진흥에 관한 법률'(법률 제7942호), 게임물은 '게임산업 진흥에 관한 법률'(법률 제7941호)을 각각 제정하고, 영화진흥법 및 '음반·비디오물 및 게임물에 관한 법률'은 폐지하여 현재는 매체별로 각기 다른 별도의 법률이 규율하고 있다. 현행 영상물등급위원회는 '영화 및 비디오물 진흥에 관한 법률', 음반은 '음악산업 진흥에 관한 법률'에 근거하

---

138) 헌재 1996. 10. 4. 93헌가13등, 판례집 8-2, 212, 227.

139) 헌재 2001. 8. 30. 2000헌가9, 판례집 13-2, 134, 151.

고 있으나, 그 구성·운영 및 법적 성격은 종전 '음반·비디오물 및 게임물에 관한 법률'의 그것과 동일하고, 현행 '영화 및 비디오물 진흥에 관한 법률', 음반은 '음악산업 진흥에 관한 법률'에서는 영화상영등급분류에 관하여 제29조에서 규정하고 있으며, 제한상영가 등급도 여전히 두고 있다. 헌법재판소는 2008. 7. 31. 「종전의 영화진흥법 및 현행 '영화 및 비디오물 진흥에 관한 법률'상의 제한상영가 규정」에 대하여 명확성원칙 및 포괄위임금지원칙에 위배된다고 하여 헌법불합치결정을 선고하였다.[140] 또한 **영상물등급위원회에 의한 비디오물 등급분류보류제도**를 규정한 구 '음반·비디오물 및 게임물에 관한 법률'(2001. 5. 24. 법률 제6473호로 전부 개정되고 2004. 1. 29. 법률 제7131호로 개정되기 전의 것) 제20조 제4항 중 '비디오물' 부분은 행정기관에 의한 사전 검열에 해당하여 헌법에 위반된다고 선고하였다.[141]

사. 집회에 대한 허가금지[142]

(1) 헌법 제21조 제2항의 취지와 의미

(가) 헌법 제21조 제2항(이하 '이 사건 헌법규정'이라 한다)은 "언론·출판에 대한 허가나 검열과 집회·결사에 대한 허가는 인정되지 아니한다."고 규정함으로써 헌법 자체에서 언론·출판에 대한 허가나 검열의 금지와 더불어 집회에 대한 허가금지를 명시함으로써, 집회의 자유에 있어서는 다른 기본권 조항들과는 달리, '허가'의 방식에 의한 제한을 허용하지 않겠다는 헌법적 결단을 분명히 하고 있다.

헌법연혁적으로 살펴보건대, 집회에 대한 허가 금지조항은 아래 표(1)[143]에서

---

140) 헌재 2008. 7. 31. 2007헌가4, 공보 142, 1001.

141) 헌재 2008. 10. 30. 2004헌가18. 공보 145, 1370 이하.

142) 헌재 2009. 12. 29. 2006헌바20등, 공보 159, 45 이하, 재판관 5인의 다수(법정)의견.

143) 표(1) 집회의 자유와 옥외집회, 집회허가제에 관한 헌법 규정.

[제헌 헌법]

제13조 모든 국민은 법률에 의하지 아니하고는 언론·출판·집회·결사의 자유를 제한받지 아니한다.

[1960.6.15. 개정 헌법]

제13조 모든 국민은 법률에 의하지 아니하고는 언론·출판·집회·결사의 자유를 제한받지 아니한다.

제28조 ②국민의 자유와 권리는 질서유지와 공공복리를 위하여 필요한 경우에 한하여 법률로써 제한할 수 있다. 단, 그 제한은 자유와 권리의 본질적인 내용을 훼손하여서는 아니되며, 언론·출판에 대한 허가나 검열과 집회·결사에 대한 허가를 규정할

보는 바와 같이 처음으로 1960. 6. 15. 개정헌법 제28조 제2항 단서에서 규정되었으며, 1962. 12. 26. 개정헌법 제18조 제2항 본문에서 그대로 유지되었으나 1972. 12. 27. 개정헌법에서 삭제되었다가 1987. 10. 29. 개정된 현행 헌법에서 다시 규정된 것이다. 위와 같은 이 사건 헌법규정의 연혁적 변천과정, 그 중에서도 특히 1972년 소위 유신헌법에서 삭제되었던 언론·출판에 대한 허가나 검열의 금지와 함께 집회에 대한 허가제 금지규정을 다시 부활시킨 역사적 배경 내지 정치·사회·문화적 상황 등을 종합하여 보면, 이 사건 헌법규정은 언론·출판의 자유와 더불어 집회의 자유가 형식적·장식적 기본권으로 후퇴하였던 과거의 헌정사에 대한 반성적 고려에서, 집회의 자유가 실질적으로 보장되지 않는 한 자유민주주의적 헌정질서가 발전·정착되기는 어렵다는 역사적 경험을 토대로, 그동안 삭제되었던 언론·출판에 대한 허가나 검열 금지와 함께 집회에 대한 허가제 금지를 다시금 살려내어, 집회의 허용 여부를 행정권의 일방적·사전적 판단에 맡기는 집회에 대한 허가제는 집회에 대한 검열제와 마찬가지이므로 이를 절대적으로 금지하겠다는 헌법개정권력자인 국민들의 헌법가치적 합의이며 헌법적 결단이라고 보아야 할 것이다.

(나) 또한 비교헌법적으로 보더라도, 이 사건 헌법규정처럼 헌법자체에서 집회의 자유에 대하여 허가제 금지를 규정하고 있는 입헌례는 우리나라와 독일[144)]을 제

수 없다.

[1962.12.26. 개정 헌법]

제18조 ①모든 국민은 언론·출판의 자유와 집회·결사의 자유를 가진다. ②언론·출판에 대한 허가나 검열과 집회·결사에 대한 허가는 인정되지 아니한다. 다만 공중도덕과 사회윤리를 위하여 영화나 연예에 대한 검열을 할 수 있다. ③ (생략) ④옥외집회에 대하여는 그 시간과 장소에 관한 규제를 법률로 정할 수 있다.

[1972.12.27. 개정 헌법]

제18조 모든 국민은 법률에 의하지 아니하고는 언론·출판·집회·결사의 자유를 제한받지 아니한다.

[1980.10.27. 개정 헌법]

제20조 ①모든 국민은 언론·출판의 자유와 집회·결사의 자유를 가진다.

[1987.10.29. 개정 헌법]

제21조 ①모든 국민은 언론·출판의 자유와 집회·결사의 자유를 가진다. ②언론·출판에 대한 허가나 검열과 집회·결사에 대한 허가는 인정되지 아니한다.

144) 기본법 제8조(집회의 자유) ①모든 독일인은 신고나 허가 없이 평온하게 그리고 무기를 휴대하지 않고 집회할 권리를 가진다. ②옥외집회의 경우에는 법률에 의하여 또는 법률에 근거하여 이 권리가 제한될 수 있다.

외하고는 그 유례를 찾기 어려울 정도로 매우 드문 경우인 바, 현행 헌법이 이처럼 매우 독특한 입헌례를 가지게 된 이유는 앞서 본 바와 같이 과거의 헌정사에 대한 반성에서 집회의 자유를 더욱 철저하게 보장하기 위한 헌법적 결단이므로 이 사건 헌법규정을 해석함에 있어서는 이러한 비교법적 연구의 결과도 충분히 감안되어야 할 것이다.

따라서 이 사건 헌법규정은 헌법 자체에서 직접 집회의 자유에 대한 제한의 한계를 명시하고 있으므로 기본권 제한에 관한 일반적 법률유보조항인 헌법 제37조 제2항에 앞서서, 우선적이고 제1차적인 위헌심사기준이 되어야 하는 것이다. 그러므로, 집회의 자유를 제한하는 법률규정이 비록 헌법 제37조 제2항이 정하고 있는 기본권제한의 요건을 갖추고 있다고 하더라도, 그것이 허가제의 방식을 취하고 있다면 그 법률규정은 이 사건 헌법규정에 위반되는 것이어서 허용될 수 없는 것이다.

(2) 이 사건 헌법규정에 의하여 금지되는 '집회'에 대한 허가의 의미

(가) 우선 옥내집회에 대하여 허가가 금지되는 것은 물론이다. 옥외집회에 관하여는 현행 헌법 자체가 특별한 의미를 가지고 있다. 즉 각주 143에서 보는 바와 같이, 1962. 12. 26. 개정헌법 제18조 제2항에서 집회에 대한 허가금지를 규정하는 한편, 같은 조 제4항에서 "옥외집회에 대하여는 그 시간과 장소에 관한 규제를 법률로 정할 수 있다."는 개별적 법률유보규정을 두었으나, 1980. 10. 27. 개정 헌법에서는 같은 취지의 규정을 두지 아니하였고 현행 헌법에서도 이 사건 헌법규정에서 집회에 대한 허가금지를 규정하였을 뿐 옥외집회에 대하여 특별히 개별적 법률유보조항을 두고 있지 아니하다.

이는 현행 헌법에서는 옥외집회에 대하여 그 시간과 장소에 관하여 특별히 개별적 법률유보에 의한 제한을 하지 않겠다는 헌법개정권력자인 국민들의 헌법적 선택과 결단의 결과라고 보아야 할 것이다. 따라서 옥회집회에 대한 시간과 장소에 관한 규제부분을 해석함에 있어서는 이 부분에 관한 헌법규정의 연혁적 변천과정까지도 주목하고 감안해야 할 것이다.

(나) 현행 헌법에서는 위에서 본 바와 같이 옥외집회의 시간과 장소에 관하여 개별적 법률유보조항을 두지 아니하였을 뿐만 아니라, 또한 집회의 자유는 집회의

시간 · 장소 · 방법과 목적을 스스로 결정할 권리를 보장하는 것이며, 구체적으로 보호되는 주요행위는 집회의 준비 및 조직, 지휘, 참가, 집회장소 · 시간의 선택을 포함하는 것이다.[145] 그러므로 결국 집회의 자유에 대한 허가금지를 규정한 이 사건 헌법규정의 취지는, 집회의 내용 그 자체를 기준으로 한 허가뿐만 아니라 집회의 시간 · 장소 · 방법을 기준으로 한 허가도 이 사건 헌법규정에 의하여 금지되는 허가에 해당하는 것으로 볼 수밖에 없는 것이다. 따라서 옥내 · 외의 집회나 주 · 야간의 집회를 막론하고 집회 전반에 걸쳐 집회에 대한 허가는 모두 이 사건 헌법규정에 의하여 금지되는 것이다.

이에 대하여 2인 재판관[146]의 반대견해는, 집회의 내용에 관한 규제와 집회의 시간 · 장소에 관한 규제를 구분하여, 집회의 내용규제가 아닌 시간 · 장소에 관한 허가는 내용중립적인 것이어서 헌법에서 금지하고 있는 허가에 해당하지 않는다고 보아야 하며, 이렇게 해석하는 것이 언론 · 출판에 대한 허가나 검열금지에 관한 우리 재판소의 기존 선례와도 부합할 것이라고 주장한다. 그러나 이러한 견해는 앞서 본 바와 같은 이 사건 헌법규정에 대한 문리해석과 연혁적 검토 결과로부터는 도출되기 어려운 해석이다. 뿐만 아니라, 언론 · 출판에 대한 허가나 검열금지의 경우에는 표현물이 전제가 되는 것이어서 표현의 내용 그 자체가 심판대상이 되는 것이지만,[147] 집회의 자유는 표현내용이 선재하지 아니하는 상태에서 공동의 목적을 가진 다수인이 일정한 장소에서 일시적으로 회합하는 행위 자체를 보호하는 것이므로,[148] 위와 같은 견해는 표현물을 대상으로 하는 언론 · 출판의 자유와 표현물이 아닌 표현행위를 본질로 하는 집회의 자유와의 차이를 오해하고, 더욱이 집회의 자유에 있어서 집회의 내용의 중요성뿐만 아니라 집회의 시간 · 장소 등이 갖는 중요성을 간과한 것이며, 그것들 상호간의 밀접연관성을 고려하지 아니한 것이어서 합당하지 않은 것이다.[149]

---

145) 헌재 2003. 10. 30. 2000헌바67등, 판례집 15-2하, 41, 53-54.
146) 김희옥 · 이동흡 재판관.
147) 헌재 2001. 5. 31. 2000헌바43, 판례집 13-1, 1167, 1179.
148) 헌재 2009. 5. 28. 2007헌바22, 공보 152, 1125, 1130.
149) 헌재 2003. 10. 30. 2000헌바67등, 판례집 15-2하, 41, 54.

(3) 이 사건 헌법규정에 의하여 금지되는 집회에 대한 '허가'의 의미

이 사건 헌법규정에서 금지하고 있는 '허가'는 행정권이 주체가 되어 집회 이전에 예방적 조치로서 집회의 내용·시간·장소 등을 사전심사하여 일반적인 집회금지를 특정한 경우에 해제함으로써 집회를 할 수 있게 하는 제도, 즉 허가를 받지 아니한 집회를 금지하는 제도를 의미한다. 그러므로 이 사건 헌법규정에서 금지하고 있는 '허가'제는 집회의 자유에 대한 일반적 금지가 원칙이고 예외적으로 행정권의 허가가 있을 때에만 이를 허용한다는 점에서, 집회의 자유가 원칙이고 금지가 예외인 집회에 대한 **신고제**[150]와는 집회의 자유에 대한 이해와 접근방법의 출발점을 달리 하고 있는 것이다.[151] 따라서 집회에 대한 '허가'를 금지하고 있는 이 사건 헌법규정 속에 담겨져 있는 국민들의 가치적 합의는, 집회의 자유가 행정권의 사전판단에 따라 그 허용여부가 결정되는 이상 그것은 언론출판의 자유에 있어서 허가나 검열과 같은 것이므로, 비록 그 허용여부가 행정권의 기속재량[152]이라고 하더라도 이를 헌법자체에서 직접 금지하겠다는 헌법적 결단의 표현인 것이다.

2. 내용의 합헌성에 관한 심사기준

가. 과잉금지원칙

(1) 의의

국가작용 중 특히 입법작용에 있어서의 과잉입법금지의 원칙이라 함은 국가가 국민의 기본권을 제한하는 내용의 입법활동을 함에 있어서 준수하여야 할 기본원칙

150) 집회의 사전신고제를 규정한 '집회 및 시위에 관한 법률' 제6조 제1항에 대하여 헌법재판소는 이미 2009. 5. 28. 2007헌바22 사건에서 합헌결정을 한 바 있다. : "집시법 전체의 규정 체제에서 보면 법은 일정한 신고절차만 밟으면 일반적·원칙적으로 옥외집회 및 시위를 할 수 있도록 보장하고 있으므로, 집회에 대한 사전신고제도는 헌법 제21조 제2항의 사전허가 금지에 반하지 않는다."(판례집 21-1하, 578, 590).

151) 이러한 사전신고는 경찰관청 등 행정관청으로 하여금 집회의 순조로운 개최와 공공의 안전보호를 위하여 필요한 준비를 할 수 있는 시간적 여유를 주기 위한 것으로서, 협력의무로서의 신고라고 할 것이다.(헌재 2009. 5. 28. 2007헌바22, 판례집 21-1하, 578, 589-590).

152) 이 단서규정에 따른 야간옥외집회의 허용 여부는 헌법이념 및 조리상 관할 경찰관서장의 편의재량사항이 아니고 기속재량사항이라고 해석된다.(헌재 1994. 4. 28. 91헌바14, 판례집 6-1, 281, 301).

내지 입법활동의 한계를 의미하는 것으로서, 국민의 기본권을 제한하려는 입법의 목적이 헌법 및 법률의 체제상 그 정당성이 인정되어야 하고(목적의 정당성), 그 목적의 달성을 위하여 그 방법이 효과적이고 적절하여야 하며(방법의 적정성), 입법권자가 선택한 기본권제한의 조치가 입법목적달성을 위하여 설사 적절하다 할지라도 보다 완화된 형태나 방법을 모색함으로써 기본권의 제한은 필요한 최소한도에 그치도록 하여야 하며(피해의 최소성), 그 입법에 의하여 보호하려는 공익과 침해되는 사익을 비교형량할 때 보호되는 공익이 더 커야 한다(법익의 균형성)는 법치국가의 원리에서 당연히 파생되는 헌법상의 기본원리의 하나인 비례의 원칙을 말하는 것이다.[153)]

(2) 법률유보와 과잉금지원칙

오늘날 헌법국가에서는 입법자도 헌법의 구속을 받기 때문에, 법률이 내용적으로 기본권을 비롯한 헌법과 합치하는가 하는 '법률에 대한 내용적 요구'가 제시되었다. 입법자는 특정 목적을 설정하고 이를 추구하기 위하여 법률이라는 수단을 동원하는데, 입법자가 기본권을 준수하는지의 여부는 무엇보다도 기본권을 제한하는 법률(수단)은 목적달성을 위하여 적합하고 필요한 것이어야 한다는 헌법적 요청인 과잉금지원칙에 따라 판단된다. 이로써 입법자가 기본권에 의한 구속을 받게 되면서, '법률유보'는 "과잉금지원칙에 부합하는 법률유보"로 발전하였다. 즉, '법률유보'는 행정청이 법률의 근거 없이 기본권을 제한하는 것을 방지하는 기능을 하며, "과잉금지원칙에 부합하는 법률유보"는 입법자가 과도하게 기본권을 제한하는 법률을 제정하는 것을 방지하는 기능을 하는 것이다.[154)]

(3) 구체적 적용

(가) 목적의 정당성

'목적의 정당성'이란 기본권을 제한하는 법률이 정당한 목적을 추구하는지, 즉 입법자가 추구하는 목적이 헌법적으로 허용되는지의 문제이다. 헌법은 입법자가 추구해야 하는 목적에 관하여 구체적으로 규정하고 있지 않다. 입법자가 법률로써 어

153) 헌재 1992. 12. 24. 92헌가8, 판례집 4, 853, 878

154) 한수웅, 「헌법학」(법문사 2011), 451면.

떠한 목적을 추구할 것인지에 관한 '목적의 선택'에 있어서, 헌법은 입법자에게 광범위한 자유를 부여하고 있다.[155)]

1) 국가안전보장 : 헌법재판소에 의하면, "국가의 독립, 영토의 보전, 헌법과 법률의 기능유지, 헌법에 의하여 설치된 국가기관의 유지" 등 국가적 안전의 확보를 말한다.(헌재 1992. 2. 25. 89헌가104)

- 1972년 유신헌법에서 처음으로 규정
- 형법, 국가보안법

2) 질서유지 : 국가안전보장이 외부로부터의 국가의 존립과 안전을 의미한다면, 질서유지는 국가 내부에서의 국가의 존립과 안전을 의미한다. 이러한 의미의 질서유지는 공공의 안녕질서, 특히 사회적 안녕질서, 경찰법상의 안녕질서를 뜻한다.[156)]

- 형법, 집시법, 도로교통법, 경범죄처벌법, 청소년보호법

3) 공공복리 : 공공복리는 일반적 복리나 공공의 이익(공익), 국민공동의 이익과 같은 의미로서, 국가안전보장과 질서유지를 포괄하는 보다 광의의 상위 개념이다.[157)]

4) 입법목적과 "국가안전보장·질서유지 또는 공공복리"의 관계

입법자가 입법을 통하여 추구할 수 있는 정당한 목적이란, 헌법이 스스로 명시적으로 언급하고 있는 특정 공익이나 목적 또는 헌법해석을 통하여 도출할 수 있는 목적에 제한되지 않는다. 즉, 입법목적의 정당성은 '구체적 입법목적이 헌법에 표현된 공익에 해당하는지'의 관점이 아니라 '구체적 입법목적이 헌법의 가치결정에 위반되는지'의 관점에 의하여 판단되어야 한다.[158)] 이러한 이유에서 헌법 제37조 제2항이 언급하는 "국가안전보장·질서유지 또는 공공복리"의 구체적 의미를 확정하고 각

155) 한수웅, 전게서(2011), 458면.

156) 한수웅, 전게서(2011), 451면.

157) 한수웅, 전게서(2011), 451면.

158) 헌법 제37조 제2항이 규정한 "국가안전보장·질서유지·공공복리"를 예시규정이라고 본 판례 : 헌재 1996. 12. 28. 96헌가18 (자도소주 구입명령제 사건)

목적 간의 상관관계를 규명하는 것은 큰 실익이 없다.[159)]

- 건축법, 도로법, 하천법, 산림법

※ 목적의 정당성을 부인한 사례

○ **동성동본금혼제도 (헌재 1997. 7. 16. 95헌가6)**

"동성동본금호제도의 입법목적은 이제는 혼인에 관한 국민의 자유와 권리를 제한할 사회질서나 공공복리에 해당할 수 없다."

○ **혼인빙자간음죄 (헌재 2009. 11. 26. 2008헌바58등)**

"이 사건 법률조항(형법 제304조)의 경우 형벌규정을 통하여 추구하고자 하는 목적 자체가 헌법에 의하여 허용되지 않는 것으로서 그 정당성이 인정되지 않는다."

(나) 방법(수단)의 적절성

1) 목적달성에 어느 정도 기여해야 한다.

2) 수단 자체는 헌법상 허용되는 것임을 전제한다.
   - 군사법경찰 단계에서의 장기구금은 수사목적이라 하더라도 인권침해가 매우 높은 방식이다. (헌재 2003. 11. 27. 2002헌마193)

3) 최선의 방법일 것을 요구하는 것은 아니다.
   - 방법(수단)의 선택은 효과의 예측과 관련하여 평가(미래예측)의 여지 인정

※ 방법의 적합성을 부인한 사례

○ **자도소주 구입명령제도 (헌재 1996. 12. 26. 96헌가18)**

"헌법 제119조 제2항은 독과점규제라는 경제정책적 목표를 개인의 경제적 자유를 제한할 수 있는 정당한 공익의 하나로 명문화하고 있다. 독과점규제의 목적이 경쟁의 회복에 있다면 이 목적을 실현하는 수단 또한 자유롭고 공정한 경쟁을 가능하게 하는 방법이어야 한다. 그러나 주세법의 구입명령제도는 전국적으로 자유경쟁을 배제한 채 지역할거주의로 자리잡게 되고 그로써 지역 독과점현상의 고착화를 초래하므로, 독과점규제란 공익을 달성하기에 적정한 조치로 보기 어렵다."

---

159) 한수웅, 전게서(2011), 459면.

○ **자동차운전학원 운영정지 (헌재 2005. 7. 21. 2004헌가30)**

"운전교육과 기능검정이 철저하더라도 교통사고는 우연적 사정과 운전자 개인의 부주의로 발생할 수 있다는 것을 감안하면, 교통사고를 예방하고 운전교육과 기능검정을 철저히 하도록 한다는 입법목적은 이 사건 조항[160]으로 인하여 효과적으로 달성된다고 할 수 없다. … 이 사건 조항은 입법목적을 달성하기 위한 수단으로서 부적절하다."

(다) 피해의 최소성 (최소침해성)

최소침해성의 원칙이란 입법목적을 달성할 수 있는 동등하게 적합한 여러 수단 중에서 개인의 자유를 가장 적게 제한하는 수단을 선택해야 한다는 요청이다.[161]

1) Less Restrictive Alternative (LRA)

- 같은 효과를 낼 수 있는 덜 제한적인 방법이 있는가? : 필요적 취소가 아닌 임의적 취소로도 가능 (헌재 1998. 5. 28. 96헌가12 : 형사사건으로 기소되는 공무원을 필요적으로 직위해제하는 규정 - 위헌)

2) 침해를 완화시킬 수 있는 보완조치가 있는지

- 헌재 2008. 12. 26. 2007헌바128 (자필증서에 의한 유언시 "날인" 요구 규정 : "무인(拇印)도 가능하다 - 합헌)

3) 침해를 최소화하기 위하여 노력했는지

- 경과규정 등

* 그런데 헌법재판소는 제재수단이 최소침해성을 충족하는지 여부를 심사함에 있어서, 예컨대 의료인의 '의료행위'의 사회적 기능이나 사회적 연관성의 비중이 매우 크다는 관점에서 볼 때 '국가가 강제지정제를 택한 것'에 대하여(헌재 2002. 10. 31. 99헌바76등), 입법자는 주민소환제의 형성에 있어 광범위한 입법재량을 갖고 있기 때문에(헌재 2009. 3. 26. 2007헌마843), 경제적 활동을 규제하는 사회 · 경제정책적

160) '자동차운전전문학원을 졸업하고 운전면허를 받은 사람 중 교통사고를 일으킨 비율이 대통령령이 정하는 비율을 초과하는 때'에는 학원의 등록을 취소하거나 1년 이내의 운영정지를 명할 수 있도록 한 도로교통법 제71조의15 제2항 제8호의 '교통사고' 부분.

161) 한수웅, 전게서(2011), 464-465면.

법률을 제정함에 있어서는 입법자에게 보다 광범위한 형성권이 인정되므로(헌재 2010. 12. 28. 2009헌바171), '입법자의 판단이 현저하게 잘못되었는가' 하는 이른바 '명백성의 통제'에 그치는 것이 타당하다는 입장이다.

(라) 법익의 균형성

법익균형성의 원칙이란, 적합하고 필요한 수단이 초래하는 기본권제한의 정도는 추구하는 목적(공익)의 중요성이나 비중과 적정한 비례관계에 놓여야 한다는 요청이다.[162] 즉, 해당 기본권 제한법률로 보호하고자 하는 공익과 침해되는 사익을 비교형량하여 전자의 비중이 크거나 최소한 같아야 한다.

→ 판단자(재판관)의 자의가 개입될 여지 있어 평가의 어려움이 있다.

→ 대부분 침해의 최소성과 결론을 같이 한다.

나. 본질적 내용 침해금지

(1) 의의 및 연혁

헌법 제37조 제2항은 과잉금지원칙과 함께 '기본권(자유권)이 어떠한 경우에도 그 본질적 내용에 있어서 침해되어서는 안 된다'는 기본권제한의 최종적 한계를 설정하고 있다.[163] 여기에서 기본권의 본질적 내용이란 "만약 이를 제한하는 경우에는 기본권 그 자체가 무의미하게 되는 기본권의 근본요소"를 의미한다.[164]

기본권의 본질적 내용 침해금지 조항은 1960년 제2공화국헌법에서 독일기본법 제19조 제2항[165]을 모방하여 처음 규정하였는데, 유신헌법(제4공화국)에서 삭제되었다가 5공화국헌법(1980) 때 부활되었다.

(2) 내용

개별 기본권에 있어서 그 본질적 내용이 무엇인지, 언제 침해되는지에 대해서는 의견을 달리하는데, 이에 관해서는 크게 상대설과 절대설로 나누어 볼 수 있다. 상대설과 절대설은 생명권의 제한과 같이 기본권의 본질적 내용에 대한 침해가 불가피한

---

162) 한수웅, 전게서(2011), 459면.

163) 한수웅, 전게서(2011), 467면.

164) 헌재 1996. 1. 25. 93헌바5등, 판례집 8-1, 27, 34.

165) "기본권의 본질적 내용은 어떤 경우에도 침해되어서는 안 된다."

경우 서로 다른 결과를 가져올 수 있다.[166)]

(가) 상대설

상대설은 각 기본권마다 본질적 내용이 무엇을 의미하는가를 파악하는 것은 사실상 불가능하며, 본질적 내용은 각 개별적인 경우의 구체적인 상황과 관련하여 판단되어야 한다는 관점에서 출발한다. 상대설에 의하면 기본권제한은 우위를 차지하는 법익에 의하여 정당화되어야 하는바, 이로써 결국 상대설에서 주장하는 본질적 내용이란 좁은 의미의 비례의 원칙, 즉 법익의 균형성을 의미하게 된다.[167)] 독일 연방최고법원(BGH)의 입장이라고 한다.

(나) 절대설

절대설은 본질적 내용을 개별사건의 구체적인 경우와 관계없이 각 기본권마다 확정된 실체로 파악하고, 이를 '기본권의 핵', '본질적인 핵', '기본권의 실체' 등으로 표현하고 있다. 절대설에 의하면, 본질적 내용의 보장이란 개별사건의 구체적 상황과 무관하게 기본권제한 후에도 남아 있어야 하는 '자유의 최소한'의 보장을 의미한다.[168)] 독일 연방헌법재판소(BVerfG)의 입장이라고 하며, 동 재판소의 표현에 의하면 "모든 기본권은 절대적으로 침해할 수 없는 핵심영역이 있으며, 침해할 수 없는 한계가 있다. 즉, 제한하고 난 후에 남는 것이 있어야 한다."

(다) 절충설

독일 연방행정법원(BVerwG)의 입장으로서, 기본권의 핵심을 절대적으로 보호하는 것을 긍정하지만 공동체의 존립을 위해 필요한 법익의 보호를 위해서 기본권의 본질적 내용의 침해를 예외적으로 허용한다.

(라) 평가

- 절대설이 다수. 그러나 사형제도, 낙태죄 설명에 난점

166) 한수웅, 전게서(2011), 481면.

167) 따라서 상대설에 따라 본질적 내용의 침해여부를 판단하는 것은 과잉금지원칙의 위반여부에 관한 심사의 반복이라는 점에서, (독일과는 달리) 과잉금지원칙과 본질적 내용 침해금지를 명시적으로 분리하여 규정하고 있는 헌법 제37조 제2항의 법문에 비추어, 상대설을 수용하기에는 무리가 있다는 견해가 있다. 한수웅, 전게서(2011), 481면.

168) 한수웅, 전게서(2011), 482면.

- 기본권의 본질적 내용 확정의 어려움
- 결국, 본질적 내용의 침해금지원칙은 입법자가 기본권을 제한하는 경우에도 본질적 내용을 침해해서는 안 된다는 의미에서 입법자에게 호소하고 경고하는 기능을 가진다고 할 수 있다.[169]

(3) 과잉금지원칙과의 관계

생명권과 같은 예외적인 경우를 제외한다면, 공권력행위의 위헌심사에 있어서 과잉금지원칙이 준수되었다면 기본권의 제한은 입법목적에 비추어 적정하다는 것을 의미하기 때문에, 일반적으로 본질적 내용이 침해되지 않은 것으로 간주될 수 있다. 과잉금지원칙이 준수되었다는 것은 개인의 자유를 가장 적게 제한하는 수단을 선택하였다는 것을 의미한다. 이러한 점에서, 기본권의 제한이 과잉금지원칙에 부합하지만 본질적 내용을 침해하는 경우는 상정하기 어렵다.

한편, 공권력행위가 과잉금지원칙에 위반되는 경우 비로소 본질적 내용이 침해되었는지를 판단해야 할 필요성이 있는데, 이 경우 이미 과잉금지원칙의 위반으로 인하여 기본권 제한행위의 위헌성이 확인되었으므로 결과적으로 더 이상 본질적 내용의 침해여부를 밝힐 실익이 없다.[170]

따라서 헌법재판소로서는 기본권의 본질적 내용을 확인할 수 있고 공권력행위가 그 본질적 내용을 침해한다고 판단되는 경우[171] 이외에는 본질적 내용에 대한 판단을 굳이 할 필요가 없을 것이다.

(4) 사례

○ **토지재산권** - 사용・수익・처분권

- 헌재 1989. 12. 22. 88헌가13 : 토지거래 허가제[172] (합헌)

169) 한수웅, 전게서(2011), 482면.

170) 한수웅, 전게서(2011), 485면.

171) 이 경우에 과잉금지원칙 위배여부에 대하여는 판단할 필요가 없을 것이다. 아래 사례에서 보는 헌재 1995. 9. 28. 92헌가11등 결정 참조.

172) 이 사건에서 헌법재판소는 재산권의 본질적 내용이 침해되었다는 것은 "그 침해로 사유재산권이 유명무실해지고 사유재산제도가 형해화되어, 헌법이 재산권을 보장하는 궁극적인 목적을 달성할 수 없게 되는 지경에 이른 경우"라고 보았다.(판례집 1, 357, 373).

- 헌재 1998. 12. 24. 89헌마214등 : 그린벨트 (헌법불합치)

○ **재판청구권** - 법관에 의한 사실확정과 법률의 해석·적용의 기회를 차단할 경우 (헌재 1995. 9. 28. 92헌가11등 : 특허사건의 단심제 - 헌법불합치)

○ **담보권** - 질권·저당권의 우선변제수령권 형해화(임금채권 우선)하는 근로기준법 규정 (헌재 1997. 8. 21. 94헌바19등 : 퇴직금 우선변제 - 헌법불합치)

○ **사형제도** - 생명권의 완전한 박탈 그러나 다른 생명권, 기타 공익, 헌법규정(§110 ④ 단서) : 합헌 (헌재 1996. 11. 28. 95헌바1 - 7:2 합헌; 헌재 2010. 2. 25. 2008헌가23 - 5:4 합헌)

○ **축산업협동조합의 복수조합의 설립금지** - 결사의 자유의 본질적 내용을 침해 (헌재 1996. 4. 27. 92헌바47)

○ **대통령선거에 있어 선거운동원이 아닌 자의 선거운동금지** - 참정권과 정치적 표현의 자유의 본질적 내용을 침해 (헌재 1994. 7. 29. 93헌가4등)

※ 한편 헌법재판소는 헌재 2010. 12. 28. 2008헌바89 결정에서 과잉금지원칙 위반 여부를 심사하면서 '침해의 최소성' 항목에서, "이 사건 기부금지 조항[173]과 단체의 정치자금 기부금지 규정[174]은 단체의 정치적 의사표현 자체를 금지하거나 그 내용에 따라 규제하도록 한 것이 아니라, 개인과의 관계에서 불균형적으로 주어지기 쉬운 '자금'을 사용한 방법과 관련하여 규제를 하는 것인바, 정치적 표현의 자유의 본질을 침해하는 것이라고 볼 수 없"다고 하여,[175] 본질적 내용 침해금지를 '침해의 최소성'의 판단요소로 보았다.

다. 신뢰보호원칙

(1) 의의[176]

신뢰보호의 원칙은 헌법상 법치국가 원리로부터 파생되는 것으로, 법률이 개정

173) 구 '정치자금에 관한 법률(2004. 3. 12. 법률 제7191호로 개정되고, 2005. 8. 4. 법률 제7682호로 '정치자금법'으로 전부 개정되기 전의 것)' 제12조 제2항.

174) 위 법 제12조 제1항.

175) 판례집 22-2하, 659, 673.

176) 대법원 판례에 의하면, 행정상 법률관계에서 행정청의 행위에 대하여 신뢰보호의 원칙이 적용되기 위하여는, 첫째 행정청이 개인에 대하여 신뢰의 대상이 되는 공적인 견해표명을

되는 경우에는 기존 법질서와의 사이에 어느 정도의 이해관계의 상충은 불가피하다고 할 것인바, 이 경우 기존의 법질서에 대한 당사자의 신뢰가 합리적이고 정당한 반면, 법률의 제정이나 개정으로 야기되는 당사자의 손해가 극심하여 새로운 입법으로 달성코자 하는 공익적 목적이 그러한 당사자의 신뢰가 파괴되는 것을 정당화할 수 없는 경우, 그러한 새 입법은 허용될 수 없다는 것이다.[177]

신뢰보호의 원칙은 법치국가원리에 근거를 두고 있는 헌법상의 원칙으로서 특정한 법률에 의하여 발생한 법률관계는 그 법에 따라 파악되고 판단되어야 하며, 과거의 사실관계가 그 뒤에 생긴 새로운 법률의 기준에 따라 판단되지 않는다는 국민의 신뢰를 보호하기 위한 것이고,[178] 국민들이 국가의 공권력행사에 관하여 가지는 모든 기대 내지 신뢰가 절대적인 권리로서 보호되는 것은 아니라고 할 것이다.[179] 따라서 헌법적 신뢰보호는 개개의 국민이 어떠한 경우에도 '실망'을 하지 않도록 하여 주는 데까지 미칠 수는 없는 것이다.[180]

(2) 심사기준

(가) '법률내용의 위헌여부'와 '종래의 법적 지위에 대한 침해의 위헌여부'

입법자가 법률개정을 통하여 과거에 형성된 '기본권적으로 보호되는 법적 지위'를 축소·폐지함으로써 새로이 규율하는 경우, 자유권(직업의 자유 또는 재산권)과 신뢰보호의 관점에서 이중적으로 개정법률의 합헌성을 심사해야 한다. 즉, 개정법률이 합헌적이기 위해서는 '장래에 있어서' 적용되는 법률이 그 내용에 있어서 헌법에 합치해야 할 뿐만 아니라, 또한 구법에 의하여 형성된 '종래의' 지위에 대한 침해를 정

하여야 하고, 둘째 행정청의 견해표명이 정당하다고 신뢰한 데에 대하여 그 개인에게 귀책사유가 없어야 하며, 셋째 그 개인이 그 견해표명을 신뢰하고 이에 상응하는 어떠한 행위를 하였어야 하고, 넷째 행정청이 그 견해표명에 반하는 처분을 함으로써 그 견해표명을 신뢰한 개인의 이익이 침해되는 결과가 초래되어야 하며, 마지막으로 위 견해표명에 따른 행정처분을 할 경우 이로 인하여 공익 또는 제3자의 정당한 이익을 현저히 해할 우려가 있는 경우가 아니어야 한다.(대법원 2002. 11. 8. 선고 2001두1512 판결).

177) 헌재 1995. 6. 29. 94헌바39, 판례집 7-1, 896, 910.

178) 헌재 1996. 2. 16. 96헌가2등, 판례집 8-1, 53-54, 87-90 참조.

179) 헌재 1996. 4. 25. 94헌마119, 판례집 8-1, 433, 445-446 참조.

180) 헌재 1995. 6. 29. 94헌바39, 판례집 7-1, 896, 910; 헌재 1999. 7. 22. 97헌바76등 판례집 11-2, 175, 195; 헌재 2011. 4. 28. 2010헌바114, 공보 175, 717, 723.

당화해야 한다. 따라서 개정법률의 위헌심사는 '개정법률에 의한 기본권제한이 합헌인지'의 심사(기본권제한의 내용적·실체적 한계에 대한 심사)와 '이러한 기본권제한을 과거에 발생한 사실관계에 확대하는 것이 합헌인지'의 심사(법률적용범위의 시간적 한계에 대한 심사)라는 이중적 심사로 이루어진다.[181] 이 경우 전자가 위헌이라면 후자는 당연히 위헌의 결과에 이르고,[182] 전자가 합헌이라도 후자는 위헌이 될 수 있다.

예컨대, 헌재 2010. 6. 24. 2008헌마271등 결정에서는 먼저 산업의학과 전문의 자격을 갖춘 의사만 특수건강진단업무를 할 수 있도록 규정한 구 산업안전보건법 시행규칙 [별표 14] 제2호 가목(1)이 산업의학과 전문의가 아닌 의사들의 **직업선택의 자유**를 침해하는지 여부를 심사하였고(합헌, 재판관 전원일치),[183] 이어서 산업의학과 전문의가 아니면서 종전 규칙에 따라 적법하게 특수건강진단업무에 종사하여 온 의사들의 경우 현재 재직중인 건강진단기관에 재직하는 기간에 한정하여 특수건강진단업무를 할 수 있도록 규정한 동법 시행규칙 제7조가 신뢰보호의 원칙을 위배하여 기존에 특수건강진단업무에 종사하여 온 의사들의 직업선택의 자유[184]를 침해하

181) 한수웅, 전게서(2011), 256-257면.

182) 부진정소급입법의 경우에는 이에 해당하는 사례가 없지만, 진정소급입법의 경우에는 그 예가 있다. 즉, 헌재 2006. 6. 29. 2005헌마165등 결정에서 헌법재판소는, "정정보도청구의 소를 민사집행법상 가처분절차에 의하여 재판하도록 규정한 '언론중재 및 피해구제 등에 관한 법률'(언론중재법) 제26조 제6항 본문 전단 중 '정정보도청구' 부분이 신문사업자인 청구인들의 공정한 재판을 받을 권리와 언론의 자유를 침해하여 위헌이기 때문에, 언론중재법 시행 전의 언론보도로 인한 정정보도청구에 대하여도 언론중재법을 적용하도록 규정한 언론중재법 부칙 제2조 중 '제14조 제2항, 제26조 제6항 본문 전단 중 정정보도청구 부분, 제31조 후문' 부분은 당연히 위헌의 판단을 받아야 한다."고 판시하였다.(판례집 18-1하, 337, 405-409).

183) 다만 심사기준에 있어서는 종래 헌법재판소가 직업선택의 자유 중에서 직업에 관한 '자격제도'에 대한 위헌심사기준, 즉 "입법부 내지 입법부로부터 위임을 받은 행정부는 일정한 전문분야에 관한 자격제도를 마련함에 있어서 그 제도를 마련하는 목적을 고려하여 정책적인 판단에 따라 그 내용을 구성할 수 있고, 그 자격제도의 내용이 불합리하고 불공정하지 않은 한 입법부 내지 입법부로부터 위임을 받은 행정부의 정책판단은 존중되어야 한다." (헌재 2006. 4. 27. 2005헌마997, 판례집 18-1상, 586, 595)는 전제하에, "수련과정 및 내용, 자격시험에 이르기까지 모든 체계가 각 전문의별로 각각의 수련목표에 맞게 별개로 이루어지고 있으므로 산업의학과를 전공하지 않은 의사들이 산업의학과 전문의와 동일한 정도의 산업의학적 지식과 전문성을 갖추었다고 보기 어렵고, 따라서 산업의학과 전문의 자격을 가진 의사만 특수건강진단을 위한 충분한 전문성 및 자질을 갖추었다고 판단하여 특수건강진단업무에 종사할 수 있는 자를 산업의학과 전문의로 한정한 것이 입법재량을 명백히 일탈한 자의적인 것이라고 볼 수 없으므로, 이 사건 규칙조항이 산업의학과 전문의 아닌 의사인 청구인들의 직업선택의 자유를 침해한다고 볼 수 없다."고 판단하였다.

는지 여부(합헌, 재판관 6:3 의견)를 나누어 심사하였다.

헌재 2010. 10. 28. 2009헌바23 결정에서도, 먼저 한약사 국가시험의 응시자격을 '한약학과를 졸업한 자'로 한정하고 있는 약사법 제4조 제2항이 청구인들의 **직업의 자유**를 침해하는지 여부를 심사하였고(합헌, 재판관 전원일치), 이어서 종래 '한약 관련과목을 이수하고 졸업'하면 인정되던 한약사 국가시험의 응시자격을 '한약학과를 졸업한 자'로 한정시키면서 1996학년도 이전에 입학한 자들에게만 종전 규정을 적용하도록 하고 있는 약사법 부칙 제13조 제3호이 신뢰보호원칙에 위배되는지 여부(합헌, 재판관 8:1 의견)를 심사하였다.

또한 헌재 2010. 10. 28. 2009헌바67 결정에서 헌법재판소는, 먼저 소득세법상 1세대 3주택 이상에 해당하는 자에게 양도소득금액을 정함에 있어 장기보유특별공제를 배제하고 있는 구 소득세법 제95조 제2항 본문 중 '제104조 제1항 제2호의3의 규정에 의한 세율을 적용받는 자산을 제외한다' 부분(장기보유특별공제 배제조항)이 과잉금지원칙에 위배되어 **재산권**을 침해하는지 여부와 1세대 3주택 이상에 해당하는 자에게 양도소득 과세표준에 60%의 단일 세율을 적용하도록 하는 구 소득세법 제104조 제1항 제2호의3(가중세율조항)이 과잉금지원칙에 위배되어 **재산권**을 침해하는지 여부를 심사한 후에, 이어서 위 장기보유특별공제 배제조항 및 가중세율조항에 관한 경과규정인 소득세법 중 개정법률 부칙 제16조 본문 중 '1세대 3주택 이상에 해당하는 자'에 관한 부분이 장기보유특별공제 제도와 일반 양도소득세율 제도가 변함없이 존속될 것이라는 청구인의 신뢰를 침해하여 신뢰보호원칙에 위배되는지 여부를 심사하였다.(합헌, 각 재판관 전원일치)[185]

---

184) 여기에서 직업선택의 자유를 언급한 것은 헌법재판소법 제68조 제1항에 따른 헌법소원은 기본권의 침해가 있는 경우에 청구할 수 있다는 점을 고려한 것으로 보인다. 동법 제68조 제2항에 따른 헌법소원에서 신뢰보호원칙에 위배하여 "재산권을 침해하는지" 여부를 판단한 사례로 헌재 2009. 5. 28. 2005헌바20등 결정 참조.

185) 다만 김종대 재판관은 별도의 심사기준을 들어 합헌의 결론에 이르고 있다 : "헌법상 국민이 부담하는 기본의무는 국가공동체의 보존·유지를 목적으로 하여 헌법이 직접적으로 설정한 의무이므로, 헌법 제37조 제2항에 따라 기본권을 제한할 때 국민이 부담하게 되는 수인의무와는 그 차원과 성격이 다르기 때문에, 헌법상 기본의무 부과에 관한 법률의 위헌심사에서는 헌법 제37조 제2항을 적용하는 것은 우리 헌법의 규범체계와 맞지 않다. 이 사건 법률조항들과 같은 납세의무를 부과하는 법령의 위헌심사기준으로 일응, ⅰ) 부과 목적의 공공성, ⅱ) 부과 내용의 합리성, ⅲ) 부과 방식의 공평성, 이 3가지 기준을 제시할 수 있을 것으로 생각하고, 이 기준에 의하더라도 이 사건 법률조항들은 모두 헌법에 위반되지

(나) 신뢰보호원칙에 의한 심사

이러한 신뢰보호원칙의 위반 여부는 한편으로는 침해되는 이익의 보호가치, 침해의 정도, 신뢰의 손상 정도, 신뢰 침해의 방법 등과 또 다른 한편으로는 새로운 입법을 통하여 실현하고자 하는 공익적 목적 등을 종합적으로 형량하여야 한다.[186) 따라서 신뢰보호원칙의 위반 여부를 판단함에 있어서는, 첫째, 보호가치 있는 신뢰이익이 존재하는가, 둘째, 과거에 발생한 생활관계를 현재의 법으로 규율함으로써 달성되는 공익이 무엇인가, 셋째, 개인의 신뢰이익과 공익상의 이익을 비교형량하여 어떠한 법익이 우위를 차지하는가를 살펴보아야 할 것이다.[187)]

그리하여 헌재 2010. 6. 24. 2008헌마271등 결정에서 헌법재판소(다수의견)는 "1) 청구인들의 신뢰 및 보호가치, 2) 신뢰침해의 정도, 3) 공익의 중대성"의 순서로 판단한 끝에 심판대상조항[188)]이 헌법상 신뢰보호의 원칙을 위배하여 청구인들의 직업선택의 자유를 침해한다고 보기 어렵다는 결론을 내렸다.[189)]

라. 부담금의 헌법적 정당화 요건과 심사방법

(1) 부담금의 종류

부담금은 그 부과의 목적과 기능에 따라 ①순수하게 재정조달 목적만을 가지는 **재정조달목적** 부담금과, ②재정조달 목적뿐만 아니라 부담금의 부과 자체로 추구되는 특정한 사회·경제적 정책실현을 목적으로 하는 **정책실현목적** 부담금으로 구분할 수 있는데, 전자의 경우에는 추구되는 공적 과제가 부담금의 지출단계에서 비로소 실현되는 반면, 후자의 경우에는 추구되는 공적 과제의 전부 혹은 일부가 부담금의 부과단계에서 이미 실현된다.[190)]

아니하므로, 재산권에 대한 비례심사를 거칠 것 없이 합헌이다."

186) 헌재 2001. 2. 22. 98헌바19, 판례집 13-1, 212, 219-220 ; 헌재 2001. 4. 26. 99헌바55, 판례집 13-1, 869, 885-886.

187) 헌재 2009. 5. 28. 2005헌바20등, 공보 152, 1065, 1073.

188) 산업안전보건법 시행규칙 부칙 〈노동부령 제289호, 2007. 12. 31〉 제7조

189) 공보 165, 1167, 1174-1175. 이에 대하여 재판관 3인(민형기·목영준·송두환 재판관)의 반대의견은 "(가) 청구인들의 신뢰 및 보호가치, (나) 신뢰침해의 중대성, (다) 규제방법의 적정성"의 순서로 판단한 끝에 심판대상조항은 헌법상 신뢰보호의 원칙에 반하여 청구인들의 직업선택의 자유를 침해하므로 헌법에 위반된다는 견해를 제시하였다.

190) 헌재 2007. 5. 31. 2005헌바47, 판례집 19-1, 568, 568.

(2) 헌법적 정당화 요건

모든 국민의 재산권은 헌법상 보장되므로(헌법 제23조 제1항) 국민에게 조세 외의 재산상의 부담을 부과할 경우 이에 대한 헌법적 근거가 필요하다고 할 것인데, 우리 헌법은 국가의 특별한 공익사업의 수행을 위하여 필요한 입법권한을 입법자에게 포괄적으로 부여하고 있을 뿐만 아니라(헌법 제40조, 제119조, 제120조, 제122조 등), 기본권에 관한 일반적 유보조항을 두고 있으므로(헌법 제37조 제2항), 공공복리를 위하여 필요한 경우 법률로써 국민의 자유와 권리를 제한할 수 있으며 이는 부담금 부과에 의한 재산권의 제한에도 적용된다 할 것이다. 따라서 법률에 의한 부담금제도의 설정은 헌법이 허용하는 기본권제한의 범주에 포함된다고 할 것이지만, 위와 같은 헌법적 근거에 의하여 부담금제도의 설정이 허용된다고 하더라도 부담금의 종류에 따라 구체적인 사정이 고려되어야 한다.[191]

(가) 정책실현목적 부담금

정책실현목적 부담금은 개별행위에 대한 명령・금지와 같은 직접적인 규제수단을 사용하는 대신 부담금이라는 금전적 부담의 부과를 통하여 간접적으로 국민의 행위를 유도하고 조정함으로써 사회적・경제적 정책목적을 달성하고자 하는 것이고, 이를 이용하는 것이 보다 효과적인 경우가 많기 때문에 부담금을 사회적・경제적 정책을 실현하는 수단으로 이용하는 것 자체가 곧바로 헌법에 위반되는 것은 아니다.[192] 그러나 적어도 정책실현목적의 부담금이 사회적・정책적 목적을 실현하는데 적절한 수단이 되어야 함은 물론이고 법 앞의 평등원칙에서 파생되는 공과금 부담의 형평성을 벗어나서도 안 될 것이다.[193]

<사례>

○ 다양한 지하수 사용자 중에서 특별히 먹는샘물제조업자에 대해서만 부과하는 **수질개선부담금** [헌재 1998. 12. 24. 98헌가1 - 합헌]

○ 장애인고용의무제의 실효성을 확보하는 수단으로서의 **장애인고용부담금** [헌재 2003. 7. 24. 2001헌바96 - 합헌]

191) 헌재 2005. 3. 31. 2003헌가20, 판례집 17-1, 294, 301-302.

192) 헌재 1998. 12. 24. 98헌가1, 판례집 10-2, 819, 830.

193) 헌재 2007. 5. 31. 2005헌바47, 판례집 19-1, 568, 568.

○ 먹는샘물 수입판매업자에 대한 **수질개선부담금** [헌재 2004. 7. 15. 2002헌바42 - 합헌]

○ 개발제한구역 내에서 토지형질변경을 수반하는 행위허가를 받은 사람에게 부과하는 **훼손부담금** [헌재 2007. 5. 31. 2005헌바47 - 합헌]

○ 폐기물해양배출업자의 폐기물 해양배출행위에 대하여 부과하는 **해양환경개선부담금** [헌재 2007. 12. 27. 2006헌바25 - 합헌]

(나) 재정조달목적 부담금

재정조달목적 부담금의 부과가 헌법적으로 정당화되기 위하여는 ①조세에 대한 관계에서 예외적으로만 인정되어야 하며 국가의 일반적 과제를 수행하는 데에 부담금 형식을 남용하여서는 아니되고, ②부담금 납부의무자는 일반 국민에 비해 부담금을 통해 추구하고자 하는 공적 과제에 대하여 특별히 밀접한 관련성을 가져야 하며, ③부담금이 장기적으로 유지되는 경우에는 그 징수의 타당성이나 적정성이 입법자에 의해 지속적으로 심사될 것이 요구된다.194)

특히 부담금 납부의무자는 그 부과를 통하여 추구하는 공적 과제에 대하여 '특별히 밀접한 관련성'이 있어야 한다는 점에 있어서, ①일반인과 구별되는 동질성을 지녀 특정집단이라고 이해할 수 있는 사람들이어야 하고(집단적 동질성), ②부담금의 부과를 통하여 수행하고자 하는 특정한 경제적·사회적 과제와 특별히 객관적으로 밀접한 관련성이 있어야 하며(객관적 근접성), ③그러한 과제의 수행에 관하여 조세외적 부담을 져야 할 책임이 인정될 만한 집단이어야 하고(집단적 책임성), ④만약 부담금의 수입이 부담금 납부의무자의 집단적 이익을 위하여 사용될 경우에는 그 부과의 정당성이 더욱 제고된다(집단적 효용성).195)

한편, 부담금은 국민의 재산권을 제한하는 성격을 가지고 있으므로 부담금을 부과함에 있어서도 평등원칙이나 비례성원칙과 같은 기본권제한입법의 한계는 준수되어야 하며, 위와 같은 부담금의 헌법적 정당화 요건은 기본권 제한의 한계를 심사함으로써 자연히 고려될 수 있다196).

---

194) 헌재 2003. 12. 18. 2002헌가2, 판례집 15-2하, 367, 380.

195) 헌재 2008. 11. 27. 2007헌마860, 공보 146, 1834, 1839.

196) 헌재 2003. 1. 30. 2002헌바5, 판례집 15-1, 86, 95 [내국인 국외여행자에게 2만원의 범위 안에서 대통령령이 정하는 금액을 관광진흥개발기금에 납부하도록 하는 국외여행자납부금

이에 따라 헌법재판소는 재산권의 침해여부를 심사하면서 헌법 제37조 제2항이 정하고 있는 과잉금지원칙을 적용하였는바, 입법목적의 정당성에 이어서 수단의 적절성 안에서 위와 같은 재정조달목적 부담금의 헌법적 정당화 요건을 검토하고, 이어서 피해의 최소성과 법익의 균형성을 심사하였다.[197]

마. 입법부작위 · 행정입법부작위에 대한 심사기준

(1) 입법부작위

(가) 의의

넓은 의미의 입법부작위에는 첫째, 입법자가 헌법상 입법의무가 있는 어떤 사항에 관하여 전혀 입법을 하지 아니함으로써 입법행위의 흠결이 있는 경우(즉, 입법권의 불행사)와 둘째, 입법자가 어떤 사항에 관하여 입법은 하였으나 그 입법의 내용 · 범위 · 절차 등이 당해 사항을 불완전 · 불충분 또는 불공정하게 규율함으로써 입법행위에 결함이 있는 경우(즉, 결함이 있는 입법권의 행사)가 있는데, 일반적으로 전자를 "진정입법부작위", 후자를 "부진정입법부작위"라고 부르고 있다.[198]

어떠한 사항을 법규로 규율할 것인가의 여부는 특단의 사정이 없는 한 입법자의 정치적 · 경제적 · 사회적 각종 고려하에서 정하여지는 입법정책의 문제이므로, 국민이 국회에 대하여 일정한 입법을 해달라는 청원을 함은 별론으로 하고 법률의 제정을 청구하는 헌법소원은 헌법에서 기본권보장을 위해 법령에 명시적인 입법위임을 하였음에도 입법자가 이를 방치하고 있거나 헌법해석상 특정인에게 구체적인 기본권이 생겨 이를 보장하기 위한 국가의 행위의무 내지 보호의무가 발생하였음이 명백함에도 입법자가 전혀 아무런 입법조치를 취하고 있지 않은 경우(이른바 '진정입법부작위')가 아니면 원칙적으로 인정될 수 없다.[199]

사건 (재정충당 및 유노석 성격을 가진 부담금) - 합헌]; 헌재 2005. 3. 31. 2003헌가20, 판례집 17-1, 294, 304 학교용지확보를 위하여 공동주택 수분양자들에게 부과하는 학교용지부담금 사건 [재정조달목적 부담금] - 위헌.

197) 헌재 2009. 4. 30. 2006헌마603등, 공보 151, 910, 915 [신용협동조합에 대하여 부과하는 **예금보험기금채권상환 특별기여금** 사건] (재정조달목적 부담금) - 기각.

198) 헌재 1996. 11. 28. 95헌마161, 공보 19, 93, 판례집 미수록.

199) 헌재 1989. 3. 17. 88헌마1, 판례집 1, 9, 16; 헌재 1993. 11. 25. 90헌마209, 판례집 5-2, 433, 442; 헌재 1995. 5. 25. 90헌마196, 판례집 7-1, 669, 676.

이러한 다수의견에 대하여는, “의회의 기본권보장에 관한 입법의무의 존부를 진정입법부작위 여부 하나만을 유일한 기준으로 삼아서 결정하여서는 안되고 기본권 침해의 결과를 초래한 상황의 특수성, 그러한 상황의 조성에 대한 국가의 책임과 피해자의 책임, 기존의 통상적 법체계에 의한 구제의 수준 등을 종합적으로 고려하고, 기본권의 보장을 최우선의 규범으로 삼고 있는 헌법질서를 실현하여야 할 국가의 책임을 기준으로 하여, 국가의 '국민보호의무'를 인정하는 것이 마땅한지 여부에 따라 결정하여야 할 것”이라는 반대의견이 있다.[200]

(나) 입법의무의 인정여부에 대한 심사

헌법상의 입법의무를 어느 정도로 인정하는가의 문제는 바로 입법자와 헌법재판소 사이의 헌법을 실현하고 구체화하는 공동의무 및 과제의 배분과 직결되는 문제라 할 것이다. 입법자와 헌법재판소는 모두 헌법규범의 구속을 받고, 입법자는 입법작용을 통하여, 헌법재판소는 헌법의 해석과 적용을 통한 헌법재판의 형태로 각각 헌법을 구체화하고 실현한다. 그런데 어떠한 사항을 법규로 규율할 것인가, 이를 방치할 것인가는 특단의 사정이 없는 한 입법자의 정치적, 경제적, 사회적 그리고 세계관적 고려 아래 정해지는 사항인 것이고, 따라서 일반국민이 입법을 해 달라는 취지의 **청원권**을 향유하고 있음은 별론하고 **입법행위의 소구청구권**은 원칙적으로 인정될 수 없다. 만일 법을 제정하지 아니한 것이 위헌임을 탓하여 이 점에 관하여 헌법재판소의 위헌판단을 받아 입법당국으로 하여금 입법을 강제하게 하는 것이 일반적으로 허용된다면 결과적으로 헌법재판소가 입법자의 지위에 갈음하게 되어 헌법재판의 한계를 벗어나게 된다. 따라서 헌법상의 권력분립원칙과 민주주의원칙은 입법자의 민주적 입법형성의 자유를 보장하기 위하여 입법자의 헌법적 입법의무는 예외적으로만 이를 인정하고, 되도록이면 헌법에 명시적인 위임이 있는 경우만으로 제한할 것을 요구한다. 결국 입법부작위에 대한 헌법재판소의 재판관할권은 극히 한정적으로 인정할 수밖에 없다.[201]

입법부작위에 대한 헌법재판의 이와 같은 한계 속에서 입법의무 위반은 국가가

---

200) 헌재 2003. 3. 27. 2001헌마116 (신군부의 1980년 언론통폐합 사건), 판례집 15-1, 298, 316-317면, 재판관 권성의 반대의견.

201) 헌재 1989. 3. 17. 88헌마1, 판례집 1, 9, 16-17 ; 헌재 2003. 6. 26. 2000헌마509, 판례집 15-1, 741, 749; 헌재 2010. 3. 25. 2007헌마933, 공보 162, 714, 717.

기본권을 효율적으로 보호하기 위해 입법이 유일한 수단인데도 입법자가 전혀 입법을 하지 않고 있을 때에 한하여 확인할 수 있다. 입법자가 입법을 통하여 기본권의 보호의무를 최대한 실현하는 것이 이상적이지만, 이것은 원칙적으로 입법재량에 속하는 사항이다.[202]

(다) 입법부작위와 평등권침해 주장

헌법 제11조 제1항의 평등원칙은 입법자에게 헌법적으로 구체적인 입법의무를 부과하는 것은 아니며 입법자가 평등원칙에 반하는 입법을 하게 되면 이로써 피해를 입은 자는 당해 법률조항을 대상으로 평등원칙의 위반여부를 다툴 수 있다는 것이 우리 재판소의 판례이므로, 입법부작위 헌법소원에서 평등권침해 주장은 이유가 없어 부적법하다.[203]

(2) 행정입법부작위

(가) 의의

헌법재판소는 1998. 7. 16. 선고한 96헌마246 결정에서, "삼권분립의 원칙, 법치행정의 원칙을 당연한 전제로 하고 있는 우리 헌법하에서 행정권의 행정입법 등 법집행의무는 헌법적 의무라고 보아야 한다."고 전제하고, "행정명령의 제정 또는 개정의 지체가 위법으로 되어 그에 대한 법적 통제가 가능하기 위하여는, 첫째, 행정청에게 시행명령을 제정(개정)할 법적 의무가 있어야 하고, 둘째, 상당한 기간이 지났음에도 불구하고, 셋째, 명령제정(개정)권이 행사되지 않아야" 한다고 판시하였다.[204]

(나) 인용된 사례

1) 시행령 입법부작위 : 헌재 2004. 2. 26. 2001헌마718

[주문 : "피청구인이 구 군법무관임용법 제5조 제3항 및 군법무관임용등에관한법률 제6조의 위임에 따라 군법무관의 봉급과 그 밖의 보수를 법관 및 검사의 예에 준하여 지급하도록 하는 대통령령을 제정하지 아니하는 입법부작위는 위헌임을 확인한다."]

---

202) 헌재 2009. 11. 26. 2008헌마385, 공보 158, 2219, 2225-2226.

203) 헌재 2003. 5. 15. 2000헌마192등, 판례집 15-1, 551, 559-561; 헌재(제3지정재판부) 2006. 1. 17. 2005헌마1214, 공보 112, 216, 217, 판례집 미수록.

204) 판례집 10-2, 283, 305, 306.

2) 시행규칙 입법부작위 : 헌재 1998. 7. 16. 96헌마246

[주문 : "피청구인 보건복지부장관이 의료법과 전문의의수련및자격인정등에관한규정의 위임에 따라 치과전문의자격시험제도를 실시할 수 있는 절차를 마련하지 아니하는 입법부작위는 위헌임을 확인한다."]

3) 행정규칙(고시) 입법부작위 : 헌재 2002. 7. 18. 2000헌마707

[주문 : "피청구인이 산업재해보상보험법 제4조 제2호 단서와 근로기준법시행령 제4조의 위임에 의하여 평균임금을 정하여 고시하지 아니하는 행정입법 부작위는 위헌임을 확인한다."]

4) 조례 입법부작위 : 헌재 2009. 7. 30. 2006헌마358

[주문 : "피청구인들[205]이 지방공무원법 제58조 제2항의 위임에 따라 사실상 노무에 종사하는 공무원의 범위를 정하는 조례를 제정하지 아니한 것은 위헌임을 확인한다."]

바. 과소보호금지원칙 : 국가의 기본권보호의무

(1) 의의

헌법 제10조는 "모든 국민은 인간으로서의 존엄과 가치를 가지며, 행복을 추구할 권리를 가진다. 국가는 개인이 가지는 불가침의 기본적 인권을 확인하고 이를 보장할 의무를 진다."고 규정하여, 모든 국민이 인간으로서의 존엄과 가치를 지닌 주체임을 천명하고, 국가권력이 국민의 기본권을 침해하는 것을 금지함은 물론 이에서 더 나아가 적극적으로 국민의 기본권을 보호하고 이를 실현할 의무가 있음을 선언하고 있다. 또한 생명·신체의 안전에 관한 권리는 인간의 존엄과 가치의 근간을 이루는 기본권일 뿐만 아니라, 헌법은 "모든 국민은 보건에 관하여 국가의 보호를 받는다."고 규정하여 질병으로부터 생명·신체의 보호 등 보건에 관하여 특별히 국가의 보호의무를 강조하고 있으므로(제36조 제3항), 국민의 생명·신체의 안전이 질병 등으로부터 위협받거나 받게 될 우려가 있는 경우 국가로서는 그 위험의 원인과 정도에 따라 사회·경제적인 여건 및 재정사정 등을 감안하여 국민의 생명·신체의 안전을 보호하기에 필요한 적절하고 효율적인 입법·행정상의 조치를 취하여 그 침해의

205) 1. 서울특별시(대표자 교육감 공정택), 2. 인천광역시(대표자 교육감 나근형), 3. 경기도(대표자 교육감 김상곤), 4. 전라북도(대표자 교육감 최규호).

위험을 방지하고 이를 유지할 포괄적인 의무를 진다.[206)]

(2) 심사기준

우리 헌법은 제10조 제2문에서 "국가는 개인이 가지는 불가침의 기본적 인권을 확인하고 이를 보장할 의무를 진다."라고 규정함으로써 국가의 적극적인 기본권보호의무를 선언하고 있는바, 이러한 국가의 기본권보호의무 선언은 국가가 국민과의 관계에서 국민의 기본권보호를 위해 노력하여야 할 의무가 있다는 의미뿐만 아니라 국가가 사인 상호간의 관계를 규율하는 사법(私法)질서를 형성하는 경우에도 헌법상 기본권이 존중되고 보호되도록 할 의무가 있다는 것을 천명한 것이다. 그런데 국민의 기본권에 대한 국가의 적극적 보호의무는 궁극적으로 '입법자의 입법행위를 통하여 비로소 실현'될 수 있는 것이기 때문에, 입법자의 입법행위를 매개로 하지 아니하고 '단순히 기본권이 존재한다는 것만으로' 헌법상 광범위한 방어적 기능을 갖게 되는 기본권의 소극적 방어권으로서의 측면과 근본적인 차이가 있다. 국가가 소극적 방어권으로서의 기본권을 제한하는 경우 그 제한은 헌법 제37조 제2항에 따라 국가안전보장·질서유지 또는 공공복리를 위하여 필요한 경우에 한하고, 자유와 권리의 본질적인 내용을 침해할 수는 없으며 그 형식은 법률에 의하여야 하고 그 침해범위도 필요최소한도에 그쳐야 한다. 그러나 국가가 적극적으로 국민의 기본권을 보장하기 위한 제반조치를 취할 의무를 부담하는 경우에는 설사 그 보호의 정도가 국민이 바라는 이상적인 수준에 미치지 못한다고 하여 언제나 헌법에 위반되는 것으로 보기 어렵다. 국가의 기본권보호의무의 이행은 입법자의 입법을 통하여 비로소 구체화되는 것이고, 국가가 그 보호의무를 어떻게 어느 정도로 이행할 것인지는 입법자가 제반사정을 고려하여 입법정책적으로 판단하여야 하는 입법재량의 범위에 속하는 것이기 때문이다. 물론 입법자가 기본권 보호의무를 최대한 실현하는 것이 이상적이지만, 그러한 이상적 기준이 헌법재판소가 위헌 여부를 판단하는 심사기준이 될 수는 없으며, 헌법재판소는 권력분립의 관점에서 소위 "**과소보호금지원칙**"을, 즉 국가가 국민의 기본권 보호를 위하여 적어도 적절하고 효율적인 최소한의 보호조치를 취했는가를 기준으로 심사하게 된다. 따라서 입법부작위나 불완전한 입법에 의한 기본권의 침해는 입법자의 보호의무에 대한 명백한 위반이 있는 경우에만 인정될 수 있다. 다

206) 헌재 2008. 12. 26. 2008헌마419등, 공보 147, 245, 248.

시 말하면, 국가가 국민의 법익을 보호하기 위하여 아무런 보호조치를 취하지 않았든지 아니면 취한 조치가 법익을 보호하기에 명백하게 부적합하거나 불충분한 경우에 한하여 헌법재판소는 국가의 보호의무의 위반을 확인할 수 있을 뿐이다.[207]

이에 대하여 송두환 재판관은 미국산 수입쇠고기 위생조건 사건에서, "국가가 어떠한 입법·행정상의 조치를 통하여 국민의 생명·신체의 안전을 유지, 보호하고 그에 대한 침해의 위험을 방지할 것인지는 원칙적으로 국가의 폭 넓은 재량에 맡겨져 있다 할 것이고, 따라서 헌법재판소로서는 원칙적으로 국가가 기본권 보호의무를 위반한 것이 명백한 경우에만[208] 국가의 해당 작위나 부작위의 위헌성을 확인할 수 있다 할 것이다. 우리 헌법재판소는 그 기준을 "과소보호 금지원칙"이라 하여 이를 기본권 보호의무 위반에 관한 심사의 기준으로 삼아 왔다. 그런데 구체적 사안에서 국가의 기본권 보호의무 이행조치가 과소보호 금지원칙에 위반된 것인지 여부를 실제로 판단함에 있어서 그 기준의 엄격 정도는 일률적으로 정할 수 있는 것이 아니고, 문제되는 기본권 보호법익의 종류 및 중요도, 위험의 정도와 내용 등을 종합적으로 비교 형량하여 구체적으로 확정하여야 할 것이다. 이 사건 사안과 같이 국민의 생명·신체 내지 보건 등 매우 중요한 사항에 관한 것인 경우, 특히 이 사건 고시와 같이 위험성을 내포한 식재료가 대량으로 수입되어 국내에서 제대로 검역되지 못한 채 유통됨으로써 일반 소비자에게 초래될 수 있는 위험의 정도와 내용이 매우 중대하고 심각할 뿐 아니라 이를 돌이키거나 통제하는 것이 불가능한 사안에 있어서는, 단순히 기본권보호의무 위반이 명백한 경우에만 그 보호조치가 헌법에 위반된다고 보는 것은 국가에게 국민의 기본적 인권을 확인하고 보장할 의무를 부과한 헌법의 기본정신에 부합한다고 보기 어렵고, 제3자의 권리나 공익을 침해함이 없이 채택할 수 있는 더 개선된 다른 보호수단이 존재하거나, 보호법익에 대한 위험을 최소화하기 위한 충분한 노력과 시도를 다하였다는 점이 명백하지 아니한 한, 헌법상 충분한 보호조치를 취한 것이라고 판단할 수 없다 할 것이다. 더구나, 국가 보호조치의 수준을 권력분립원칙과 민주주의원칙에 따라 국민에 의해 직접 민주적 정당성을 부여받은 의회가 직접 정하지 않고 이 사건 고시와 같이 하위의 법령에 의하여 보호조치의

207) 헌재 1997. 1. 16. 90헌마110등, 판례집 9-1, 90, 120-123; 헌재 2008. 7. 31. 2004헌바81, 공보 142, 1032, 1038.

208) 이를 '명백성통제'라고 부를 수 있을 것이다.

수준이 결정되도록 하고 있는 경우에는 보다 엄격한 기준[209]에 의하여 심사할 필요가 있다."고 하였다.[210]

(3) 사례

(가) 태아의 생명보호 : 헌재 2008. 7. 31. 2004헌바81 결정

이 사건 법률조항들(민법 제3조, 제762조)은 생명에 대한 침해가 있고 난 이후의 손해의 배상에 관련된 규정으로서 가령 형법의 낙태죄와 같이 생명의 직접적 보호를 위한 것은 아니지만, 생명침해에 대한 손해배상청구는 생명을 침해한 불법행위에 대하여 손해의 배상을 구하는 청구권이므로, 이 사건 법률조항들의 위헌 여부는 헌법상 기본권인 생명권과 직접 관련되어 있다. 그러므로 아래에서 보는 바와 같이, 이 사건 법률조항들의 위헌여부에 대한 판단은 국가가 생명권에 관한 기본권보호의무를 위반한 것인지 여부에 대한 심사를 필요로 한다.[211] 결국 이 사건에서는 국가가 사인에 의한 태아의 생명침해에 대하여 태아 자신에게 손해배상청구권을 인정하는 입법조치를 취하지 않고 있는 입법부작위 내지 불완전한 입법이 위헌인지 여부가 문제된다. 그런데 설령 국가가 입법조치를 통해 태아 자신에게 생명침해에 대한 손해배상청구권을 인정한다 할지라도 그와 같은 청구권은 태아의 생명침해가 있은 이후에 사후적으로 실현되는 것에 불과하다. 따라서 태아의 생명침해에 대한 손해배상청구권이 태아의 생명권으로부터 직접 도출되는 것으로 보거나 태아의 생명침해에 대한 손해배상청구권이 그 자체로서 태아의 생명권의 내용이 된다고 보기는 어렵다. 그럼에도 불구하고, 태아의 생명침해에 대하여 태아 자신에게 손해배상청구권을 인정하게 되면, 그 위하력으로 인하여 태아의 생명이 침해되는 것을 일반적으로 예방할 수 있는 효과

---

209) 이를 '타당성통제'라고 부를 수 있을 것이다.

210) 헌재 2008. 12. 26. 2008헌마419등, 공보 147, 245, 258, 재판관 송두환의 위헌의견.

211) 공보 142, 1032, 1037. 헌법재판소는 이어서 "한편, 살아서 출생한 태아에 대해서는 태아 상태에서 입은 신체적 손해에 대한 손해배상청구권을 인정하면서도, 살아서 출생하지 않은 태아에 대해서는 태아 상태에서 생명이 침해된 경우임에도 살아서 출생하지 않았다는 이유로 그 손해배상청구권을 부정하는 것은 '살아서 출생한 태아의 경우'와 '살아서 출생하지 않은 태아의 경우'를 단지 출생이라는 사실을 요건으로 차별취급하는 결과가 된다. 하지만 이 사건 법률조항들이 국가의 생명권에 관한 기본권보호의무를 위반하지 않은 것으로 평가되는 한 그와 같은 차별은 합리적 차별로서 평등권에 반하는 것이라 하기 어려우므로, 이 사건 법률조항들에 대해 국가의 생명권에 관한 기본권보호의무 위반여부를 심사하는 한 별도로 헌법상 평등권 침해 여부를 심사할 필요는 없다."(?)고 하였다(위 공보 같은 면).

가 제고되는 측면은 충분히 예상할 수 있다. 이와 같은 관점에서 태아 자신에게 손해배상청구권을 허용하지 아니하는 현재의 법상태가 태아의 생명권 보호를 위한 국가의 기본권보호의무를 다하고 있는 것인지에 대한 검토를 요구하게 된다.

(나) 공직선거와 생활환경보호 : 헌재 2008. 7. 31. 2006헌마711 결정

국가가 국민의 기본권을 적극적으로 보장하여야 할 의무가 인정된다는 점, 헌법 제35조 제1항이 국가와 국민에게 환경보전을 위하여 노력하여야 할 의무를 부여하고 있는 점, 환경침해는 사인에 의해서 빈번하게 유발되므로 입법자가 그 허용 범위에 관해 정할 필요가 있다는 점, 환경피해는 생명·신체의 보호와 같은 중요한 기본권적 법익 침해로 이어질 수 있다는 점 등을 고려할 때, 일정한 경우 국가는 사인인 제3자에 의한 국민의 환경권 침해에 대해서도 적극적으로 기본권 보호조치를 취할 의무를 진다. 더욱이 이 사건에서 소음의 유발은 공직선거법이 허용한 일정 기간의 공직선거 운동기간 중에 공적 의사를 형성하는 과정 중에 발생하는 것이므로, 비록 그 소음이 선거운동원 등 사인에 의해서 유발되고 있는 것이라고 하더라도 공적 활동으로서 이해되는 측면도 있는바, 공적 영역에서 발생하는 환경권 침해 가능성에 대해 국가가 규율할 의무는 좀 더 분명해진다고 하지 않을 수 없다.

(다) 미국산 쇠고기와 국민의 생명보호 : 헌재 2008. 12. 26. 2008헌마419 결정

국가가 국민의 기본권 보호의무를 이행함에 있어 그 행위의 형식에 관하여도 폭넓은 형성의 자유가 인정되고, 그것도 반드시 법령에 의하여 이행하여야 하는 것은 아니며, 이 사건 고시와 같이 국가가 쇠고기 소비자의 생명·신체의 안전에 관한 보호의무를 이행하기 위하여 취한 행위의 경우 법령의 위임이 없거나 그 위임의 범위를 벗어난 것이라는 사유만으로는 보호의무를 위반하거나 그로 인하여 소비자의 기본권을 침해한 것으로 볼 수 없다.

(라) 교통사고처리특례법상 불처벌특례 : 헌재 2009. 2. 26. 2005헌마764등 결정

국가의 신체와 생명에 대한 보호의무는 교통과실범의 경우 발생한 침해에 대한 사후처벌뿐 아니라, 무엇보다도 우선적으로 운전면허취득에 관한 법규 등 전반적인 교통관련법규의 정비, 운전자와 일반국민에 대한 지속적인 계몽과 교육, 교통안전에 관한 시설의 유지 및 확충, 교통사고 피해자에 대한 보상제도 등 여러 가지 사전적·

사후적 조치를 함께 취함으로써 이행된다 할 것이므로, 형벌은 국가가 취할 수 있는 유효적절한 수많은 수단 중의 하나일 뿐이지, 결코 형벌까지 동원해야만 보호법익을 유효적절하게 보호할 수 있다는 의미의 최종적인 유일한 수단이 될 수는 없다 할 것이다. 따라서 이 사건 법률조항[212]은 국가의 기본권보호의무의 위반 여부에 관한 심사기준인 과소보호금지의 원칙에 위반한 것이라고 볼 수 없다.[213]

사. 최소보장원칙 : 사회적 기본권

(1) 사회적 기본권의 법적 성격

사회적 기본권의 법적 성격에 대하여는 먼저 **객관설**의 입장으로 ①프로그램규정설, ②국가목표규정설, ③입법위임규정설, ④헌법위임규정설 등이 있고, 다음으로 **주관설**(법적 권리설)의 입장으로 ①추상적 권리설, ②불완전한 구체적 권리설, ③구체적 권리설, 그 밖에 ④원칙모델에 따른 권리설 등이 있다.[214]

객관설에 따르면 이 설들의 부분적인 차이점에도 불구하고 사회적 기본권은 권리성을 갖지 못하며 그것은 단지 입법자에게 그 내용을 실현할 헌법적 입법의무를 부과할 뿐이라고 한다(입법권구속). 따라서 사회적 기본권은 입법에 의해 구체화되어야 비로소 그 법에 근거하여 국가에 대한 급부청구가 가능하고 사법적으로 집행할 수 있는 구체적 · 현실적 권리가 된다는 것이다. 그런데 이와 같이 사회적 기본권의 권리성을 부인하는 경우 사회적 기본권에 관한 입법부작위나 부실한 입법에 대하여 헌법소원을 제기할 수 없다는 문제점이 있다.[215]

그러나, 이 견해는 독일이나 스위스처럼 헌법이 사회적 기본권을 아예 규정하지 않고 사회국가원리만을 규정한 경우에는 타당성을 가질 수 있으나 우리 헌법처럼 방대한 사회적 기본권을 규정하고 있는 경우에는 타당할 수 없으며, 현재 우리나라에서 이와 같은 객관설의 입장을 취하는 학자는 없는 것으로 보인다. 헌법재판소도

---

212) 교통사고처리특례법 제4조 제1항 본문 중 업무상과실 또는 중대한 과실로 인한 교통사고로 말미암아 피해자로 하여금 상해에 이르게 한 경우 공소를 제기할 수 없도록 한 부분

213) 다만 헌법재판소는 이 사건 법률조항이 교통사고 피해자의 **재판절차진술권**(과잉금지심사)과 **평등권**(엄격한 심사)을 침해한다고 하여 재판관 7:2의 의견으로 종전의 합헌결정(헌재 1997. 1. 16. 90헌마110등)을 변경하여 위헌결정을 선고하였다.

214) 이들 학설에 대한 설명으로 계희열, 헌법학(中), 박영사, 2007, 707-718면 참조.

215) 계희열, 전게서(2007), 715면.

'1994년도 생계보호기준'에 대한 헌법소원 등 일련의 결정에서 주관설의 입장을 취하고 있는 것으로 판단된다.

(2) 사회적 기본권에 대한 위헌심사 방법

사회적 기본권의 침해를 주장하는 사건에서 헌법재판소는 두 가지 갈래의 기준으로 판단한 것으로 보인다. 즉, 사회적 기본권의 보장내용 자체를 최소한의 것으로 축소시켜 이해하는 유형("보장내용의 최소화")과, 권리의 보장내용은 축소하지 아니하고 '행위규범'과 '통제규범'의 개념을 원용하여 다만 그 통제기준을 최저화하는 유형("통제기준의 최저화")가 그것이다.

전자의 대표적인 예로는 1995. 7. 21. 선고한 93헌가14 (국가유공자예유등에관한법률 제9조에 대한 위헌제청) 사건에서 "인간다운 생활을 할 권리는 여타 사회적 기본권에 관한 헌법규범들의 이념적인 목표를 제시하고 있는 동시에 국민이 인간적 생존의 최소한을 확보하는 데 있어서 필요한 최소한의 재화를 국가에게 요구할 수 있는 권리를 내용으로 하고 있다."고 판시한[216] 것을 들 수 있다.

후자의 대표적인 예로는 1997. 5. 29. 선고한 94헌마33 ('1994년도 생계보호기준'에 대한 헌법소원) 사건에서 "모든 국민은 인간다운 생활을 할 권리를 가지며 국가는 생활능력 없는 국민을 보호할 의무가 있다는 헌법의 규정은 모든 국가기관을 기속하지만, 그 기속의 의미는 적극적·형성적 활동을 하는 입법부 또는 행정부의 경우와 헌법재판에 의한 사법적 통제기능을 하는 헌법재판소에 있어서 동일하지 아니하다. 위와 같은 헌법의 규정이, 입법부나 행정부에 대하여는 국민소득, 국가의 재정능력과 정책 등을 고려하여 가능한 범위 안에서 최대한으로 모든 국민이 물질적인 최저생활을 넘어서 인간의 존엄성에 맞는 건강하고 문화적인 생활을 누릴 수 있도록 하여야 한다는 행위의 지침 즉 행위규범으로서 작용하지만, 헌법재판에 있어서는 다른 국가기관 즉 입법부나 행정부가 국민으로 하여금 인간다운 생활을 영위하도록 하기 위하여 객관적으로 필요한 최소한의 조치를 취할 의무를 다하였는지를 기준으로 국가기관의 행위의 합헌성을 심사하여야 한다는 통제규범으로 작용하는 것이다."라고 판시한[217] 것을 들 수 있다.

---

216) 판례집 7-2, 1, 20.

217) 판례집 9-1, 543, 553-554. 그 밖에 헌재 1999. 12. 23. 98헌바33 (구 국가유공자예우등에

그런데 결과적으로 양자는 그 심사기준이 "국가가 객관적으로 필요한 최소한의 조치를 다했는지 여부", 즉 '**명백성통제**'라는 점에서 내용이 다르지 않다고 할 것인바, 그렇다면 헌법재판소가 사회적 기본권의 보장영역의 응축현상을 판단하기 위하여 굳이 '행위규범과 통제규범'이라는 헌법재판의 한계설정을 위한 기능법적 설명을 동원할 필요는 없다는 비판이 제기되었다.[218)]

(3) 최소한 보장으로서의 사회적 기본권

(가) 헌법재판소의 최근 판례

사회보장수급권은 사회적 기본권의 하나로서 헌법 규정만으로는 이를 실현할 수 없고 법률에 의한 형성을 필요로 하므로, 입법자가 국가의 재정능력, 국민 전체의 소득 및 생활수준, 기타 여러 가지 사회적·경제적 여건 등을 종합하여 합리적인 수준에서 그 내용을 결정할 수 있지만, 그 결정이 현저히 자의적이거나, 사회적 기본권의 최소한도의 내용마저 보장하지 않으면 헌법에 위반되는 것이다. 결국 국가가 독립유공자와 그 유족에 대한 예우에 있어서 최소한의 합리적인 내용도 이행하지 않거나 현저히 자의적으로 의무를 이행한다면, 그러한 국가의 작위 또는 부작위는 헌법이 보장한 사회보장수급권을 침해하는 것이라고 볼 것이다.[219)]

(나) 원칙모델

위 두 가지 갈래의 판례들은 논증의 구체적 방식은 다르지만 결과적으로 헌법재판소를 통하여 소구할 수 있는 사회적 기본권의 구체적 범위를 최소한의 것으로 축소시키고 있다는 점에서는 일치하고 있다. 즉, 사회적 기본권의 보장내용 자체를 축소하는 방식("보장내용의 최소화")을 취하든 아니면 통제기준을 낮추는 방식("통제기준의 최저화")을 취하든, 어느 경우에나 그 권리주체에게 확정적으로 보장될 수 있는 것은 최소한의 것에 국한된다(최소한 보장 : Minimalgarantie)는 것이 헌법재판소의 입장

관한법률 제70조 등 위헌소원), 판례집 11-2, 732, 758-759; 헌재 2001. 4. 26. 2000헌마390 (국민연금법 제6조 등 위헌확인), 판례집 13-1, 977, 989; 헌재 2004. 10. 28. 2002헌마328 (2002년도 국민기초생활보장최저생계비 위헌확인), 판례집 16-2하, 195, 205 참조.

218) 대표적으로 김선택, 인간다운 생활을 할 권리의 헌법규범성, 「판례연구 제9집」(고려대학교법학연구원 1998.2). 34면; 정태호, 사회적 기본권과 헌법재판소의 판례, 「헌법논총 제9집」(헌법재판소 1998), 657-661면 참조.

219) 헌재 2010. 6. 24. 2009헌바111, 공보 165, 1154, 1158 - 합헌.

이라고 판단된다. 물론 각 사회적 기본권의 최소한의 내용은 항상 명확한 것은 아니지만 일반론적으로 말하면 그와 같은 최소한의 권리는, "사회적 기본권을 통한 사실적 자유의 실현" 요청이 그것을 매우 긴절히 요구하는 반면, 권력분립원리와 국회의 재정권을 포함한 민주주의원리 및 상충하는 실체적 법익(특히 타인의 법적 자유와 관련된 자유권적 기본권)들이 사회적 기본권의 보장에 의해서도 상대적으로 적은 정도로 제약받게 되는 경우에 개인에게 부여된다고 할 수 있다.[220)]

이러한 원칙모델은 국가의 재정능력과 같은 사실적 한계, 사회적 기본권과 상충하는 다른 개인적 · 실체적 법익, 민주주의원리, 권력분립원리를 저울의 한편에 올려놓고, 사회적 기본권을 통한 사실적 자유의 필요성을 저울의 다른 한편에 올려놓고 형량할 때, 사실적 자유가 긴절하게 실현되어야 하는 데 비하여 그 실현으로 인하여 저울의 다른 편에 있는 요소들에 대한 제한은 그다지 심대하지 아니한 경우 사회적 기본권은 확정적 권리가 되며,[221)] 이에 미치지 못하는 입법은 당해 사회적 기본권을 침해하여 위헌이 된다는 이론으로서, 아직까지 우리 헌법재판소에서는 수용하지 않고 있다.

3. 기타

가. 법치국가원리

법치국가원리란 다수에 의한 정치적 지배(국가권력)를 제한하고 통제함으로써 개인의 자유와 권리를 보장받고자 하는 원리이다. 개인의 자유와 권리를 보장하기 위하여 국가권력을 제한하고 통제하는 두 가지 중요한 법치국가적 제도가 있다. 하나는 국가와 개인의 관계에서 국가권력을 통제하는 장치로서 기본권보장과 과잉금지원칙이고, 다른 하나는 국가기관 상호간의 관계에서 권력을 통제하는 권력분립원리이다.[222)]

헌법의 기본원칙인 법치국가원리의 본질적 요소를 한 마디로 표현하자면, 국가

---

220) Alexy, Theorie der Grundrechte, 1986, S. 466; 정태호, 전게논문(1998), 661-662면 참조.
221) 정태호, 전게논문(1998), 670면 참조.
222) 한수웅, 전게서(2011), 104면.

의 모든 작용은 '헌법'과 국민의 대표로써 구성된 의회의 '법률'에 의해야 한다는 것과 국가의 모든 권력행사는 행정에 대해서는 행정재판, 입법에 대해서는 헌법재판의 형태로써 사법적 통제의 대상이 된다는 것이다. 이에 따라, 입법자는 헌법의 구속을 받고, 법을 집행하고 적용하는 행정부와 법원은 헌법과 법률의 구속을 받는다.[223]

나. 적법절차원칙

(1) 의의 및 연혁

헌법 제12조 제1항에서 규정하고 있는 적법절차의 원칙은 국가작용으로서의 모든 입법작용과 행정작용에 광범위하게 적용되는 헌법원리로서, 절차가 형식적 법률로 정하여지고 그 법률에 합치하여야 할 뿐만 아니라 적용되는 법률의 내용에 있어서도 합리성과 정당성을 갖춘 적정한 것이어야 하는 것으로, 특히 형사소송절차에 있어서는 형벌권의 실행절차 전반을 기본권 보장의 측면에서 규율하여야 한다는 기본원리이다.[224] 신체의 자유는 정신적 자유와 함께 모든 기본권의 기초가 되는 것임에도 역사적으로 국가에 의하여 특히 형벌권의 발동형식으로 침해되어 온 예가 많으므로 헌법은 제12조 제1항에서 적법절차의 원칙을 선언한 후,[225] 같은 조 제2항 내지 제7항에서 적법절차의 원칙으로부터 도출될 수 있는 내용 가운데 특히 중요한 몇 가지 원칙을 열거하고 있다.[226]

현행 헌법 제12조 제1항 후문과 제3항 본문은 위에서 본 바와 같이 적법절차의 원칙을 헌법상 명문규정으로 두고 있는데, 이는 개정 전의 헌법 제11조 제1항의 "누구든지 법률에 의하지 아니하고는 체포·구금·압수·수색·처벌·보안처분 또는 강제노역을 당하지 아니한다."라는 규정을 1987. 10. 29. 제9차 개정한 현행 헌법에

---

223) 헌재 2004. 5. 14. 2004헌나1, 판례집 16-1, 609, 646.

224) 헌재 1996. 12. 26. 94헌바1, 판례집 8-2, 808, 819.

225) 2007. 6. 1. 법률 제8496호로 개정되어 2008. 1. 1.부터 시행하는 형사소송법은 제198조 제1항에서 "피의자에 대한 수사는 불구속 상태에서 함을 원칙으로 한다."는 규정을 신설하였다. 이는 신체의 자유를 규정한 헌법 제12조의 정신에 비추어 당연한 원칙으로 해석되어 온 것을 입법화한 것으로서 큰 의의가 있다. 판사가 피의자에 대하여 구속영장을 발부하는 것은 이러한 원칙에 대한 예외적인 강제처분이므로 그 여부를 신중하게 하여야 한다는 입법취지가 담겨 있다. 법원행정처, 형사소송법 개정법률 해설, 2007.6, 46면.

226) 헌재 1994. 4. 28. 93헌바26, 판례집 6-1, 348, 355-356; 헌재 1997. 3. 27. 96헌바28등, 판례집 9-1, 313, 319-320.

서 처음으로 영미법계의 국가에서 국민의 인권을 보장하기 위한 기본원리의 하나로 발달되어 온 적법절차의 원칙을 도입하여 헌법에 명문화한 것이며, 이 적법절차의 원칙은 역사적으로 볼 때 영국의 마그나카르트타(대헌장) 제39조, 1335년의 에드워드 3세 제정법률, 1628년 권리청원 제4조를 거쳐, 1791년 미국 수정헌법 제5조 제3문과 1868년 미국 수정헌법 제14조에 명문화되어 미국헌법의 기본원리의 하나로 자리잡고 모든 국가작용을 지배하는 일반원리로 해석・적용되는 중요한 원칙으로서, 오늘날에는 독일 등 대륙법계의 국가에서도 이에 상응하여 일반적인 법치국가 원리 또는 기본권 제한의 법률유보 원리로 정립되게 되었다.[227)]

(2) 적용범위

헌법 제12조 제1항은 "법률과 적법한 절차에 의하지 아니하고는 처벌・보안처분 또는 강제노역을 받지 아니한다."라고 하여 적법절차원칙을 규정하고 있는데, 헌법재판소는 이 원칙이 형사소송절차에 국한되지 않고 모든 국가작용 전반에 대하여 적용된다고 밝힌 바 있다.[228)]

적법절차원칙에서 도출할 수 있는 가장 중요한 절차적 요청 중의 하나로, 당사자에게 적절한 고지를 행할 것, 당사자에게 의견 및 자료 제출의 기회를 부여할 것을 들 수 있겠으나, 이 원칙이 구체적으로 어떠한 절차를 어느 정도로 요구하는지는 일률적으로 말하기 어렵고, 규율되는 사항의 성질, 관련 당사자의 사익, 절차의 이행으로 제고될 가치, 국가작용의 효율성, 절차에 소요되는 비용, 불복의 기회 등 다양한 요소들을 형량하여 개별적으로 판단할 수밖에 없을 것이다.[229)]

(3) 사례

○ **노무현 대통령 탄핵** (헌재 2004. 5. 14. 2004헌나1) :

(이 사건 탄핵소추를 함에 있어서 피청구인에게 혐의사실을 정식으로 고지하지도 않았고 의견 제출의 기회도 부여하지 않았으므로 적법절차원칙에 위반된다'는 피청구인의 주장에 대

---

227) 헌재 1992. 12. 24. 92헌가8, 판례집 4, 853, 876.

228) 헌재 1992. 12. 24. 92헌가8, 판례집 4, 853, 876-877; 헌재 1998. 5. 28. 96헌바4, 판례집 10-1, 610, 618.

229) (헌재 2003. 7. 24. 2001헌가25, 판례집 15-2상, 1, 18; 헌재 2005. 12. 22. 2005헌마19, 판례집 17-2, 785, 794; 헌재 2011. 9. 29. 2010헌마68, 공보 180, 1482, 1487.

하여) "피청구인이 주장하는 적법절차원칙이란, 국가공권력이 국민에 대하여 불이익한 결정을 하기에 앞서 국민은 자신의 견해를 진술할 기회를 가짐으로써 절차의 진행과 그 결과에 영향을 미칠 수 있어야 한다는 법원리를 말한다. 국민은 국가공권력의 단순한 대상이 아니라 절차의 주체로서, 자신의 권리와 관계되는 결정에 앞서서 자신의 견해를 진술할 수 있어야만 객관적이고 공정한 절차가 보장될 수 있고 당사자간의 절차적 지위의 대등성이 실현될 수 있다는 것이다. 그런데 이 사건의 경우, 국회의 탄핵소추절차는 국회와 대통령이라는 헌법기관 사이의 문제이고, 국회의 탄핵소추의결에 의하여 사인으로서의 대통령의 기본권이 침해되는 것이 아니라, 국가기관으로서의 대통령의 권한행사가 정지되는 것이다. 따라서 국가기관이 국민과의 관계에서 공권력을 행사함에 있어서 준수해야 할 법원칙으로서 형성된 적법절차의 원칙을 국가기관에 대하여 헌법을 수호하고자 하는 탄핵소추절차에는 직접 적용할 수 없다고 할 것이고, 그 외 달리 탄핵소추절차와 관련하여 피소추인에게 의견진술의 기회를 부여할 것을 요청하는 명문의 규정도 없으므로, 국회의 탄핵소추절차가 적법절차원칙에 위배되었다는 주장은 이유 없다."

○ **선거법위반행위에 대한 선거관리위원회 조치** (헌재 2008. 1. 17. 2007헌마700)

"각급 선거관리위원회의 의결을 거쳐 행하는 사항에 대하여는 원칙적으로 행정절차에 관한 규정이 적용되지 않는바(행정절차법 제3조 제2항 제4호), 이는 권력분립의 원리와 선거관리위원회 의결절차의 합리성을 고려한 것으로 보인다. 또한 선거운동의 특성상 선거법 위반행위인지 여부와 그에 대한 조치는 가능하면 신속하게 결정되어야 할 뿐 아니라, 선거관리위원회법 제14조의2의 조치가 위반행위자에 대하여 종국적 법률효과를 발생시키는 것도 아니므로, 위반행위자에게 의견진술의 기회를 보장하는 것이 반드시 필요하거나 적절하다고 보기는 어렵다."

○ **배우자의 선거범죄로 인한 후보자의 당선무효** (헌재 2011. 9. 29. 2010헌마68)

"이 사건 법률조항[230]에 의한 후보자책임의 법적 구조의 특징, 배우자에게 재판절차라는 완비된 절차적 보장이 주어진다는 점, 별도 절차의 채부에 따른 장·단점

230) 배우자가 선거범죄로 300만 원 이상의 벌금형을 선고받은 경우 그 선거구 후보자의 당선을 무효로 하는 공직선거법(2010. 1. 25. 법률 제9974호로 개정된 것) 제265조(이하 '이 사건 법률조항'이라 한다) 중 '해당 선거' 부분

이 나뉜다는 점 등을 종합하면 후보자에 대하여 변명 · 방어의 기회를 따로 부여하는 절차를 마련하지 않았다는 사실만으로 적법절차원칙에 어긋난다고 볼 수 없다."

다. 책임주의, 자기책임의 원리

(1) 의의

어떠한 행위를 법률로 금지하고 그 위반을 어떻게 제재할 것인가 하는 문제는 원칙적으로 위반행위의 성질, 위반이 초래하는 사회적 경제적 해악의 정도, 제재로 인한 예방효과 기타 사회적 경제적 현실과 그 행위에 대한 국민의 일반적 인식이나 법감정 등을 종합적으로 고려하여 입법자가 결정하여야 할 분야이나, 법적 제재가 위반행위에 대한 책임의 소재와 전혀 상관없이 이루어지도록 법률이 규정하고 있다면 이는 자기책임의 범위를 벗어나는 제재로서 헌법위반의 문제를 일으킨다. 헌법 제10조가 정하고 있는 행복추구권에서 파생되는 자기결정권 내지 일반적 행동자유권은 이성적이고 책임감 있는 사람의 자기의 운명에 대한 결정 · 선택을 존중하되 그에 대한 책임은 스스로 부담함을 전제로 한다. 자기책임의 원리는 이와 같이 자기결정권의 한계논리로서 **책임부담의 근거**로 기능하는 동시에 자기가 결정하지 않은 것이나 결정할 수 없는 것에 대하여는 책임을 지지 않고 책임부담의 범위도 스스로 결정한 결과 내지 그와 상관관계가 있는 부분에 국한됨을 의미하는 **책임의 한정원리**로 기능한다.[231]

(2) 헌법상 근거

'책임없는 자에게 형벌을 부과할 수 없다'는 형벌에 관한 책임주의는 형사법의 기본원리로서, 헌법상 법치국가의 원리에 내재하는 원리인 동시에, 국민 누구나 인간으로서의 존엄과 가치를 가지고 스스로의 책임에 따라 자신의 행동을 결정할 것을 보장하고 있는 헌법 제10조의 취지로부터 도출되는 원리이다.[232]

---

231) 헌재 2003. 7. 24. 2001헌가25, 판례집 15-2상, 1, 22; 헌재 2004. 6. 24. 2002헌가27, 판례집 16-1, 706, 714-715; 헌재 2009. 12. 29. 2008헌바139, 공보 159, 88, 92; 헌재 2010. 3. 25. 2009헌마170, 공보 162, 733, 736.

232) 헌재 2007. 11. 29. 2005헌가10, 공보 134, 1289, 1292, 재판관 이강국 · 김종대 · 민형기 · 목영준의 위헌의견. - 헌재 2009. 7. 30. 2008헌가10 사건에서 김희옥 · 송두환 재판관이 가담하여 재판관 6인의 다수의견으로 인용되었고(공보 154, 1395, 1398), 헌재 2011. 2.

이러한 자기책임의 원리는 인간의 자유와 유책성, 그리고 인간의 존엄성을 진지하게 반영한 원리로서 그것이 비단 민사법이나 형사법에 국한된 원리라기보다는 근대법의 기본이념으로서 법치주의에 당연히 내재하는 원리로 볼 것이고 헌법 제13조 제3항은 그 한 표현에 해당하는 것으로서 자기책임의 원리에 반하는 제재는 그 자체로서 헌법위반을 구성한다고 할 것이다.[233]

(3) 사례

○ **배우자의 선거범죄로 인한 후보자의 당선무효** (헌재 2005. 12. 12. 2005헌마19; 헌재 2011. 9. 29. 2010헌마68)

"헌법 제13조 제3항은 '친족의 행위와 본인 간에 실질적으로 의미 있는 아무런 관련성을 인정할 수 없음에도 불구하고 오로지 친족이라는 사유 그 자체만으로' 불이익한 처우를 가하는 경우에만 적용된다. 그 밖의 경우에는 문제된 불이익을 보호하는 다른 헌법규범이나 기본권규범을 찾아 그 친족과의 관계에서 본인에게 그러한 불이익을 주는 것이 과연 합리적 근거가 있는지, 또는 입법목적 달성을 위해 필요한 한도 내의 수단인지를 살펴봄으로써 그러한 법적 규율의 정당성 여부를 충분히 판단할 수 있기 때문이다. 공직선거법 제265조(선거사무장 등의 선거범죄로 인한 당선무효) 본문 중 배우자에 관한 부분(이 사건 법률조항)은 '친족인 배우자의 행위와 본인 간에 실질적으로 의미있는 아무런 관련성을 인정할 수 없음에도 불구하고 오로지 배우자라는 사유 그 자체만으로' 불이익한 처우를 가하는 것이 아니다. 배우자가 죄를 저질렀다는 이유만으로 후보자에게 불이익을 주는 것이 아니라, 후보자와 불가분의 선거운명공동체를 형성하여 활동하게 마련인 배우자의 실질적 지위와 역할을 근거로 후보자에게 연대책임을 부여한 것이므로, 이 사건 법률조항은 헌법 제13조 제3항에서 금지하고 있는 연좌제에 해당하지 아니한다."

○ **친일반민족행위자 재산의 국가귀속** (헌재 2011. 3. 31. 2008헌바141) :

"이 사건 귀속조항[234]에서 국가귀속의 대상으로 규정하고 있는 친일재산은 친일

---

24. 2009헌바29 결정에서는 재판관 전원일치의 의견으로 인용되었다(공보 173, 372, 375).

233) 헌재 2011. 9. 29. 2010헌마68, 공보 180, 1482, 1486.

234) 친일재산을 그 취득·증여 등 원인행위시에 국가의 소유로 하도록 규정한 친일재산귀속법 (2005. 12. 29. 법률 제7769호로 제정된 것) 제3조 제1항 본문.

반민족행위자가 일본제국주의에 협력한 대가로 취득하거나 이를 상속받은 재산 또는 친일재산임을 알면서 유증·증여받은 재산을 말한다. 따라서 친일반민족행위자의 후손이 소유한 재산 중에서 그 후손 자신의 경제적 활동으로 취득하게 된 재산이라든가 친일재산 이외의 상속재산 등을 단지 그 선조가 친일행위를 했다는 이유만으로 국가로 귀속시키는 것이 아닌 한, 위와 같은 친일재산에 한정하여 국가로 귀속시키는 것은 '친족의 행위와 본인 간에 실질적으로 의미있는 아무런 관련성을 인정할 수 없음에도 불구하고 오로지 친족이라는 사유 그 자체만으로' 불이익을 입는 경우에 해당하지 않는다. 그렇다면 이 사건 귀속조항이 헌법 제13조 제3항에서 정한 연좌제금지원칙에 반한다고 할 수 없다."

라. 체계정당성의 원리[235]

(1) 의의

체계정당성의 원리라는 것은 동일 규범 내에서 또는 상이한 규범 간에 그 규범의 구조나 내용 또는 규범의 근거가 되는 원칙면에서 상호 배치되거나 모순되어서는 아니된다는 하나의 헌법적 요청이다. 즉, 이는 규범 상호간의 구조와 내용 등이 모순됨이 없이 체계와 균형을 유지하도록 입법자를 기속하는 헌법적 원리라고 볼 수 있다. 이처럼 규범 상호간의 체계정당성을 요구하는 이유는 입법자의 자의를 금지하여 규범의 명확성, 예측가능성 및 규범에 대한 신뢰와 법적안정성을 확보하기 위한 것이고 이는 국가공권력에 대한 통제와 이를 통한 국민의 자유와 권리의 보장을 이념으로 하는 법치주의원리로부터 도출되는 것이라고 할 수 있다.

(2) 위헌심사기준으로서의 체계정당성원리

그러나 일반적으로 일정한 공권력작용이 체계정당성에 위반한다고 해서 곧 위헌이 되는 것은 아니고, 그것이 위헌이 되기 위해서는 결과적으로 비례의 원칙이나 평등의 원칙 등 일정한 헌법의 규정이나 원칙을 위반하여야 한다. 또한 입법의 체계정당성 위반과 관련하여 그러한 위반을 허용할 공익적인 사유가 존재한다면 그 위반은 정당화될 수 있고 따라서 입법상의 자의금지원칙을 위반한 것이라고 볼 수

235) 헌재 2004. 11. 25. 2002헌바66, 판례집 16-2하, 314, 333-334; 헌재 2010. 6. 24. 2007헌바101, 공보 165, 1103, 1110-1111.

없다. 나아가 체계정당성의 위반을 정당화할 합리적인 사유의 존재에 대하여는 입법의 재량이 인정되어야 한다. 다양한 입법의 수단 가운데서 어느 것을 선택할 것인가 하는 것은 원래 입법의 재량에 속하기 때문이다. 그러므로 이러한 점에 관한 입법의 재량이 현저히 한계를 일탈한 것이 아닌 한 위헌의 문제는 생기지 않는다고 할 것이다.

마. 조세법률주의

헌법은 제38조에서 "모든 국민은 법률이 정하는 바에 의하여 납세의 의무를 진다."고 규정하고, 제59조에서는 "조세의 종목과 세율은 법률로 정한다."고 규정함으로써 조세법률주의원칙을 선언하고 있고, 이러한 조세법률주의는 조세평등주의와 함께 조세법의 기본원칙으로서 과세요건을 법률로 규정하여 국민의 재산권을 보장하고 과세요건을 명확하게 규정하여 국민생활의 법적안정성과 예측가능성을 보장하기 위한 것이며,[236] **과세요건 법정주의**와 **과세요건 명확주의**를 그 핵심적인 내용으로 하고 있다.[237] 먼저 '과세요건 법정주의'란 납세의무를 성립시키는 납세의무자・과세물건・과세표준・과세기간・세율 등의 과세요건과 조세의 부과・징수절차를 모두 국민의 대표기관인 국회가 제정한 법률로 규정하여야 한다는 것을 의미하고, 다음으로 '과세요건 명확주의'란 과세요건을 법률로 정하였다고 하더라도 그 규정내용이 지나치게 추상적이고 불명확하다면 과세관청의 자의적인 해석과 집행을 초래할 염려가 있으므로 그 규정 내용이 명확하고 일의적이어야 한다는 것을 의미한다.[238]

바. 지방자치권의 침해여부에 대한 심사기준

헌법 제117조 제1항에 의해 지방자치단체에게 보장된 지방자치권은 절대적인 것이 아니고 법령에 의하여 형성되는 것이므로, 입법자는 지방자치에 관한 사항을 형성하면서 지방자치단체의 지방자치권을 제한할 수 있다. 그러나 법령에 의하여 지

236) 헌재 2010. 7. 29. 2009헌바192, 공보 166, 1425, 1427.
237) 헌재 2006. 6. 29. 2004헌바8, 판례집 18-1하, 219, 228-229.
238) 헌재 2008. 7. 31. 2006헌바95, 공보 142, 1057, 1060.

방자치단체의 지방자치권을 제한하는 것이 가능하다고 하더라도, 지방자치단체의 존재 자체를 부인하거나 각종 권한을 말살하는 것과 같이 그 제한이 불합리하여 지방자치권의 본질적인 내용을 침해하여서는 아니된다.[239] 따라서 국회의 입법에 의하여 지방자치권이 침해되었는지 여부를 심사함에 있어서는 지방자치권의 본질적 내용이 침해되었는지 여부만을 심사하면 족하고, 기본권침해를 심사하는 데 적용되는 과잉금지원칙이나 평등원칙 등을 적용할 것은 아니다.[240]

239) 헌재 2001. 11. 29. 2000헌바78, 판례집 13-2, 646, 657-658 ; 2002. 10. 31. 2002헌라2, 판례집 14-2, 378, 386-387.

240) 헌재 2010. 10. 28. 2007헌라4, 공보 169, 1816, 1818.

제5장
결론

1.

가. 독일 등 대륙법계 국가에서는 평등권의 경우는 그 자체가 어떤 보호영역을 가지고 있는 것이 아니라고 보았다. 즉, 평등권 또는 평등원칙은 비교되는 두 집단 사이에 '차별'이 있는 경우에 어떠한 기준에 따라 그 차별이 헌법적으로 용인될 수 있는 것인가 하는 문제로 본 것이다. 그러나 미국의 경우 평등의 문제는 역사적인 관점에서 먼저 평가하였다. 즉, 미국사회가 노예제도를 바탕으로 한 경제를 일구어 왔고 노예를 시민으로 인정하지 않았던 전통에 따라 연방대법원은 "역사적 헌법해석" 방법을 취하였고 이와 같은 전통에서 탈피하는 과정에서 생긴 평등보호문제는 앞에서 본 바와 같이 남북전쟁후 수정헌법 제13조의 채택(1865년), 민권법의 제정(1866년), 수정헌법 제14조의 채택(1868년), 그리고 수정헌법 제15조의 채택(1870년) 이후에 '남북전쟁 수정조항'을 해석한 최초의 판례인 1872년의 Slaughter House Cases 사건에 이르러 '비교집단'의 개념이 도입되기 시작하였다. 그럼에도 불구하고 연방대법원은 평등보호조항은 오로지 흑인노예를 보호하기 위한 규정이라는 해석을 하였으나, 그 후 1954년의 Brown v. Board of Education 사건을 계기로 "목적론적 헌법해석" 방법으로의 전환을 하여 실질적 평등보호에 눈을 돌리게 되었다. 그리고 그 후 1971년의 Swann v. Charllotte-Meckenburg Board of Education 사건부터는 평등보호사건에서도 "이익형량"의 수단을 사용하기 시작함으로써 평등보호조항은 정부가 구분을 함에 있어 인종에 기한 차별뿐만 아니라 性, 국적, 嫡庶여부, 재산 또는 다른 특성들에 기한 차별을 하는 것을 제한할 수 있는 수단(심사기준)으로 적용되게 되었다.

나. 1976년의 Craig v. Boren 사건 이전까지 전통적인 평등보호분석은 '최소한의 합리성심사'와 '엄격심사'라는 두 가지 수준의 심사로 이루어졌다. 연방대법원은 최소한의 합리성심사기준을 통상 경제 및 사회적 구분(차별)에 적용하였다. 그리하여 그러한 심사기준을 통과하려면 그러한 구분이 합리적 근거만 있으면, 즉 그러한 차별수단이 정부목적(공익)과 합리적인 관계가 있으면 된다고 하였다. 한편, 연방대법원은 의심스러운 구분영역에서의 차별이나 근본적인 권리의 행사를 침해하는 차별을 확인하였다면 합리성심사를 버리고 엄격심사기준을 적용하였다. 엄격한 심사기

준을 적용하는 경우 정부의 차별조치는 필수불가결한 정부목적을 달성하기 위하여 꼭 필요한 조치였다는 것이 입증되는 경우에만 허용되었다. 한편, 원칙적으로 性·嫡庶여부 등에 기한 차별조치의 위헌심사에 적용되는 중간심사기준을 통과하려면 정부의 목적은 단지 "정당한" 목적에 그쳐서는 안되고 법원이 "중요한" 것으로 인정할 수 있어야 하며, 또한 그 차별수단이 정부의 목적을 달성하는데 실질적으로 관련이 있음을 법원이 믿을 수 있어야 한다.

2.

가. 미국 연방대법원은 어떠한 차별이 의심스러운 구분에 기한 것일 때 엄격심사기준을 동원한다. 그러나 이러한 "의심스러움(suspectness)"의 징표를 일관성있고 정확하게 설명하는 이론은 아직 나타나지 않았다고 할 수 있다. 다만, 연방대법원이 그동안 사용해 온 개념을 정리해 보면 다음과 같은 사례군을 발견할 수 있다. 첫째, "분리되고 고립된 소수인종(discrete and insular minority)"은 그러한 징표 중 중요한 하나라고 간주된다. 왜냐하면 그러한 근거에 기한 차별은 소수인종을 보호하기 위하여 필요한 정치과정의 작동을 심각하게 방해하는 경향이 있기 때문이다. 둘때, 특정한 구별기준은 그 그룹에 속하는 자들을 유형화(stereotyping)하고 낙인을 찍는데(stigmatizing) 이바지할 수 있다는 위험성도 강화된 심사기준에 대한 논거를 제공해 준다. 셋째, 연방대법원은 어떤 "불변의 특성(immutability of characteristic)"을 강화된 심사의 필요성을 설명하기 위하여 사용하기도 한다. 넷째, 또한 연방대법원은 어떤 그룹이 자신의 고유한 특성을 가진데 대하여 스스로 책임이 없는 경우를 들기도 한다.

나. 한편, 연방대법원은 "근본적인 권리"의 행사들 심해하는 경우에도 엄격한 심사를 해 왔다. 첫째로, 평등보호분석에서 근본적이라고 여겨지는 권리에는 州間여행의 권리, 선거에서의 평등한 투표참여권, 일정한 영역에서의 사법접근권이 있다. 연방대법원은 교육을 받을 권리는 근본적인 권리가 아니라고 하였으나, 일정한(최소한의) 수준의 교육을 받을 권리는 근본적인 권리라는 것을 인정할 수 있지 않을까 하는

논의마저 막은 것은 아니라고 할 수 있다. 둘째로, 연방대법원은 현대적인 실체적 적법절차의 내용으로서 프라이버시권을 인정하고 이를 침해하는 법률에 대하여 역시 엄격한 심사를 하고 있다. 연방대법원이 근본적 권리로 인정한 영역은 피임기구의 사용, 결혼할 권리, 여성의 낙태권, 가족생활의 자율성 등이 있다.

다. 그러나 소수자보호를 통한 사회적 통합에 혁혁한 공헌을 해 온 연방대법원의 노력에도 불구하고, 연방대법원의 엄격심사법리는 몇 가지 문제점을 노정하고 있다. 첫째, 이것은 우선 인종에 기한 적극적평등실현조치에 대한 위헌심사에서 찾아볼 수 있다. 연방대법원은 1995년의 Adarand Constructors Inc. v. Pena 사건에서, 인종에 근거한 적극적평등실현조치에 대해서는 연방정부에 의한 것이든, 주정부에 의한 것이든, 자치단체에 의한 것이든 엄격심사기준이 적용된다고 판시하였다(5:4). 그러나 소수인종을 이롭게 하기 위한 인종적 구분(적극적평등실현조치)과 불리하게 하기 위한 구분 사이에는 중요한 차이가 있다. 즉, 인종주의와 소수인종에 대한 사악한 차별은 오랜 역사가 있으나 백인의 박해에 대하여는 이와 유사한 역사가 없다는 점을 연방대법원은 간과하고 있는 것이다. 또한 미국사회에서 실질적 평등을 실현하는 데는 적극적평등실현조치가 필요하다. 백인과 흑인들의 교육·고용·공공계약에 있어서의 계속되는 현격한 격차는 구제책을 필요로 하는데, 적극적평등실현조치에 대한 엄격심사기준의 적용은 이와 같은 구제노력을 크게 저해할 것이기 때문이다. 따라서 인종에 기한 적극적평등실현조치, 즉 역사적으로 차별받아 온 흑인을 비롯한 소수인종을 우대하기 위한 조치에 대하여는 위 Adarand 사건의 반대의견(Stevens·Souter·Ginsberg·Breyer 재판관)과 같이 중간단계의 심사기준을 적용해야 할 것이다. 둘째, 미국연방대법원은 당사자가 자신의 특성을 변화시킬 수 없을 때 그러한 특성에 기한 차별은 엄격심사기준을 통과해야 한다고 판시하고 있다. 그런데, 예컨대 1985년의 City of Cleburne v. Cleburne Living Center Inc. 사건에서 정신지체자의 경우는 의심스러운 구분에 해당하지 않는다고 보았으나, 정신지체란 일반적으로 스스로 변화시키거나 극복할 수 없는 특성이고 그러한 특성의 취득에 당사자는 아무런 책임이 없다. 따라서 이러한 특성에 기한 차별의 경우에는 연방대법원이 유지하고 있는 논증의 일관성을 위해서도 엄격한 심사기준을 적용해야 할 것이다. 셋째, 근본적인 권리의 영역에 있어서도 문제가 발견된다. 워렌법원(1953~1969) 시대에 "실체적 적법절차의 대용물"로 부활한 근본적 권리에 의한 기본권보호는 그 이후 버거법원에 이르러 더 이상의 확대노력을 중단한 느낌이다. 예컨대 1971년의 Boddie v. Connecticut 사건에서, 혼인관계의 해소를 위하여 법원에 접근하고자 하는 자를 단지 수수료를 지불할 능력이 없다는 이유로 거부하는 州법률을 위헌선언하였던(8:1) 연방대법원은 1973년의 Ortwein v. Schwab 사건에서는, 자신에게 불리한 복지위원회의 결정에 대한 불복절차에 부과되는 수수료를 합헌이라고 판결하였다(5:4). 그런데 Boddie 사건의 경우와 마찬가지로 Ortwein 사건에서도, 州는 문제되는 분쟁을 해결하는데 독점적 지위를 가지고 있었다. 즉, 법원을 통한 불복절차(소송)만이 자기에게 불리한 복지급여결정을 시정할 수 있었음에도 불구하고 연방대법원은 소송수수료를 낼 돈이 없다는 이유로 법원에의 접근을 거부하는 것은 위헌이 아니라고 한 것이다. 이 두 사건에 있어 결론을 달리할 특별한 이유가 없는데도 Ortwein 사건에서 구제를 거부한 것은 미국 연방대법원의 보수화 경향으로밖에 설명할 수 없을 것이다. 렝퀴스트법원(1986~2005)은 버거법원(1969~1986)보다도 더 근본적 권리의 확장에 인색한 경향이 있었다. 근본적 권리의 영역은 지금까지 나타난 분야로 제한된 것으로 보이며, 엄격심사분석도 이제까지 적용된 분야 이외로 확장되기는 당분간 어려워 보인다. 이는 현재의 로버츠법원(2005~현재)도 마찬가지이다.

라. 요컨대, 미국 연방대법원이 지금까지 다수의견으로 유지하고 있는 3중기준론은 우선 "추상적인 범주화(abstract categorization)"를 전제하고 있음으로 해서 여러 가지 문제와 모순점을 보이고 있는 것으로 판단된다. 그러나 평등의 기본이념이 실질적 정의의 확보에 있다고 할 때, 같은 범주에 속하는 그룹에 대한 차별의 경우도 그러한 차별로 인하여 받게 되는 불이익한 영향의 정도에 따라 심사의 기준이 달라져야 하는 것이 자연스럽다고 할 것이다. 그러므로 기존의 범주화와 함께 Marshall 재판관이나 Stevens 재판관이 주장하는 바와 같이 차별받는 그룹이 그 사회에서 갖는 지위와 차별로 인한 불리한 영향, 즉 기본권침해의 강도 등을 종합적으로 고려한 심사기준의 모색이 필요하다고 하겠다.

3.

가. 독일연방헌법재판소는 1951년 10월 23일 '南西國(Südweststaat)결정' 이래 1980년 독일민사소송법 제528조에 대한 결정 전까지 평등권심사 영역에서 소위 「자의금지」 공식에 의하였고, 1980년의 이 결정부터 1993년 1월 26일의 제2차 '성전환자(Transsexuellen)' 결정 이전까지는 차별의 유형을 "인적 차별과 사항적 차별"로 나누는 「새로운 공식」에 의하였고, 이 결정 이후에는 "입법자는 인적 집단을 불평등대우함에 있어서 원칙적으로 엄격한 구속을 받고, 이와 같은 구속은 인적관련 표지들이 기본법 제3조 제3항에 언급된 표지들에 수렴하면 할수록 그만큼 더 강해지며, 사람이나 사태에 대한 불평등대우가 기본권으로 보호된 자유의 행사에 불리한 영향을 미칠 수 있는 정도가 크면 클수록, 입법자의 형성의 여지에 대해서는 그만큼 더 좁은 한계가 설정되므로, 입법자의 형성의 여지의 폭이 다양함에 따라서 헌법재판소의 심사에 있어서 통제의 강도도 단계화된다."는 소위 「최신의 공식」에 따라 평등권 심사를 하고 있다.

한국헌법재판소도 두 차례에 걸친 소위 "가산점"제도 결정으로 기본적으로는 평등권심사에 있어 독일의 위와 같은 '최선의 공식'에 의할 것임을 선언하였다고 보아도 무방할 것이다. 헌법재판소는 국민의 기본권을 침해하는 법령 및 행정행위에 대하여 그 규율대상 및 침해되는 기본권의 유형에 따라 다양한 종류의 심사기준을 사용해 왔는바, 형식의 합헌성과 관련해서는 (1) 법률유보원칙, (2) 명확성원칙, (3) 포괄위임입법금지원칙, (4) 영장주의, (5) 이중처벌금지원칙, (6) 언론 · 출판의 검열금지, (7) 집회 · 결사의 허가금지 등이, 내용의 합헌성과 관련해서는 (1) 과잉금지원칙 및 본질적 내용침해금지 원칙, (2) 평등원칙, (3) 신뢰보호원칙, (4) 입법부작위(행정입법부작위), (5) 최소보장원칙(사회적 기본권), (6) 과소보호금지원칙(기본권보호의무), (7) 자기책임원리 및 체계정당성원리 등이 있다.

나. 미합중국은 건국과 뒤이은 산업의 발전과정에서 필요한 노동력을 위해 많은 흑인들을 들여와 노예로 활용하였고, 그 業報는 인종간의 갈등으로 이어졌다. 그것이 헌법소송으로 이어져 연방대법원에 의한 소수인종(흑인) 보호판결에 있어 앞에서 본 것과 같은 변천과 발전이 이루어졌던 것이다. 이러한 인종간의 갈등 내지는 이민

자의 혈통에 따른 차별의 강도에 비하면, 미국에서 남녀의 차별문제는 상대적으로 비중이 적을 수밖에 없었고, 따라서 평등보호에 있어 심사강도가 이른바 "중간심사"의 영역에 머무르게 된 것이라 생각된다. 그러나 연방대법원의 일부 재판관들(1973년 Frontiero v. Richardson 사건 때의 Brennan · Douglas · White · Marshall 재판관과 현 재판부 구성원 중 Ginsberg 재판관)은 남녀의 性에 기한 차별에 대하여 인종에 의한 것과 마찬가지로 엄격한 심사를 할 것을 주장하는 등 미국에서도 남녀차별 문제는 아직도 해결되어야 할 부분으로 남아 있다고 할 수 있다.

미국에 비하여 볼 때 우리나라의 경우는 남녀 성별에 구분한 차별의 문제가 상대적으로 가장 문제가 많이 제기된다. 이는 우리나라에서 여성들이 전통적으로 남성에 비해 법적 · 사실적으로 많은 불이익을 받아왔기 때문이며, 이 때문에 우리 헌법은 이미 제헌헌법(제8조)부터 "모든 국민은 법률 앞에 평등이며 성별, 신앙 또는 사회적 신분에 의하여 정치적, 경제적, 사회적 생활의 모든 영역에 있어서 차별을 받지 아니한다."고 규정하였던 것이다.

그동안 여성에 차별적인 여러 법적 조치들이 헌법재판소에 의해 위헌선언을 받아왔으며, 현재에도 헌법재판소의 결정을 기다리는 사건들이 있다. 미국의 역사책에는 연방대법원의 판례가 소개되고 있다고 한다. 우리나라의 헌법재판소도 평등의 시대가 될 21세기를 선도하는 결정, 그리하여 역사에 기록될 만한 훌륭한 결정들을 남기게 되기를 바란다. 그런 의미에서 이 책에서 구명하고자 했던 미국 연방대법원의 평등관련 판례와 심사기준에 대한 연구는 앞으로도 계속되어야 할 과제라고 할 것이다.

참고문헌

1. 국내 문헌

가. 단행본

계희열, 「헌법학(중)」(박영사 2007)

권영성, 「헌법학원론」(법문사 2010)

김철수, 「헌법학신론」(박영사, 2008)

박호성, 「평등론」(창작과비평사 1994)

배제식/손주찬/이재상 감수, 「법률학사전」(법률출판사 2004)

양　건, 「헌법강의」(법문사 2009)

이철환, 「행정법일반이론」(전남대학교출판부 2011)

최승재, 「미국 대법관 이야기」(경북대학교출판부 2011)

한수웅, 「헌법학」(법문사 2011)

허　영, 「사례헌법학」(신조사 1998)

______, 「헌법이론과 헌법」(박영사 1999)

______, 「한국헌법론」(박영사 2011)

Abraham, Henry, *Freedom and the Court : Civil Rights and Liberties in the United States* (1982) 윤후정(옮김) 「기본적 인권과 재판」(이화여자대학교출판부 1992)

나. 논문

강태수, 미연방대법원 판례와 우리 헌법재판소 결정의 교차점, 「미국헌법연구 제10호」(미국헌법학회 1999)

김선택, 인간다운 생활을 할 권리의 헌법규범성, 「판례연구 제9집」(고려대학교법학연구원 1998.2)

김용균, 미국연방헌법과 헌법판례 개관, 「헌법논총 제5집」(헌법재판소 1994)

김문현, 남녀평등에 관한 미연방대법원 판례의 분석, 「헌법학연구 제3집」 (한국헌법학회 1997.10)

김운용, 미국의 위헌심사제도, 「미국헌법연구 제8호」(미국헌법연구소 1997)

김주환, 입법자의 평등에의 구속과 그에 대한 통제, 「헌법논총 제11집」(헌법재판소 2000)

박경신, 자도소주 구입명령 판결에 대한 평석, 「헌법실무연구 제1권」(박영사 2000)

서주실, 평등보호를 위한 사법심사기준, 「미국헌법연구 제8호」(미국헌법학회 1997)

석인선, 미국헌법판례상 성에 근거한 적극적평등실현조치의 사법심사기준에 관한 소고, 「공법연구 제26집 제2호」(한국공법학회 1998.6)

안경환, 평등권, 「기본권의 개념과 범위에 관한 연구 (헌법재판연구 제6권)」(헌법재판소 1995)

______, 평등권 50년, 「헌법학연구 제4집 1호」(한국헌법학회 1998.6)

양 건, 법률의 위헌심사의 기준, 「법률의 위헌결정과 헌법소원의 대상 (헌법재판연구 제1권)」(헌법재판소 1989)

유정복, 미국헌법과 적법절차의 발전, 「헌법학연구 제2집」(한국헌법학회 1996)

이명웅, 한국헌법의 자유주의 이념, 「박사학위논문」(서울대학교대학원 1996.2)

______, 헌법재판에서 사실인식의 문제, 「헌법논총 제10집」(헌법재판소 1999)

이인호, 재판관 이영모의 헌법정신에 대한 탐구, 「소수와의 동행 (재판관 이영모의견집)」(박영사 2001.7)

윤후정, 평등권, 「미국헌법과 한국헌법」(한국공법학회 1989)

이준일, 평등원칙, 「안암법학 제8호」(안암법학회 1999)

정태호, 사회적 기본권과 헌법재판소의 판례, 「헌법논총 제9집」(헌법재판소 1998)

한병채, 미국 위헌심사의 정치적 배경과 헌법재판의 동향, 「헌법논총 제1집」(헌법재판소 1990)

한상희, 미국에서의 사법심사의 준거, 「미국헌법연구 제9호」(미국헌법학회 1998)

한수웅, 평등권의 구조와 심사기준, 「헌법논총 제9집」(헌법재판소 1998)

______, 헌법 제27조의 재판청구권, 「헌법논총 제10집」(헌법재판소 1999)

허 영, 평등권, 「고시계」(국가고시학회 1987.9)

______, 법 앞의 평등이 무너지고 있다, 「고시연구」(고시연구사 1991.8)

황도수, 헌법재판의 심사기준으로서의 평등, 「박사학위논문」(서울대학교대학원 1996. 8)

2. 외국 문헌

가. 단행본

Aristoteles, *The Politics* (London: Penguin Books 1986), Book Ⅵ

Barron/Dienes, *Constitutional Law* 4th ed. (St. Paul, Minn.: West Publishing Co. 1999)

Black's Law Dictionary 7th ed. (St. Paul, Minn.: West Publishing Co. 1999)

Blackstone, William, *Commentaries on the Laws of England* (Chicago: University of Chicago Press 1979).

Bobbit, Philip, *Constitutional Interpretation* (Cambridge, Mass.: Blackwell 1991)

Chemerinsky, Erwin, *Constitutional Law* (New York: Aspen Law & Business 1997)

Douglas, Wlliam, *The Court Years, 1939-1975 : the Autography of William O. Douglas* (New York : Random House 1980).

Emanuel, Steven, *Constitutional Law Capsule Summary* (Larchmont, N.Y.: Emanuel Publishing Corp. 2000).
[http://lawschool.lexis.com/emanuel/web/conlaw/index.html]

Farber/Sherry, *A History of the American Constitution* (St. Paul, Minn.: West Publishing Co. 1990)

Goldberg/Tenen, *Casenote Legal Briefs - Constitutional Law* (Santa Monica, CA: Casenotes Publishing Co. 1996)

Gunther/Sullivan, *Constitutional Law*, 13th ed. (Westbury, N.Y.: The Foundation Press 1997)

________, *Constitutional Law*, 13th ed. 1999 Supplement (Westbury, N.Y.: The Foundation Press 1999)

Gunther, Gerald, *Constitutional Law*, 12th ed. (Westbury, N.Y.: Foundation Press 1991)

Lieberman, Jethro, *The Evolving Constitution : How the Supreme Court Has Ruled on Issues from Abortion to Zoning* (New York : Random House 1992)

Lockhart/Kamisar/Choper/Shiffrin/Fallon Jr., *Constitutional Law*, 8th ed. (St. Paul, Minn.: West Publishing Co. 1996)

Marshall, T. H., *Sociology at the Crossroads* (London: Heineman, 1963)

McClosky, R. G., *The American Supreme Court* (Chicago: University of Chicago Press 1960)

Neville, Jonathan, *Legalines - Constitutional Law* 3rd ed. (Chicago: Harcourt Brace Legal & Professional Publications 1998)

Rae, Douglas, *Equalities* (Cambridge, Mass.: Harvard University Press, 1989)

Rosenfeld, Michel, *Affirmative Action and Justice* (New Haven, CT : Yale University Press 1991)

Rotunda/Nowak, *Treatise on Constitutional Law* Vol. 2 (St. Paul, Minn.: West Publishing Co. 1992)

________, *Treatise on Constitutional Law* Vol. 3 (St. Paul, Minn.: West Publishing Co. 1992)

Tribe, Laurence, *American Constitutional Law*, 1st ed. (Mineola, N.Y.: The Foundation Press 1978)

________, *American Constitutional Law*, 2nd ed. (Mineola, N.Y.: The Foundation Press 1988)

________, *Abortion: The Clash of Absolutes* (New York : W.W. Norton & Company Inc. 1990).

Whittington, Keith, *Constitutional Interpretation : Textual Meaning, Original Intent, and Judicial Review* (Lawrence, Kan.: University Press of Kansas 1999)

Wolfe, Christopher, *The Rise of Modern Judicial Review : From Constitutional Interpretation to Judge-Made Law* (New York: Basic Books 1986)

Wright, Benjamin, *The Groth of American Constitutional Law* (Chicago: University of Chicago Press 1942)

나. 논문

Alexander, George, *Constitutional Law Outline*, Handout of 「Introduction to US Law」 Program (Santa Clara University School of Law 1999)

Bennett, Robert, *"Mere" Rationality in Constitutional Law : Judicial Review and Democratic Theory*, 67 California Law Review (1979).

Black, Charles Jr., *Foreword : "State Action," Equal Protection, and California's Proposition 14*, 81 Harvard Law Review (1967).

Bork, R. H., *Neutral Principle and Some First Amendment Problems*, Indiana Law Journal, vol. 1 (1971)

Burton, Steven, *Comment on "Empty Ideas" : Logical Positivist Analysis of Equality and Rules*, 91 Yale Law Journal (1982)

Chemerinsky, Erwin, *In Defense of Equality : A Reply to Professor Westen*, 81 Michgan Law Review (1983)

Ely, John, *The Constitutionality of Reverse Racial Discrimination*, 41 University of Chicago Law Review (1974).

________, *The Wages of Crying Wolf : A Comment on Roe v. Wade*, 82 Yale Law Journal (1973).

Farber, Nina, *Comment, Justifying Affirmative Action after City of Richmond v. J.A. Croson : The Court Needs a Standard for Proving Past Discrimination*, 56 Brooklyn Law Review

Foster, Sheila, *Difference and Equality : A Critical Assessment of the Concept of "Diversity,"* 1993 Wisconsin Law Review

Freedman, Ann, *Sex Equality, Sex Difference, and the Supreme Court*, 92 Yale Law Journal (1983).

Ginsberg, Ruth, *Some Thoughts on Autonomy and Equality in Relation to Roe v. Wade*, 63 North Carolina Law Review (1985)

Goodman, Frank, *Professor Brest on State Action and Liberal Theory and a Postscript to Professor Stone*, 130 University of Pennsylvania Law Review (1982).

Gunther, Gerald, *The Supreme Court, 1971 Term - Foreward : In Search of Evolving Doctrine on a Changing Court : A Model for a Newer Equal Protection*, 86 Harvard Law Review (1972)

Horowitz, H. & Karst K., *Reitman v. Mulkey : A Telophase of Substantive Equal Protection*, 1967 Supreme Court Review

Ingber, Stanley, *The Marketplace of Ideas : A Legitimizing Myth*, Duke Law Journal (1984)

Karst, Kenneth, *The Fifth Amendment's Guarantee of Equal Protection*, 55 North Carolina Law Review (1977)

Kenndey, Duncan, *The Structure of Blackstone's Commentaries*, 28 Buffalo Law Review (1979).

Kluger, Richard, *Simple Justice : The History of Brown v. Board of Education and Black America's Struggle for Equality* (New York, N.Y.: Vintage Books 1977).

Lempert, Richard, *The Force of Irony : On the Morality of Affirmative Action and United Steelworkers v. Weber*, 95 Ethics (1984).

Law, Sylvia, *Rethinking Sex and the Constitution*, 132 University of Pennsylvania Law Review (1984).

Lawrence, Charles, *The Id, the Ego, and Equal Protection : Reckoning with Unconscious Racism*, 39 Stanford Law Review (1987).

Littleton, C. A., *Reconstructing Sexual Equality,* 75 California Law Review (1987)

Lupu, Ira, *Untangling the strands of the Fourteenth Amendment*, 77 Michgan Law Review (1979)

MacKinnon, Catharine, *Reflections on Sex Equality Under Law*, 100 Yale Law Journal (1991)

Marshall, William, *Diluting Constitutional Rights : Rethinking 'Rethinking State Action'*, 80 Northwestern University Law Review (1985)

Matsuda,, Mari, *Public Response to Racist Speech : Considering the Victim's Story*, 87 Michigan Law Review (1989)

Noonan Jr. John, *The Root and Branch of Roe v. Wade*, 63 Nebraska Law Review (1984)

Note, *Justice Stevens' Equal Protection Jurisprudence*, 100 Harvard Law Review (1987).

________, *A Madisonian Interpretation of Equal Protection Doctrine*, 91 Yale Law Journal (1982)

________, *The Warren Court : An Editorial Preface*, 67 Michgan Law Review (1968).

Olsen, Frances, *Unraveling Comprimise*, 103 Harvard Law Review (1989).

Ortiz, Daniel, *The Myth of Intent in Equal Protection*, 41 Stanford Law Review (1989).

Perry, Michael J., *Modern Equal Protection : A Conceptualization and Appraisal*, 79 Columbia Law Review (1979).

Regan, Donald, *Rewriting Roe v. Wade*, 77 Michgan Law Review (1979)

Rosenfeld, Michel, *Decoding Richmond : Affirmative Action and the Elusive Meaning of Constitutional Equality*, 87 Michgan Law Review (1989).

Rowstow, Eugene, *The Japanese American Cases - A Disaster*, 54 Yale Law Journal (1945).

Schwartz, Herman, *The 1986 and 1987 Affirmative Action Cases : It's all 0ver but the Shouting,* 86 Michgan Law Review (1988),

Shaman, Jeffrey, *The Rule of Reasonableness in Constitutional Adjudication : Toward the End of Irresponsible Judicial Review and the Establishment of a Viable Theory of the Equal Protection Clause*, 2 Hasting Constitutional Law Quarterly (1975).

________, *Cracks in the Structure : The Coming Breakdown of the Levels of Scrutiny*, 45 Ohio State Law Journal (1984).

Strauss, David, *Why Be Tolerant ?*, 53 University of Chicago Law Review (1986)

________, *Discriminatory Intent and the Taming of Brown*, 56 University of Chicago Law Review (1989)

Sullivan, Kathleen, *Sins of Discrimination : Last Term's Affirmative Action Cases*, 100 Harvard Law Review (1986).

Thomson, Judith, *A Defence of Abortion*, 1 Phil. & Pub. Aff. (1971).

Tussman & tenBroek, *The Equal Protection of the Laws*, 37 California Law Review (1949).

Volokh, Eugene, *The California Civil Right Initiative : An Interpretive Guide*, 44 UCLA Law Review (1997)

Wellington, Harry, *The Nature of Judicial Review*, 91 Yale Law Journal (1982).

Westen, Peter, *The Empty Idea of Equality*, 95 Harvard Law Review (1982).

Winter, Arther, *The Changing Parameters of Substantive Equal Protection : From the Warren to the Burger Era*, 23 Emory Law Journal (1974)

색인

ㅊ

ㅌ

ㅍ

ㅎ

기타

■ **저자약력**

김현철

서울대학교 (법학사)
연세대학교 (법학석사, 법학박사)
법원행정고등고시 합격 (제7기)
헌법재판소 헌법연구관
현재 전남대학교 법학전문대학원 부교수

저서

- 判例 憲法訴訟法(전남대학교출판부, 2011)

미국헌법상 평등보호와
한국헌법재판소의 위헌심사기준

인쇄 | 2012년 2월 15일
발행 | 2012년 2월 20일

저자 | 김현철
발행 | 김윤수
발행처 | 전남대학교출판부

등록 | 1981. 5. 21. 제53호
주소 | 500-757 광주광역시 북구 용봉로 77
전화 | (062) 530-0571~3
팩스 | (062) 530-0579
홈페이지 | http://altair.chonnam.ac.kr/~cnup

값 20,000원

ISBN 978-89-7598-995-7 (93360)

이 도서의 국립중앙도서관 출판시도서목록(CIP)은 e-CIP홈페이지(http://www.nl.go.kr/ecip)와 국가자료공동목록시스템(http://www.nl.go.kr/kolisnet)에서 이용하실 수 있습니다.
(CIP제어번호 : CIP2012000726)